U0783548

法学专业民商法学方向课程与技能课程系列教材

【总主编 高在敏 李少伟】

亲属法学

主 编 张 伟 赵江红

撰稿人 （以撰写章节先后为序）

张 伟 赵江红 马钰凤

叶名怡 郭振清

中国政法大学出版社

出版说明

民商法是市场经济的基本法。民法学、商法学和民事诉讼法学是高等学校法学专业的核心课程。西北政法大学民商法学院根据教育部《全国高等学校法学专业核心课程教学基本要求》，先后编写并出版了《民法学》、《商法学》和《民事诉讼法学》等教材。在此基础上，根据我院课程设置的需要和教材建设规划，在总结多年课程教学经验、吸收教学改革成果的基础上，组织学术水平较高、教学经验丰富的教师编写并推出“法学专业民商法学方向课程与技能课程系列教材”。编写此系列教材的目的在于：其一，深化民商事实体法学和程序法学的教学内容，扩展和丰富课程类型；其二，体现理论与实务的结合，培养学生的法律专业技能和实务操作能力。

首批编写和出版的教材有：《侵权责任法理论与实务》、《民事案例评析》、《商事案例评析》、《证券法理论与实务》、《票据法理论与实务》、《破产法理论与实务》、《亲属法学》、《民事强制执行法》、《仲裁法学》。

这套系列教材的出版既是我院教学改革阶段性成果的体现，更是一种新的尝试，其中难免有欠妥之处，诚望各位同仁和读者不吝指正。

编　者

2009年8月

编写说明

本书属于法学专业民商法学方向课程系列教材之一。

亲属法学作为集基础理论和实践操作于一体的法学课程，是研究有关亲属法律制度和法律现象的科学。它是民商法学的重要组成部分，是具有独立学科内容和鲜明特征的部门法学。

亲属法学的内容是由这门学科的研究对象决定的，它包括：婚姻家庭的基本理论，亲属法的鲜明特征、调整对象和本质及作用，亲属法的原则，亲属的种类、亲属关系的产生和终止及其法律效力，婚姻关系的成立和效力，婚姻关系的终止及其法律后果，夫妻双方、父母子女及其他家庭成员间的权利和义务，收养、扶养、监护制度，以及救助措施与法律责任、亲属法的适用、处理婚姻家庭纠纷的实践经验等。以上都是亲属法学应当研究的重要课题。

本教材的编写特色如下：其一，保持“教材”的品质。坚持内容以通说、主流观点为主，同时兼采作者及其他学者的独特新颖观点、经典论文及立法建议等，以扩大、开拓学生的视野和思路。其二，教材内容和研究方法与手段较新。本教材注意借鉴吸收多学科、跨学科及前沿学科的知识及研究方法与手段，注重运用法学中其他分支学科的研究成果，以及法学以外的有关学科（如社会学、伦理学、民俗学、人口学、文化人类学、经济学等）的研究成果，对婚姻家庭领域出现的新问题进行跨学科、多方面、多层次的综合研究和多视角分析，以期抛砖引玉。其三，注重理论与实务、制度与价值的结合。本教材以我国婚姻家庭制度的改革与社会发展的互动关系为历史线索和脉络，以《中华人民共和国婚姻法》为重点内容，辅之以其他相关法律、法规等，并及时吸收最新的相关法律、法规、规章、司法解释及其他规范性文件等，力求对亲属法领域中的各种制度、具体规定和处理有关问题的政策界限等进行比较系统的分析，并注重梳理、探析现行亲属法律制度背后的伦理、传统文化、宗教、习俗习惯等因素。同时注意理论联系实践，引入相关典型案例，包括近几年司法考试的真题，以启迪学生的思维，提高其思考分析问题和解决实际问题的能力。

本教材是集体合作的成果，由张伟、赵江红任主编。初稿完成后，由张伟统稿、定稿。参加教材编写的作者及各章撰写分工如下（以撰写章节先后为序）：

张　伟：第一章、第三章、第八章；

赵江红：第二章、第四章、第五章、第九章；

马钰凤：第六章、第十章、第十一章、第十二章；

叶名怡：第七章；

郭振清：第十三章。

编　者

2009年8月

目 录

第一编 亲属法基本理论

第二编 亲属法基本法律制度

第三编　亲属法的适用

第一编　亲属法基本理论

第1章 亲属及相关诸问题

【**提示要点**】亲属关系是人类最基本、最普遍，也是最重要的社会关系。每个人从出生到死亡，都要受亲属法的调整。本章主要论述以下问题：亲属的概念、属性和特征，亲属与相关概念的区分，婚姻家庭的概念、属性和特征，婚姻家庭的结构与职能以及我国亲属制度的历史沿革。希望通过对以上内容的学习，使大家对亲属制度的基本内容得以认识和理解，从而为下面亲属法内容的学习做好理论铺垫。

第一节　亲属的概念、属性和特征

一、亲属的概念

"亲属"一词由来已久，源自我国古代典籍，《礼记·大传》中有"亲者，续也"之说；汉儒刘熙在《释名·释亲属》中称："亲者，衬也，言相隐衬也。""属，续也，恩相连属也。"这些解释，意在说明亲属之间具有不同于常人的、相衬相续的密切关系。这种相衬相续的亲属网络，是以婚姻为基础，以血缘联系为经纬编织而成的。应当指出的是，在中国古代典籍中"亲"与"属"二字具有不同的含义，故分别使用，两者各有所指，这同后世将"亲属"两字连用，使其意合一，是大异其趣的。《礼记·大传》中孔颖达疏载："亲者，属也者，谓湘东者各以属为服。"属乃从亲而生；古人言及亲属时是以亲为主，以属为从的。《说文》中释亲为"至也"，释属为"连也"，从中不难看出两者有亲疏远近之别。一般说来，较近之亲均称为亲，较远之亲常称为属。就法制而言，中国封建时代前期、中期的法律中称亲之处颇多，如期亲、大功亲、缌麻亲等；亲属两字连用见于法律始自明代。《大明律》有"妻与夫亲属相殴"条例，《大清律例》的贼盗门有"亲属相盗"条，斗殴门有"同姓亲属相殴"条，犯奸门有“亲属相奸”条。从清末民律草案到中华民国时期国民党政府民法，都把“亲属”列为一篇。

在当代法学中，亲属是指因婚姻、血缘和收养而产生的人与人之间的社会关系。这种关系具有很强的伦理性，一经法律调整，在具有亲属身份的人之间就产生了法定的权利和义务。因此，亲属关系在婚姻、家庭乃至社会生活中起着相当重要的作用。现代各国法律均有关于亲属的规定。亲属的意义因不同时代、不同国家而异。根据各国立法例，亲属立法中对亲属的概念界定有广义和狭义两种，其中广义的亲属以亲属关系的发生原因为标准，将亲属分为配偶、血亲和姻亲，日本、韩国即采此种立法例；狭义的亲属，则仅指血亲及姻亲，德国、瑞士、法国、墨西哥、秘鲁、南斯拉夫等国采此立法例。据此，法律意义上的亲属是指由法律确认和调整的，因婚姻、血缘和法律拟制而产生的一种人与人之间的特殊社会关系。这种社会关系的主体间负有一定的权利义务，其缘于法律的调整和规制。法律对其设定权利义务的基础在于这些人之间具有较强的伦理身份关系。

二、亲属的属性

亲属间具有鲜明的地域、民族特性和传统伦理内涵，与社会的民族文化传统和伦理道德紧密联系。传统社会注重亲属间的伦理特性，亲属关系的调整依据的是传统伦理道德，亲属间的交往都要遵行一定的社会风俗和习惯，而具有民族和文化根基性的风俗习惯往往践行的是伦理内涵的要求。传统社会亲属间的伦理内涵体现的是家族、团体的意志，往往漠视个人权利。而随着时代的发展，以及个人人格的觉醒和权利意识的增长，亲属间所具有的某些特性（如团体意志）逐渐淡化，但其伦理属性依然延续，为法律的介入规范提供了道德上的支撑。而作为一国的亲属法是最能体现其民族特色的。我国亲属法所具有的浓厚伦理色彩，是立法上对亲属间设置权利义务的主要依据，在保留传统伦理规范中精华的同时，借鉴现代各国亲属立法的先进经验，为亲属间配置相应的权利与义务，使其达成一致，例如父母之义务，夫妻之义务，子女之义务，是我国亲属法立法的任务。据此，我们认为亲属的属性在于习俗性和伦理性。习俗性和伦理性都是特定地域、特定民族长期形成的文化传统，前者表现为普遍的、稳定的生活方式，后者表现为流行的人伦秩序。

三、亲属的特征

基于对法律意义上的亲属概念的界定和属性的分析可见，亲属具有以下特征：

1. 亲属是具有伦理性的身份关系。亲属法调整的亲属关系既是一种身份关系，又是一种社会伦理关系。伦理道德与法律的一致性，在亲属法上反映得尤为突出。亲属法常被称做是道德的法律化，或法律化的道德。亲属法中为亲属关系的主体所规定的权利和义务，必然也是亲属关系领域中道德规范的具体要求。这些规定不仅具有法律上的拘束力，而且具有道德上的示范作用。伦理性是亲属制度的重要特点，伦理身份则表明个人在伦理关系中特定的资格和地位。而基于结婚、血缘和收养等法律事实而产生的亲属关系必然具有一定的伦理身份性，这种伦理内涵天然地要求亲属之间恪守一定的道德规范，伦理的本质在于对义务的强调和倚重，同时基于亲属间身份的不同，也要求其承认亲属间的差序性。具体而言，亲属法具有鲜明的伦理性，主要包含以下涵义：①亲属法的内容主要来源于伦理道德，是伦理道德上升为法律的结果。自有人类以来，就有亲属共同生活关系的存在，在长期的历史进程中，形成了许许多多的有关身份关系的伦理规则。统治者为了巩固社会之稳定，维护亲属共同生活的圆满，从这些伦理规则中择其要者，以法律的形式巩固下来。②伦理道德是亲属法的必要补充。亲属关系主要靠道德和感情维系。在任何社会中，亲属间的问题都只有一部分由法律规定，此外由习俗、道德、宗教（在中国是礼教）等规定，这也是身份法与财产法的不同之处。

2. 亲属关系是基于血缘、婚姻或收养而产生的。法律上的亲属得以产生的法律事实，具体来说有以下三类：①结婚的法律行为，因结婚而产生的亲属有配偶和姻亲；②自然人出生的血缘事实，如父母、子女、兄弟姐妹等；③基于收养的法律行为，这是法律拟制所产生的亲属。拟制关系形成后，法律确认其产生如同自然血亲间所具有的权利义务关系。

3. 亲属间具有相应的法律效力。亲属间之所以具有相应的权利义务，在于立法的设定。法律对亲属之间规定身份上和财产上的权利义务的目的在于对社会学意义的亲属和法律意义的亲属作出区分，从而为规范亲属关系制定法律上的依据，在亲属之间赋予法律上的效力，以维持共同生活秩序。

4. 亲属有固定的身份和称谓。任何亲属都具有一定的身份和称谓，如父母、子女、夫妻、兄弟姐妹等。这种身份和称谓要么因出生而产生，要么因结婚行为而形成，要么因法律拟制而形成。在部分亲属间，身份的形成就意味着要承担相应的权利和义务。

明确法律上亲属的概念、属性和特征后，有必要对与之相似及相近概念作以下区别：

1. 亲属与家庭成员。家庭成员是指在一个家庭中共同生活并且相互负有扶养权利义务的一定范围内的亲属。家庭成员主要指夫妻、父母、子女、祖父母、外祖父母、孙子女、外孙子女及兄弟姊妹等。家庭成员和亲属的区别主要在于两者范围不同，家庭成员一定是亲属，但亲属未必是家庭成员。

2. 亲属与家属。家属是与家长相对应的称谓。我国古代的礼法规定实行家长制，家长享有很大的权力，甚至对家属握有生杀予夺的大权。每个家庭设有家长，共同生活在一个家庭中的其他成员则为家属，主要包括家长的妻、子女、儿媳等近亲属。对于在家庭中共同生活的奴婢、妾、童养媳等，因为与家长有人身依附关系，法律也认其为家属。亲属和家属之间具有区别，在旧中国，家属是封建制家庭中的一个组成部分，亲属中，只有与家长共同生活的近亲属才是家属，而家属中有一部分与家长只有人身依附关系而没有亲属关系。但现代社会家属的称谓在内涵上已与古代家属的指称不同，已无法律上的意义，只是一种约定俗成的称呼。家属现在一般指家庭内户主本人以外的成员，如将配偶、子女等称为家属或配偶间互称家属，但相互间法律地位一律平等。亲属与家属的主要区别是，亲属的范围要比家属广得多。

3. 亲属与家长。家长一般指未成年人的父母或监护人（自然人）。现在一般指父母或者其他监护人或者孩子的长辈。它与我国古代家长的内涵有本质的区别，也并非法律术语，但与法律上的监护人或法定代理人的范畴比较近似，属于监护人或法定代理人的一部分。因此，一定范围的亲属在特定情况下可以成为家长。并且，亲属是亲属法上运用的法律概念。

4. 亲属与家族。家族是指在农业社会经济结构里，为了满足一定的生产实践与生存的需要而建立在血缘关系或边缘关系基础上的具有一定政治法律功能与伦理约束力的民间社会组织。家族具有一定的政治法律功能以及伦理约束力。传统家族成员间拥有族谱，设有祠堂，家族内拥有族长，拥有一套管理和教化家族成员的程序和制度（族规）。家族成员间往往同居共财，家族成员间一荣俱荣，一耻俱耻。与亲属比较，家族内的成员间都具有亲属的身份关系，都受家族内制度的规范和约束，而亲属间只在特定范围内具有权利义务。

5. 亲属与氏族。氏族又称“氏族公社”，它是原始社会中以血缘关系联结起来的基本的社会经济单位，产生于旧石器时代晚期，初为母系氏族，新石器时代末期起过渡到父系氏族。氏族内禁止通婚，实行族外婚，生产资料公有，集体生产，平均分配，没有剥削，没有阶级，公共事务由推举产生的氏族首领管理，重大问题由氏族成员会议决定。氏族是根据亲属关系而组成的，因此，亲属关系的形成是氏族产生的前提。氏族具有政治、经济、宗教等复杂的功能，而亲属间则不具有上述部分功能。

6. 亲属与亲戚。亲戚是指和自己有血亲和姻亲关系的人。中国古代唐朝学者孔颖达对亲戚的注解为：亲指族内，戚言族外。亲戚的范围很广，其体现的是社会中人与人之间的差序格局。亲属是法律术语，而亲戚不是。亲属和亲戚的范围在很大程度上是重合的。

第二节　婚姻家庭的概念、属性和特征

一、婚姻家庭的概念

婚姻家庭是一种特定的社会关系，担当着繁衍和延续人类社会的重要功能。随着时代的发展，婚姻家庭的结构和职能发生着剧烈的变化，人们对婚姻以及家庭的看法也在认识上出现分歧。因此，追溯婚姻家庭的历史性和社会性，是正确认识婚姻家庭本质的出发点。

（一）婚姻家庭的一般概念

婚姻家庭的一般概念可以大致表述如下：

1. 婚姻，是为当时社会制度所确认的男女两性的结合：①婚姻是男女两性的结合。男女两性的结合是婚姻成立的前提条件，此乃婚姻关系与其他社会关系的重要区别之一，是婚姻自然层面的要求。婚姻最早的一个功能是为了繁衍后代，同性结合不成其为婚姻。②男女两性结合须为当时社会制度所确认。这是婚姻的社会层面的要求。因为两性结合是人与动物的共同自然属性，但用社会的手段对两性关系予以规范，形成统一的、制度化的婚姻形态则是人类婚姻的特质。其他的两性结合，如通奸、姘居等均与婚姻有着本质上的区别。③婚姻是双方具有夫妻身份的结合。这是婚姻的法律层面的要求。世界各国的婚姻法除明确规定了婚姻成立的法定要件外，还明确规定夫妻间的权利和义务，不符合婚姻成立要件的两性结合不是婚姻，当事人之间不具有夫妻身份。只有符合结婚的法定条件，才具有夫妻身份，而具有夫妻身份者才享有法定的权利与义务。

2. 家庭，是由一定范围的亲属所构成的社会生活单位，是一个完全放松、无顾忌地表达自己思想的环境。家庭的出现早于法律，因而调整家庭关系时，不仅仅要从法律上去规范，也要重视道德和伦理的介入。在当代社会里，家庭的范围扩大了，家庭模式日益多样化，在传统的婚姻、血缘组合形式以外，又多了非婚家庭、同性结合的家庭等新模式。即便这样，传统家庭结构所具有的功用不容忽视，也不可取代：①家庭是一个生活单位，具有同居共财的特点。②家庭是由一定范围的亲属所构成的生活单位。家庭成员是基于婚姻和血缘或收养形成的。根据我国婚姻法的规定，在法律上具有权利义务关系的家庭成员包括：夫妻、父母、子女、兄弟姐妹、祖父母、外祖父母与孙子女、外孙子女。③家庭成员间具有身份性，法律承认家庭成员的差序性。

3. 关于家的涵义。日本著名学者滋贺秀三先生在其《中国家族法原理》一

书中，[1] 对中文“家”的含义作了界定。他认为，私法意义上的家（家族）有广、狭义之分，“在广义上，总称家系相同的人们为家。所谓的家是指，由同一个祖先分家而来的总称为一族的叫一家，因而亦称为同宗，又叫一家子。在狭义上，将共同维持家计的生活共同体称之为家。”现代汉语中“家族”的含义等同于广义上的家；而“家族本位”所指的“家族”，则是狭义的，即“由一定亲属组成的社会生活共同体”。“概括起来看，中国语所提到的‘家’，可以说是意味着共同保持家系或家计的人们的观念性或现实性的集团，或者是意味着支撑这个集团生活的财产总体的一个用语。”我国传统亲属法中的“家”，是作为完全主体的家长和作为不完全主体的其他家庭成员的联合，是家长享有管理权的财产共有团体，权利义务的承担者不是“家”，而是家庭成员。因此，我国传统亲属法的“家”和罗马法的“家”一样，不是法律上的主体。古今中外，家庭都不是法律主体。法律对“家”的规定，从来不是规定其主体资格，而是规定家庭成员间的法律关系，包括身份关系和财产关系，只是在不同国家、不同时期，此类身份关系和财产关系的内容不同而已。因此，不同意义上的家具有不同的特性，家在私法上和公法上具有不同的作用。家在私法上是指以家族关系为目的，同居地营造共同生活的亲属团体。私法意义上的家可以作为亲属法研究的对象，对家的研究可以深化对亲属关系的认识。而公法意义上的家则主要是代表课税的对象、作为户籍登记的对象，公法上的家相当于“户”。现代意义上的家是指以永久共同生活为目的而“同居共财”的亲属团体。

（二）婚姻家庭的法律概念

婚姻家庭的法律概念，实际上就是婚姻家庭法律关系的概念。从法律关系的角度而言，婚姻是男女双方以永久共同生活为目的，以夫妻的权利义务为内容的合法结合。家庭，是同居一家共同生活，其成员依法互享权利、互负义务的亲属团体。婚姻家庭法律关系是基于法律对婚姻家庭关系的调整而形成的。婚姻家庭的一般概念和法律概念既有联系又有区别，前者指的是婚姻家庭这种社会关系，后者则是专门针对婚姻家庭法律关系而言的。

二、婚姻家庭的属性

婚姻家庭是以两性结合与血缘联系为其自然条件而形成的社会关系，其属性可以从以下两个方面加以说明。

（一）婚姻家庭的自然属性

自然属性是婚姻家庭赖以形成的自然因素，是婚姻家庭关系形成的必要条件，也是婚姻家庭关系与其他社会关系相区别的重要标志之一。男女两性的生

---

〔1〕 参见［日］滋贺秀三：《中国家族法原理》，张建国等译，法律出版社2003年版，第41~72页。

理差别，人类固有的性的本能，是婚姻在生理学上的基础。通过生育而实现的种的繁衍和由此而形成的血缘联系，是家庭这一亲属团体的生物学上的功能。通过两性结合、生育行为而实现的人口繁衍和延续，是社会可持续发展的必要条件。因此，我们应当正视婚姻的自然属性。在婚姻家庭立法时应当考虑婚姻家庭的自然属性，绝不能对此置若罔闻和随意行事。例如，法律以达到法定婚龄为婚姻成立的必备要件，以当事人有一定范围的血亲关系和患有特定的疾病为婚姻成立的障碍，以有生理缺陷、无性行为能力作为婚姻成立的障碍或离婚的理由等，凡此种种，都是同婚姻家庭的自然属性相关的。立法者应当理性客观，遵循自然规律的要求进行立法，承认主体资格的特定性和主体意思自治的限定性，不能无限扩大其权利能力和行为能力，但也不能无限夸大婚姻家庭的自然属性。

（二）婚姻家庭的社会属性

社会属性是婚姻家庭的本质属性，它决定着婚姻家庭发展的方向。婚姻家庭是社会的产物，而不是自然的产物。男女两性的生理差别，人类固有的性的本能和血缘联系等，只是婚姻家庭赖以形成的不可缺少的自然条件，而不是婚姻家庭本身。决定婚姻家庭本质的是其社会属性，而不是其自然属性。婚姻家庭本身是一种人与人之间的社会关系，它是社会关系总和的组成部分，与其他社会关系具有密切的联系，反映了一定社会的生产方式和生活方式的客观要求。任何婚姻家庭都不是抽象的，都不是脱离社会而存在的。它总是依存于一定的社会，具有一定的社会内容。社会性是人的本质属性，也是婚姻家庭的本质属性。作为社会关系特定形式的婚姻家庭，是一定的物质社会关系和一定的思想社会关系的结合。婚姻家庭中的物质社会关系，是与作为一定社会经济基础的生产关系相适应的，不同社会的生产资料所有制和生产组织形式等，决定了婚姻家庭领域的经济关系的性质和特点。婚姻家庭中的思想社会关系，是与一定社会的上层建筑和意识形态相适应的，具体表现在思想感情、伦理道德、法律和习惯等诸多方面。正因为如此，婚姻家庭和社会是密不可分的，婚姻家庭被称为社会的细胞和缩影。

总之，婚姻家庭的自然属性体现了婚姻家庭的特点，而婚姻家庭的社会属性则反映了婚姻家庭的本质。

三、婚姻家庭关系的特征

婚姻家庭的范围和性质决定了婚姻家庭关系的特征，婚姻家庭关系有其本身固有的特点：

（一）普遍性和广泛性

婚姻家庭关系是最为基础和重要的社会关系之一。因为它关系到男女老幼、千家万户，关系到社会生产和生活。它作为整个社会运行的基石，发挥着异常重要的作用。婚姻家庭关系的普遍性正是基于其存在的正当合理的社会意义而得以延续的。即婚姻家庭具有不可替代性和广泛性。虽然人们的生活方式和观念发生了巨大变化，但人们仍将婚姻家庭看作满足生理和心理需要、延续生命、精神抚慰的主要生活方式，同时也是主体人格需要的一部分，是实现自我价值的重要表征，在现代社会仍具有相当广泛的普遍性和不可替代性。

（二）伦理性

婚姻家庭关系是婚姻当事人及家庭成员意志的体现，是和社会主义道德相一致的。婚姻法调整的婚姻关系是男女两性关系，家庭关系是血亲关系，这些关系不仅由社会的经济基础所决定，而且还要受政治、道德、文化、风俗、习惯等因素的影响。婚姻家庭关系中的当事人之间的权利和义务，就是以这个社会中的伦理道德为基础的。伦理性的本质在于对义务的强调，重在利他和奉献。婚姻制度所担负的养育功能就更多地体现为家庭对子女的养育责任，是以义务为重心的。家庭伦理的利他原则满足了家庭成员利益的最大化需要，婚姻使得家内家外各种福利的生产都获得一种可能的规模效应，而且具有互补性。伦理性给婚姻家庭关系打下了深深的烙印，既保障婚姻家庭关系的和谐稳定发展，又可能在一定程度上影响人们张扬个性、追寻自由和权利平等的婚姻家庭生活的理念。

（三）强制性

婚姻家庭关系受婚姻法的约束，而婚姻法和其他法律一样，都具有强制性。如当事人为一定行为时（如结婚、离婚、收养等），必须依照法律的规定；这些强制性的规范是由法律预先指明、严格规定的，当事人不得违反或自行改变。因而婚姻家庭关系的处理不仅仅需要伦理习俗的介入，更需要法律的强制性规范予以保障。

然而，随着时代的发展，市场经济大潮在荡涤整个社会的同时，也给婚姻家庭关系带来了新的挑战，婚姻家庭关系的特征也在发生变化。结合婚姻家庭的概念和属性，有学者认为当代婚姻家庭关系出现了以下新的特点：

1. 婚姻家庭关系的功利化和市场化。现代社会，男女双方在选择配偶时更多地考虑的是经济因素，在婚姻家庭领域，功利取代了伦理。婚姻的取舍往往更注重对经济利益的考量，尽可能地通过经济环节来使个人利益最大化。同时在家庭日常生活中，通常喜欢通过市场价值来考虑问题，讲究对等补偿、竞争、价值等市场经济中的经济性因素，传统伦理规范的约束明显弱化。受这种功利化和市场化驱动，再加上外来不良思想和封建意识的影响，重婚、包二奶、非法同居等现象增多，并有蔓延趋势。这对婚姻家庭的和谐稳定与社会秩序的健康安定，产生了极大的负面影响。

2. 婚姻家庭的风土化和人本化。婚姻家庭生活中无时无刻不渗透着风土性和伦理性，风俗习惯不无保留地告诫人们什么是被提倡的生活方式，什么是被禁止的生活方式。因此，在婚姻家庭的发展中，人们更加注重对风土化行径的考察，注重风土人情的考察和伦理规范的约束作用。同时，现代社会尊重人，重视人的价值，立法的基本价值取向是释放和张扬个性，尊重每个人的人格和需要，这就要求婚姻家庭生活中以人为本。但这种“人本化”趋势也带来了现代人“以自我为中心”，自我优先于他人的思维和行为方式，缺乏家庭和社会责任感。

3. 婚姻家庭的多样化和开放化。在尊重本土化的婚姻家庭生活方式的同时，人们也开始重视婚姻家庭的差异性选择，婚姻家庭的样态朝着多样化的态势发展。例如，离婚自由的扩大化，人们对同居以及婚前性行为的接受，个体穿戴的随意大胆等。这些样态都告诉我们，法律在婚姻家庭领域的干预逐渐缩小，团体意志不断与个人自由进行博弈，进而在某些方面妥协，个体的自由度得以扩张。

第三节　婚姻家庭的结构和职能

婚姻家庭是人生的重要组成部分，是社会的细胞和缩影，婚姻与家庭密不可分，各自承担着不同的功能，婚姻是家庭的基础，家庭是婚姻缔结的结果，是社会的细胞，两者相互影响，相互作用，共同推进人类社会的发展。随着社会的演进，人们思想观念的变化，婚姻家庭的结构也发生着或多或少的变化。

一、婚姻家庭的结构

男女双方通过婚姻结合而组织成家庭，家庭是人类最基本的一种社会组织。但这仅仅是一种婚姻家庭结构。婚姻家庭结构的不同在一定程度上反映了人们家庭观念的变化。不同的家庭结构发挥着不同的职能和作用，根据家庭成员的成份、数量及其相互关系，我国家庭结构类型大致可分为以下几种：

1. 核心家庭。指两代人组成的家庭，即由夫妇及其子女组成的家庭。核心家庭的成员是夫妻两人及其未婚孩子。核心家庭是婚姻家庭结构最重要的形态，其所起的作用是其他婚姻家庭结构不能起到的极为重要的作用。例如：①核心家庭满足性需要，减少导致家庭破裂的性竞争；②核心家庭保证妇女在其怀孕和哺乳期间受到保护；③核心家庭是教化子女的必要条件，只有在一起生活的成年的男子和女子才有足够的知识使男孩子和女孩子受到教化；④女子因其生育作用而具有某种行为特点，男女之间存在解剖学上的和生理上的差别，因此男女分工更有利于生活。根据这种观点，核心家庭在异性性生活、生育、教化和经济支持上起的有效作用超过其他任何制度。

2. 直系家庭。可细分为：二代直系家庭；三代直系家庭；四代直系家庭；隔代直系家庭。直系家庭的主体是三代直系家庭。

3. 复合家庭。复合家庭是指父母和两个或多个已婚子女及其配偶、后代所组成的家庭。在这种家庭中除纵向的直系亲属关系外，还包括横向的旁系亲属关系（这一分类不涉及未成年的兄弟姊妹）。复合家庭又分为两类：①三代复合家庭，主要是父母、儿子儿媳和孙子女组成的家庭；②二代复合家庭，是指父母和儿子、儿媳或两个以上已婚兄弟和其子侄组成的家庭。

4. 单人家庭。只有户主一人独立生活所形成的家庭。

5. 残缺家庭。可分为两类：①没有父母、只有两个以上兄弟姐妹组成的家庭。②兄弟姐妹之外再加上其他有血缘、无血缘关系成员组成的家庭。③单亲家庭，指夫妇一方和子女组成的家庭。

6. 夫妇家庭，又称丁克家庭。指只有夫妻二人组成的家庭，包括空巢和未育子女的情形。丁克是英文 DINK（Double/Dual Income No Kids）的音译，意思是双收入却主动不要孩子。西方目前通常用 Child - Free 这个词汇，其含义是主动放弃生育，而不是由于生理原因无法生育。丁克夫妇主张摆脱传统婚姻生活中传宗接代的观念，更倾向于过有质量的、自由自在的“两人世界”生活。对于中国大多数年轻人来说，这个词汇早已不再陌生，近年来，丁克家庭在城市青年尤其是白领夫妇中的比例有逐渐增加之势。丁克族不要孩子的主要理由是不愿意一辈子为子女操劳，奉献一切，想尽情地享受二人世界。

7. 人工生殖技术家庭。是指利用现代医学的最新成果，利用人工的手段代替自然生殖过程的某一步骤或全部步骤的手段而生育孩子，从而产生的家庭。人工生殖技术产生的家庭给人类的伦理道德、血统和法律制度带来巨大的冲击，其父母子女关系的认定，相关当事人权利义务的认定都有待研究。人工生育带来法律和道德上的难题，例如父母与子女身份问题、孩子出生登记及抚养归属问题、孩子的知情权问题、代孕的法律问题等。这就要求法律和道德规范的介入、舆论的正确引导和约束，提醒人们注重血缘人伦关系对维系社会关系的重要性。

8. 合伙家庭。这种合伙以无血缘关系和婚姻关系的当事人组成家庭共同生活为目的。主要指离婚后的再婚家庭，还包括同性结合组成的家庭。虽然我国目前还不承认同性间可以组成家庭，但国外已有此类现象，并且部分国家已承认其地位。

9. 其他。指户主与其他关系不明确的成员组成的家庭。这其中有的彼此之间关系可能很密切，如叔侄关系等。

我国家庭结构的发展趋势从总体上看，以核心家庭、直系家庭和单人家庭为基本结构的状态将持续，仍呈现出核心家庭为主、直系家庭居次、单人家庭为补充的格局。但城乡之间存在差异。我国当代家庭结构的变动表明，特别是"第五次人口普查"数据揭示的新变化在于，夫妇核心家庭迅速上升，单人家庭继续增加。尽管三代直系家庭的总水平相对稳定，甚至在农村有所增加，但家庭结构的小型化趋向仍在继续。

二、婚姻家庭的职能

婚姻家庭的产生和演变，是出于社会发展的客观需要。其发展与社会是互动的，婚姻家庭不仅反映了社会生产和社会生活的需求，而且能动地作用于社会生产和社会生活。婚姻家庭特有的社会功能，是其他社会组织无法代替的。婚姻家庭是所有社会制度的基石，它是一个稳定的社会结构。婚姻家庭是个人人生发展史上的重要阶段，它对个人和社会具有不同的功能。基于此，婚姻家庭具有以下职能：

1. 生育扶养职能。男女双方结婚组成家庭，婚姻家庭是种族延续的保障，是人口生产的基本单位，承担着生育子女、繁衍后代和养育子女的社会责任。社会保障制度可以部分代替家庭在抚育后代方面的职能，但婚姻家庭所担负的抚育职能不仅仅限定于物质供养方面，稳定和谐的家庭所担负的抚育职能缓解了社会保障的压力，是最合理的抚育子女成长的机构。

2. 经济职能。包括生产职能与消费职能。婚姻家庭为家庭成员提供经济上的支持，家庭单位为家庭成员需要的物质资料进行生产，保障家庭成员的正常合理需求。同时，家庭也是社会的基本消费单位，以家庭为单位进行消费是各个社会消费的基本特点。家庭成员共同生活、共同消费。

3. 教育职能。家庭是人类社会最重要的分工形式之一，在传承文化和繁衍后代方面的作用同样重要。婚姻家庭承担着家庭教育的重任，一个人从出生时最初接触的就是家庭教育，家庭教育的优劣影响着个体的成长和发育，包括个体体质上和心智上的成长。良好和睦的家庭氛围能对个体的成长产生积极的影响。相反，病态的家庭则限制个体的良性发展。家庭教育作为社会教育的先导，对个人的发展至关重要。

4. 精神抚慰职能。婚姻家庭生活可以满足男女双方性生活的需要和对性生活的控制及心理情感上的需求。家庭生活为家庭成员提供感情上的保证，主要表现在形成共同的思想感情基础、形成和谐的心理状态，增强家庭成员间的亲密程度三个方面。在一定程度上，可以缓解个体在社会上的压力，达到精神抚慰的功能。

5. 维系社会稳定的职能。家庭是社会的细胞，社会的稳定有赖于家庭的和睦。"家和万事兴"，家庭和谐是社会和谐的基础及重要组成部分。家庭承担的社会责任在于保护儿童家庭生活，家庭成员为儿童的成长和幸福营造良好的生活环境。只有健康、和谐、有序的家庭生活，才能进一步保证社会秩序的稳定。如果家庭生活出现危机，则将导致一系列的社会矛盾和纠纷。因此，健康和谐的家庭将在一定程度上发挥其维系社会稳定的职能。

第四节 我国亲属制度的历史演变

一、亲属制度的历史形态

在人类社会中，亲属制度不是自始存在、永恒不变的，它是社会发展到一定阶段的产物。从历史上考察，亲属制度的产生和发展与婚姻家庭制度是同步的，反映了当时社会对两性和血缘关系的社会形式的客观要求。基于婚姻家庭制度和社会制度的一致性，我们可以将不同类型的经济基础作为区分婚姻家庭制度的客观依据。以群婚制为婚姻家庭制度的萌芽，可将婚姻制度分为群婚制、对偶婚制和一夫一妻制三种历史形态。摩尔根在《古代社会》一书中，将人类社会的历史类型划分为三个重要的时期——蒙昧时期、野蛮时期和文明时期。恩格斯在《家庭、私有制和国家的起源》一书中指出："群婚制是与蒙昧时代相适应的，对偶婚制是与野蛮时代相适应的，以通奸和卖淫为补充的一夫一妻制是与文明时代相适应的。"[1]

（一）原始社会中的群婚制和对偶婚制

1. 群婚制。所谓群婚制，也叫集团婚制，是指在集团内一群女子和一群男子互为夫妻的婚姻形式，这是人类最早的婚姻家庭形态（广义上的）。群婚制时已发展出了人类最早的婚姻禁例，即只实行同行辈的集团婚，这是它和杂婚时代的一个最本质的区别。按照摩尔根《古代社会》一书中的观点以及恩格斯《家庭、私有制和国家的起源》一书中所阐述的婚姻家庭的进化模式，群婚制可以划分为两个主要的形态：血缘群婚制和亚血缘群婚制。

（1）血缘群婚制，也叫血缘家庭。它是指在一个集团内，同一辈分的男女互为兄弟姐妹，同时，也互为夫妻，实行的是同行辈的集团婚。在这一形式下，通婚的范围只限于同一辈分的男女，而禁止了不同辈分间的两性关系。血缘群婚制或称血缘家庭，是群婚制的低级阶段，也是人类婚姻家庭发展的最初的阶段。正如恩格斯所说："家庭后来的全部发展，也使我们不能不承认这一点，因

---

〔1〕《马克思恩格斯全集》（第21卷），人民出版社2003年版，第88页。

为这种发展要求以这一家庭形式的存在作为必然的最初阶段。"[1]

（2）亚血缘群婚制，也称普纳路亚家庭，是群婚制的高级阶段。这种形式下的通婚要求，依然实行同辈的集团婚，只是在通婚的范围上较血缘群婚制下要小，婚姻的禁例也愈来愈严格。按照这一阶段通婚的准则：同一辈分的男女依旧互为兄弟姐妹，同时也互为夫妻，但是在禁止直系血亲间通婚的基础上，也开始禁止兄弟姐妹间的通婚。最初是排除了同胞兄弟姐妹间的通婚，后来又排除了血缘关系较远的堂兄弟姐妹或从兄弟姐妹间的通婚。

在群婚制下，由于通婚的范围受到了限制，人类逐渐衍生出了一些约束自身的行为规范，进而建立了一定的规范组织——氏族。"看来，氏族制度，在绝大多数场合下，都是从普纳路亚家庭中直接发生的。"[2] 而且，这时的氏族，依然是以女性为中心的，而男子是来自于其他氏族的，由于是群婚，所以只能判明子女的生母，子女的血统和世系只能由母方确定。原始社会中最初出现和长期存在的是母系氏族，她们全体有一个共同的女祖先，而且也只有唯一确知的母方世系才是最重要的。母系氏族是当时社会的基本生产和生活单位，婚姻双方分属于不同的氏族，子女属于母方氏族的成员，这也就足以说明了妇女当时在家庭和社会生活中享有很高的地位，但那时的家庭远非我们今天所使用的家庭概念，妇女的这些作用是受当时的社会生产力决定的群婚制所带来的必然结果。

因此，运用马克思主义的唯物史观看问题，在了解家庭制度的历史演变时，一定要知道，在个体婚出现以前，人类经历了一个漫长的群婚时代，而且这一时代是人类两性关系发展史上不可逾越的、必经的发展阶段。

2. 对偶婚制。对偶婚制，也称对偶家庭，是指成对的配偶在或长或短的时间内相对稳定同居的现象。

在这一时期，人类的婚姻禁例比以前更加繁多和复杂，使得通婚的范围愈受限制，终于使群婚在形式上已经不可能了。对偶婚的产生就是人类向前发展的必然结果。"这种习惯下的成对配偶制，随着氏族日益发达，随着不许互相通婚的'兄弟'和'姊妹'类别的日益增多，必然要日益巩固起来。氏族在禁止血缘亲属结婚方面所起的推动作用，使情况更加向前发展了。……在易洛魁人和其他处于野蛮时代低级阶段的大多数印第安人那里，在他们的亲属制度所承认的一切亲属之间都禁止结婚，其数多至数百种。由于这种婚姻禁例日益错综

---

〔1〕《马克思恩格斯全集》（第4卷），人民出版社2003年版，第33页。
〔2〕《马克思恩格斯全集》（第4卷），人民出版社2003年版，第36页。

复杂，群婚就越来越不可能；群婚就被对偶家庭排挤了。”[1]

在对偶婚下，一男一女成对的结合，实际上并不牢固，很容易被双方或一方所破坏。“即一旦解体就无所谓婚姻的分子。”[2] 一方面，在对偶家庭中，由于女子定居于本氏族，其父来自于其他氏族，所以这时女子在氏族中仍然保持着尊长的地位；子女的血统和世系仍由母系决定，这就使得对偶婚制仍然带有群婚制的特点，实际上，在很长时期内，这种成对配偶相对稳定的结合是与群婚制并存的。另一方面，对偶婚制又在两性和血缘关系方面，为其带来了极为重要的结果，即成对配偶在一定时期内相对稳定地同居生活，这就使得在一定条件下，子女的生父也有可能判明了。这是对偶婚制下人类两性和血缘关系发生的重要变化，同时，在血缘结构上为父系氏族和一夫一妻制的产生奠定了基础。

在对偶婚制基础上产生的对偶家庭，仍然不是我们所说的严格意义上的家庭，因为“这种对偶家庭，本身还是很脆弱，还很不稳定，不能使人需要有或者只是愿意有自己的家庭经济，因此它根本没有使早期传下来的共产家庭经济解体。”[3] 对偶家庭下的人们，依旧是生活在氏族内，并没有摆脱氏族的控制，而成为社会的单独的细胞组织。因此，这种对偶家庭还不是社会的经济单位，只能依旧以母权制的氏族为经济单位。这种氏族组织实行的还是早期的共产制家庭经济，同时也就意味着妇女在氏族内的统治。后来，随着氏族内部私有经济的产生和发展，最终，母权制被父权制所代替。随之，人类从原始的、无阶级的社会，走向文明的、阶级分化的社会，亲属制度也发生了相应的变化。

（二）阶级社会的一夫一妻制

阶级社会中，笼统地讲，主要是以一夫一妻制的婚姻家庭为主的，而且因所处时代、地域等的不同，一夫一妻制又带有各时代、各地区、各民族的烙印，显示出不同的特点。

处于文明时期的一夫一妻制，是伴随着人类文明时代的到来而诞生的，同时，它的诞生又标志着人类文明时代的开始。原始社会末期，由于对偶婚制的大量出现并普遍地存在于当时的社会之中，为广大氏族组织及其成员认同和接受，使得人类开始向自身文明逐渐过渡。对偶婚制作为群婚制和一夫一妻制的中间桥梁，使人类最终从群婚制走向一夫一妻制。由于对偶婚制起到了这种过渡作用，因而可以说，一夫一妻制的婚姻家庭，是在对偶婚制的

---

〔1〕《马克思恩格斯全集》（第4卷），人民出版社2003年版，第41页。
〔2〕《马克思恩格斯全集》（第4卷），人民出版社2003年版，第42页。
〔3〕《马克思恩格斯全集》（第4卷），人民出版社2003年版，第43页。

家庭基础上产生和发展的，其作用表现在：在对偶制时期，社会生产力的发展、财富的积累、氏族与氏族之间的战争以及血缘结构的逐渐改变等，为一夫一妻制的产生进行着量的积累，也就是说，对偶婚制为一夫一妻制的产生奠定了基础。总体上讲，一夫一妻制产生的社会动力或者说根本原因是原始社会末期产生和发展起来的私有财产，即一夫一妻制的形成是私有制确立的必然结果。

一夫一妻制的产生，标志着人类已进入文明时代，阶级已经形成。同时，也意味着女性受奴役时代的开始。即便如此，一夫一妻制的产生，依旧是历史的伟大进步。

1．奴隶社会的一夫一妻制。我国奴隶社会的宗法等级制度是森严的，在这时的婚姻家庭关系之中，贯穿着以“家世利益”为纽带的宗法等级原则。奴隶社会的婚姻家庭关系主要是由礼和习惯加以调整的，而礼和习惯又是为奴隶主阶级服务的。所以，奴隶社会的婚姻家庭关系，只能为奴隶主阶级的需要而存在，奴隶只能是充当为奴隶主繁殖奴隶的工具，而奴隶主则可以随心所欲地广占女奴，并可以广为纳妾。正如恩格斯所说的：“正是奴隶制与一夫一妻制的并存，正是完全受男子支配的年轻美貌的女奴隶的存在，使一夫一妻制从一开始就具有了它的特殊的性质，使它成了只是对妇女而不是对男子的一夫一妻制。”[1]

2．封建社会的一夫一妻制。封建社会的婚姻家庭制度，是在奴隶制的婚姻家庭制度的基础上建立和发展起来的，二者是一脉相承的。封建统治者实行的依然是宗法等级制度，而且这对于婚姻家庭领域的影响也是深远的，表现为家长与家属之间、夫妻之间、男女之间、尊卑长幼之间等都是不平等的，这种婚姻家庭制度的特点，可以集中地表现为家长专制、漠视子女利益、男尊女卑、一夫一妻多妾制，奉行的是婚姻不自由、包办买卖婚姻、父母之命、媒妁之言的婚姻形式；实行专权离婚、丈夫有休妻的权利，妻子则无离婚之自由，须从一而终等。在家庭生活中，实行着严格的等级制，这种等级制不可有任何逾越，而其中最受压迫、最无地位的是女子，她们的一生都是以顺为本的，“未嫁从父，既嫁从夫，夫死从子”。

3．资本主义制度下的一夫一妻制。资本主义制度下的婚姻家庭关系，已经不同于以往任何制度下的婚姻家庭关系了。由于资本主义实行的是商品经济，商品关系就成了资本主义社会中社会关系的主要内容，人与人之间在最大限度地实现利益的基础上进行往来。表现在婚姻家庭领域中，虽然这时法律赋予了人们婚姻自由的权利，缔结婚姻以“共诺婚”为主要形式，把婚姻看做契约，人人可以自

---

〔1〕《马克思恩格斯全集》（第21卷），人民出版社2003年版，第75页。

由缔结。但是，由于早期的婚姻家庭制度带有封建残余，宗教对其又有很大影响，以及资产阶级革命的不彻底性，使得婚姻家庭关系的平等、自由徒具形式，用形式上的婚姻自由代替昔日父母、家长对子女婚事的强迫包办和买卖；用形式上的男女平等，代替昔日的男尊女卑，掩盖男女事实上的不平等；用有产者手中的财产权，代替过去的人身特权，以通奸、卖淫为补充，代替了过去的多妻制。因此，资本主义条件下，法律的规定与现实的差距是很大的。

4. 社会主义制度下的一夫一妻制。一夫一妻制自产生以来，经历了不同历史时期的演变。奴隶社会、封建社会、资本主义社会的一夫一妻制，虽都是以私有制、剥削阶级为基础的，但由于生产资料占有制的不同，一夫一妻制表现出了不同的特点，就其本质来说，都是以对女性的占有和男女地位的悬殊为其基本特征的。社会主义制度的确立，铲除了私有制下“一夫一妻制”的社会经济根源和阶级根源，代之以真正意义上的一夫一妻制的婚姻家庭制度。

由于我国目前还处在社会主义初级阶段，在婚姻家庭领域，封建主义的传统思想和旧的习惯势力还没有完全破除，资产阶级腐朽思想的影响不可忽视，所有这些将直接影响到社会主义婚姻家庭制度的先进性与优越性的体现。

社会主义制度下的一夫一妻制，其发展趋势一定会继续向男女平等、婚姻自由的方向迈进，而且达到更加完善的地步，取而代之的将是：“这一代男子一生中将永远不会用金钱或其他社会权力手段去买得妇女的献身；而妇女除了真正的爱情以外，也永远不会再出于其他某种考虑而委身于男子，或者由于担心经济后果而拒绝委身于她所爱的男子。”[1] 总之，社会主义条件下的婚姻家庭制度将会提供新型的、两性平等的婚姻家庭模式，而且将会是不同于以往任何时代的、全新意义上的婚姻家庭关系。

二、亲属制度的本质

亲属是指因婚姻、血缘和法律拟制而形成的人与人之间的社会关系，是社会关系的特定形式。一定社会中的经济基础对亲属关系的要求，必然会在上层建筑包括意识形态中相应地表现出来，这些要求既表现为有关亲属的意识、观念，即亲属观，又表现为由有关亲属的各种社会规范所构成的制度，即亲属制度。

亲属制度作为社会制度的组成部分，属于社会上层建筑范畴，受经济基础的影响和制约，它是历史发展到一定阶段的产物。

按照历史唯物主义的观点，任何社会中的亲属制度都不是孤立存在的，为了揭示其本质，必须全面考察它和经济基础以及上层建筑包括意识形态的关系。

---

〔1〕《马克思恩格斯全集》（第4卷），人民出版社2003年版，第79页。

（一）亲属制度与经济基础

任何社会制度都是一定经济基础和上层建筑的统一。在两者的关系中，前者一般起着主要的、决定的作用。经济基础的性质，决定了包括亲属制度在内的全部上层建筑的性质。有什么样的经济基础，就有什么样的亲属制度，经济基础的变化，必然导致亲属制度的变革，这是不以人们的意志为转移的、社会发展的客观规律。

社会发展的演变过程表明，不同类型的社会都有与经济基础相适应的亲属制度。如以原始共有制为基础的原始群婚制和对偶婚制的亲属制度；以阶级社会中剥削阶级私有制为基础的亲属制度，诸如奴隶制的、封建制的和资本主义制度下的亲属制度，体现了不同形式的私有制的特点；以社会主义条件下生产资料公有制为基础的社会主义的亲属制度等，均体现了经济基础的性质决定包括亲属制度在内的上层建筑的性质这一规律。

在强调经济基础决定亲属制度的同时，还应该认识到，作为上层建筑的亲属制度，对于经济基础同样也具有反作用，这也是人类社会固有发展规律的反映。亲属制度对于经济基础的这种能动的反作用，是通过其自身机制和特有途径及方式表现出来的，并且又通过经济基础作用于生产力，对生产力的发展产生不同的影响，表现为先进的、文明的亲属制度可以巩固新的社会的经济基础，进而推动生产力的发展，促进社会的进步；落后的、愚昧的亲属制度，则会极力维护旧的社会的经济基础，进而会束缚生产力的发展，阻碍社会的进步。当前，进一步完善社会主义初级阶段的亲属制度是我国精神文明建设的一项重要任务，加强这方面的法律建设和道德建设，对巩固和发展社会主义制度，推动婚姻家庭的和谐与社会的稳定，促进社会主义现代化建设事业，必将发挥巨大的作用。

（二）亲属制度与上层建筑、意识形态

上层建筑和意识形态领域，是一个相互联系、相互影响和相互制约的网络系统。亲属制度与上层建筑的关系，主要体现为上层建筑作为经济基础对亲属制度起作用的媒介，即经济基础对亲属制度的要求，一般不是直接的，而是通过上层建筑领域的各部门表现出来的；同时，上层建筑的各部门又对亲属制度规定了各种不同的行为规范，确定了亲属制度的各项内容。在上层建筑领域和意识形态中，政治、法律、道德、宗教以及风俗习惯等，对亲属制度起着重要的作用，具有非常明显的影响。因此，我们在看待一定社会中的亲属制度时，经济基础起决定作用只是问题的一个方面；同时，还要看到问题的另一个方面，即上层建筑、意识形态领域的各部门，对亲属制度同样具有影响和制约的作用。现分述如下：

1. 亲属制度与政治。政治是经济的集中体现。阶级社会中，政治制度集中反映了经济基础的性质和要求，进而也就反映出了亲属制度的要求。在我国奴隶社会和封建社会中，实行的是以家为本的宗法统治制度，天子就是一个大家长，与此相适应的亲属制度也是以男性为家长制的。“夫为妻纲”和“父为子纲”的治家训条，与“君为臣纲”同为统治阶级的治国治家之道。政治制度与亲属制度几乎是融合在一起的。新中国成立的60年里，不同时期的政治形势、政治观点等，都对我国的亲属制度产生过不同程度的影响。

2. 亲属制度与法律。法律是由国家制定或认可的，以国家的强制力保证实施的行为规范。它是统治阶级意志或社会整体意志的集中体现，同时，也是为维持统治阶级在政治、经济等方面的统治服务的。因此，法律又是一定社会中政治制度的固定化及规范化，进而也是国家调整亲属关系的重要手段。通过运用法律形式确认亲属制度，使其具有了相对的稳定性，而且更加系统化。由于法律是以国家强制力为后盾的，因此，法律对亲属制度所起的作用是其他任何规范都无法取代的。新中国成立以来，对于亲属制度的改革与巩固、完善，都离不开法律的作用。1950年《婚姻法》和1980年《婚姻法》这两部法律的作用便是最好的例证。

3. 亲属制度与道德。亲属关系具有强烈的伦理性质，一定社会的道德规范体系总是具有大量的有关亲属和婚姻家庭的内容。与法律不同，道德行为规范主要是依据一些社会或阶级的道德准则，通过社会舆论或个人心理活动等形式，对他人或自己的行为进行善恶、是非、曲直等判断，表明褒贬态度。人们的亲属关系，作为以两性和血缘为纽带的社会关系，之所以不同于其他的人与人之间的社会关系，就在于它的社会性构成中，伦理道德因素居于主导地位，并决定其本质。因此，道德规范对于亲属制度的影响是非常大的，而且是构成亲属制度的重要的、不可缺少的内容。

4. 亲属制度与宗教。宗教作为一种社会意识形态，对亲属制度的影响也是不容忽视的。人的信赖感是宗教产生和存在的基础，而这种依赖感的对象就是自然，自然是宗教的最初原始对象。宗教乃是“对于我之所以为我的思量和承认”。[1] 可见，宗教对于亲属制度的影响，主要是依靠人们内心的虔诚的信仰，依靠人们对于不可知世界的恐惧以及对于超乎个人的自然力量和社会力量的崇拜而起作用的。在信奉宗教的国家里，宗教经典在调整亲属关系时起的作用是非常大的，甚至在政教合一的国家，宗教经典实际上起着法典的作用。如伊斯兰教的《古兰经》，其中大量有关婚姻家庭方面的内容，历来是穆斯林国家立法

---

〔1〕［德］费尔巴哈：《宗教的本质》，王太庆译，人民出版社1999年版，第1～2页。

的依据；印度教的《摩奴法典》、基督教的《圣经》等，都对亲属制度产生过强烈的影响。而且这种影响至今仍然在不少国家和民族中不同程度地存在着。

此外，风俗习惯对亲属制度也有一定的影响。风俗习惯一般都是在历史中长期形成的，同人们的生产和生活环境有着密切的关系，具有民族性、地域性、传统性等特点。某些为法律认可的婚姻家庭领域的习惯，本身就是亲属制度的内容。

总之，亲属制度不仅受经济基础的决定，而且也要受上层建筑和意识形态领域等各部门的影响和制约，同时，亲属制度对经济基础又具有反作用，表现出亲属制度所具有的功能与目的。

【小结】

1. 亲属一词有两层含义：一是社会学意义上的亲属，二是法律意义上的亲属。法律意义上的亲属，仅指得到法律确认、受到法律调整，具有一定效果的法律关系。社会学意义上的亲属关系只能基于婚姻、血缘和收养而产生。亲属间具有鲜明的地域性、民族特性和传统伦理内涵，与社会的民族文化传统、伦理道德紧密联系。

2. 法律意义上的亲属具有以下特征：亲属是具有伦理性的身份关系；亲属关系是基于血缘、婚姻或收养而产生的；亲属间具有相应的法律效力；亲属有固定的身份和称谓。

3. 在法律意义上，婚姻是为当时社会制度所确认的男女两性的结合。家庭，是由一定范围的亲属所构成的社会生活单位，是一个完全放松、无顾忌地表达自己思想的环境。婚姻家庭既有自然属性，又有社会属性，社会属性是其本质属性。

4. 婚姻家庭关系有其本身固有的特点：普遍性、伦理性、强制性，其中伦理性是其最主要和最鲜明的特点。随着时代的发展，婚姻家庭关系出现了一些新的特点。

5. 婚姻家庭具有以下职能：生育扶养职能、经济职能、教育职能、精神抚慰职能以及维系社会稳定的职能。

【思考题】

1. 亲属的本质属性是什么？
2. 如何理解婚姻家庭的特征？
3. 婚姻家庭结构发生变化的原因有哪些？
4. 婚姻家庭关系所发挥的作用有哪些？其价值和地位如何？
5. 亲属制度演变对现代社会所带来的冲击有哪些？

第2章 亲属法概述

【提示要点】本章重点介绍了亲属法的概念、调整对象和特点，我国亲属法的发展和演变，亲属法的地位和亲属法的渊源等内容。

第一节 亲属法的概念和调整对象

一、亲属法的概念及其名称

（一）亲属法的概念

亲属法是我们对已经熟知的婚姻法、家庭法或婚姻家庭法等称谓的替代，它是传统民法中对于调整婚姻家庭关系的法律规范的一种通用的称谓。我国受前苏联立法的影响，习惯上一直将其称之为“婚姻法”，这在1950年颁布的《中华人民共和国婚姻法》中得以体现，而且这一称谓延续至今，现行的我国调整婚姻家庭关系的法律依旧以此相称谓，不过虽然名称冠以“婚姻法”，但实际上，它既是调整婚姻关系的法律规范，也是调整家庭关系的法律规范，实则是婚姻家庭法。严格讲，对于亲属关系的一般原理在立法中也加以体现，从这个意义上来说，婚姻法或者婚姻家庭法是调整亲属关系的法律规范，将其称为“亲属法”较其他称谓更为贴切，也更能体现出亲属法所包含的实质内容，名实相符。

根据目前理论界较为通行的观点，对亲属法概念的界定应该表述为：亲属法是调整关于亲属身份关系的发生、变更和终止以及由此产生的相应权利义务的法律规范的总和，其中既包括调整亲属身份关系的发生、变更和终止及其相应的权利义务，也包括调整以亲属身份为基础的财产关系的发生、变更和终止及其相应的权利义务。总之，亲属法是以调整一定范围的亲属关系为主要内容的法律。

需要说明的是，对于亲属法名称的使用，各国有不同的称谓，如大陆法系的德国称为“亲属法”；日本称作“亲族法”；我国称其为“婚姻法”等，虽然名称不同，但其内容都是有关调整亲属关系的法律规范。名称本身也可反映出一国的文化传统、思维习惯等特点，研究亲属法时，首先对其不同的名称进行研究，可以较为准确地把握该国主流意识形态对于婚姻家庭关系的基本态度倾向，对于研究亲属法学是有益的。

（二）亲属法的名称

如果从历史角度和不同国家的立场考察亲属法的话，无论是其性质，还是其调整范围，或者是其表现形式、编制体例等，都存在着很大的区别。在进行亲属法学研究时，不但其名称是需要考察的因素，同时，其内容更是需要考察的一个重要因素。就其名称来讲，一般有以下几种称谓，分别为：非纯粹亲属法和纯粹亲属法、形式意义上的亲属法和实质意义上的亲属法、广义亲属法和狭义亲属法以及作为民法组成部分的亲属法和作为独立法律部门的亲属法等，称谓不同，表明亲属法的内涵是不同的。

1. 非纯粹亲属法，主要指古代亲属法，即指诸法合体形式下的亲属法，其内容既包括民事性质的法律规范，也包括其他的、特别是刑事性质的法律规范，如《汉穆拉比法典》。而纯粹亲属法则与它相对，多指近、现代的亲属法，即指在民刑分立的立法模式下，亲属法完全是由调整亲属关系的民事性质的法律规范构成的，而不包括刑事性质的规范。

2. 形式意义上的亲属法，主要是指以亲属法或婚姻法等相关名称命名的法律，只要是该名称项下的法律就是调整亲属关系的法律，就都属于形式意义上的亲属法，如民法典中的亲属编、我国现行的婚姻法等；而实质意义上的亲属法，则既包括以亲属法命名的法律，也包括其他不以亲属法命名、但实际上起着调整亲属关系作用的规范性文件。研究亲属法学，首先就是要以全部亲属法规范体系为主要内容，而不应仅以形式意义上的亲属法为限。[1]

3. 作为民法组成部分的亲属法，一般是以近代资本主义国家法律部门有了严格的划分为基础，亲属法作为民法典中的独立一编，为民法的一个组成部分出现，而不是独立的法律部门。苏联十月革命胜利以后，首创以婚姻家庭法为独立法律部门的立法体例，使亲属法不再作为民法的组成部分，这种独特的立法模式对于其后的一些社会主义国家的亲属法立法产生了非常重要的影响。我国就是受其影响的国家之一。至此，亲属法在其立法体例上就存在着较为明确的两种立法模式：或是作为民法亲属编，或是作为独立的亲属法律部门。

亲属法的概念界定，就是在了解不同亲属法的名称及其内涵的基础上所进行的。从上述对理论界通行概念的归纳、总结以及对亲属法不同名称及其

〔1〕 杨大文主编：《亲属法》，法律出版社2004年版，第19页。

含义的阐述中，我们可以得出以下结论：

1. 我国亲属法是实质意义上的亲属法，也就是说它包括了我国现行法律体系中所有调整亲属关系的法律规范。关于这一点，应与亲属法的法律渊源结合起来加以理解，二者是紧密相关的两个问题，为避免重复，此处只做提示性讲解，具体内容参照亲属法的法律渊源部分。

2. 我国亲属法的内涵虽是广义的，但其所调整的亲属关系却是有一定范围的。即它涵盖的亲属种类虽然广泛，不但包括婚姻关系的配偶，也包括家庭关系中的其他亲属，但因亲属范围的广泛性，所以都由法律调整是不符合实际的，法律在尊重亲属关系具有自然的亲、疏、远、近之分的基础上，将其中的亲、近的亲属划定在亲属法调整的范围之内，从而使得有法律关系或具有法律效力的亲属只包含其中的一小部分。虽然我国目前还没有以“亲属法”命名的相关法律，但现行调整亲属关系的婚姻法，实际上就是亲属法，因其适用的范围既包括婚姻领域中的配偶关系，也包括家庭领域中的其他亲属关系，是处理我国亲属法律关系所遵循的依据。

此处亲属关系既包括亲属身份关系，也包括基于亲属身份关系所产生的财产关系。

3. 就我国亲属法的编制体例，是将其作为独立的法律部门，还是作为民法的组成部分，学术界曾就此问题展开过激烈的讨论，且分歧较大。曾一度有人认为亲属法就是独立的法律部门，直至今日，亲属法应作为独立的法律部门的呼声依旧很高。随着我国法制建设的不断推进，特别是1987年《民法通则》的颁布，使得这一观点在立法上已站不住脚，但此时由于我国尚未形成完善的民事立法体系，特别是缺乏一部标志性的民法典，使得亲属法是独立法律部门的观点与亲属法作为民法组成部分的观点之间的争论依旧没有停止，最为集中的体现是21世纪之初在对已经适用了20年之久的1980年《婚姻法》进行修改之际，两种观点通过激烈地交锋，最后，亲属法作为民法组成部分的观点得以获得支持，即将亲属法明确定位为属于民法的组成部分。当然，作为一种学术观点及所进行的相应学术讨论是繁荣法学研究所必需的，这种定位对于亲属法是独立法律部门的观点的继续存在不但没有任何的妨碍，反而受其激励，“独立说”观点的支持者和研究者则会进行更为积极和深入地研究和论证，从而对促进亲属法学研究的进一步深入具有重要意义。还需明确的是，亲属法是不是独立的法律部门，并不影响和妨碍亲属法学作为法学研究领域中的一个独立的学科，两者不是同一性质的问题。

二、亲属法的调整对象

如果仅以血亲来定夺亲属关系的话，我们会发现，亲属关系所形成的网络是无限广泛的（以婚姻定夺的话，所形成的姻亲网络也是同样广泛的），要将这样广泛的亲属关系都纳入到亲属法的调整范围，法律将不堪重负，而且既没必要，也没有可能。那么，亲属法所调整的亲属关系究竟在什么样的范围内是适度的，而且调整的是怎样的关系，这就需要通过亲属法对其加以限定，从而确定亲属法的调整对象。在把握这一问题时，应在理解概念的基础上，结合亲属法的性质等方面加以综合认识。具体应着重从以下两个方面加以把握：

（一）亲属法调整的亲属关系的范围

从其范围上看，亲属法只对一定范围的亲属关系进行调整，而不是调整所有的亲属关系。那么，对"一定范围"的界定并不是立法者的随心所欲，而是要根据不同的国家和一定社会的实际需要，并结合当时的社会制度，考虑一定社会的传统文化背景及本国人民的风俗习惯等所进行的综合判断。具体讲，应从以下方面来认识和理解亲属法调整对象的范围：

1. 不同历史背景下的亲属法所确认的亲属关系的范围。家本位主义占主导地位时期，亲属法所确认的调整范围往往要广泛得多，而且重男系亲而轻女系亲，不过此时，从严格意义上讲还不能叫做是"亲属法"，其只不过是在民刑不分、"诸法合体"形式下，一部内容庞杂的法律中所含有的调整亲属关系的行为规范，这种情形一般多见于奴隶社会和封建社会。在家本位观念的统辖之下，法律所调整的亲属关系是非常广泛的。根据我国封建时期法律确认的亲属范围，四世以内的宗亲、三世以内的外亲及二世以内的妻亲，都属于具有法律效力的亲属关系，其所遵循的依据就是服制图。[1]

个人本位主义占据上风时期的亲属法，其所调整的亲属关系与个人本位的观念密切相关，出于强调保护个人利益，家庭的保障范围及亲属之间相互应予提供的保障义务，已经从之前的广泛性到限定在一定的范围之内，而且，此时的历史已进入到资本主义时期，法律部门已经有了严格的划分，亲属法虽然属于民法的组成部分，但是它已经是规范性的、且是系统性的调整亲属关系的法律规范，并以专编的体例显示其在民法典中应有的地位。这时的亲属法所调整的亲属关系，虽依不同的国家和社会、不同的立法体例而有具体不同的范围，[2]

---

〔1〕有关服制图，可参见杨大文主编：《亲属法》，法律出版社2004年版，第20页；史尚宽：《亲属法论》，中国政法大学出版社2000年版，第62~69页。

〔2〕可参见法国、德国和日本等国民法典中相应条款的规定。其中，日本采用概括限定亲属范围的立法模式，在法律中统一规定亲属的范围，以此限定亲属法调整对象的范围；法国、德国则是采用非概括限定的立法模式，在法律中不作统一的限定，而是根据具体不同的法律关系分别规定何种亲属具有何种法律效力。但是，无论如何，它们所确定的、需要法律调整的亲属关系的范围都远较家本位时期的范围小。

第二章

但从整体上看，这一时期的亲属法所确认的亲属范围已大大小于家本位时期的亲属法。

从大陆法系的法国、德国和日本等对亲属范围的界定所采用的概括性和非概括性的两种立法模式看，无论哪一种模式，其对于亲属法立法的完善都是非常重要的。两种模式对于亲属范围的界定，虽然都比较明确，但在具体适用时，概括性地限定（如日本亲属法）则会显示出一定程度的僵化，不是过宽就是过窄，当其过宽时则会显得亲属范围的界定没有实际意义；当其过窄时则会显示出立法的缺陷，从而使法律缺乏保护当事人权益的力度。

2. 我国亲属法确定的亲属关系的范围。依我国现行婚姻法和其他相关法律的规定，我国亲属关系的范围包括：夫妻、父母、子女、兄弟姐妹、祖父母、外祖父母、孙子女、外孙子女；除此之外，具有法律效力的亲属范围还应包括其他三代以内的旁系血亲。值得注意的是，我国现行婚姻法中并没有有关姻亲关系的法律规定，换句话说，姻亲在我国现行婚姻法中并没有相关的权利义务关系，同时也没有显示出具有其他法律效力的印记，只是在继承法中对姻亲的效力有一定的体现。

由于亲属范围的确定是根据我国亲属法中关于一定亲属间具有的权利义务的规定而总结得出的，立法并没有就其范围作出进一步明确具体的规定，特别是没有近亲属范围的统一界定，在具体适用时缺乏明确的法律依据，从而导致实践中处理相关纠纷时面临一定的难题。

（二）亲属法所调整的亲属关系的性质

从亲属法所调整的亲属关系的性质上看，可以将其划分为两种关系：人身关系和财产关系。这两种关系构成亲属关系的主要内容。这里的亲属关系实际上是指亲属间的法律关系，法律关系的内容是权利义务，由此可见，亲属间的人身关系和财产关系，就是亲属间人身和财产方面的权利义务关系，二者在亲属法领域中所处的地位是不同的，人身关系是主要的，处于决定性的地位；财产关系是非主要的，处于被决定的地位，受人身关系的制约，也即意味着财产关系的产生、变更和消灭取决于人身关系的产生、变更和消灭。从这个意义上就可以理解，传统理论的观点将亲属法称为“身份法”自有其理论根据，因其主要调整的是亲属间的身份关系，具有明显的身份法性质。虽然也具有相应的财产内容，但其财产关系只是人身关系所引起的相应的法律后果，不具有独立存在的属性，而带有明显的依附性，即依附于人身关系。

在婚姻家庭领域中，主要体现的是人身关系，这种人身关系存在于具有特定身份的主体之间，其本身并不直接体现经济内容，并且也不是为了追求经济利益而变动的。[1] 婚姻家庭领域中的人身关系主要表现为身份关系，如父母子女之间，祖孙（外祖孙）之间，兄弟姐妹之间，夫妻之间及其他亲属之间的人身关系，主要表明了这些亲属之间所具有的特定身份，也就是说，这种人身关系是以特定亲属身份的存在为其存在的必要前提，如无亲属身份，则无亲属人身关系。从这个意义上考察，它与其他民事领域的人身关系不同之处即在于此。

婚姻家庭领域的财产关系，以人身关系为前提。但与人身关系不同的是，它直接体现一定的财产内容，而且，这种财产内容是家庭成员相关权益得以维护的基本保障。如家庭成员之间的抚养、赡养和扶养关系，亲属之间的继承关系，家庭财产的共有关系，夫妻之间的共有财产等，体现了亲属之间既有亲属身份关系，又有以亲属身份为前提的财产关系，而且这种财产关系具有的财产内容，与人身非财产关系形成了鲜明的对照。虽然由人身关系决定的财产关系没有独立存在的空间，但是却体现了这种财产关系对于亲属权益保障的重要性。与民法中的财产关系比较，婚姻家庭领域的财产关系与其具有明显的不同：

1. 目的不同。民法中的财产关系是为市民社会的财产秩序服务的，以其有序为目的；婚姻家庭领域的财产关系是为家庭共同生活服务的，以家庭成员权益得以保障、家庭和谐为目的。

2. 性质不同。民法中的财产关系一般情况下是以等价有偿作为平衡双方利益的原则和尺度，所以等价有偿是民事财产关系的一般属性；婚姻家庭领域的财产关系主要是为了促使家庭职能得以正常发挥，保障家庭成员的合法权益，故其不具有等价有偿的性质，而是更多地体现了家庭成员间的互惠、互助的精神，特别是对于家庭中需要扶助的成员来讲，这种财产关系所具有的“无偿”性和“无价”性则显得极其重要。

3. 产生的依据不同。一般情况下，民法中的财产关系是在平等自愿的基础上，根据双方当事人的真实意愿而产生的，能够充分显示出民法的意思自治；而婚姻家庭领域的财产关系是以该领域的人身关系的产生为依据，无人身关系则无财产关系。虽然在一定的情形下，民法的意思自治原则也可以在亲属关系中得以运用和体现，但与该领域中的强制性规范相比，意思自治得以显示的空间较为有限。

在婚姻家庭领域中，无论是人身关系还是财产关系，其主体地位都是平等的，在人身关系的变动中，有些可以体现主体的自由意志，如夫妻关系和拟制血亲关系的产生和终止，就是体现主体意愿的结果；而自然血亲关系和姻亲关系的产生和终止，依法律的规定，其主体意愿的体现则受到一定的限制，当事

---

[1] 此处“变动”一词，采民法中动态之意，即包括人身关系的产生、变更和消灭的全过程。

第二章

人基本处于被动的地位。但无论如何，人身关系的内容均由法律加以明定。而对于财产关系来讲，由于受到人身关系的制约，无论其产生、终止，还是其内容、效力等方面，法律都给予明确地规定，其多属于强制性规范，只在一定情形下允许自由意定，主体的意愿受到更为严格地限制，意思自治的适用比较有限。由此也正体现了婚姻家庭关系不同于其他民事关系之所在。

三、亲属法的特点

亲属法虽然调整的是平等主体之间的人身关系和财产关系，但与其他民事法律相比较，有其自身的特点。它的特点表现在以下几方面：

（一）适用主体的广泛性

婚姻家庭领域中所产生的人际关系是社会成员间发生的最普遍，也是最广泛的社会关系。一个人不能脱离社会而存在，家庭是社会的细胞，每个人都生活在一定的家庭组织中，它是每个社会成员赖以生活和生存的必要空间，在这个特定的空间领域中，主体之间所发生的人身和财产关系，涉及到该领域中任何一个男女老幼成员。亲属法在发挥其调整功能时，无疑会在这些主体之间发挥相应的作用。所以，婚姻家庭关系主体的广泛性，决定了亲属法适用的广泛性。

（二）内容的伦理性

婚姻家庭是一个伦理实体，这就决定了以其为调整对象的亲属法具有伦理性特征。具体讲，亲属法具有伦理性，是指亲属法的内容与婚姻家庭领域中的道德规范具有一致性，而且在某种程度上，其行为规范甚至表现出较强的道德规范性质，这种规范具有传统习俗性和一定的倡导性，其本身就体现了人们对于婚姻家庭关系状态的内心愿望和道德追求。从这个意义上说，亲属法堪称道德化的法律或法律化的道德。[1] 亲属法中有关权利义务的规定，都是亲属关系中道德规范所要求的。与其他民事法律相比，伦理性是亲属法最为突出的特点。

（三）法律规范的强制性

这体现了亲属法作为部门法所应具有的强制力。之所以将强制性作为亲属法的特点加以特别强调，是因为上述伦理性决定了亲属法在适用中的特殊性，即：相应的制裁措施不够有力，甚至缺乏制裁措施，加之主体之间身份关系的特殊性，导致婚姻法在实践中不被当事人所重视。这种情况在20世纪80年代之前表现得较为突出。改革开放以来，随着我国人民文化素质及法律意识的提高，这种情况已大为好转，但是仍有不足。为达到建设和谐社会的目的，和谐家庭的建设不容忽视，强调亲属法的强制性对于敦促当事人依法规范婚姻家庭中的

---

〔1〕 杨大文主编：《亲属法》，法律出版社2004年版，第24页。

行为，保护当事人的合法权益具有重要的意义。

亲属法的上述特点之间并不是相互排斥的，强调亲属法的伦理性并不否认亲属法法律规范的强制性。首先，亲属法作为部门实体法，具有法律的一般特性——强制性，没有强制性的行为规范不能称为法律。其次，亲属法中大部分规范属强制性规范，当事人必须遵守，否则，要承担相应的法律责任或者由一定的机关采取相应的强制措施。

第二节　亲属法的历史沿革

自从人类进入阶级社会以后，由亲属组成的家庭就与国家的统治息息相关，国内、国外历朝历代的统治者都对婚姻家庭关系及其走向给予了特别地关注，尤其是在我国古代，实行宗法家族统治，家与国的联系十分紧密，家就是国的缩影，国则是家的放大，对家庭的关注就是对国家的关注，也是对统治者的统治方法和手段的关注。所以，在这样的背景下，调整婚姻家庭关系的相应行为规范就比较发达，如习俗、礼、法等，这些行为规范中，除法（此时的法就是诸法合体形式下的法）之外，习俗和礼都可以被看作是非严格意义上的亲属法，因为就其内容讲，实际上大部分规范都涉及到婚姻家庭关系方面的调整，也就是说，虽然这些规范不具有法的形式，但却是起着调整婚姻家庭关系的法的作用，特别是礼在调整婚姻家庭方面的作用更是无可替代。在我国古代，调整婚姻家庭关系依靠的是礼、法并用的手段，并且二者相辅相成，互为补充，即法调整规范的缺失，以礼补充；礼调整规范的缺失，则以法弥补，并且都以国家的强制力为保障。故从此意义上讲，我国亲属法的历史发展，应从古代加以考察；对国外亲属法的历史发展，亦应从这个角度加以考察。以不同时代，不同国家的不同亲属法的表现形式以及在立法体系中所处的不同的地位看，应将其发展总结归纳为三个主要的时期：古代亲属法；近代亲属法；现代亲属法。

一、古代亲属法

这一时期主要是讲奴隶制时期和封建制时期的亲属法。无论是我国还是外国，在古代，调整婚姻家庭关系的行为规范，其表现形式是多元的，除法律外，礼、习惯、宗教教规、戒律等也都是处理婚姻家庭关系的行为准则，即便是调整婚姻家庭关系的法律规范，也是与其他法律规范混杂于一起，共同组成一个内容庞杂的统一法典，呈现出典型的古代特有的“诸法合体”的形式。对于古代亲属法发展、演变脉络的掌握，主要应从以下几方面入手：

（一）奴隶制时期的亲属法

这一时期从两个方面来看：

1. 我国奴隶制时期调整亲属关系的行为规范。我国奴隶制时期调整亲属关系的行为规范主要有两种形式：一是经统治阶级认可的习惯法；另一个则是礼。[1]“礼最初是原始社会祭神祈福的一种宗教仪式”，“充满宗教性的原始习俗，就是礼的原型”。[2] 正因为“礼”有着这样的历史渊源，也就决定了“礼”必然具有某种精神威慑的力量，从而受到统治者的重视，并经过其改造，使其成为奴隶主统治阶级用来调整婚姻家庭关系的主要行为规范，并且赋予其能够使人们普遍遵守的强制力，而具有法的作用。特别是经过“周公制礼”以后，“礼”得以规范化和制度化。礼在调整亲属关系方面的内容是繁多的，其中包括冠礼、丧礼、祭礼和婚礼等，其维护的是奴隶制下的宗法家族统治制度，奴隶主对国家采取的是宗法家族统治方式，主要是奴隶主通过血缘联系和通婚方式分别将同姓贵族和异姓贵族联结起来，形成一个广泛的亲属网络，从而构成一个巨大的家族利益集团，在该集团内部实行严格的等级划分，确立尊卑长幼等级秩序，以礼规制各成员的行为，最终以达到巩固其统治的作用。

2. 古罗马时期的亲属法。古罗马亲属法较为发达。公元前5世纪（约前450年）的《十二铜表法》以成文法的形式确立了人们社会生活中普遍适用的行为规范，其中不乏调整亲属关系的规范，如有关“家父权”的规定；有关订婚、结婚的规定；有关收养的规定等等。后来又有了《优士丁尼法典》、《法学阶梯》及《学说汇纂》等，都有涉及亲属关系调整的内容。古罗马时期，亲属制度具有很强的宗法性质，重视宗亲，家庭实行家长制统治，父权、夫权在家庭中意义重大，并以法的形式明确规定而受到保护。家长权意味着家长在家庭中拥有广泛的权力，如主持祭祀权；拥有家庭财产权；对子女享有生杀权、出卖权、剥夺其自由权等。无论是订婚、结婚，还是子女出生后的地位以及离婚等方面，家长都拥有无可争辩的权力，其实质就是要为统治者提供一个等级分明的、并且有序的统治环境和基础，进而达到巩固其统治的目的。

古罗马时期的亲属法在调整亲属关系时，除了适用习惯法外，已有了成文法，而且其私法成文法远较同时代的其他国家发达，这在古代奴隶社会是一个了不起的进步，也难怪罗马私法对于后世的影响如此巨大。

（二）封建制下的亲属法

这一时期也从两个方面加以考察：

1. 我国封建社会亲属法规范。我国封建社会调整亲属关系的行为规范也主要有两种形式：一是经奴隶社会长期适用并沿袭下来的礼；另一个是封建统治

---

〔1〕 杨大文主编：《亲属法》，法律出版社2004年版，第24页。

〔2〕 张晋藩：《中国法律的传统与近代转型》，法律出版社2005年版，第1页。

阶级制定的法。当然此时经统治者认可的习惯也还依旧发挥着一定的调整婚姻家庭关系的作用，只不过在当时起主要作用的是礼和法，且二者并用，相辅相成。此时没有专门的、独立成文的民事法律，礼的行为规范很多涉及到亲属关系的调整；而封建法律中有关亲属关系调整的法律规范，往往是以“诸法合体”的形式体现在一个统一的、但内容庞杂的法律中，表现出典型的封建法律的特征。

自我国封建社会开始出现成文法以后，与“礼”相辅相成的婚姻律令开始逐渐生成。战国时期李悝的《法经》，其“杂律”篇里有禁止奸淫的条文；北齐律首创“婚户律”之名；唐律对后世及周边地区的影响是非常大的，其有关婚姻家庭方面的内容除规定有定婚、和娶、离异、重婚、居丧嫁娶等诸条外，还规定有同姓、良贱、奸逃、官民、僧道不婚的五种限制。这些为明、清所承袭，即明、清时期的律令，均有关于婚姻方面的规定。

封建时期与奴隶制时期相比，一个较大的不同是，在调整亲属关系的行为规范方面，不但出现了成文法，而且，“法”与“礼”共同成为调整亲属关系的手段，礼、法并用、并互为补充便成为了封建制下亲属法的一大特色，两者的关系是相互辅助，礼所要求遵循的，亦是法用刑罚手段加以保护的；礼所欠缺的，则在封建法律中加以体现。由于礼制详尽，而且起着法的作用，所以，在调整婚姻家庭关系时，礼所发挥的作用是强大的，法律只是对于礼所未尽的、且是必要的事项加以规定和处罚。所以，我国封建制下用以调整婚姻家庭关系的手段，主要是礼、法，二者同时成为我国封建社会处理婚姻家庭关系的行为准则。

2. 欧洲封建制下的亲属法。欧洲封建社会主要以中古时期为其存续期间。这一时期，欧洲许多国家在调整亲属关系的行为规范方面，习惯法作为一个非常重要的部分发挥着独有的作用，对于早期封建制下的欧洲各国来说，习惯法是极其重要的，早期的封建法典，有关婚姻家庭方面的规定，也主要是习惯法的汇编，[1] 在调整亲属关系方面，习惯法的作用不可替代，虽然后来由王室制定法部分取代了它的作用，但是习惯法的适用可以说贯穿了欧洲封建社会的始终。同时，亲属制度又都受到了来自罗马法的影响，罗马法中的相关原理和制度得到一定的体现；值得注意的是，在这一时期调整婚姻家庭关系的行为规范中占主导地位的是寺院法。

中世纪的欧洲封建色彩浓厚，与此同时宗教盛行，宗教教义、教规具有亲属法的功能和作用，成为对人们日常行为和婚姻家庭关系进行约束的主要手段，

---

〔1〕 杨大文主编：《亲属法》，法律出版社2004年版，第11页。

使其成为实际意义上的亲属法。寺院法中的有关调整婚姻家庭的行为规范，主要渊源于东罗马的婚姻缔结的相关内容和基督教、犹太教有关离婚与结婚的禁止事由。[1] 教皇权力凌驾于国家之上，宗教统治导致的婚姻家庭制度的宗教化，是欧洲封建时期亲属法的一个显著特点。这种情况直到欧洲宗教改革以后，世俗婚姻家庭才得以逐渐取代了宗教统辖下的婚姻家庭，特别是婚姻家庭方面的立法权和司法权才由教会转归国家。

二、近代亲属法

近代随着资本主义经济的萌芽和发展，资本主义制度最终战胜封建制度。从时间上划分的话，近代亲属法主要是指资本主义时期相关国家的亲属立法，主要是以大陆法系的法、德及英美法系的美、英等国家为代表，且以其为主要线索进行考察。近代资本主义国家的亲属立法，从立法技术上渐趋成熟与合理，在内容上也表现出一定的进步性，与封建法律相比是一个“质”的变化。对于这一时期的亲属法，主要从以下两个方面来加以考察：

（一）大陆法系国家的亲属法

大陆法系国家以法国和德国为代表。此时的亲属法在立法体例上，是以亲属专编的形式被编入到民法典中，民法是独立的法律部门，亲属法作为民法的一个组成部分，与民法典中其他部分的内容一起构成民法典的完整体系。这在1804年的《法国民法典》和1896年的《德国民法典》中得到充分体现。

1.《法国民法典》。1804年拿破仑时期颁布的《法国民法典》是一部典型的近代民法典，是第一部资本主义国家的、并以资本主义经济制度为基础的民法典，是人类法制史上的划时代之作，它奠定了近代民法的基本框架和相关制度的基础。就这部法典中的亲属法内容来看，其虽然没有在财产法方面的成就突出，但却比封建制下的亲属法规范要合理许多。这具体表现在：首先，法典完成了亲属法的世俗化过程，使得民族国家取得对婚姻家庭的绝对管辖权，而使教会失去了在这方面的权力。这一点是《法国民法典》在亲属法近代化的过程中所取得的最突出的成就，其意义深远，对之后的欧洲大陆国家亲属法的世俗化产生了重要的影响。其次，法典否定了结婚方面家父的绝对权力，但同时为了缓和对家父权的冲击，法典又规定了复杂的结婚同意制度，使得其在这一方面的反封建性质不够彻底。最后，法典完全不承认身份继承，否定了封建制下的男性继承与嫡长子继承制，而且通过对具体继承主体及其顺序的规定，确立了近代法上的法定继承制度。《法国民法典》在婚姻家庭制度方面虽然未能完成“人的解放”（表明对封建制度改革不彻底），但在经济方面“人的解放”却

---

〔1〕 戴东雄：《中世纪意大利法学与德国的继受罗马法》，中国政法大学出版社2003年版。

做得较为彻底。无论如何，它所表现出来的启蒙思想和解放精神，具有划时代的意义，它开拓了人类思想解放史和法制史的崭新的篇章，尤其是对于近代想要建立新的法律秩序的资本主义国家来说具有非常重要的意义。[1]

2.《德国民法典》。1896年颁布的《德国民法典》是继《法国民法典》之后资本主义国家立法史上的又一力作，它对于资本主义世界的影响深远而且巨大。法典共分五编：总则、债的关系法、物权法、亲属法和继承法。法典严谨的体系结构与更为成熟的立法技巧等，使其一经颁布就堪称是民事立法的典范。

《德国民法典》中的亲属法内容在一定程度上表现出了对亲属法的改革具有较大的力度，但是由于所处历史条件及其他因素的影响，亲属法方面依旧比较守旧，这从它有关夫妻在婚姻家庭中的权利的规定中就可得到印证。在其后漫长的百余年内，亲属法一直随着社会现实与人们观念意识的变化而进行着相应的改革。正是由于其更为成熟的立法技术和严谨的逻辑体系，《德国民法典》作为大陆法系国家民事立法的代表，使其在近代、乃至现代资本主义国家中一直占据着独特的地位，而对这些国家的民事立法产生着深远的影响。

（二）近代英美法系国家的亲属法

英美法系国家亲属法与大陆法系国家亲属法有很大不同。受传统和习惯的影响，两大法系在诸多方面存在着差异，这在亲属法方面也不例外；即使在英美法系的主要代表国家英国与美国中，具体制度上也有差异。

1. 近代英国亲属法。英国在中世纪时期深受寺院法影响，就连其普通法上的婚姻观念也是由寺院法演绎出来的。[2] 但是，也不能认为普通法在这方面只是单纯地建立在欧洲一般的寺院法之上，相反，它是罗马法、寺院法、公法以及特别的法律的混合物。在适用上发生冲突时，罗马民法求合于寺院法，寺院法求合于普通的法律，这许多的法律则求合于特别的法律。[3] 从法律传统上，英国普通法的形成最初源自于各种惯例或习惯，行之多年而成为客观的法律，但它又不全是由于习惯而产生。对旧有习惯的保持不失为英国法发展史上的特点之一，这一点从英国婚姻家庭法近代化的过程中，其立法上保守、缓慢的改革中可以得到体现，这种状况到二次世界大战以后才有了明显的改善。所以，近代英国亲属法的特点可以归纳为以下两方面：首先，亲属法中宗教教规影响的痕迹依旧存在，虽然宗教婚姻的世俗化改革已经完成，但这种影响并未彻底消除。其次，亲属法在性质上为私法，是民法的组成部分，但是由于其特有的

〔1〕 谢怀栻：《大陆法国家民法典研究》，中国法制出版社2004年版。

〔2〕［美］阿瑟·库恩：《英美法原理》，陈朝璧译，法律出版社2002年版，第124页。

〔3〕［美］阿瑟·库恩：《英美法原理》，陈朝璧译，法律出版社2002年版，第124页。

立法传统，亲属法在表现形式上往往以单行法的形式出现，而不像大陆法系国家那样在一部民法典的统辖之下，亲属法作为其中的独立一编。

2. 近代美国亲属法。美国法律深受英国法之影响，但从实际的考察可以表现，英国普通法的内容并不是全部地在美国加以适用，而只是其中适合于美国环境的一部分才真正地在美国适用。这种状况即便是在1776年美国独立战争胜利以后也一直存在。总体来看，美国近代亲属法的特点主要从以下几方面来认识：①在美国无寺院法的适用。但由于早期受英国法的影响，其亲属法中一些具体的制度带有一定的宗教印迹，如仪式婚的存在。②美国亲属法的表现形式也是以单行法形式出现，判例法具有重要的地位。③美国各州拥有独立的立法权，各州立法包括亲属法在内有其不同的特点，内容上存在一定的差异，导致在适用时会产生一定的法律冲突。这也是其较为独特之处。

三、现代亲属法

现代亲属法从时间上看应该既包括资本主义国家的亲属法，也包括社会主义国家的亲属法。

（一）现代资本主义国家亲属法

现代资本主义国家亲属法是在近代亲属法的基础上，根据社会生活的变迁和现代资本主义经济的发展，在保持法律稳定的前提下，通过对其进行相应的变革和修改而加以完成的。此时期的亲属法虽然从时间概念上可称之为“现代”，但从内容上来考察的话，真正可将其称之为现代意义上的亲属法的，其时间远较史学角度所划分的“现代”时间要推后得多。因为这些国家受当时的历史条件，特别是受第二次世界大战的影响，对亲属法所进行的改革或早或晚，但一般都是在二战以后，各资本主义国家才相继进行了较为彻底的、符合现代意义的改革。以一些国家为代表，通过对其所进行的改革的考察，可以使我们看到现代亲属法所关注的方面，并从中理解亲属法之所以“现代”的意义。

1. 德国、日本的改革。二战以后德国和日本首先开始了亲属法的改革。

（1）德国战后对亲属法的改革是通过颁布一些单行法，而对原来民法典中的亲属编和继承编中的内容进行修改，如1957年6月18日颁布的《男女平等权利法》、1969年8月19日立法机关制定的《非婚生子女地位法》、1976年6月14日颁布并于1977年7月1日施行的《改革婚姻法和亲属法的第一部法律》等。可以说，对亲属法的改革是《德国民法典》迄今为止所进行的民事领域中最为彻底的改革。[1] 因为社会现实和人们的观念意识所发生的变化，对婚姻家庭领域中的人际关系和相互间的需求都产生了非常重要的影响，正视和适应这

---

〔1〕［德］卡尔·拉伦茨：《德国民法通论》（上册），王晓晔等译，法律出版社2003年版，第88页。

种变化，使亲属法立法顺应历史的潮流而使其更加科学、合理。

（2）日本战后由于被美国占领，其法律的改革也颇受美国的影响。它在对民法典中的亲属编和继承编的改革中，取消了一直实行的大家庭制度，取消了户主权，确立了男女实质平等这一亲属法的原则，废除了身份继承等封建内容，显示出现代法律所追求的平等、公平等的价值理念。

2. 英国的改革。英国亲属法的改革也是在20世纪60年代以后进行的。其新婚姻法是在1969年颁布的。如前所述，英国亲属法本身具有很大的保守性，对婚姻家庭中一些制度的改革较为谨慎，但是人口情况和社会生活的巨大变化，如非婚生子女出生率的上升、非婚同居和离婚现象的普遍等，促使立法机关不得不对在近代历史条件下所形成的法律进行必要的修改，如1964年《已婚妇女财产法》、1969年《家庭法改革令》、1976年《准正法》、《收养法》等。[1] 值得注意的是，英国有关法律的改革，还表现在制定法的逐渐增多，以适应社会发展的变化。

（二）社会主义国家亲属法

1. 前苏联社会主义国家亲属法。前苏联创立了世界上第一个社会主义国家——苏维埃社会主义共和国联盟，同时它也在许多领域开创了前所未有的新模式，婚姻家庭立法模式就是其中之一，其亲属法立法观念和立法模式是全新的，它将亲属法作为独立的法律部门，与民法平行，互不隶属。它在1918年颁布了《俄罗斯联邦户籍登记、婚姻、家庭和监督法典》，1926年又通过了《俄罗斯联邦婚姻、家庭和监护法典》。此后，对该法典又进行过多次修改和补充，同时根据实际情况，前最高苏维埃又颁行过有关婚姻家庭方面的立法纲要，采取了一些相应的立法措施等等，不但使亲属关系的调整有明确、具体的依据，而且也在不断地顺应新形势的发展。这种独立法典的立法模式，使得亲属法在整个法律体系中处于非常重要的地位，对后来的其他社会主义国家亲属法立法产生了重大的影响。

2. 我国亲属法立法。我国是社会主义国家，亲属法立法所走过的是一条具有自身特点、又不排除受相关国家立法影响的道路，可以将之分为四个阶段：解放前革命根据地时期的亲属法立法；1950年的《婚姻法》；1980年的《婚姻法》和2001年通过的1980年《婚姻法》的修正案。

（1）解放前革命根据地时期的亲属法。这一时期的亲属法主要是以单行条例或法律的形式出现，而且只调整婚姻关系。由于这一时期革命根据地的创建从无到有经历了非常艰苦的过程，根据地的数量也是由少到多，反映到亲属法

〔1〕 蒋月等译：《英国婚姻家庭制定法选集》，法律出版社2008年版。

有关立法方面，就是随着根据地的建设和发展颁行了大量的调整婚姻关系的条例和法律，其内容上的一大特色就是具有鲜明的反封建性，革命性很强。如大力提倡男女平等，倡导和保护婚姻自由，实行一夫一妻制等，对于调动根据地人民群众的革命积极性、巩固当时的红色革命政权发挥了重要的作用。如1931年的《中华苏维埃共和国婚姻条例》、1934年的《中华苏维埃共和国婚姻法》，以及之后各根据地颁行的大量的婚姻方面的条例及法律。这不但为根据地的革命和生产建设发挥了积极的作用，也为新中国的亲属法立法提供了宝贵的经验。

（2）1950年《婚姻法》。新中国成立后，百废待兴。首先是面临着生产建设工作的开展，建设家园，这需要调动广大群众的积极性，而当时在婚姻家庭领域里还存在着许多顽固的封建残余的东西，如包办、买卖婚姻、恣意虐待和歧视妇女等，封建制度残余是进行革命和生产建设的绊脚石。因此，运用法律武器将人民群众从封建婚姻家庭的桎梏中彻底解放出来就成当务之急。1950年《婚姻法》顺应历史潮流而先于我国第一部《宪法》出台，以基本法的形式，将婚姻家庭关系纳入其中。其所规定的基本原则及相关内容，是在解放前革命根据地的法律、条例的基础上制定的，是在保持了革命传统的基础上，对于反封建性的内容加以继承和发扬，并根据实际情况作必要的修改和补充。特别是经过1953年3月开展的贯彻婚姻法运动月之后，婚姻法逐渐得到全面地贯彻实施，其完成了彻底废除封建主义婚姻家庭制度的使命。

（3）1980年《婚姻法》。我国实行改革开放以后，婚姻家庭领域发生了非常大的变化，1950年《婚姻法》在经历了30年的实践检验之后，已经不能适应新的形势和要求，面对不断出现的新情况和新问题，立法机关在对1950年婚姻法修改和完善的基础上颁布了我国第二部婚姻法，即1980年《婚姻法》。同1950年《婚姻法》相比，1980年《婚姻法》在内容方面相对要全面一些，有些规定更符合我国的实际国情和社会的发展，如结婚条件的修改、老年人权益的保障、亲属关系的扩大调整等。但是，由于“文革”中我国的法制受到严重破坏，法制建设被迫中断达十年之久，法学研究严重滞后，虽然这一切都在逐步恢复，但毕竟立法经验和技术方面尚有不够成熟之处，导致1980年《婚姻法》前瞻性不足。如夫妻财产关系的法律规定过于简略，在处理相关案件时法律依据不足；法定离婚条件过于原则，操作性不强；对离婚法律后果的规定不够明确等。对此，最高人民法院通过制定和发布一系列的相关司法解释、批复等，以此强化我国婚姻法在适用中的针对性和可操作性，如有关事实婚姻效力问题的司法解释；有关离婚时对夫妻“感情确已破裂”条件如何认定方面的司法解释；有关离婚时的子女抚养及财产分割问题的解释等，甚至有的解释已经涉及1980年《婚姻法》未及规定的内容，如关于夫妻财产性质认定的条件等。另外，在此时期还颁布有相关的一些单行法，如《收养法》、《未成年人保护法》等，这一方面解决了现行法律规定不足所带来的问题，另一方面也暴露出现行法律的严重滞后性，由此说明完善亲属法是新的历史条件下的当务之急。

（4）1980 年婚姻法修正案。我国改革开放 20 多年后，社会生活发生了翻天覆地的变化，人们的思想观念也发生了很大的变化，婚姻家庭关系出现了许多新的情况和新的问题。在恢复法制建设近 20 年的时间里，我国的法制建设取得了可喜的成绩，特别是有关法学理论的研究可以说是成果硕累，亲属法理论研究亦是如此，丰富的法学理论研究成果为亲属法立法的完善提供了理论依据和支撑；实践的发展与变化又促使我国立法机关对 1980 年《婚姻法》进行必要的修改，而且随着经济、社会的发展，对其修改亦显得极为迫切。经过讨论和反复论证，第九届全国人民代表大会常务委员会第二十一次会议通过了《关于修改〈中华人民共和国婚姻法〉的决定》，对 1980 年《婚姻法》进行了修正，其修正案于 2001 年 4 月 28 日公布。此次的修改，坚持了既有的婚姻家庭关系的基本原则和基本制度，如婚姻自由，男女平等，一夫一妻等原则，同时又在某些具体条文和制度上做了修正，其修改内容所涉及的范围较为广泛，使修改后的我国婚姻法进一步增强了对社会现实的适应能力，同时，也使"亲属法"的名称与实际内容更加符合。

婚姻法修订之后，为了进一步增强其可操作性，最高人民法院又相继颁布了《关于适用〈中华人民共和国婚姻法〉若干问题的解释（一）》和《关于适用〈中华人民共和国婚姻法〉若干问题的解释（二）》两个重要的司法解释。同时为配合婚姻法修改后，结婚登记工作面临的新情况和新问题，国务院在 2003 年 8 月又颁布了新的《婚姻登记条例》，以取代 1994 年颁布的《婚姻登记管理条例》。新条例坚持以人为本，既取消了旧条例中不合时宜的规定，同时又增加了许多与新婚姻法相配合的内容。

新婚姻法及相关的法律、法规在总则、结婚制度、夫妻关系、离婚、涉外婚姻及救助措施与法律责任等制度方面都作了一定的必要修改和补充，使其在可操作性方面较以前大大加强，同时针对性也更强。经过对 1980 年《婚姻法》的修改，新婚姻法虽然仍有诸多的不足和一定的局限，但是，它使我国亲属立法在其发展、完善的道路上向前迈进了可喜的一大步。

第三节　亲属法在我国法律体系中的地位

法律体系是一国法律上层建筑的一切基本因素互相联系、互相作用而构成的系统，也称法律制度。了解亲属法在法律体系中的地位问题，就必然涉及亲属法在这个系统中是怎样的定位，与其他法律部门之间的关系如何，作为亲属法范畴的行为规范都有哪些法律表现形式等等，需要从以下几方面把握：

一、亲属法在我国法律体系中的定位

如前所述，法的体系是历史地形成的法的内部结构，是指一国现行法既分为不同的法律部门，又内在统一、有机联系的系统。亲属法在法的这一内部结构中如何定位，可以从以下几方面加以理解：

（一）亲属法是民事基本法的一部分

所谓基本法，是指由全国人民代表大会制定和修改的法律，其效力位阶仅次于宪法，如我国现行《民法通则》就是民事领域的基本法，适用于对民事领域中一切民事关系的法律调整。亲属关系是一种民事关系，理论上，亲属关系的一般调整，可以适用《民法通则》中关于民事法律关系的一般规定。通则中有关婚姻家庭方面的规定，对于亲属法的立法和适用具有指导作用，但是，因亲属关系与一般民事关系具有的不同的特质，所以，亲属法与《民法通则》各自有不同的特性，不同的调整对象决定了亲属法应有其自身独特的地位。由第五届全国人民代表大会第三次会议通过的1980年《婚姻法》，从形式上看，属于基本法，但它又属于我国民法的组成部分。因此，我国亲属法仅在形式意义上具有基本法的特征，从实质意义上讲，亲属法以及属于亲属法范畴的规范性法律文件，如《收养法》等，则属于民法的组成部分，而不具有基本法的特性，其效力位阶实际上低于基本法。

（二）亲属法是部门法

根据亲属法调整的社会关系性质的不同及其不同的调整方法，可以判定亲属法是部门法，但是只能将其理解为是某一部门法中的相对独立部分，而不是独立的法律部门。如上所述，亲属法是民法的组成部分，民法是独立的法律部门，根据学者观点，亲属法可以看作是民法的子部门，同时基于亲属法本身所具有的特点及所调整对象的独有的性质，亲属法具有相对的独立性。

（三）亲属法是实体法

亲属法规范主要是规定一定范围的亲属间在婚姻家庭领域中的权利和义务的法律，这些权利义务构成了亲属法中的主要内容，对一定范围的亲属的行为具有约束、规范和指引的作用，亲属法是实体法，也主要是通过对一定的民事主体在婚姻家庭领域中所具体享有的权利和义务作出明确的规定而加以体现的，它区别于程序法。

二、亲属法与其他法律部门之间的关系

通过对比亲属法与其他法律部门之间的关系，我们可以更清楚地认识到亲属法在法律体系中所处的地位。主要从以下几个方面看：

（一）亲属法与宪法

宪法是母法，是国家的根本大法，它规定着国家和社会生活中的最基本、最重要的问题，一切法律都不得与宪法相抵触。宪法与亲属法的关系具体表现为：宪法中的有关男女平等、婚姻自由、计划生育等方面的原则规定，父母有抚养未成年子女的义务、成年子女对父母有赡养扶助的义务的规定，以及婚姻、家庭、母亲和儿童受国家保护和对妇女、老人、儿童权益保护的明示规定等，对于我国亲属立法具有明确的指导作用，是亲属法的立法根本，而且也正是亲属法的具体规定，使宪法的原则性规定得以具体化，换句话说，亲属法的内容就是宪法的原则性规定的具体体现。

（二）亲属法与民法

亲属法作为民法的组成部分，二者之间既有密切的联系，又有一定的区别。在我国现阶段，《民法通则》是民事领域中的基本法，其中的许多规定都与亲属法有着密切的联系，而且在婚姻家庭领域也有适用的空间，如《民法通则》中关于公民民事权利能力和民事行为能力的规定；关于监护、代理、宣告失踪和宣告死亡，以及《继承法》中关于继承方面的有关规定；涉外婚姻、继承法律适用的相关规定等。与此同时，还需要注意的是，虽然民法和亲属法都调整平等主体间的人身和财产关系，但从性质上讲，民法更倾向于财产法，而亲属法则倾向于身份法，其各自的调整对象的侧重有所不同，使各自都具有自身独有的特征。

（三）亲属法与行政法

行政法是公法，主要涉及国家机关公权力行使过程中所产生的一系列社会关系的调整；婚姻家庭领域虽是私法领域，但它又关系着社会公共道德和公共利益，所以立法在充分尊重当事人对其个人婚事、家事自主决定权的基础上，在一定范围内允许公权力适当地介入，以更好地规范和引导当事人正确行使其权利，并使其合法权益得到更好的保障。如结婚登记、双方自愿达成协议时的离婚登记、收养登记等。另外，在对于违反亲属法的行为所采取的一些制裁手段上，也与行政法有一定的关系，如对违法情节较轻、尚未构成犯罪的行为给予一定的行政处罚等。亲属法中融入一定的行政法因素，对于婚姻家庭关系的调整具有一定的积极意义。

（四）亲属法与刑法

刑法和亲属法都对符合社会公共利益的婚姻家庭关系给予保障和维护，所不同的是，两者在保护的方式和保护的力度上是完全不同的。亲属法对于违反其义务的行为，一般是通过令当事人承担民事责任的方式使受到损害的家庭成员的权利得到相应的救济；少数违法情节恶劣、后果严重并构成犯罪的行为，则通过适用我国刑法中的相关规定，以令其承担刑事责任的方式实现正义。与亲属法相比，刑法对于触犯刑律的违法行为，其所采取的制裁手段更为严厉，而且是各种法律手段中最为严厉的一种，它通过追究违法犯罪者的刑事责任，以达到维护和巩固我国社会主义婚姻家庭制度的目的，虽然与亲属法在维护我国社会主义婚姻家庭制度方面所追求的目的相一致，但它在这方面所起的作用，是任何其他法律所不能替代的，如有关重婚罪的规定；暴力干涉他人婚姻自由罪的规定；虐待罪、遗弃罪的规定等。

（五）亲属法与民事诉讼法

二者是实体法和程序法的关系。亲属法中所规定的婚姻家庭成员之间的权利和义务，是其成员主体所享有和负担的实体法上的具体权利义务，而权利一般是通过义务主体自觉履行义务的行为而实现（如抚养、赡养、扶养义务的履行）；或者权利主体通过自主行使权利而实现（如婚姻自主权）；或者通过规定民事主体享有以公力救济手段而实现其权益的权利（如其权利受到侵害时所享有的诉讼权利）。而民事诉讼法正是使主体的民事权利得以公力救济的程序保障，缺乏这种保障，婚姻家庭中主体的权利则会失去救济的途径，最终会使权利落空，使法律失去权威性和严肃性。从另一个方面看，在我国司法实践中，婚姻家庭方面的案件在全部民事案件中占有很大的比例，对这些案件的审理，就是以亲属法及其他民事法律为依据而做出正确的判断；民事诉讼法是正确审判的程序保障，没有程序正义，则谈不上实体正义。所以，二者关系非常紧密。

除上述法律部门外，亲属法还与其他法律有一定的联系，如国际私法、劳动法、国籍法等。正确认识和把握亲属法与其他法律部门之间的关系，对于正确认识和理解亲属法在法的体系中的地位是有益的。

三、亲属法的法律渊源

亲属法的法律渊源，是指能够作为亲属法法律规范的表现形式。对此应从以下几方面来认识：

（一）宪法

宪法是根本大法，是亲属法的立法基础和根据，宪法中有关婚姻、家庭、母亲和儿童受国家的保护，计划生育，父母子女关系，婚姻自由等的规定，是亲属法立法赖以遵循的原则，亲属法中的内容是对宪法原则规定的具体落实，它不得违背宪法。对此可结合上述“亲属法与宪法的关系”部分理解，此不赘述。

（二）法律

此处所讲的法律，专指全国人民代表大会及其常务委员会制定的规范性文件，是指除宪法以外的法律，包括基本法和基本法以外的法律。这里作为亲属法法律渊源的主要包括：《民法通则》，这是我国民事领域里的基本法；《继承法》，是民法的组成部分，有关法定继承的规定，是亲属之间亲疏远近的进一步体现；《婚姻法》，在民事领域中以基本法的形式出现，但它实质上是我国民法的组成部分，规定了亲属关系所应遵循的原则及相互间的权利义务；《收养法》属于我国亲属法的范畴，主要规定了因收养产生的拟制血亲关系及其所应遵循的行为规范和准则。另外，《妇女权益保障法》、《未成年人保护法》、《老年人权益保障法》、《人口与计划生育法》等，有些内容涉及亲属法的领域，与亲属法关系密切，在一定程度上也可将其视为亲属法的法律渊源。

（三）行政法规和部门规章

行政法规是国务院依据法律在法定职权范围内所制定的有关国家行政管理的规范性文件。在我国，行政法规是一种重要的法律渊源，其效力仅次于宪法和法律。部门规章是国务院所属各部委在各自职权范围内依法制定的规范性文件，其效力在宪法、法律和行政法规之下。这类规范性文件在实践中所发挥的作用也是非常重要的。如《婚姻登记条例》、《中国公民收养子女登记办法》、《外国人在华收养子女登记办法》等，实践中对于规范相关行为、确定其法律效力、更好地维护当事人的合法权利等，发挥了积极的作用。

（四）最高人民法院的司法解释

司法解释作为审理婚姻家庭纠纷案件的直接依据，是我国亲属法的重要法律渊源之一，具有很强的针对性和可操作性。实践中有关婚姻家庭方面的司法解释是非常多的，这对于解决婚姻家庭方面的纠纷、确定法律的具体适用发挥了非常大的作用。如现行婚姻法修正案颁布并实施之前，最高人民法院就作了大量的有关婚姻法贯彻执行中相关问题的司法解释，如有关离婚案件中对感情确已破裂如何认定、离婚案件中子女抚养问题如何处理、离婚时财产如何分割等方面问题的司法解释；即使在现行婚姻法修正案公布实施之后，为配合其适用，最高人民法院又相继出台了《关于适用〈中华人民共和国婚姻法〉若干问题的解释（一）》和《关于适用〈中华人民共和国婚姻法〉若干问题的解释（二）》，这对于指导人民法院准确理解和适用法律，并及时审结案件具有很强的实践意义。

（五）地方性法规

地方性法规是省、自治区和直辖市的人民代表大会及其常务委员会根据本地区的实际情况和需要，在其法定权限范围内制定和发布的仅适用于本地区的规范性文件，包括民族自治地方的变通条例或规定。我国区域广阔，是一个多民族国家，情况比较复杂，为了体现法律的人文精神，照顾到各地民俗，法律允许各省级立法机关在不违背宪法、法律规定的原则及精神的情况下，制定与本地实际情况相符的地方性法律，这对于我国亲属法在各地区能够得到有效的贯彻执行具有积极意义。

（六）国际条约

另外，我国参加或缔结的国际条约，对我国国内相关主体同样具有约束力，也可视为我国亲属法的渊源之一。

综上所述，我国亲属法的渊源是多样性的，是由效力位阶不同的法律所构成的一个复杂的、有机联系的、统一的法律规范体系。

【小结】

1. 亲属法是关于调整亲属身份关系的发生、变更和终止以及由此产生的相应权利义务的法律规范的总和。

2. 亲属法的调整对象是婚姻关系和家庭关系；调整对象的性质是婚姻家庭领域中的人身关系和财产关系。

3. 亲属法具有广泛性、强制性和伦理性的特点。

4. 亲属法的发展沿革经历了古代——近代——现代的发展过程。

5. 亲属法在我国立法体系中的地位主要表现为：是民事基本法的一部分；是部门法；是实体法。它与其他法律部门之间有着密切的联系。

6. 亲属法的渊源主要有：宪法、法律、法规、规章、地方性法规、司法解释等。

【思考题】

1. 我国亲属法的发展演变经历了怎样的过程？

2. 我国亲属法的法律地位是怎样的？

3. 怎样认识我国亲属法的法律渊源？

第3章 亲属法的基本原则

【提示要点】我国婚姻家庭法的基本原则共有五项，包括：婚姻自由；一夫一妻；男女平等；保护妇女、儿童和老人的合法权益；实行计划生育。为保障这些基本原则及《婚姻法》的贯彻实施，《婚姻法》又作了六项禁止性规定，分别为：禁止包办、买卖婚姻和其他干涉婚姻自由的行为；禁止借婚姻索取财物；禁止重婚；禁止有配偶者与他人同居；禁止家庭暴力；禁止家庭成员间的虐待和遗弃。同时，《婚姻法》还从社会主义法律和道德的一致性、法律的宣言性与导向性作用出发，明确作出了另外两项原则性的规定：夫妻应当互相忠实，互相尊重；家庭成员间应当敬老爱幼，互相帮助，维护平等、和睦、文明的婚姻家庭关系。学习本章，应熟练、系统地把握以上内容。同时，还应掌握以下重点问题：重婚和重婚罪的区别，事实重婚和有配偶者与他人同居的关系及认定标准，对家庭暴力的处理方式及法律的适用，家庭暴力与虐待罪、伤害罪的区别等。

第一节　亲属法基本原则概述

亲属法的基本原则，既是我国婚姻家庭立法的指导思想，又是婚姻家庭法规范的基本精神，也是婚姻家庭法操作、运行的基本准则。同时也是当事人在婚姻家庭领域进行民事活动必须遵循的基本行为准则，是司法机关执行、适用及解释婚姻家庭法的出发点和依据。它贯穿于婚姻家庭法的始终，集中体现了以婚姻家庭法为主导内容的婚姻家庭制度的本质和特点。学习和研究亲属法的基本原则，对于理解和把握亲属法的精神实质，正确适用亲属法具有重要意义。

《婚姻法》第2条规定：“实行婚姻自由、一夫一妻、男女平等的婚姻制度。保护妇女、儿童和老人的合法权益。实行计划生育。”第3条规定：“禁止包办、买卖婚姻和其他干涉婚姻自由的行为。禁止借婚姻索取财物。禁止重婚。禁止有配偶者与他人同居。禁止家庭暴力。禁止家庭成员间的虐待和遗弃。”这两条是我国亲属法从正反两个方面对基本原则的概括，是我国婚姻家庭制度在变革、发展中长期积累的经验总结。《婚姻法》第4条规定："夫妻应当互相忠实，互相尊重；家庭成员间应当敬老爱幼，互相帮助，维护平等、和睦、文明的婚姻家庭关系。"这一规定明确地指明了婚姻双方和家庭成员的共同责任，充分体现了我国婚姻家庭法的立法宗旨，该条就其性质而言亦属原则性规定，但它并不是与上述五项原则并列的另一原则，而是从总体上反映了上述五项原则追求的价值目标。

一、亲属法基本原则的特点

亲属法的基本原则，是亲属法及其经济基础的本质和特征的集中体现，是高度抽象的、最一般的亲属行为规范和价值判断准则。亲属法基本原则的特点，具体体现在：

（一）非规范性

从亲属法的总体来看，亲属法基本原则不是亲属法规范，而属于非规范性的规定，这是因为亲属法基本原则并不具有作为亲属法规范所要求的明确的行为模式和确定的保证手段的构成。亲属法基本原则的存在，是为了帮助人们准确地理解和正确地适用亲属法，其本身并非法律规范，而属于非规范性规定中的原则性规定。它并非产生法律关系的独立依据，只具有补充的性质，必须与其他亲属法规范结合起来才能发挥法律的调整作用。

（二）不确定性

亲属法基本原则是不确定的规定。法律的规定可分为确定的规定和不确定的规定两大类。确定的规定详尽无遗地、具体和全面地规定了权利义务承担者的行为条件，未给司法机关运用自由裁量权来具体地、个别地调整亲属关系留下余地。不确定的规定并不对权利义务各方的行为模式和保证手段作十分确定的、详尽无遗的规定，而是运用模糊概念授予司法机关以自由裁量、考虑具体情况解决问题的权力。

亲属法是确定性与不确定性、精确性与模糊性的统一。在亲属法整体中，不确定性或模糊性主要体现在亲属法基本原则部分，反映了立法者对其规制对象的认识未达到充分程度。而一般的亲属法规范、法条、概念，大都是相对确定和精确的。不能片面地过分强调亲属法规范的不确定性的意义，以免导致法官自由裁量权的过度膨胀，造成亲属法整体的软化。

二、亲属法基本原则的意义

亲属法的基本原则具有非常重要的意义。它是亲属法的基本原则，是亲属法立法的准则，是婚姻家庭主体进行婚姻家庭活动的行为准则，是法院解释法律、补充法律漏洞的基本依据，还是解释、研究亲属法的出发点。亲属法基本原则的意义，具体体现在：

（一）亲属法的基本原则是亲属法立法的准则

亲属法的基本原则，蕴含着亲属法调控婚姻家庭生活所欲实现的目标和所欲达到的理想，是我国亲属法所调整的婚姻家庭关系本质特征的集中反映，集中体现了亲属法区别于其他法律的特征。它贯穿于整个亲属法立法，确定了亲属法立法的基本价值取向，是制定具体亲属法制度和规范的基础。

（二）亲属法的基本原则是婚姻家庭主体进行婚姻家庭活动的行为准则

亲属之间所进行的各项活动，不仅要遵循具体的亲属法规范，还要遵循亲属法的基本原则。在现行法上对于特定亲属之间的活动欠缺相应的亲属法规范进行调整时，亲属法上特定的主体就应依亲属法基本原则的要求进行各种亲属间的活动。

（三）亲属法的基本原则是法院解释法律、补充法律漏洞的基本依据

亲属法的基本原则是法院对亲属法规范进行解释的基本依据。法院在审理有关亲属案件时，须对所应适用的法律条文进行解释，以阐明法律规范的含义，确定特定法律规范的构成要件和法律效果。法院在对法律条文进行解释时，如有两种相反的含义，应采用其中符合亲属法基本原则的含义。无论采用何种解释方法，其解释结果均不能违反亲属法基本原则。如果法院在审理案件时，在现行亲属法上未能获得据以作出裁判的依据，这就表明在现行亲属法上存在法律漏洞。此时，法院就应依据亲属法的基本原则来进行法律漏洞的补充。

（四）亲属法的基本原则，是解释、研究亲属法的出发点

学者在对亲属法进行解释、研究时，应以亲属法的基本原则作为出发点，无论何种学说，违背了亲属法的基本原则，就不是妥当的学说。

第二节 亲属法基本原则的内容

一、婚姻自由

婚姻自由是我国婚姻法的一项重要原则，是社会主义婚姻家庭制度的重要组成部分，同时，也是我国宪法赋予公民的一项基本权利。

（一）婚姻自由的由来

婚姻自由是人类婚姻家庭关系发展到一定阶段的产物，它不是从来就有的。在整个古代，婚姻的缔结都是由父母包办，当事人则安心顺从，故而没有婚姻自由可言的。直到资产阶级在反封建主义的革命斗争中才被提出，它是反封建斗争的产物。近代新兴资产阶级在反封建斗争过程中，提出了“民主、自由、平等”的口号，婚姻自由也被宣布为“天赋人权”的一种。法国大革命时期，

在1792年的法国立法会议宣言中，提出了“婚姻乃民事契约的自由缔结之”这样一个基本观点。当资产阶级掌握政权以后，就把“婚姻自由”用法律的形式固定下来。如1804年的《法国民法典》第146条规定“未经合意不得成立婚姻”等。

社会主义婚姻自由是社会主义民主在婚姻问题上的必然要求，其受到法律的充分保障。

（二）婚姻自由的概念、特征

1. 婚姻自由的概念。婚姻自由作为婚姻家庭法的首项原则，是指婚姻当事人有权按照法律的规定决定自己的婚姻问题，不受其他任何人的强制和干涉。这一原则，为当事人行使婚姻权利提供了有效的法律保证。

可见，婚姻自由是法律赋予公民的一项权利，是法律规定范围内的自由。法律只能保障婚姻自由权利的行使，排除对婚姻自由权利的侵害。对于当事人行使婚姻自由权利的动机、目的等的思想基础，还需要一定的道德标准来加以评判。公民在行使婚姻自由权利时，要受到法律和道德的双重约束。发扬社会主义婚姻道德，对贯彻婚姻自由原则具有很重要的意义。

2. 婚姻自由的特征。

（1）婚姻自由是法律赋予公民的一种权利。我国《宪法》第49条规定“禁止破坏婚姻自由”；现行《婚姻法》第2条规定“实行婚姻自由”，第3条规定“禁止包办、买卖婚姻和其他干涉婚姻自由的行为”，第5条规定“结婚必须男女双方完全自愿”。可见，婚姻自由是由法律所规定并受法律所保护的一种权利。任何人，包括当事人父母，都不得侵犯这种权利，否则就是违法行为。使用暴力，构成犯罪的，要依照《刑法》规定的暴力干涉婚姻自由罪予以制裁。

（2）婚姻自由的行使必须符合法律的规定。婚姻自由和公民的其他权利一样，不是绝对自由，而是相对自由。行使婚姻自由权，必须在法律规定的范围内进行，我国婚姻法明确规定了结婚的条件与程序、离婚的条件与程序，这些规定划清了婚姻问题上合法与违法的界限。凡符合法律规定的，即为合法行为，受法律保护；不符合法律规定的，即为违法行为，不受法律保护。因此，婚姻自由的权利，既不允许任何人侵犯，也不允许当事人滥用。

（三）婚姻自由的内容

婚姻自由包括结婚自由和离婚自由两个方面。

1. 结婚自由，是指婚姻当事人有权按照法律的规定自主自愿地缔结婚姻关系，不受其他任何人的强制和干涉。实行结婚自由，是为了使未婚、丧偶、离婚的男女能够依据自己的意愿缔结以爱情为基础的婚姻关系。是否结婚、与谁结婚、何时结婚，完全由当事人自主决定。

2. 离婚自由，是指夫妻双方或一方有权按照法律规定的条件和程序，解除夫妻关系，不受任何人的强制和干涉。实行离婚自由，是为了使那些感情确已破裂、和好无望的夫妻，能够通过法定途径解除其名存实亡的婚姻关系，并使当事人有可能重新建立幸福美满的家庭。

结婚自由与离婚自由是婚姻自由的两个不同的方面，它们相互结合，相辅相成，构成了婚姻自由的完整内容。结婚自由是婚姻自由的重要组成部分，离婚自由是对结婚自由的重要补充。离婚自由使那些已无生命力的婚姻得以解除，为缔结新的自由婚姻创造条件。没有离婚自由就根本不可能有完全的结婚自由。

（四）正确行使婚姻自由权利，禁止违反婚姻自由的行为

1. 禁止包办、买卖婚姻。包办婚姻是指第三者（包括父母）违反婚姻自由原则，包办、强迫他人所促成的婚姻。买卖婚姻是指第三者（包括父母）以索取大量财物为目的，包办、强迫他人而形成的婚姻。换亲、转亲、童养媳等都是包办、买卖婚姻不同形式的表现。

包办婚姻和买卖婚姻的区别

区别 / 行为类型	构成要件
包办婚姻	违背当事人的意愿对其婚姻实行包办、强迫
买卖婚姻	①违背当事人的意愿对其婚姻实行包办、强迫 ②索取大量财物

所以，买卖婚姻必为包办婚姻，而包办婚姻则不一定都是买卖婚姻。

2. 禁止其他干涉婚姻自由的行为。所谓其他干涉婚姻自由的行为，是指除包办、买卖婚姻以外的，其他违反婚姻自由原则的行为，主要表现为干涉父母再婚、干涉寡妇改嫁、干涉男到女家落户、干涉非近亲的同姓结婚、阻碍或胁迫他人离婚等。

包办、买卖婚姻和其他干涉婚姻自由的行为，严重侵害了公民的合法权益，容易引起各种纠纷，对社会的安定、团结极为不利。对此，应当根据具体情况采取不同的措施：首先，要大力加强法制宣传和教育，继续在婚姻问题上破旧俗，树新风；其次，有关部门和人民法院在处理此类纠纷时，应依法办事，切实保护受害人的合法权益，对包办、买卖婚姻和其他干涉婚姻自由的第三者应分别情况，严肃处理。对一般干涉婚姻自由者应予以批评教育，责令其改正错误，必要时应予以相应制裁，如行政处分、行政处罚等。因从事买卖婚姻所得

的财物，应按最高人民法院有关司法解释，根据具体情况分别处理。[1] 以暴力干涉他人婚姻自由的，处2年以下有期徒刑或者拘役，此情况下的犯罪，告诉才处理；犯前述罪，致使被害人死亡的，处2年以上7年以下有期徒刑。[2] 2001年修正后的《婚姻法》增设了可撤销婚姻的规定，以及子女不得干涉父母再婚的规定，这些规定也是防止干涉婚姻自由行为的有效对策。

3. 禁止借婚姻索取财物。

（1）借婚姻索取财物，是指婚姻当事人一方借结婚的机会向他方索要一定财物的行为。其特点表现为：①索取财物的主体一般是婚姻当事人一方；②在婚姻决定权上，男女双方对结婚基本是自主自愿；③婚姻缔结多数不是以感情为基础，对索要财物的一方来说，往往是建立在贪图金钱物质的基础上；④表现形式多为女方向男方索取财产，男方向女方索取财产只是例外，有时女方的父母等人也从中索要部分财物，以作为同意女儿婚事的条件；⑤这种婚姻关系在性质上违背社会主义婚姻的基本要求，违反婚姻自由原则，属于违法行为，所以婚姻法予以禁止。

（2）在认定和处理具体问题时，应注意以下几个区别：

借婚姻索取财物与买卖婚姻的区别

区别 行为类型	索取财物的主体	财物的归属	婚姻自主程度
借婚姻索取财物	一般为婚姻当事人一方	婚姻当事人一方	当事人基本自主、自愿
买卖婚姻	包办、强迫他人婚姻的第三者	包办、强迫他人婚姻的第三者	违背当事人意志

借婚姻索取财物和赠与的区别

区别 行为类型	性质	行为的自主程度	互动性	动机与目的
借婚姻索取财物	违法行为	出于被迫	出于一方，不存在相互问题	结婚的先决条件

〔1〕 参见《最高人民法院关于贯彻执行民事政策法律的意见》，1979年2月2日。

〔2〕 参见《刑法》第257条。

（续表）

赠与	合法行为	出于自愿	往往出于相互赠与，但不排除单方赠与	男女或双方家庭间相互表达感情的方式

借婚姻索取财物与借婚姻骗取财物的区别

区别 行为类型	目的
借婚姻索取财物	与对方结婚
借婚姻骗取财物	借婚骗财，并无与对方结婚的真意

最高人民法院在有关司法解释中指出："女方以结婚为名，骗取男方大量财物，屡教不改的，人民法院应根据具体情况，依法处理。"[1] 此项解释，应同样适用于男方以结婚为名骗取女方财物的情形。借婚姻骗取财物，应以诈骗行为处理。

借婚姻索取财物与彩礼的区别

区别 行为类型	性质
借婚姻索取财物	违法行为
收受彩礼	不具有违法性

彩礼问题与借婚索财及包办、买卖婚姻等行为有时是交织在一起的。彩礼有时会成为包办、买卖婚姻或者借婚索财的一种表现形式。这时，对于彩礼问题的处理已经被比其行为更为严重的违法行为所吸收，已经不单纯是一种民间风俗，是属于触犯了法律规定，依法要被禁止的行为。对当事人的处理就已经应该作为借婚姻索取财物被禁止、作为包办买卖婚姻被禁止，而不是简单的彩礼应否返还问题。

我国婚姻法规定，婚姻关系以双方自愿为原则，以双方感情为基础。但在

〔1〕《最高人民法院关于贯彻执行民事政策法律的意见》，1979 年 2 月 2 日。

我国现阶段，某些地区还存在着以金钱来代替感情、以金钱来换取婚姻的现象，收受彩礼即是这一社会现象的一种典型现象。彩礼是中国传统婚礼程序“六礼”中“纳征”的俗称，所谓“六礼”是指纳采、问名、纳吉、纳征、请期和亲迎这六道程序。早在西周时期“父母之命，媒妁之言”就成为当时婚姻缔结的一项制度。因此，彩礼是从封建社会延续下来的一种称谓。有的地方称之为聘礼、纳彩等。给付的彩礼皆为金钱，也有一些贵重物品。彩礼的多少，随当地情况、当事人的经济状况等各方面因素而定，但数额一般不在少数。

需要注意的是，借婚姻索取财物是对婚姻权利的滥用，它与买卖婚姻同属于违法行为，二者只是在违法情节程度上有所不同，相比较而言，买卖婚姻的情节、后果更为严重，而借婚姻索取财物的现象更多，涉及面也更广，其危害性亦是不容低估的。对借婚姻索取财物者应当予以批评教育，责令其改正错误，同时还要妥善处理由此引起的财物纠纷。有的财物纠纷是在离婚时发生的，如结婚时间不长，或者因索要财物造成对方生活困难的，可酌情返还。[1]

彩礼，是指婚姻当事人（主要是男方）及其亲属依当地习俗，向另一方当事人（主要是女方）及其亲属给付的财物。它具有无奈性、功利性和目的性的特点。一般认为它是附解除条件的赠与，若婚姻缔结，则赠与行为有效，反之，则无效，此时赠与财产要恢复到交付前的状态。它的表现形式有以下几点：①主体不限于双方当事人；②给付者主观上非自愿；③彩礼主要归女方娘家所有；④彩礼在数额上往往很大；⑤彩礼在性质上不属于买卖婚姻，也不属于借婚索财，但与这二者又有交叉之处。

最高人民法院在《关于适用〈中华人民共和国婚姻法〉若干问题的解释(二)》第10条中指出：当事人请求返还按照习俗给付的彩礼的，如果查明属于以下情形，人民法院应当予以支持：①双方未办理结婚登记手续的；②双方办理结婚登记手续但确未共同生活的；③婚前给付并导致给付人生活困难的。适用第②、③项的规定，应当以双方离婚为条件。

我们所说的彩礼，与借婚姻索取财物、包办买卖婚姻等行为是有本质区别的。所以，提及彩礼问题，要在这一被限定的范围内考虑具体问题。另外，因为这种彩礼的给付，是基于当地的风俗习惯，很少有心甘情愿主动给付的，与一般意义上的无条件的赠与行为不同。而且，如果真的是属于这种情形的，只要当事人能够举证证明其当初所为的是一种无任何附加条件的赠与行为，现已履行完毕的，则是一件普通的赠与纠纷案件，与我们所说的彩礼纠纷还不是一

---

〔1〕 参见《最高人民法院关于人民法院审理离婚案件处理财产分割问题的若干具体意见》，1993年11月3日。

回事。对给付彩礼能否作为附解除条件的赠与行为对待，学界有不同看法。附解除条件的赠与，是指已经发生法律效力的赠与行为，在当事人所约定的条件不成就时仍保持其原有效力，此时赠与行为合法存在并有效，当条件成就时，其效力便消灭，此时赠与行为不再有效，要解除当事人之间的权利义务关系。对此，有截然相反的两派观点。持反对观点的学者认为，婚姻自由是婚姻法的基本原则，我们社会主义国家提倡的是文明、健康的社会风气，提倡的是符合社会主义精神文明、道德准则的婚姻行为。而将彩礼视为以让对方与其结婚为目的的附条件的赠与，这种条件恰恰违反了法律规定，违背了我国婚姻家庭领域一贯坚持的原则和精神。所以，他们坚决不同意将彩礼定性为以结婚为条件的赠与行为。赞成该观点的学者认为，但凡赠送彩礼的人，无一不是想将来有一天，对方与自己正式结婚，应该将这种赠与认定是附解除条件的赠与行为。从我国目前婚姻法的实际情况看，彩礼的给付恰恰不能回避让对方与其结婚的目的性。许多家庭负债累累给付彩礼，为的就是要最后结婚，通常都是以要求对方答应与其结婚为条件的。如果没有达到这种目的，给付方当然有权利要求返还所给付的财物。这与民法通则及合同法等的相关规定并不矛盾，也没有违反所谓的社会公共利益，故对当事人的合法权益应当予以保护。

在广大的农村地区，老百姓操劳多年，倾其所有给付彩礼，是迫于地方习惯做法，是为了最终缔结婚姻关系不得已而为之的。这种目的性、现实性、无奈性，都不容否认和忽视。作为给付彩礼的代价中，本身就蕴含着以对方答应结婚为前提。如果没有结成婚，其目的落空，而此时彩礼如仍归对方所有，则与其当初给付的本意明显背离。所以，我们认为，对于彩礼问题的处理，一定要视双方最终的现实结果而定。没有形成婚姻关系的，彩礼应当退还。形成婚姻关系的，原则上可以不用返还，只是在有特殊情况下，已经缔结婚姻关系的，彩礼也要还给对方，即双方虽然办理了结婚登记但确实一直并未共同生活的，或者当初因为给付彩礼造成生活困难的，一旦离婚，彩礼应当予以返还。

【案例】 A、B 于 2008 年 8 月经人介绍相识，A 前后多次收受 B 彩礼，导致 B 之弟因家庭困难而被迫辍学。A、B 二人于同年底按农村习俗举办婚礼并同居生活，2009 年年初补办了结婚登记手续，未生育子女。婚后不久，双方因性格不合，为生活琐事发生纠纷，A 向法院起诉离婚。

本案中，A 收受 B 彩礼符合最高人民法院在《关于适用〈中华人民共和国婚姻法〉若干问题的解释（二）》中指出的第三种情形，即婚前给付并导致给付人生活困难的情形，故 A 应当返还彩礼。

第三章

二、一夫一妻

一夫一妻制是我国婚姻法又一项重要的基本原则，也是我国婚姻制度的一项重要内容。

（一）一夫一妻制的概念

一夫一妻制是指一男一女结合为夫妻关系的婚姻制度，亦称单偶制或双单式婚姻。其基本法律要求如下：

（1）任何人都不得同时有两个或两个以上的配偶。

（2）已婚者，即有妇之夫、有夫之妇，在其配偶死亡或离婚前不得再行结婚。未婚男女不得同时与两个或两个以上的人结婚。

（3）一切公开的、隐蔽的一夫多妻、一妻多夫的两性关系都是非法的，受到法律的禁止和取缔。

（4）违反一夫一妻制情节轻微的，要予以批评教育或行政处分；情节较重的，应给予民事制裁或行政处罚；情节严重构成犯罪的，要受到刑罚制裁。

（二）不同社会制度下一夫一妻制具有不同的本质

1. 私有制社会的“一夫一妻制”实质是多妻制。从历史上来看，在原始社会向阶级社会过渡时期出现的一夫一妻制，是以私有财产制为基础的。与私有制、阶级剥削制度和男尊女卑制度相适应，一夫一妻制具有不同于其字面含义的特定的内容。恩格斯指出：“正是奴隶制与一夫一妻制的并存，正是完全受男子支配的年轻美貌的女奴隶的存在，使一夫一妻制从一开始就具有了它的特殊的性质，使它成了只是对妇女而不是对男子的一夫一妻制。”[1]

2. 我国社会主义制度为实现真正的一夫一妻制提供了良好的条件。实行普遍的、男女平等的真正的一夫一妻制，废除旧社会中以纳妾为形式的多妻制，是我国婚姻家庭制度改革的重要成果之一。恩格斯曾预言：“我们现在正在走向一种社会变革，那时，一夫一妻制的迄今存在的社会基础，以及它的补充物即卖淫的基础，不可避免地都要消失。”“随着生产资料转归为社会所有，……一夫一妻制不仅不会终止其存在，而且最后对于男子也将成为现实。”[2] 目前，我国现实生活中仍有一些违反一夫一妻制的消极现象，需要在立法、执法和道德等方面加强维护一夫一妻制的力度。

（三）实行一夫一妻制的必要性

人类社会的婚姻结构从杂乱的两性关系经过群婚制、对偶婚制，最后进入了一夫一妻制，这是必然的普遍规律。但只有社会主义社会通过其经济基础、

---

〔1〕《马克思恩格斯全集》（第21卷），人民出版社2003年版，第75页。

〔2〕《马克思恩格斯全集》（第21卷），人民出版社2003年版，第88、89页。

政治基础、道德文化基础和法制保障才能最终实现真正的一夫一妻制。诚然，我国现实生活中仍有一些违反一夫一妻制的负面现象的存在，但我们不能因此否认一夫一妻制的合理性和必然性。

1. 实行一夫一妻制是社会主义制度对两性关系的必然要求。恩格斯曾指出："既然性爱按其本性来说就是排他的……那么，以性爱为基础的婚姻，按其本性来说就是个体婚姻。"[1] 一夫多妻和一妻多夫的结合，是同爱情的排他性和专一性不相容的，它不利于婚姻的性爱、情感等功能的实现，不利于发挥婚姻家庭的社会作用。

2. 实行一夫一妻制是实现我国男女平等的客观要求，也是婚姻幸福、家庭和睦的必然要求，对提高妇女的社会地位、家庭地位，保护妇女合法权益具有重要的现实意义，对于婚姻的稳定与和谐及婚姻质量的提高也有不可忽视的作用。

（四）禁止重婚和其他破坏一夫一妻制的行为

1. 禁止重婚。重婚是指有配偶者再行结婚的违法行为。重婚侵害配偶的婚姻权益，是对一夫一妻制的严重破坏。重婚是违反一夫一妻制的行为，禁止重婚是近、现代各国立法的通例。我国《婚姻法》明令禁止重婚。任何人都不得同时有两个或两个以上的配偶，一切公开的或变相的一夫多妻、一妻多夫的结合都是非法的。违反一夫一妻制的结婚不予登记；已经成立合法婚姻的男女，只有在配偶死亡（包括宣告死亡）或离婚后，始得再行结婚。

构成重婚须具备两个要件：①当事人一方或者双方已存在有效的婚姻关系。这是构成重婚的前提条件。如果双方之间均没有婚姻关系的存在，是未婚、离婚或丧偶的人，不构成重婚。一方或双方虽有婚姻关系，但其婚姻已被宣告无效或被撤销的，亦不能构成重婚。无效婚姻和可撤销婚姻必须经由法定程序认定。对于无效婚姻或可撤销婚姻的当事人，在其婚姻未经法定程序宣告无效或撤销之前，仍属于有配偶的人，若与他人结婚，构成重婚。②有配偶者与他人结婚，包括两种形式：有配偶者又与他人登记结婚，这为法律上的重婚；虽未经结婚登记，但又与他人以夫妻关系同居生活，这为事实上的重婚。现实生活中基本上以事实上的重婚为重婚的主要表现形式。

【案例】　1993 年 3 月，被告人 A 男与自诉人 B 女登记结婚。1999 年年初，被告人 C 女在明知 A 已经结婚的情况下与 A 交往，并发生两性关系，2000 年 4 月，C 在某县医院生下一女，取名小 D。2001

[1]《马克思恩格斯全集》（第 21 卷），人民出版社 2003 年版，第 95 页。

年年初，被告人C与A在某市购房公开以夫妻名义同居生活。2004年自诉人B经多方查询，在某市某路某号找到A、C住处后，双方吵骂、厮打。2008年，自诉人B以被告人A与C犯重婚罪，向某县人民法院提起控诉。

被告人A有配偶而与他人公开以夫妻名义同居生活、被告人C明知他人有配偶而与他人公开以夫妻名义同居生活，两人的行为均已构成重婚罪。

在认定和处理具体问题时，应注意以下几个区别：

（1）重婚与重婚罪的区别。

区别 行为类型	性质	法律后果	适用的法律不同
重婚	不存在故意与过失的区别	①后一婚姻的当事人及其利害关系人向人民法院申请宣告婚姻无效的，人民法院应当依法宣告该婚姻无效；②合法婚姻当事人向人民法院起诉离婚，经调解无效的，人民法院应当依法准予离婚；③因重婚而导致离婚的，无过错方有权请求损害赔偿	《婚姻法》和《民事诉讼法》的有关规定
重婚罪	故意犯罪	依法追究刑事责任	《刑法》和《刑事诉讼法》的有关规定

按照我国法律的规定，重婚将导致一系列的法律后果。在民事上，重婚是结婚的禁止条件（婚姻的法定障碍），是婚姻无效的原因，是重婚的配偶诉请离婚的法定理由；因重婚而导致离婚的，其还是无过错方的损害赔偿请求权的发生根据。在刑事上，犯重婚罪须被依法追究刑事责任，即有配偶而重婚的，或明知他人有配偶而与之结婚的，处2年以下有期徒刑或者拘役。明知是现役军人的配偶而与之同居或者结婚的，处3年以下有期徒刑或者拘役。[1] 作为例外情况，应当将1950年《婚姻法》颁行前后的重婚加以区别。1950年《婚姻法》

〔1〕 参见《刑法》第258、259条。

颁行以前的重婚、纳妾（它是重婚的一种特殊形式），基本上属于旧社会遗留下来的问题，按照当时的政策，如果当事人相安无事，政府并不主动追究。如果一方当事人要求离异，则应依法处理，并应保护女方和子女的利益。1950 年《婚姻法》颁行以后的重婚、纳妾，不具婚姻的法律效力，并应追究重婚者包括以纳妾为名的重婚者的刑事责任。

下列情形中当事人重婚的，属于违法行为，但一般不认定为重婚罪：①为了反抗包办、强迫婚姻或严重的家庭暴力或虐待；②坚持离婚得不到支持，反遭迫害的；③因严重自然灾害外出而与配偶失去联络；④重婚行为发生在离婚上诉期间。对于以上这些特殊情形下的重婚行为，一般的处理方法是解除前婚障碍，但若当事人有重婚故意的，则另当别论。

（2）法律上的重婚和事实上的重婚的区别。重婚在我国现实生活中有两种表现形式，即法律上的重婚和事实上的重婚。

区别 行为类型	形式要件
法律上的重婚	有配偶者又与他人登记结婚
事实上的重婚	有配偶者却与他人以夫妻名义同居生活但未登记结婚

1994 年 2 月 1 日《婚姻登记管理条例》实施后，我国对未办结婚登记的事实婚姻已从有条件的承认转为不承认，但为了打击、杜绝重婚，若事实婚后再有婚姻行为的，仍可认定为重婚。若在 1994 年 2 月 1 日后有事实婚姻的双方当事人要求离婚的，在离婚前能办结婚证的，有关部门应要求其先补办结婚证，确实补办不成的，就以同居关系论，直接解除当事人的同居关系即可。

（3）重婚和有配偶者与他人同居的区别。

区别 行为类型	表现形式
重婚	有配偶者又与他人以夫妻名义共同生活
有配偶者与他人同居	有配偶者与他人不以夫妻名义，持续、稳定的共同生活

（4）重婚与通奸的区别。通奸是指男女双方或一方已有配偶，而又与他人秘密地、临时性地、自愿地发生两性关系却无长期共同生活的行为。通奸，俗

称和奸，在我国古代以及现代的一些国家法律中被规定为一种犯罪行为，但在现在我国刑法中并没有规定为犯罪。如长期通奸，形成公开同居，则构成姘居；如以夫妻名义同居，则构成事实上的重婚。

区别 行为类型	性质	对外公开程度	对外公开的名义
重婚	违法犯罪行为	对外完全公开两性关系	以夫妻名义
通奸	具有违法性	比较秘密，不愿公开两性关系	一般以朋友、同学、同事等名义

（5）重婚行为与姘居的区别。姘居是指男女一方或双方有配偶而与第三者不以夫妻名义同居的行为。它并非严格的法律概念，但实务中经常会用到此概念，实际上它和有配偶者与他人同居在本质上是一样的。姘居具有以下几个特点：①男女双方必须是非法以夫妻关系同居；②双方行为人之间必须是一方有配偶，或者双方都有配偶。它虽与重婚都属于男女双方非法同居的行为，都是我国婚姻法禁止的行为，但重婚可能构成犯罪。

区别 行为类型	性质	男女双方非法同居的时间	形式
重婚行为	是一种违法行为，而且有可能构成犯罪	男女双方以性生活为内容而以夫妻名义长期非法同居	法律上的重婚，从表面上看，其同居关系是“合法的”
姘居	仅是一种违法行为	男女双方以性生活为内容而不以夫妻名义非法同居	双方当事人一般都无需骗取结婚登记手续，从形式上，就可以断定其同居关系是非法的

2. 禁止有配偶者与他人同居。有配偶者与他人同居，是指有配偶者与婚外的异性不以夫妻名义，持续、稳定的共同居住的行为。主要指“包二奶”等虽不以夫妻名义共同生活，但存在较为长期的婚外非法同居的行为。需要注意的是，有配偶者与他人同居应与重婚和那些应由道德规范调整的未婚同居等行为

相区别。

有配偶者与他人同居和重婚的区别前文已列出，这里再针对有配偶者与他人同居和事实重婚作出进一步的比较。

区别 行为类型	违法行为的程度	对外公开程度	对外公开的名义
事实重婚	违反《刑法》的有关规定	对外完全公开两性关系	以夫妻名义
有配偶者与他人同居	仅是一般违法行为，违反《婚姻法》的有关规定	一般比较秘密，不愿公开两性关系	一般以朋友、同学、同事等名义

如前所述，通奸是指双方或一方有配偶的男女，秘密、自愿发生两性关系的行为。婚外恋泛指已婚者与配偶之外的人发生恋情。通奸、婚外恋都是违背社会主义道德和有悖婚姻法一夫一妻制的民事违法行为。而有配偶者与他人同居则是婚姻法明确禁止的违法行为，行为人要承担相应的法律责任。《婚姻法》第3条规定，禁止有配偶者与他人同居。第32条第3款第1项规定，有配偶者与他人同居是有配偶者相对方离婚的法定原因。第46条规定，因有配偶者与他人同居导致离婚时无过错方可以请求损害赔偿。

构成有配偶者与他人同居的要件有三个：一是有配偶者；二是不以夫妻名义；三是持续、稳定的共同居住。符合这三个要件，便构成有配偶者与他人同居的行为。这种行为严重违反了《婚姻法》的规定，应当依法予以制止，但这种行为并不违反《刑法》的规定，如果有配偶者与他人以夫妻名义持续、稳定的共同居住，则构成重婚，应依法受到《刑法》的处罚。故区别重婚和有配偶者与他人同居，具有法律上的意义，因为它涉及罪与非罪的界限。

有学者认为，在现实生活中，一些有配偶者为了规避法律，与他人非法同居时一般不以夫妻名义，但如果存在下列具体情形的，即使不以夫妻名义，也可以认定为事实重婚：①有较持续、稳定的同居时间，如共同生活达半年以上；②在物质上有较长期的经济帮助；③双方生有子女并共同养育子女；④对外以夫妻的身份或对外虽未以夫妻相称，但个人之间的书面等材料称为夫妻的。如双方在个人场合中，密友之间，承认其夫妻关系，双方在短信、QQ、电子邮件等联系方式中以夫妻相称等；⑤举行婚礼等世俗结婚仪式的；⑥男女双方有建立夫妻关系的目的，同时有在一起居住并同居的事实。

三、男女平等原则

（一）男女平等原则的含义

作为亲属法的基本原则之一，男女平等专指夫妻和性别不同的家庭成员以及其他近亲属，在婚姻家庭生活和亲属关系中处于平等的法律地位，享有平等的权利，承担平等的义务。这一原则彻底否定了男尊女卑、夫权统治的旧制度、旧传统，突出地反映了我国婚姻家庭制度的社会主义本质，对解放妇女，维护和发展民主、和睦、文明的婚姻家庭关系具有很重要的意义。

在我国，男女平等不仅是婚姻家庭法的原则，而且是宪法原则和相关法律的共同原则。我国《宪法》第48条规定："中华人民共和国妇女在政治的、经济的、文化的、社会的和家庭的生活等各方面享有同男子平等的权利。"《妇女权益保障法》从政治、文化教育、劳动和社会保障、财产、人身以及婚姻家庭等方面，为妇女的权益提供了有效的法律保障。上述"五大平等"和"六项权益"，从总体上奠定了有关男女平等的法律框架。

（二）男女平等原则的内容

我国亲属法在各项具体制度、具体规定中，都鲜明地体现了男女平等的立法精神，综合起来，有如下内容：

1. 在结婚和离婚制度上，男女双方当事人的权利和义务是完全平等的。结婚需男女双方自愿；登记结婚后，女方可以成为男方的家庭成员，男方可以成为女方的家庭成员；无效婚姻和可撤销婚姻的当事人，男女双方都有依法主张婚姻无效和依法提出撤销婚姻的权利。男女双方自愿离婚的，准予离婚；男女一方要求离婚的，有依法提出离婚的权利。在离婚时的财产清算，离婚后子女的抚养和教育问题上，男女双方的权利和义务也是平等的。

2. 在家庭关系中，不同性别的家庭成员的权利义务是完全平等的。在夫妻人身关系方面，双方都有各用自己姓名的权利，都有参加生产、工作、学习和社会活动的自由，都有实行计划生育的义务；在夫妻财产关系方面，双方对夫妻共同财产有平等的处理权，双方可以平等、自愿地订立夫妻财产约定，双方有相互继承遗产的权利，父和母都有抚养、教育和保护子女的义务，都有接受子女赡养扶助的权利，子和女都有受父母抚养、教育和保护的权利，都有赡养扶助父母的义务，在祖孙、兄弟姐妹关系中，权利和义务也不因性别不同而异。

3. 在收养关系方面，男女平等亦是收养法所坚持的基本原则。收养法关于收养人、送养人、被收养人的条件的规定，关于夫妻共同收养和父母共同送养的要求，关于养父母，养子女及其他亲属的权利义务的各项条款，无不贯彻着不分性别、男女均一视同仁的平等精神。

四、保护妇女、儿童和老人合法权益的原则

（一）保护妇女、儿童和老人合法权益的原则的含义

1. 保护妇女合法权益。保护妇女合法权益的原则，在立法精神上同男女平等原则是完全一致的，前者是后者的必然要求和必要补充，两者是互相联系，密不可分的。妇女的合法权益是一个内容丰富的完整体系，既系统地集中于妇女权益保障法，又分散在由各法律部门构成的法律体系中。婚姻家庭法中所谓保护妇女合法权益，主要是指从婚姻家庭角度，在男女平等原则的基础上，对妇女的某些婚姻家庭权益加以特殊地确认和保护，体现了党和国家对妇女有别于男子的特殊关心和照顾。

婚姻家庭法之所以规定保护妇女的合法权益的原则，主要有以下四点原因：一是根除我国传统的男性中心文化的要求；二是提高妇女婚姻家庭地位的现实要求；三是男女两性固有差别的必然要求；四是妇女家庭角色的特殊要求。

保护妇女合法权益是我国婚姻家庭立法的长期传统和重要特点。新中国成立前革命根据地的《婚姻法》、《婚姻条例》都有关于保护妇女权益的专门规定。新中国成立后的亲属立法，如1950年《婚姻法》、1980年《婚姻法》，则进一步使保护妇女合法权益的原则上升为全国性的法律原则，使有关保护妇女权益的规定更加完善。我国现行的《婚姻法》继承了这一优秀传统，对保护妇女合法权益的问题，在许多条款中作了有针对性的具体规定，在有关离婚、离婚时的财产清算、离婚后子女的抚养等方面表显得尤为明显。例如：女方在怀孕期间和分娩后1年内或终止妊娠6个月内，男方不得提出离婚；离婚时分割夫妻共同财产，应根据具体情况，对女方的权益予以照顾；离婚时如一方生活困难，另一方应给予适当的经济帮助。此处法律规定中虽然是男女双方并提，但就实际而言，主要是以保护妇女权益为立法宗旨的，如《收养法》规定，无配偶的男性收养女性的，收养人与被收养人的年龄应当相差40周岁以上，等等。

2005年修订的《妇女权益保障法》使保障妇女权益的法律机制更加健全。例如第23条规定："各单位在录用职工时，除不适合妇女的工种或者岗位外，不得以性别为由拒绝录用妇女或者提高对妇女的录用标准。各单位在录用女职工时，应当依法与其签订劳动（聘用）合同或者服务协议，劳动（聘用）合同或者服务协议中不得规定限制女职工结婚、生育的内容"；第32条规定："妇女在农村土地承包经营、集体经济组织收益分配、土地征收或者征用补偿费使用以及宅基地使用等方面，享有与男子平等的权利"；第45条规定："女方在怀孕期间、分娩后1年内或者终止妊娠后6个月内，男方不得提出离婚；女方提出离婚的，或者人民法院认为确有必要受理男方离婚请求的，不在此限"；第27条第2款规定："各单位在执行国家退休制度时，不得以性别为由歧视妇女"等。

2. 保护儿童和老人的合法权益。尊老爱幼是中华民族的传统美德，应当在社会主义制度下发扬光大。儿童是祖国的未来、民族的希望，使其健康成长，是培养和造就社会主义接班人的需要，也是巩固和发展社会主义婚姻家庭制度的重要内容。老人为社会和家庭贡献了毕生的精力，使其能够安度及欢度晚年是社会主义法律和道德的必然要求。

我国亲属法中保护老人和儿童合法权益的原则和相关规定，是以《宪法》为依据的。现行的《宪法》第45条第1款规定："中华人民共和国公民在年老、疾病或丧失劳动能力的情况下，有从国家和社会获得物质帮助的权利。国家发展为公民享受这些权利所需要的社会保险、社会救济和医疗卫生事业。"第46条第2款规定："国家培养青年、少年、儿童在品德、智力、体质等方面全面发展。"第49条第1款规定："婚姻、家庭、母亲和儿童受国家的保护。"第3款规定："父母有抚养教育未成年子女的义务，成年子女有赡养扶助父母的义务。"第4款规定："禁止破坏婚姻自由，禁止虐待老人、妇女和儿童。"以婚姻为基础的家庭是社会的细胞组织，是人们的基本生活单位，赡老育幼是婚姻家庭的重要功能。

我国的亲属法对儿童和老人合法权益的保护是很全面的，在调整亲子关系、收养关系和祖孙关系等问题上，均有各种具体详细的规定。此外，《未成年人保护法》、《老年人权益保障法》等有关法律中，也有许多从家庭制度方面保护儿童和老人合法权益的规定，它们和婚姻家庭法中的有关规定，共同构成了保护儿童和老人合法权益的规范体系。

（1）儿童合法权益的内容。儿童在家庭中享有的合法权益非常广泛。根据《婚姻法》、《未成年人保护法》等法律规定，主要有人身权和财产权两个方面。

第一，儿童的人身权：①生命、健康权。我国法律规定禁止溺婴、弃婴和其他残害婴儿的行为；父母或者其他监护人应当以健康的思想、品行和适当的方法教育未成年人，引导未成年人进行有益身心健康的活动，预防和制止未成年人吸烟、酗酒、流浪以及聚赌、吸毒、卖淫；禁止用工单位非法招用未满16周岁的未成年人，禁止安排未成年工从事矿山井下、有毒有害、劳动强度大的劳动。非法使用童工是严重摧残未成年人的安全和健康，并且殃及民族兴旺大业的违法行为，法律严惩这种行为。②人身自由权和人格权。非婚生子女享有与婚生子女同等的权利；不得允许或迫使未成年人结婚或为其订立婚约；不得歧视女性未成年人或者有残疾的未成年人；父母或者其他监护人送养儿童时，不得借收养为名与收养人行买卖儿童之实；任何组织和个人不得披露未成年人的个人隐私。③学习权。父母或者其他监护人应当尊重未成年人接受教育的权利，必须使适龄未成年人按照规定接受义务教育，不得使在校接受义务教育的未成年人辍学。学校应当全面贯彻国家的教育方针，对未成年学生进行德育、智育、体育、美育、劳动教育以及社会生活指导和青春期教育。学校应当关心、爱护学生；对品行有缺点、学习有困难的学生，应当耐心教育、帮助，不得歧视。

第二，儿童的财产权：①受抚养权。父母或者其他监护人应当依法履行对未成年人的监护职责和抚养义务；父母或者其他监护人不履行监护职责或者侵害被监护的未成年人的合法权益的，应当依法承担责任。②财产所有权。儿童对其所得的财产，包括劳动、继承、受赠及其他合法所得的财产，享有所有权。父母或其他监护人只有代管的义务，没有所有权。③继承权和受遗赠权。人民法院审理继承案件，应当依法保护未成年人的继承权和受遗赠权；儿童的继承权受法律保护，与同一顺序成年人继承遗产时，应给予照顾；儿童接受继承和遗赠，由其法定代理人代理。法定代理人在为儿童接受遗产和受赠财产时，一般无权放弃继承和受遗赠。

（2）老年人合法权益的内容。老年人在家庭中同样享有极其广泛的合法权益。根据《婚姻法》、《老年人权益保障法》等法律规定，主要有以下几个方面的权利：①受赡养权。子女对父母有赡养扶助的义务；孙子女、外孙子女在法定条件下对祖父母、外祖父母有赡养的义务；子女对父母的赡养义务，不因父母的婚姻关系变化而终止。②婚姻自由权。老年人的婚姻自由受到法律保护，子女或者其他亲属不得干涉老年人离婚、再婚及婚后的生活。老年人有权依照法律规定，自主自愿地决定自己的婚姻问题，不受任何人强迫、限制和干涉。赡养人的赡养义务不因老年人的婚姻关系变化而消除。暴力干涉老年人婚姻自由，构成犯罪的，依法追究刑事责任。③人身自由权。老年人的子女及其他家庭成员不得虐待和遗弃老人，虐待或遗弃老人情节恶劣的，应依法追究其刑事责任。④夫妻共同财产权。老年夫妻在婚姻关系存续期间所得的财产，仍是夫妻共同财产。在分配遗产时，在与同一顺序成年继承人继承遗产时，应适当照顾、多分遗产。任何人不得侵犯、剥夺老年人的合法继承权和夫妻财产权。

（二）禁止家庭暴力

1. 家庭暴力的含义、法律规定及其意义。家庭暴力，是指家庭成员之间的暴力行为。在2001年《婚姻法》修正前，家庭暴力一般是按虐待行为论处的。随着我国民主与法制建设的进展，人们的权利意识逐渐觉醒和增强，家庭暴力问题越来越多地受到社会各界的关注。当今社会，家庭暴力的存在是一种全球性的社会现象，近数十年来，有关防治家庭暴力的国际合作取得了许多重要的成果，在防治对妇女的家庭暴力方面表现得尤为突出。《消除对妇女一切形式歧视公约》、《消除对妇女的暴力行为宣言》以及第四次世界妇女大会通过的《北京宣言》、《行动纲领》等，均对家庭暴力高度重视。2001年修正后的《婚姻法》在第3条第2款中单独增设了禁止家庭暴力的规定，是保护家庭成员人身权利的重大立法措施，也是履行我国承担的国际义务的表现。

何为家庭暴力？其内容如何界定？一些国家的有关规定和学者们的见解是不尽相同的。在第四十八届联合国大会通过的《消除对妇女的暴力行为宣言》中，将对妇女的暴力行为界定为对妇女造成或可能造成身心方面或性方面的伤害或痛苦的任何基于性别的暴力行为，包括威胁进行这类行为、强迫或任意剥夺自由，而不论其发生在公共生活还是私人生活中。简言之，家庭暴力是指对受害人身体的暴力、性暴力以及心理的暴力等。这种解释虽然是针对女性受害人而言的，在界定家庭暴力的内容时也可供参考。总的来说，国际社会对家庭暴力的界定是比较宽泛的。

最高人民法院在有关司法解释中指出：《婚姻法》第3、32、43、45、46条所称的"家庭暴力"，是指行为人以殴打、捆绑、残害、强行限制人身自由或者其他手段，给家庭成员的身体、精神等方面造成一定伤害后果的行为。持续性、经常性的家庭暴力，构成虐待。[1] 上述解释采用了列举性、例示性和概括性相结合的方法，未及列举、例示的以"其他手段"一语加以概括。关于家庭暴力是否包括心理上的暴力（或精神暴力），在我国法学界中是有分歧的。有的学者将家庭暴力分为显性暴力和隐性暴力，隐性暴力中则包括经济暴力、语言暴力和性暴力。经济暴力，如对家庭成员经济的控制、封锁；语言暴力，如对家庭成员的讽刺、挖苦；性暴力，如夫妻一方违反另一方的意愿而强行与其发生性关系。隐性暴力也就是我们所说的精神暴力。精神暴力又叫软暴力，它的主要特点是通过非强力的形式给对方造成精神伤害，如恶意诋毁、陷害、长时间冷落别人、充满敌意的侵扰、不理性的责备等都可能造成对别人的精神伤害，这些行为都可以看作是精神暴力。在精神暴力中，最可怕的、最易对别人造成精神伤害的是恶意议论、诋毁和中伤别人。研究证明，这种行为会使对方感到不安、沮丧，自信心损伤，甚至绝望，严重时可能会导致对方以自杀形式放弃生命。有些精神暴力不仅会使对方精神受到伤害，有时也会伤及自己。假如对方无法承受你对他的精神伤害，可能奋起反抗，以更猛烈、更不人道的形式来伤害你。所以，无论是显性的硬暴力还是隐形的软暴力，都是应该坚决杜绝和抛弃的恶行。

与社会其他领域中的暴力行为相比较，家庭暴力具有以下特征：①主体的

---

〔1〕 最高人民法院《关于适用〈中华人民共和国婚姻法〉若干问题的解释（一）》第1条。

特定性。即家庭暴力行为主体之间具有特定的亲属关系。一方面，施暴者与受害者关系密切，多为共同生活的家庭成员，如夫妻、父母子女、婆媳等；另一方面，家庭暴力中最普遍、最严重的受害者是弱势家庭成员。就现实情况看，家庭暴力的对象主要是妇女、儿童和老人。这其中尤其以女性居多，女性中突出地表现为妻子。②行为的违法性。在一个民主、法制的社会里，任何暴力行为都是违法行为。不管是一般意义上的家庭暴力，还是具有严重社会危害性的家庭暴力，都不例外。其违法性主要表现为施暴者的行为违反国家有关保护家庭成员合法权益的法律规定。③主观的故意性。同其他暴力行为一样，家庭暴力行为人的主观方面所特有的心理态度是故意，而且大多数都有明确的目的。所谓故意，是指行为人明知自己采取的暴力手段，会给其家庭成员的身体、精神等方面造成一定伤害后果，并且希望或放任这种结果发生的心理态度。④后果的严重性。家庭暴力同其他一切暴力行为一样，具有必然的损害后果。⑤自身的隐蔽性和内部性。家庭暴力只发生在家庭成员之间，通常发生在家里这一特定的场所，因而常常不为人知。从家庭成员的心理来看，彼此往往认为这属于个人隐私，双方一般都不愿意借助婚姻外的力量来解决家庭内部矛盾。

我国《婚姻法》已规定家庭暴力为施暴者的配偶诉请离婚的法定理由，调解无效时应准予离婚。因家庭暴力而导致离婚，是无过错方行使赔偿请求权的依据。这些都是对受害人的民事救济方法，在刑事上，实施家庭暴力，情节恶劣，构成犯罪的，可以根据具体情况适用我国刑法中的相关规定。

家庭暴力的核心是权力和控制。对家庭暴力的界定，既不应使之过狭，也不应使之过宽。过狭不利于对家庭成员人身权利的保护，过宽也会给家庭生活带来某些负面的影响。家庭生活是人们的私生活。在防治家庭暴力的问题上，对隐私权和社会知情权之间的关系，对公权力的介入程度和方式，都应当适度把握、妥善处理。

2. 七部委《关于预防和制止家庭暴力的若干意见》中的相关规定。为了进一步做好预防和制止家庭暴力的工作，依法保护公民特别是妇女儿童的合法权益，促进社会主义和谐社会建设，中央宣传部、最高人民检察院、公安部、民政部、司法部、卫生部、全国妇联联合制定了《关于预防和制止家庭暴力的若干意见》。该意见中有七大亮点：

（1）第3条明确提出各部门的协作、配合，建立处理家庭暴力案件的协调联动和家庭暴力的预防、干预、救助等长效机制，依法保护家庭成员特别是妇女儿童的合法权益。第7条规定了公安派出所、司法所，居（村）民委员会、人民调解委员会、妇代会等组织，要认真做好家庭矛盾纠纷的疏导和调解工作，切实预防家庭暴力行为的发生。对正在实施的家庭暴力，要及时予以劝阻和制止。积极开展对家庭成员防范家庭暴力和自我保护的宣传教育，鼓励受害者及时保存证据、举报家庭暴力行为。有条件的地方应开展对施暴人的心理矫治和对受害人的心理辅导，以避免家庭暴力事件的再次发生，帮助家庭成员尽快恢复身心健康。

（2）重点强化警方在反家庭暴力中的作用和出警义务。在第 8 条中要求公安机关应当设立家庭暴力案件投诉点，将家庭暴力报警纳入“110”出警工作范围，并按照《“110”接处警规则》的有关规定对家庭暴力求助投诉及时进行处理。对家庭暴力案件，公安机关应当根据不同情况，依法及时做出处理：①对情节轻微的家庭暴力案件，应当遵循既要维护受害人的合法权益，又要维护家庭团结，坚持调解的原则，对施暴者予以批评、训诫，告知其应承担的法律责任及相应的后果，防范和制止事态扩大；②对违反治安管理规定的，依据《治安管理处罚法》予以处罚；对构成犯罪的，依法立案侦查，做好调查取证工作，追究其刑事责任；③对属于告诉才处理的虐待案件和受害人有证据证明的轻伤害案件，应当告知受害人或其法定代理人、近亲属直接向人民法院起诉，并及时将案件材料和有关证据移送有管辖权的人民法院。

（3）第 9 条规定了检察机关对此类案件的立案监督义务。人民检察院认为公安机关应当立案侦查而未立案的家庭暴力案件，或者受害人认为公安机关应当立案侦查而未立案的案件，人民检察院认为公安机关不立案的理由不能成立的，应当通知公安机关依法立案，公安机关应予立案。

（4）第 10 条要求司法行政部门应当督促法律援助机构组织法律服务机构及从业人员，为符合条件的家庭暴力受害人提供法律援助。扩大法律援助的范围，开辟为家庭暴力受害人提供司法救助的通道。

（5）第 11 条规定，卫生部门应当对医疗卫生机构及其工作人员，进行预防和制止家庭暴力方面的指导和培训。医疗人员若发现病情系家庭暴力所致，就应保存相关证据，协助公安部门调查。很多受害者到了医院寻求治疗的时候，会谎称是自己摔跤所致。医务人员则可以判断出来是被打还是自己摔伤。如果医务人员接受了反家庭暴力的培训，就可以告知受害人积极地举报施害人，寻求救助。而且，医务人员还能保留相关的诊疗证据，为受害人日后的维权提供帮助。

（6）第 12 条规定，民政部门救助管理机构可以开展家庭暴力救助工作，及时受理家庭暴力受害人的求助，为受害人提供庇护和其他必要的临时性救助。之前，民政部门的救助对象不包括家庭暴力受害人，现在的规定不仅扩大了民政救助范围，更重要的是能使暴力受害人有一个临时居住与遮风挡雨的地方，暂时走出危险，得到帮助，思考家庭和个人出路，以便解决问题。

（7）第13条规定，妇联组织要积极开展预防和制止家庭暴力的宣传、培训工作。建立反对家庭暴力热线，健全维权工作网络，认真接待妇女投诉，告知受害妇女享有的权利，为受害妇女儿童提供必要的法律帮助，并协调督促有关部门及时、公正地处理家庭暴力事件。

【案例】 A婚后发现丈夫B身上有很多难以接受的缺点，如经常酗酒、个人生活不检点、心胸狭窄等，而A只要一向B指出，便会引来B的拳脚相加。婚后不久，A便起诉离婚。

家庭暴力是法定离婚理由之一，B的行为属于典型的家庭暴力，A只要提供充分的有关B实施家庭暴力的证据，就可以通过司法机关保护自身的合法权益。

3. 家庭暴力与虐待罪的区别。虐待是指以作为或不作为的形式，对家庭成员歧视、折磨、摧残，使其在精神上、肉体上遭受损害的违法行为，如打骂、恐吓、冻、饿、患病不予治疗、给予居住条件上的歧视性待遇、限制人身自由等。虐待罪是指对共同生活的家庭成员，经常以打骂、捆绑、限制自由、凌辱人格、冻饿等方法，从肉体上和精神上进行摧残迫害，情节恶劣的行为。本罪的犯罪构成是：犯罪主体是共同生活在一个家庭内的成员，相互间有亲属关系或者抚养、扶养及赡养关系；犯罪主观方面必须是故意摧残他人；犯罪侵犯的客体是家庭成员在家庭中的合法权益及他们的人身权利；犯罪客观方面必须具有经常对被害人从肉体上和精神上进行摧残折磨的行为。

区别 行为类型	是否作为一个单独的罪名	时间上	表现形式	手段上
家庭暴力	并未成为一个罪名，只是在相关法律解释中，对其进行了界定	可能只是一次，具有突发性	多以作为的形式出现，一般为肉体折磨	具有暴力性
虐待罪	在刑法中作为一个单独的罪名出现	虐待行为具有持续性、经常性	以作为或不作为的形式，如精神折磨导致严重后果的，也可能构成“虐待罪”	具有暴力性和非暴力性

4. 家庭暴力与故意伤害罪的区别。故意伤害罪，是指故意非法损害他人身体的行为。本罪的犯罪构成是：犯罪主体是一般主体，凡达到刑事责任年龄并具备刑事责任能力的自然人均能构成本罪，其中，已满14周岁未满16周岁的自然人有故意伤害致人重伤或死亡行为的，应当负刑事责任；犯罪主观方面表现为故意，即行为人明知自己的行为会造成损害他人身体健康的结果，而希望或放任这种结果的发生；犯罪侵犯的客体是他人的身体权，所谓身体权是指自然人以保持其肢体、器官和其他组织的完整性为内容的人格权；犯罪客观方面表现为实施了非法损害他人身体的行为。

区别 行为类型	是否作为一个单独的罪名	侵害对象	伤害程度
家庭暴力	并未成为一个罪名，只是在相关法律解释中对其进行了界定	家庭成员	以轻伤为限，后果严重的家庭暴力（如致受害人重伤、死亡等）则可能构成故意伤害
故意伤害罪	在刑法中作为一个单独的罪名出现	不限于家庭成员，本人以外的他人	轻伤、重伤或死亡

（三）禁止虐待和遗弃家庭成员

家庭成员是互享法定权利、互负法定义务的平等主体，虐待和遗弃行为侵害家庭成员的人身权利和财产权益，两者都是家庭关系中消极的、破坏性的因素。禁止虐待和遗弃家庭成员，是保护妇女、儿童和老人合法权益的必然要求。

虐待是指以作为或不作为的形式，对家庭成员歧视、折磨、摧残，使其在精神上、肉体上遭受损害的违法行为，如打骂、恐吓、冻、饿、患病不予治疗、给予居住条件上的歧视性待遇、限制人身自由等。

遗弃，是指家庭成员中负有抚养、赡养、扶养义务的一方，对于年老、年幼、患病或其他没有独立生活能力，需要抚养、赡养、扶养的另一方，故意不履行其应尽义务的行为。例如，夫或妻不履行扶养对方的义务；父母不履行抚养未成年子女的义务；成年子女不履行赡养父母的义务等。与虐待不同，遗弃一般表现为不作为的方式，系依法应为而不为。

《婚姻法》在有关条款中规定，夫妻一方虐待、遗弃家庭成员，另一方诉请离婚，调解无效的，应准予离婚；因一方虐待、遗弃家庭成员导致离婚的，无过错方有权请求损害赔偿。虐待、遗弃的情节各不相同，后果也轻重有别，对此必须在处理时根据具体情况，采取相应的多层次对策，如对虐待行为进行批评教育，责令改正，予以一定行政处罚；对遗弃行为适用依法追索抚养费、扶养费和赡养费等。若虐待或遗弃行为情节恶劣，触犯刑律的，还应负刑事责任。我国《刑法》规定："虐待家庭成员，情节恶劣的，处 2 年以下有期徒刑，拘役或者管制。犯前款罪，致使被害人重伤、死亡的，处 2 年以上 7 年以下有期徒刑。第 1 款罪，告诉的才处理。"该法又规定："负有扶养义务而拒绝扶养，情节恶劣的，处 5 年以下有期徒刑、拘役或者管制。"这里所说的"扶养"，应作广义理解，包括扶养、抚养和赡养。

五、计划生育原则

（一）计划生育的概念、意义

所谓计划生育，就是指人类自身的生产应当有计划地进行，要有计划地控管全社会人口的运行。在宏观意义上，计划生育等同于人口的社会控制，泛指社会对人口的数量、质量、规模、结构、分布及其社会保障的全面调控和规范；在微观意义上，计划生育主要指通过生育机制有计划地调节人口增长速度和素质，在保证人口质量的基础上提高或降低人口增长率，以及对人们的生育行为和结果实行计划化，做到有计划地生育子女，消除人口生产上的无政府状态，通过生育过程的控制调整人口增长速度，提高人口的素质。婚姻家庭法上的计划生育一般从微观意义来解释。

《宪法》第 25 条规定："国家推行计划生育，使人口的增长同经济和社会发展计划相适应。"《宪法》第 49 条规定："夫妻双方有实行计划生育的义务。"现行《婚姻法》不仅在总则中规定了计划生育原则，而且在第 16 条中具体规定"夫妻双方都有实行计划生育的义务"。收养是对无子女家庭的补救手段，可以满足不孕夫妻养育子女的合理要求。为保证收养与计划生育的一致性，《收养法》一方面在原则中规定"收养不得违背计划生育的法律、法规"，另一方面又在收养条件中要求"收养人只能收养一名子女"和"送养人不得以送养子女为由违反计划生育的规定再生育子女"。这是计划生育作为婚姻家庭法基本原则的具体表现。自 2002 年 9 月 1 日起施行的《人口与计划生育法》，为推行计划生育工作提供了有效的法律保障，关于生育调节和其他相关问题，均应按法律的具体规定办理。

实行计划生育是根据马克思主义关于物质资料生产与人类自身再生产应该相适应的原理，结合当时我国国情而制定的决策。20 世纪 70 年代初以来，中国政府开始大力推行计划生育，在党的第十二次全国代表大会上，计划生育更是被当作一项基本国策确定下来，成为促进我国经济文化繁荣和社会发展的具有战略意义的措施。人口发展一定要与社会经济发展相适应，与资源开发利用、生态环境保护相协调。家庭是人口再生产的单位，宏观上的社会人口再生产在微观上是通过家庭中的生育行为实现的。婚姻是人口再生产的社会形式，在常态下生育子女是婚姻的必然结果；计划生育最重要、最现实的途径是在家庭内夫妻间贯彻执行；生育制度和婚姻家庭制度有着密切的内在联系。所以计划生育既是基本国策，又是家庭的责任和夫妻的义务。

（二）计划生育的基本要求

《人口与计划生育法》第18条规定，国家稳定现行生育政策，鼓励公民晚婚晚育，提倡一对夫妻生育一个子女；符合法律、法规规定条件的，可以要求安排生育第二个子女。具体办法由省、自治区、直辖市人民代表大会或者其常务委员会规定。少数民族也要实行计划生育，具体办法由省、自治区、直辖市人民代表大会或者其常务委员会规定。

在婚姻家庭关系中，夫妻是生育行为的共同体，我国婚姻家庭法规定夫妻双方都有实行计划生育的义务，绝不能将义务片面地推给女方。对此，我们应从三个方面来理解和把握：①计划生育是每对夫妻、每个家庭对社会所承担的义务和责任；②计划生育是夫妻双方共同的义务；③有关部门要承担落实计划生育的责任，为育龄夫妇履行计划生育义务提供保障。其基本要求是：少生、优生、优育和适当地晚婚晚育。国家提倡一对夫妻生育一个子女，依法安排第二胎生育，禁止三胎及三胎以上的多胎生育。对于人口稀少的少数民族，节制生育的政策可以适当放宽。

（三）禁止封建的生育观

我国古代多育子女的观念十分顽固有力，“重男轻女”、“传宗接代”、“多子多福”等都是我国古代宗法制社会生育观的具体表现。这种文化观念的存在，是与人们当时生存的社会现实息息相关的。在现有国情下，我们应当摒弃这种旧的封建思想，树立正确的生育观。我们应当认识到，在社会主义国家里，子女不是家庭的私有财产，而是全社会的财富；生育子女是为了继承革命和建设事业，而非传宗接代；在社会主义物质条件和精神条件的保障下，生男生女都一样，无儿无女也可安度晚年。只有大力破除封建的生育观，才能使计划生育政策真正地、更全面地落实。这就要求我们把握好计划生育与生育权的关系。

广义的生育权是指人们享有生育与自己有血缘关系的子女的权利。它是一种人格权，是与生俱来的，法律并未规定其是其已婚者才享有的权利，所以它既包括婚姻内生育，也包括婚姻外生育和没有婚姻的生育，即包括自然生育和人工辅助生育。狭义的生育权指婚内生育权，是指在婚姻中夫妻双方依照国家法律和政策的规定，有权决定在什么时间生育子女和生育几个子女的权利，也包含当事人不生育意愿的选择。生育权虽然是一种人格权，但它不完全是纯粹意义上的私权，一般要受到公权的管辖和监管，否则，将会导致个人权利的膨胀和滥用。

人口过快增长是当今世界面临的一个十分严重的问题，在我国这样一个人口众多的发展中国家表现得尤为突出，人口问题关系中华民族的生存与发展，关系中国现代化建设的兴衰成败，关系人口与经济、社会、资源、环境能否相互协调持续发展。因此我国政府把实行计划生育、控制人口增长、提高人口素质确定为一项基本国策，是从国家富强、民族昌盛、人民幸福出发所做出的必然选择。因此，国家在确认和保障生育权充分实现的同时，必须强调计划生育。夫妻双方和其他成年人都必须对国家、社会负责，在行使生育权时接受计划生育的限制，承担实行计划生育的义务。

六、婚姻双方和家庭成员的共同责任

我国《婚姻法》第4条规定："夫妻应当互相忠实，互相尊重；家庭成员间应当敬老爱幼，互相帮助，维护平等、和睦、文明的婚姻家庭关系。"这一规定明确地指出了婚姻双方和家庭成员的共同责任，充分体现了我国婚姻家庭法的立法宗旨，本条就其性质而言亦属原则性规定，但它并不是与上述五项原则并列的另一原则，而是从总体上反映了上述五项原则追求的价值目标。

（一）夫妻应当互相忠实，互相尊重

夫妻应当互相忠实，互相尊重，广义上是指夫妻应当互相信任和忠诚，不得欺骗、侮辱、歧视、遗弃配偶，不得为第三者利益损害配偶他方的利益。狭义上是指夫妻在共同生活中，应当保持性生活的专一性和纯洁性，不得从事婚姻外性行为，即夫妻双方所负的贞操义务。这是夫妻关系的本质要求，是婚姻的专一性和排他性的集中体现。社会主义制度下的婚姻是男女双方基于爱情的结合，夫妻互相忠实是婚姻的生命力所在，一方对另一方不忠实，应视为违反婚姻义务，是不符合法律和道德要求的。

在1980年《婚姻法》的修改过程中，关于是否应当增设有关夫妻忠实义务的规定，有不同的意见。有的意见认为：夫妻应当互相忠实是婚姻的应有之义，法律无需另作规定。有的意见认为：互相忠实是婚姻道德的要求，要靠当事人自律，婚姻关系不能靠法律的强制来维持。也有意见认为：在法律上指明夫妻应当互相忠实有其必要性，这对维持一夫一妻原则、保护婚姻家庭和受害方的权益均是有益的。我们认为，在法律上指明夫妻应当互相忠实是有其必要性的，这对维护一夫一妻原则、保护婚姻家庭和受害一方的权益，都具有重要意义。当然，要求夫妻间互相忠实，绝不意味着用法律手段强行维持感情已破裂的婚

姻关系。感情确已破裂的夫妻可以依法离婚。因一方的不忠行为（如重婚、与他人同居等）导致离婚的，受害方可以依照《婚姻法》有关规定获得法律上的救济。

任何权利与义务都是相对的，夫妻在遵守忠实义务的同时，也享有各自的性自主的权利。性自主权，是一项重要的人格权。有学者认为，即使是夫妻之间，也不得违背对方的意志而强行与对方发生性关系，否则可能构成婚内强奸。妻子有拒绝过性生活的权利，只要妻子不同意，性生活在本质上就是不合法的，可以认定为家庭暴力中的性暴力，属于一种侵权行为。婚内强奸具有以下几个特征：①婚内强奸只发生在具有合法婚姻关系的夫妻之间；②配偶一方对另一方实施强奸行为时必须利用了夫妻关系，凭借了配偶身份；③性行为必须违背了夫妻一方的意志，这是婚内强奸的本质特征；④一般情况下，婚内强奸表现为配偶一方使用暴力、胁迫等强制性手段与另一方性交。所以说，夫妻在保持性生活专一性的同时，也要尊重对方的性自主的权利。

夫妻是婚姻家庭关系的平等主体，双方具有平等的法律地位，享有平等的权利，承担平等的义务。双方互相尊重是男女平等原则的必然要求，是夫妻之间互爱互敬的思想基础。夫妻是家庭的核心成员，互相尊重应当贯穿于婚姻家庭生活的各个方面。夫妻在思想感情上应当互相体贴，互相谅解；在生活、工作上要互相帮助，互相照顾；在赡老、育幼等方面应当共同关心，彼此合作；在家庭理财、家务管理方面要互相协商，不以一己之见强加于对方。要做到互相尊重，需要夫妻双方共同努力。从我国人民婚姻家庭生活的传统和现实来看，继续破除夫权、家长制的残余影响，对实现《婚姻法》的这一要求具有重要意义。

（二）家庭成员间应当敬老爱幼，互相帮助，维护平等、和睦、文明的婚姻家庭关系

家庭成员间应当敬老爱幼，这是我国人民的传统美德，应当在社会主义制度下发扬光大。敬老，是指晚辈家庭成员对长辈家庭成员应当予以尊敬，使之愉悦地度过晚年；爱幼，是指长辈家庭成员对晚辈家庭成员应当予以爱护。敬老爱幼与保护儿童、老人合法权益的原则是从不同角度出发的，保护儿童、老人合法权益是指保护儿童、老人的人格权、财产权、知识产权、继承权等具体的权利，而敬老爱幼是在保护儿童、老人合法权益的基础上，根据儿童和老人特殊的生理、心理需要，从精神文明建设的高度，对如何处理现代家庭中的代际关系提出的更高要求。

家庭成员间应当互相帮助。家庭成员之间具有婚姻关系和血缘关系，同居一家，共同生活，在思想、生活、经济等方面理应互相关心和帮助。这是家庭

的社会功能，如教育功能、经济功能等，在家庭成员关系间的具体表现。这种帮助是来自其他方面的帮助所不能替代的。

“维护平等、和睦、文明的婚姻家庭关系”，是指作为平等主体的家庭成员应当享有同等的权利，不得以强凌弱，对家庭成员实行差别待遇，家庭成员间应融洽相处，团结互助，避免无谓的纠纷，有能力的家庭成员应努力工作，不断提高物质文化生活水平，应当努力学习，不断提高道德水平和文化素质。这里所说的文明，不仅包括婚姻家庭领域的物质文明，更重要的是指婚姻家庭领域的精神文明。我们认为，在新的世纪开始后家庭应更加文明进步，从而推动全社会的文明进步。

【小结】

回顾本章所学内容时，要求在对五项基本原则、六项禁止性规定和两项原则性规定作整体把握的基础上，还要熟练掌握各原则下众多繁杂的知识点，例如：重婚和重婚罪的区别，事实重婚和有配偶者与他人同居的关系及认定标准，对家庭暴力的处理方式及法律的适用，家庭暴力与虐待罪、伤害罪的区别，彩礼性质的认定等问题。只有这样，才能透彻地掌握亲属法的基本原则。

【思考题】

1. 如何正确理解婚姻自由？
2. 为什么要实行一夫一妻？违背该原则的行为有哪些？
3. 有配偶者与他人同居和事实重婚的区别及其法律意义是什么？
4. 如何防范和规制家庭暴力？
5. 如何实现计划生育？
6. 如何认定事实重婚？
7. 如何理解“彩礼”？

第4章 亲属关系原理

【提示要点】本章重点介绍了亲属的法律意义和分类，亲系的划分和亲等的计算方法，亲属关系的发生、终止的事由及其法律效力的体现等内容。

第一节 亲属的意义和法律上的分类

一、亲属的意义

亲属，从通常意义上理解，只是表明了一种身份，它反映出了人与人之间的最为常见的某种亲缘关系，我们将其称之为亲属关系。亲属关系是社会中最初的、也是最基本的人际关系，这对于生活在社会中的每一个人来说是不可或缺的。人类从最初的原始部落起，就是依靠这种最基本的联系才得以生存和延续、进而发展和壮大的。由于这种人际关系与人类的产生和发展密不可分，具有强烈的伦理性，从而使得亲属关系对于社会生活的影响既广泛，又深刻，这种影响过去有（奴隶制、封建制时期有，近代资本主义时期也有），现在依旧有，即使在将来还会有。换句话说，只要有人类，亲属关系对社会生活就有影响，它不会消亡。我国古代实行家族本位，夫权、族权、家长权长期占据社会主导地位，并且与封建专制制度相伴随始终，由于封建统治者认识到亲属关系所具有的强大作用，进而为了强化这种作用，封建统治阶级以礼和法的形式对这种亲属关系加以规范以达到其调整社会关系的目的。可以说，亲属关系在一个国家的社会生活中发挥着重要的作用，并且与该国历史的悠久程度有着非常密切的联系。在我国当前经济建设突飞猛进、人民安居乐业、构建和谐社会的背景下，再次强调亲属关系的作用，其本身就具有重要的现实意义。

从法律意义上讲，亲属一词本身就蕴含着某种法律上的联系。不同的亲属称谓则意味着不同的、但又确定的权利和义务关系，这些权利义务构成了亲属法的核心内容，同时也成为亲属之间的行为规范。如配偶，就意味着双方的婚姻不仅有效，而且互负扶养的义务，互享继承对方遗产的权利等，并且在效力上是无条件的、第一位的；再如，兄弟姐妹，则意味着相互之间有一定的权利和义务关系，如扶养、继承，并且在效力顺位上是有条件产生的、是第二位的。不同亲属关系的权利义务的内容是不同的，而且产生条件也是不一样的。亲疏远近的不同决定了亲属在法律中的权利义务的有无，也决定着其效力顺位及内容。

亲属所表明的这种特定身份所蕴含的人际关系，是一种非常重要的社会关系，它不仅具有伦理意义，而且具有法律意义。

二、亲属的分类

亲属之间有着较为复杂的关系，从立法角度来讲，就全部亲属关系进行法律调整不但没有必要，而且不符合实际。为了有效地调整亲属关系，对亲属进行必要地分类是有意义的，根据不同类别的亲属，法律给予其相应地处理和对待，可以最大限度地体现法律的效率和公平原则，进而发挥亲属法相应的功能。

对亲属的分类，可从多个角度进行，不同角度下的分类所指的范围和社会制度所赋予的内涵是不同的。如从亲系角度划分，可将亲属划分为男系亲和女系亲，父系亲和母系亲，直系亲和旁系亲；从行辈角度划分，又有长辈亲、同辈亲和晚辈亲的分类；从亲属亲疏远近的角度划分，有近亲属和以外的其他亲属的分类；从亲属产生的原因的角度划分，可将亲属划分为配偶、血亲和姻亲。现代立法一般是以亲属产生的原因为根据而进行划分，比较其他划分方法，这种方法一般不考虑男女性别，也不考虑尊卑长幼，而是对凡属同一类别的亲属给予同等对待，故其较好地体现了近、现代法律所倡导和追求的平等原则，为许多国家立法所采用。以亲属产生的原因为根据划分亲属，具体有以下几种亲属种类：

（一）配偶

配偶即夫妻，是指男女双方因婚姻成立以后，基于婚姻的效力而产生的一种亲属身份。夫妻互为配偶。

在承认配偶是亲属的立法例中，都将配偶视为一种非常重要的亲属，它是血亲和姻亲产生的基础，是亲属产生的源泉。

关于配偶是否为亲属的一个种类，在不同的立法例及学说观点中是有分歧的。总体可概括为两种做法或观点，即一种是承认其为亲属；另一种是否定其为亲属。对于前者，在立法上加以采用的国家比较典型的是日本，如《日本民法典》第725条就明确规定配偶是亲属。而对于后者，在立法上较为典型的国家有德国、瑞士。但需要注意的是，德国、瑞士的相关法律在有关亲属规定的具体条文中，并未明确否定配偶为亲属，只是通过对血亲和姻亲的明确界定而加以限定亲属的范围，因其没有明文将配偶界定在亲属范围之内，可见立法不予采用配偶为亲属的做法。

在我国现行法律中，就亲属种类，无论是概括性的还是具体限定性的都缺乏相应具体明确的规定。但在有关条文中，将亲属关系的内容规定得相对较为具体，权利义务较为明确。在这些权利义务的规定中，不难发现其所蕴含的意义，即亲属所具有的法律效力，而且其法律效力随着亲属亲疏远近的不同而不同，配偶之间的权利义务是随着配偶身份的产生而产生的，从此意义上可以得出：我国现行法律是将配偶视为亲属的，而且是近亲属。这既符合我国国情，又能体现出亲属关系的伦理性，对于促进家庭和谐、稳定婚姻家庭关系具有实际意义。在有关亲属的通则方面，我国现行法律仍有不足，主要表现为规定较为欠缺。亲属立法还有待于进一步完善。

实际上将配偶视为亲属的种类之一，具有积极的意义：首先，符合亲属本意。亲属一词，自古就有"亲者，属也"[1] 的解释。配偶是家庭共同生活体中的核心成员，由配偶和子女组成的家庭被学者称为"核心家庭"，核心成员之间的关系是相互的，而且是亲近的，从某种意义上讲，可以体现出"亲者，属也"的特性。其次，配偶作为亲属的种类之一，符合我国的传统。历史上我国礼、法并用时期，均将配偶限定在亲属范围之内，这从有关的礼制内容（如服制图）和相关法律中可以得到体现。最后，将配偶视为亲属有利于对成员权益的保护。

（二）血亲

血亲，即指以血缘为纽带而联络的亲属。这是一个非常重要的亲属种类，也是亲属的重要组成部分。根据血缘关系产生的原因，血亲既可以有生物学意义上的血亲，也可以有法律意义上的血亲。前者是指的具有自然血缘关系的血亲，我们称之为自然血亲；后者指的是不具有自然的血缘关系，但是依据法律规定的一定条件而创设的血亲，我们称之为法律拟制血亲。无论自然血亲还是法律拟制血亲，都有相互之间的亲疏远近之分，所以，根据亲疏远近加以划分，又有直系血亲和旁系血亲之分。

1. 自然血亲。自然血亲是指基于出生所形成的、具有自然血缘关系的亲属。这部分亲属在亲属的组成部分中占有十分重要的地位，他们之间的血缘关系是客观的，只要有出生的事实，就必然存在着自然的血缘关系。如：父母子女、兄弟姐妹、堂（表）兄弟姐妹、叔侄、姑侄等。这种自然血缘关系可以追溯至无限远，范围相当广泛。

对于自然血亲，理论上有一种分法，就是根据同辈血亲的兄弟姐妹是否同

---

〔1〕 见《礼记·大传》，转引自杨大文、龙翼飞、夏吟兰主编：《婚姻家庭法学》，中国人民大学出版社2007年版，第80页。

源于同一对夫妻而将其划分为全血缘的自然血亲和半血缘的自然血亲，前者如同父同母的兄弟姐妹，后者如同父异母或同母异父的兄弟姐妹。但是这种划分只是对于旁系血亲来讲的，对于直系血亲来说，其均为全血缘关系的自然血亲。另外，对于子女出生时以父母双方配偶身份的有无为限，可以将子女分为婚生子女和非婚生子女，这对血亲关系的形成及其所处的法律地位是没有任何影响的，故婚生与非婚生之划分带有很大的局限性，其与现代立法的宗旨有不相符合之嫌，同时亦不具有客观性。

2. 拟制血亲。拟制血亲是指本不是该种血亲，更无该种血亲应有的血缘关系，而由法律规定并确认其为该种血亲亲属，并且与该种自然血亲亲属间的权利义务完全相同的一种人为创设的血亲关系。由于这种血亲关系在法律上不是基于自然出生这样一种客观事实产生的，而是人为创设的，故又称其为拟制血亲或准血亲。

拟制血亲与同种自然血亲具有相同的法律效力。依我国现行法律有关规定和精神，可以将拟制血亲分为两种：一种是因收养而形成的拟制血亲；另一种是已形成抚养教育关系的继父母子女关系。拟制血亲间关系的法律适用与自然血亲的法律适用完全相同，同远近的拟制血亲和自然血亲，其法律意义亦完全相同。

关于拟制血亲之间是否有血缘关系，理论上存在两种观点。一种观点认为：拟制血亲之间没有血缘关系。如史尚宽先生认为："拟制血亲，谓本无血统关系，法律拟制视同有血统关系之血亲。"〔1〕另一种观点认为：拟制血亲并不限于相互无血亲关系的人之间。如杨大文教授认为："按照当代各国的亲属立法，拟制血亲并不以原无血缘联系者为限。双方之间本有某种血亲关系的，也可通过法律拟制创设另一种血亲关系，从而发生了亲属关系重复的情形。但这并不是成立拟制血亲关系的法定障碍。"〔2〕无论原本有无血缘关系，从法律拟制的原意上看，拟制血亲就是创设一种法律认可的亲属关系，即使原本有血缘关系，但这种关系在法律上或者是无效的，或者效力是有限的，而经法律拟制后，其血亲关系可以产生确定的预期法律效力，对当事人具有法律约束力。所以，有无血缘关系，对于拟制血亲的定义并不会产生太大的影响，只是对于拟制血亲的主体范围会有一定理解上的偏差和限制，故从这个意义上来讲，第二种观点更为符合实际。

---

〔1〕史尚宽：《亲属法论》，中国政法大学出版社2000年版，第51页。

〔2〕杨大文、龙翼飞、夏吟兰：《婚姻家庭法学》，中国人民大学出版社2007年版。

（三）姻亲

姻亲是指以婚姻为中介而联络的亲属，但不包括配偶。以婚姻为中介而联络的人际关系是非常广泛的，但并不是所有以婚姻为中介而联络的人际关系都能包括在姻亲范围之内，姻亲只限定在一定的界限范围之内。一般来讲，姻亲可分三种：血亲的配偶、配偶的血亲以及配偶的血亲的配偶。这三种分类较为普遍，可视为通常的分类。现分述之：

1. 血亲的配偶。这是以己身作为参照标准，己身血亲的配偶，包括己身晚辈直系血亲的配偶和己身旁系血亲的配偶。前者如儿媳、女婿、孙媳、孙女婿等；后者如己身兄弟姐妹之配偶（嫂子、弟媳、姐夫、妹夫）、婶母、舅母、姑父、姨父等。

2. 配偶的血亲。这依旧是以己身作为参照标准所划分的姻亲种类，指的是己身配偶的直系血亲和旁系血亲。如公婆、岳父母等为己身配偶的直系血亲，即为己身的直系姻亲；己身配偶的兄弟姐妹及伯、叔、姑、舅、姨等为己身配偶的旁系血亲，即为己身的旁系姻亲。

3. 配偶的血亲的配偶。这种姻亲关系的产生，虽然也是以婚姻为中介，但不同于前两者的是其以两次婚姻为中介而形成。如妻与夫之兄弟之妻，即我国民间俗称的妯娌，夫与妻之姐妹之夫，也即俗称的连襟等。对于这种姻亲，习俗上我国一般承认其为亲属，但不具有法律意义。

另外，以婚姻为中介而产生的人际关系中，还有一种被称为血亲的配偶的血亲，它不属于姻亲的种类，更不属于亲属的范围，仅仅是一种因婚姻而产生的人际关系，这种人际关系比一般的人际关系要近，但也只是人情意义上的“近”，不具有任何伦理和法律的意义。

三、我国法律关于亲属种类、效力的规定

我国法律对亲属种类的划分与认定，基本上采用世界上大多数国家的立法通例，即承认配偶、血亲、姻亲的划分与认定。在我国目前现行的婚姻法中，亦缺乏对亲属系统而明确的规定，但这并不意味着我国法律对于亲属种类和范围没有限定，相反，在我国，受法律调整的亲属关系的范围是很明确的。可以从以下方面加以考察：

（一）关于配偶的规定

我国法律不但承认配偶是亲属，而且还规定其相互间的权利和义务是第一位的，具有很强的法律效力，这在现行《婚姻法》、《民法通则》、《继承法》等法律中得到体现。如现行《婚姻法》规定了夫妻之间平等地享有人身方面的姓名权、人身自由权、计划生育的权利和义务及财产方面的权利，包括对共同财产及个人财产的所有权、相互扶养、相互继承的权利和义务等。在现行《继承

法》中，规定了配偶互为第一顺序的法定继承人等。《民法通则》中关于监护的规定中，对于成年精神病患者的监护，由其配偶作为第一顺序的监护人，如无配偶，或配偶不适合承担监护之职，依次才是其父母、成年子女等。另外，我国《刑法》、《刑事诉讼法》、《民事诉讼法》、《劳动法》等法律中的相关规定也体现出不但将配偶视为亲属，而且是近亲属的精神，此处不加以详列。

（二）关于血亲的规定

我国关于血亲及其权利义务的规定，可见诸于现行《婚姻法》、《民法通则》、《收养法》、《继承法》等以及其他相关法律之中。一方面，这些法律中均没有关于血亲是亲属的明确规定，另一方面，从其相关的法条中又可以看出，法律把具有权利义务的血亲仅限定在一定的范围之内。也就是说，根据法律规定的精神，血亲可以分成两部分，一部分是具有法律效力的血亲，而另一部分则是不具有法律效力、仅具有伦理意义的血亲。如现行《婚姻法》中有关父母子女关系、兄弟姐妹关系、祖孙（外）关系等的规定，便体现出了《婚姻法》有关血亲关系的法律规定，而且也仅限于特定的范围。《收养法》是规定关于拟制血亲的产生及其法律后果的法律，其将拟制血亲的产生限定在一定的范围之内。我国《民法通则》中有关监护的规定，特别是对于未成年人的监护问题，其监护人的确定就是依血亲关系的亲疏，依次由近至远而确定的。另外，《继承法》中关于继承人范围和继承顺序的确定，除配偶之外，也体现了血亲关系的法律效力。其他法律中有关血亲的法律规定，也都可以体现出我国法律将血亲视为亲属，并赋予其相应的法律效力。

（三）关于姻亲的规定

我国法律对于姻亲尚无规定，既没有关于姻亲是亲属的规定，也没有关于姻亲间法律效力的规定，更无姻亲种类或范围的规定。在我国，姻亲历来具有民俗学上的意义，民间对于姻亲关系给予认可，但我国法律却不予以承认。对于姻亲法律规定的缺失，是我国亲属立法上的不足表现之一，同时也为完善亲属立法留下了一定的空间。可以说，在我国除法律有特别指明的情况，姻亲关系只具有伦理意义或习俗意义，而不具有法律效力，相互之间更不具有权利义务关系。

需要说明的是，从严格意义上讲，关于姻亲间的法律效力，不能说我国现行法律毫无涉及，因为从现行《继承法》第12条的规定中，我们可以看到，作为晚辈直系姻亲的儿媳或女婿，在一定条件下可以作为公婆或岳父母的第一顺序的法定继承人，继承其遗产。[1] 可以说，这是我国现行法律中有关姻亲效力的唯一例证。

第二节 亲系和亲等

一、亲系

所谓亲系，是指亲属间相互联络的网络或系统，这种网络或系统主要是通过血缘纽带而形成的。配偶间是无亲系可循的。对于姻亲来说，它是以婚姻为中介而实现的配偶一方与他方亲属间的网络联系。这种联系，在血亲和姻亲间是广泛存在的，并且相互交织，形成了有章可循的亲系网络。但在亲属法学以及相关国家的亲属法中，亲系有广义和狭义之分。广义的亲系指血亲和姻亲的联系网络或系统；狭义的亲系仅指血亲之间的联系网络。

亲系对于判别亲属的种类具有重要作用。从不同的角度、根据不同的事实以及血缘联系远近的不同，对于亲系的划分，一般有如下几种：

（一）男系亲与女系亲

男系亲是指以男子为中介、通过自然血缘联系而形成的亲系。这一般是由封建制下的宗亲部分组成。女系亲则是指以女子为中介、通过自然血缘联系而形成的亲系。这是由封建制下的外亲和出嫁族组成。这种划分的重点在于强调男女性别的不同，从而在有关权利义务的规定上有所区分。由此可以看出，这种划分方法是我国封建制下宗法制度的一种体现，是在男尊女卑思想指导下而形成的，它与现代立法所强调的男女平等原则相违背，故现在已不再采用此种分类方法，此处只是作为一种曾经的划分方法介绍而已。

（二）父系亲和母系亲

父系亲是指以父亲为中介、通过自然血缘关系所形成的亲系，如祖父母、伯、叔、姑等。母系亲是指以母亲为中介、通过自然血缘关系所形成的亲系，如外祖父母、姨、舅等。

可以看出，这种划分方法依旧体现了男女有别、男尊女卑的特点，依旧是封建制度下的产物，父系亲是亲属的主要组成部分，即“本家”，它主要是由宗族中的全部宗亲亲属及出嫁女子所组成；而母系亲则在亲属系统中处于次要地位，主要是由外亲亲属组成，相互之间的权利义务较父系亲的亲属要轻，甚至相互间无权利义务。这种划分方法现已被废除。

---

〔1〕《继承法》第12条规定：“丧偶儿媳对公、婆，丧偶女婿对岳父、岳母，尽了主要赡养义务的，作为第一顺序继承人。”

（三）直系亲和旁系亲

这是以血缘关系的直接与否而进行的划分，同时，以婚姻为中介，也可类推适用于姻亲。

1. 直系亲可分为直系血亲和直系姻亲。直系血亲是指具有直接血缘关系的亲属，即指生育自己和自己所生育的上下各代血亲，上代有父母、祖父母、外祖父母、曾祖父母、外曾祖父母等，下代有子女、孙子女、外孙子女、曾孙子女、外曾孙子女等，都为直系血亲。

直系姻亲是以婚姻为中介，配偶双方根据一方配偶与其亲属间的直接血缘关系而对另一方加以类推适用的。如父母与子女之配偶、祖父母（或外祖父母）与孙子女（或外孙子女）的配偶即为直系姻亲等，依此类推。由此可将直系姻亲分为两部分：晚辈直系血亲的配偶和配偶的长辈直系血亲，前者如儿媳、女婿，后者如公婆、岳父母等。

2. 旁系亲可分为旁系血亲和旁系姻亲。旁系血亲是指具有间接血缘关系的亲属，即指和己身同出一源、除直系血亲以外的所有和己身有血缘关系的血亲。例如，兄弟姐妹（同源于父母）、伯、叔、姑、堂兄弟姐妹、姑表兄弟姐妹（同源于祖父母）、舅、姨、姨表兄弟姐妹（同源于外祖父母）等，均为旁系血亲，不具有直接的血缘关系。

旁系姻亲也是以婚姻为中介，配偶双方根据一方配偶与其亲属间的间接血缘关系而对另一方配偶加以类推适用的。旁系姻亲可分为三部分：旁系血亲的配偶、配偶的旁系血亲、配偶的旁系血亲的配偶。如嫂子、弟媳、姐夫、妹夫、婶母、舅母、姑父、姨父、妯娌、连襟等，均为旁系姻亲的范围。

（四）行辈

行辈即辈分，它是根据亲属的世代而划分的。据此可将亲属依其世代的不同，以己身为参照划分为长辈亲属、晚辈亲属和同辈亲属。长辈亲属，又称尊亲属（旧称），是指辈分高于自己的亲属，这其中既有直系亲，也有旁系亲。晚辈亲属，又称卑亲属（旧称），是指辈分低于自己的亲属，其范围同样包括直系亲和旁系亲。同辈亲属，指与自己辈分相同的亲属，这其中只包括旁系亲中的一部分，而不包括直系亲。

这种亲系的划分对于立法及司法来讲具有概念明确、内容相对清晰、使用较为便利的价值。

二、亲等

亲等是指计算亲属间亲疏远近的单位，即指亲属在血缘关系上的亲疏远近的等级。亲属不同，其间的亲疏远近的程度就有很大的差别，亲属关系近者，其间的亲等数就小；亲属关系远者，其间的亲等数则大，这在血亲和姻亲间都可以适用，但对于配偶来讲，则无适用的空间。由于文化、历史传统等方面的不同，不同国家关于亲等的计算法体现在亲属立法上的特点也就不同。从目前世界上相关国家的立法来看，关于亲等的计算方法主要有两种：一种是罗马法的亲等计算法；另一种是寺院法的亲等计算法，二者都是以世数计算的。至于我国采用何种计算法，我国亲属立法中并无明文规定，但从相关的法律用语及实际运用中可以看出，我国所采用的单位是“代”，以代数的不同来表示亲属的亲疏远近。我国的这种计算方法，习惯法的痕迹较为明显。综合起来看，有关亲等的计算方法通常采用的有三种：即罗马法的亲等计算法、寺院法的亲等计算法、我国现行亲属法中的“代”的计算法。

（一）罗马法的亲等计算法

这种方法源于古罗马法中的有关规定，后随着罗马法的传播，使得深受罗马法影响的许多国家对此加以接受和采用。由于这种计算方法具有一定的合理性及科学性，所以至今仍被许多国家所采用。

罗马法的亲等计算法依直系血亲和旁系血亲的不同而有所区分。

1. 直系血亲的亲等计算。关于直系血亲的亲等计算方法，是以己身为起点，从己身开始向上或向下数，以一世为一亲等，数几世即为几亲等，但己身不包括在内。例如，按此方法计算，以己身为起点向上数，至父母为一世，即为一亲等的直系血亲；至祖父母、外祖父母为二世，即为二亲等的直系血亲；至曾祖父母、外曾祖父母为三世，即为三亲等的直系血亲；至高祖父母、外高祖父母为四世，即为四亲等的直系血亲。向下数，己身至子女为一世，即为一亲等的直系血亲；至孙子女、外孙子女为二世，即为二亲等的直系血亲；至曾孙子女、外曾孙子女为三世，即为三亲等的直系血亲；至玄孙子女、外玄孙子女为四世，即为四亲等的直系血亲。

2. 旁系血亲的亲等计算。旁系血亲的亲等计算，是以己身为起点，从己身向上数至双方同源的直系尊血亲，再从该直系尊血亲向下数至和己身要计算亲等的对方，两边的亲等数相加之和，即为所求之亲等数，己身不包括在内。例如，依此方法计算己身与同胞兄弟姐妹之亲等数：双方同源的直系尊血亲为父母，从己身向上数至父母为一世即一亲等，然后再从父母向下数至兄弟姐妹也为一世即一亲等，两边亲等数相加即为所求之亲等数，因此，同胞兄弟姐妹间为二亲等的旁系血亲。再如，计算己身与伯、叔、姑之间的亲等数：双方同源的直系尊血亲为祖父母，从己身向上数至祖父母为二世即二亲等，再从祖父母向下数至对方，即伯、叔、姑为一世即一亲等，两边相加之和为三，因此，己身与伯、叔、姑间就是三亲等的旁系血亲。同样，依此方法，己身与舅、姨是三亲等的旁系血亲，与堂（表）兄弟姐妹是四亲等的旁系血亲，等等。

需注意的是，依罗马法的亲等计算法，旁系血亲的亲等数最少为二亲等，而没有一亲等的旁系血亲。

（二）寺院法的亲等计算法

这种计算法源于天主教的寺院法（或称教会法），[1] 它与罗马法的亲等计算法相比，虽有一定的局限性，但由于历史和宗教的影响，有些国家在立法中依旧采用该种计算方法，但是从适用的范围上看，比较有限。

寺院法的亲等计算法依直系血亲和旁系血亲的不同也有所区分，也以世数为亲等数。

1. 直系血亲的亲等计算。寺院法的直系血亲的亲等计算，和罗马法的直系血亲的亲等计算方法完全相同，故可参照罗马法的亲等计算法，此处不再赘述。

2. 旁系血亲的亲等计算。寺院法的旁系血亲的亲等计算法与罗马法有所不同。它是这样计算旁系血亲的：即先从己身向上数至双方同源的直系尊血亲，然后再从与己身要计算亲等的对方也向上数至该同源的直系尊血亲，均以世数为其亲等数，如果两边的亲等数相同，则只取一边的亲等数定亲等；如果两边的亲等数不同，则取大舍小，只取大的一边的亲等数定亲等，计算时己身不包括在内。例如，计算己身与同胞兄弟姐妹间的亲等数：先从己身向上数至双方同源的直系尊血亲父母，为一世即一亲等，再从对方即同胞兄弟姐妹也上数至父母，也为一世即一亲等，己身不包括在内，两边亲等数均为一，故己身和兄弟姐妹间就是一亲等的旁系血亲。依此类推，己身与堂兄弟姐妹或表兄弟姐妹间就是二亲等的旁系血亲；与伯、叔、姑、舅、姨也为二亲等的旁系血亲。

至于姻亲间亲等的计算，也可以依照相应的计算方法，或是罗马法的计算法，或是寺院法的计算法，以配偶一方与其血亲亲属的亲等数为准，其亲等数为几，则姻亲间的亲等数就为几。例如，就直系姻亲来讲，无论是根据罗马法的亲等计算法，还是依照寺院法的亲等计算法，己身与父母均为一亲等的直系血亲，己身之配偶即儿媳或女婿与公婆或岳父母均为一亲等的直系姻亲。再如，就旁系姻亲来讲，如按照罗马法的计算法，己身与伯、叔、姑等为三亲等的旁系血亲，则己身与该旁系血亲之配偶即伯母、婶母、姑父等就是三亲等的旁系姻亲，依此类推。

（三）我国现行婚姻法中“代”的计算法

我国关于亲等的计算方法，目前相关法律中没有明确的规定，即使在现行《婚姻法》中也只是在第7条有关禁止结婚的条款中有禁止“直系血亲和三代以内的旁系血亲”间结婚的内容和用语，而对于具体“三代”的划分或相应的计

---

[1] 杨大文、龙翼飞、夏吟兰：《婚姻家庭法学》，中国人民大学出版社2006年版，第91页。

算则无明文规定，在适用时则根据习俗，采用民间通常的做法，该方法也分为直系血亲的亲等计算法和旁系血亲的亲等计算法。故我国关于亲等的计算方法可归结如下：

1. 我国关于直系血亲“代”的计算法。关于直系血亲代的计算法，是以一辈为一代，具体从己身开始向上或向下数，己身包括在内，数几辈即为几代。按这种方法，由于己身就是一代，故将其算作在内。例如，从己身向上数，己身为一代，数至父母为二代，至祖父母、外祖父母为三代，至曾祖父母、外曾祖父母为四代，至高祖父母、外高祖父母为五代的直系血亲，依此类推。向下数，己身为一代，数至子女为二代，至孙子女、外孙子女为三代，曾孙子女、外曾孙子女为四代，玄孙子女、外玄孙子女为五代的直系血亲等等，依此类推。

2. 我国关于旁系血亲“代”的计算法。关于旁系血亲代的计算法，也是从己身开始向上数，至双方同源的直系尊血亲，己身包括在内，然后再从对方（和己身要计算代数的一方）也向上数至该同源的直系尊血亲，己身同样包括在内，如果两边代数相同，则取一边的代数定代数；如果两边代数不同，则取大的一边的代数作为其所求之代数。例如，计算己身和同胞兄弟姐妹间的代数：己身算作一代，从己身向上数至双方同源的直系尊血亲父母为二代，再从父母下数至对方即同胞兄弟姐妹也为二代，两边代数相同，则己身与同胞兄弟姐妹为二代以内的旁系血亲。再如，计算己身和伯、叔、姑等亲属之间的代数：双方同源于祖父母，己身算作一代，从己身向上数至祖父母为三代，再从对方即伯、叔、姑也向上数至该祖父母为二代，两边代数不同，依取大舍小的原则，则己身和伯、叔、姑就属三代以内的旁系血亲。

（四）对亲等计算方法的评价

亲等的计算法，是区分亲属间亲疏远近的一种方法，进而作为确定其权利义务有无或者内容多少的依据，以此体现亲属关系的伦理意义和法律意义的结合，显示亲属法独有的特性，亲等计算法在立法中是非常有意义的。

如果将罗马法的计算法和寺院法的计算法相比较，我们会发现两种计算方法在反映亲属亲疏远近的程度及精准度上是有差别的。例如，从血缘关系的远近看，直系血亲间的关系要近于旁系血亲间的关系，就实例来看，己身与父母是直系血亲，其间的血缘关系要比己身与旁系血亲的同胞兄弟姐妹间的血缘关系近，按照罗马法的计算方法，他们分别是一亲等的直系血亲和二亲等的旁系血亲，而根据寺院法的计算方法，他们的血亲亲等数均为一亲等。由于按照自然的血缘关系，亲属间客观上存在着亲疏远近的事实，而且不容回避，按照寺院法的计算法，这种客观存在的血缘差异则无法准确地表现出来，相比较，罗马法的计算法相对能够照顾到这一客观事实，故罗马法的计算方法在反映亲属间的亲疏远近的程度上要更为客观和准确一些，为此，罗马法的计算法被大多数国家所采用。

我国所采用的这种“代”的计算方法，特别是旁系血亲“代”的计算，从形式上看与寺院法的计算法有些相似，但实则不然。我国采用的“代”的计算法，无论是几代，都要加“以内”的用语，意味着依我国的计算方法，算出来的代数并不是精准到具体数字的那个点上，而是指其所包括的该点“以内”的特定的范围。虽有尚需完善的空间，且存在着明显的不足，但从我国目前的适用上看仍具有一定的实际意义。

另外，关于我国古代亲属的亲疏远近的表示方式，是通过丧服制而加以明确表示的，而且其丧服的等差有明显的区分。一般来讲，其丧服等差是由重至轻分为五个等级来分别表示亲属关系由亲、近，逐渐至疏、远的。它们分别是：第一等是斩衰，为三年期丧服；第二等是齐衰，又分别有齐衰杖期、不杖期、五月、三月之分；第三等是大功，为九月期丧服；第四等是小功，为五月期丧服；第五等是缌麻，为三月期丧服。缌麻以外则为无服亲，即袒免亲。丧服制度是我国古代用以维护宗法制度的工具，其具有显著的男尊女卑的特点，故我国已废除其适用。

第三节　亲属关系的发生、终止及其法律效力

一、亲属关系的发生

从法律层面上对亲属关系加以考察，我们可以看到亲属关系的发生是与一定的法律事实相联系的，即亲属关系是因婚姻、血缘和法律拟制而产生的一种人与人之间的社会关系，由此我们可以看到，亲属关系至少可因三种情况而发生：

（一）因缔结婚姻而发生

结婚作为亲属关系发生的一种根据，可产生两类亲属：配偶和姻亲。配偶身份是因结婚而产生的，配偶相互之间具有确定的权利和义务，这些权利义务构成配偶身份关系中的主要内容。姻亲在传统亲属法中作为亲属的一个种类，也是因婚姻的缔结而产生的，只是在我国相关法律中对于姻亲作为亲属的种类还缺乏相应的法律依据，除非法律特别指明的情况，一般姻亲间不具有权利义务关系。

（二）因出生而发生

出生作为亲属关系发生的根据之一，其主要产生血亲这类亲属，且只限于自然血亲。因出生而产生的自然血亲关系，具有相当的广泛性，而且其血亲网

络具有明显的亲系可循。但从法律层面上看，这种广泛的血亲关系并不都具有法律意义，即使有法律意义，其在法律上的有效顺位也并不都是相同的，各国对此都有根据本国传统、习俗及社会伦理观念等进行的相应规定，有些血亲间只具有伦理意义。另外，基于出生而产生的自然血亲关系，本身具有客观性，它是不以人的意志为转移的，所以确认是否为自然血亲时只需看出生的客观事实，而不应涉及婚生或非婚生。

（三）因法律拟制而发生

法律拟制作为产生亲属关系的法律事实之一，主要产生拟制血亲。从法律上来讲，拟制血亲依旧属于血亲的范畴，和自然血亲不同的是，拟制血亲依据一定的法律行为而产生，和出生没有关系。也正是因为如此，拟制血亲之间的关系一经法律确认，其与自然血亲关系具有相同的法律效力。在我国，拟制血亲的产生主要有两种情形：一是因收养而产生，这也是我国拟制血亲产生的常见情形；另一种是因继父或继母对继子女进行了一定的抚养教育而形成一定的法律关系，进而使其之间具有拟制血亲的法律效力，对于这种情形下所产生的拟制血亲，我国立法缺乏相应的规定，仅有的规定又缺乏可操作性，所以，实践中有关此类纠纷的处理就比较复杂、棘手。

二、亲属关系的终止

亲属关系基于一定的法律事实产生以后，也会随着一定的法律事实的出现而消灭。这种关系不是静止的，它会因一定的客观情况的变化而变化，即使是父母子女关系也不例外，也会因一方或双方的死亡而终止。

与亲属关系产生的情形相适应，不同种类的亲属关系其终止的情形也有差异：

（一）关于配偶关系的终止

这种亲属关系是以结婚为根据而产生的，由于结婚是一种法律行为，表明配偶关系是基于人为原因产生的，同样其终止也可依人为因素而终止，除此之外，还可因一定事件的发生而终止。综合起来看，配偶关系终止的原因有两方面：一方面，因离婚而终止；另一方面，因一方死亡或被宣告死亡而终止。

（二）关于血亲关系的终止

由于血亲分自然血亲和拟制血亲，二者产生的原因不同，终止的事由也不同。

自然血亲以死亡作为终止事由，除法律另有规定的以外，自然血亲关系是不能够人为加以解除的，任何擅自脱离父母子女等血亲关系的声明或行为在法律上都是无效的。可以说死亡是自然血亲关系终止的唯一事由，而法律除外的情况，也仅指基于收养行为的成立和有效导致养子女和生父母之间的血亲关系的终止，但这消灭的也仅仅是双方具有法律意义的血亲关系，生物学意义上的血亲关系并不消灭，而是终其一生，直至死亡。

拟制血亲是基于一定的法律行为而产生的，这意味着它也可因一定的法律行为而终止，如收养关系的解除；同时，死亡也是导致拟制血亲终止的原因之一。

（三）关于姻亲关系的终止

我国法律关于姻亲关系的规定比较欠缺，甚至在一定程度上是空白。而法律上承认姻亲为亲属、并对其进行具体规定的国家，则对于姻亲的终止事由有不同的规定。综合起来看，无外乎有因离婚而终止和因一方死亡而终止，但具体做法又有不同。首先，关于离婚是否导致姻亲关系的终止，立法上有终止和不终止之分。《德国民法典》中采取的是“不终止”的做法，其在相关条款中规定：“即使由姻亲关系所建立的婚姻已解除，姻亲关系也存续”。[1] 而《日本民法典》采取的是“终止”的做法，它明确规定：“姻亲关系因离婚而终止”。[2] 其次，关于一方死亡是否导致姻亲关系的终止，各国的立法也有不同，有规定根据生存一方配偶是否再婚来决定姻亲是否终止，如再婚则终止，再婚前则不终止；也有规定依据生存一方配偶的意愿来决定是否终止；还有的规定因一方的死亡而导致姻亲关系终止。

三、亲属关系的法律效力

亲属关系的法律效力，一般是指亲属关系一经产生，其在法律上即会有相应的法律后果，也是法律对于亲属关系在婚姻家庭生活和社会生活中所处地位及所起的作用，以明文的形式所作的确认。亲属关系的法律效力，在不同国家的立法中有不同的体现，一般这与各国本身的历史传统、文化、习俗以及社会实际生活等有着密切的联系。但即便如此，各国的法律在亲属效力的有关规定方面，既有相似之处，也存在着不同的情形，这也是由亲属关系的特性所决定的。在我国，亲属关系的法律效力在相关的法律中都有一定的体现，是不同的法律针对不同的方面所作的确认，而且其效力的发挥也是不同的。现就我国法律中有关亲属法律效力的体现分述如下：

（一）在亲属法上的效力

亲属法上的效力是亲属关系效力最重要、也是最直接的体现。因为亲属关系首先发生在婚姻家庭领域，同时其效力也应在亲属法中得以集中体现。亲属之间在法律上的权利义务关系得以明确是处理好婚姻家庭生活的法律保障，能

---

〔1〕陈卫佐译注：《德国民法典》，法律出版社2006年版，第1590条。

〔2〕渠涛编译：《最新日本民法典》，法律出版社2006年版，第728条。

够在该领域发挥调整功能的也首先应当是亲属法。

亲属法所确认的亲属法律效力，因亲属不同、亲属间的亲疏远近不同而不同。如一定范围的亲属间有相互扶养的权利和义务，且扶养的效力顺位也不同；一定范围的亲属间有禁婚的效力；一定的亲属身份是法定共同财产产生的依据（如夫妻身份）；一定亲属身份还是产生代理人的依据（夫妻家事代理权）；继承权的享有同样也是基于亲属身份的合法与有效等。亲属法中有关亲属之间的权利和义务的规定，都与亲属身份分不开，可以说，亲属法的全部内容就是亲属关系法律效力的集中表现。

（二）在民法上的效力

由于亲属法以外的其他民事法律的主要调整功能是为了维护商品经济秩序的有序和市民社会财产关系的稳定，虽然也涉及保护公民、法人的人身权利，但是，其主要任务还是调整财产关系。亲属关系的法律效力在相关的民事法律上的表现，也就与财产关系有了更多的联系，但也不限于此。

民法上所体现的亲属法律效力，可以总结为以下几个方面：

（1）一定的亲属关系是产生法定监护、进而产生法定代理的基础法律关系。如一定亲属作为无民事行为能力人或限制民事行为能力人的监护人和法定代理人。

（2）一定的亲属可依法定条件提出宣告失踪和宣告死亡的申请，或提出撤销宣告的申请；同时可作为失踪人的财产代管人或被宣告死亡人财产的继承人。

（3）一定范围的亲属相互之间有继承遗产的权利，而且根据亲疏远近的不同，该范围内的亲属的继承顺序是不同的，等等。在基于人身侵权而产生的损害赔偿案件中，一定情况下有关赔偿数额的计算也会考虑到除受害人以外的其他亲属的需要或感受。另外，在债务人进入破产程序以后，清偿其破产债务时，应为依靠债务人扶养的亲属留下必要的生活所需之财产等，都是亲属法律效力的具体表现。

（三）在刑法上的效力

亲属法律效力在刑法上主要表现为某些罪名的成立和对犯罪行为的处理程序、处理结果等，都与一定的亲属关系、亲属的告诉以及亲属的宽恕等有密切的联系。如虐待罪、遗弃罪。

（四）在诉讼法上的效力

在相关诉讼法中（民事诉讼法、刑事诉讼法），亲属身份是构成回避的理由；一定的亲属经同意有代刑事被告行使上诉的权利；在民事诉讼中，一定的亲属作为法定代理人可代理进行诉讼等。

另外，亲属在其他法律中，也体现出亲属应有的效力。如劳动法、国籍法等。因此可以说，亲属的法律效力涉及诸多的法律部门，在不同的法律中，亲属间的权利义务状况也是不一样的，从中可以看到，是否为亲属，是何种亲属，其所表现出来的效力也是不同的，进而也表明，亲属在整个社会生活中的地位和作用都是不可忽视的。

【小结】

1. 亲属主要分为配偶、血亲和姻亲。

2. 亲系是亲属间相互联络的网络；亲等是计算亲属亲疏远近的单位。亲等的计算法有罗马法的计算法、寺院法的计算法及我国“代”的计算法。

3. 亲属关系的发生可因结婚、出生和法律拟制而发生；其终止可因死亡和一定的法律行为而终止。

4. 亲属的法律效力在不同的法律中有不同的表现。

【思考题】

1. 亲等的计算有何法律意义?

2. 与一般意义的民事法律关系相比，亲属关系的发生、变更和终止有何特别之处?

第二编 亲属法基本法律制度<<<

第5章 结婚制度

【提示要点】本章重点介绍了结婚的概念和特征，婚姻缔结的条件和形式要件的意义，婚约的效力及相关纠纷的处理，无效婚姻、可撤销婚姻的事由及其处理。

第一节 结婚制度概述

一、概念和特征

结婚，即婚姻的缔结，是指男女双方以共同生活为目的、依法确立夫妻关系的一种法律行为。

作为一种法律行为，结婚的核心要素在于“意思表示”，这也是法律行为的本质属性使然。这里需要注意的是，有无结婚的“意思表示”是判断结婚这一法律行为成立与否的要素，而结婚的合法性与否，是判断它是否有效的要素，如合法则确认它能产生婚姻的效力，如不合法则不产生婚姻的法律效力。

结婚的概念有广义和狭义之分。广义的结婚行为，包含有订婚与结婚两方面内容，订婚作为结婚的必经程序，否则婚姻无效；狭义的结婚不包含订婚的内容，仅指确立夫妻关系的行为，即夫妻关系是否产生，仅以双方是否实施了结婚行为为准，而不以订婚为前提。对此，近、现代国家的法律一般采用狭义的结婚概念，以尊重当事人的结婚意愿和其行使婚姻自由的权利，这也是自近代以来反封建斗争胜利的结果。我国婚姻法采狭义的概念，即不承认婚约具有法律效力。

从婚姻的概念中，我们可以看出其所具有的法律特征，而该特征也正是它与其他民事法律行为的不同之处：

（1）就结婚主体看，结婚这一法律行为的主体必须是已达法定结婚年龄的异性主体，而不能是同性主体。婚姻具有自然属性，即人类两性的差别及自然血缘的联系，这是自然规律。这决定了婚姻立法必须尊重自然规律，在此前提下才能制定出合乎人类发展要求的法律。由于结婚所产生的后果比较重大，是身份关系的产生，所以亲属法要求的结婚年龄高于我国《民法通则》中所确认的公民的成年年龄，这也是考虑到这种行为后果的重大以及我国具体的国情所作的必要的、强制性的规定，我国这种成年年龄与法定婚龄的制度设计，意味着公民必须是在成年之后才有可能具备结婚的条件，而未成年人是禁止结婚的。

值得注意的是，随着国际人权形势的发展，迫于压力，目前有一定数量的国家对于已达法定婚龄、却是非异性主体间的，即同性主体双方的结婚要求，或者是同性同居关系应受到法律保护的要求给予了一定的关注，并在一定程度上给予了肯定。但是，我国作为传统型国家，承认同性结婚合法化尚缺乏社会基础，虽然我国同性恋者的人数有一定的存量，但坚持传统婚姻的异性属性（自然属性）更符合我国目前的社会公共道德秩序，更符合我国国情。故我国立法只承认结婚是符合结婚条件的异性主体所享有的权利，同性主体不能结婚。

（2）从对结婚的行为要求上看，结婚必须在双方意思表示的基础上依法进行，这是其产生法律效力的前提。结婚关系到当事人本人、家庭及社会等方面的利益，它既要尊重当事人个人的意愿，即必须自愿，但个人又不能随心所欲，这种自愿必须在法律的框架内表达，体现了婚姻所具有的社会属性。结婚行为必须合法，这是该行为能够产生法律效力的根本保障，否则，不仅不会产生当事人所预期的后果，而且还要承担对其不利的后果。因此，法律在保障婚姻自由的同时，对其行为予以必要的规制，显然是为了更好地彰显法律所蕴含的价值追求。任何时候自由和纪律都是统一的。

（3）从结婚所产生的后果看，其最直接的后果就是确立夫妻关系，这是结婚行为的合法性所产生的结果，同时表明，未经法律承认的“结婚”行为，是不会产生配偶身份的。这种后果是法律预先确定和指明的，是强制性规定，表明亲属法本身所具有的指引和调整功能。

二、结婚制度的历史沿革

作为婚姻制度的重要组成部分，结婚行为是个体婚制下的产物，它的性质和内容与当时的社会、经济、政治等有着紧密的联系，不同的社会制度，就有相应不同的结婚制度。

人类在群婚制下几乎没有什么结婚的禁例，虽然在血亲婚配上有所限制，但在“共妻”、“共夫”的两性关系的形式下，对于“结婚”基本上是没有概念的。个体婚产生以后，由于受到诸多因素的影响，对于“结婚”的条件要求也就逐渐产生。相应的结婚制度开始出现，从其最初的结婚方式的出现一直到近、现代以来，直至当今，从人类所经历的结婚方式的演变中，可以反映出人类长期以来对于结婚制度的不同要求，同时也反映了人类对美好婚姻的向往和不断地追求。

（一）掠夺婚

这是在原始社会末期，人类从对偶婚制走向个体婚制时期所经历的一种特殊的结婚形式，而且这也是人类社会初期所经历的必然阶段。掠夺婚，是指男子以暴力抢夺女子为妻的结婚形式，也叫抢婚。这种“抢”是从实质意义上讲的。在个体婚“产生以前的各种家庭形式下，男子是从来不缺乏女子的，相反，女子倒是多了一点；而现在女子却稀少起来，不得不去寻找了。因此，随着对偶婚的发生，便开始出现抢劫和购买妇女的现象。”[1] 在当时的历史条件下，这种求妻方式只是“发生了一个深刻得多的变化的普遍迹象，不过只是迹象而已”[2]。在该迹象的背后，蕴含着巨大的社会变迁，后世学者对其加以关注和深入研究，只是角度和观点不同而已。

我国古代也曾经历过掠夺婚的时期，这从有些民族后世的婚礼中可寻到一些遗迹，只是现在这些形式在法律上已经毫无意义，而只具有民俗学上的意义而已。

（二）有偿婚

典型的有偿婚的表现形式当属买卖婚，与此同时，又有其他的表现形式，如互易婚、劳役婚等，这种婚姻的突出特点为：以女子为交换客体，行为性质表现为有偿性。

买卖婚，是指男方以向女方及其家庭支付金钱或其他财物作为求妻的方式。这种求妻方式，实则是将女子作为物品，即买卖关系的客体，双方所进行的讨价还价而达成的协议。虽然在这种形式下，女子已经沦落为物或财产的地位，没有人格，但从历史发展的角度看，这是人类迈向文明的又一进步。与掠夺婚相比，买卖婚具有较强的稳定性，而且男方所冒的风险相对降低，这就使得这种结婚方式在古代相当长的时期内普遍通行起来。

除此以外，互易婚和劳役婚同样以支付一定的代价作为求妻方式中的有偿结婚方式，只是支付手段有所不同。互易婚，是指父母各以其女为子换妻，或者求妻之男子各以其姐妹为己换妇的形式，这又叫“换亲”，也包括转亲。这种结婚方式，同样无视妇女的人格，将妇女作为一种支付手段而使其处于客体地位。劳役婚，是男方为了得到女子而为女家提供一定时期的劳役，以其为女家

〔1〕 恩格斯：《家庭、私有制和国家的起源》，人民出版社2003年版，第47页。
〔2〕 恩格斯：《家庭、私有制和国家的起源》，人民出版社2003年版，第47页。

提供的劳务作为支付手段，与其他有偿婚相比，劳役婚客观上能使女方及其家庭获得一定的利益，如对男方劳动成果的直接或间接的享用，但这摆脱不了该结婚方式中以女子为客体的原始落后性。不同的是，当其克服将人作为客体的原始落后性之后，仅将其作为民俗加以传承的话，是与有偿婚存在本质区别的，不可加以混淆。

有偿婚的出现，使得因此而得到的女子相对能够稳定地同该男子生活较为长的时间，减少了男子在掠夺婚的情形下不断失去女子、而又不断地再次通过掠夺而求妻的次数，并降低了在结婚过程中的风险和减少了为求妻所付的代价，进而较之前所有的形式都显示出了明显的优势而得以适用于古代各民族。

（三）无偿婚

这里所讲的无偿婚，是指不需要男方给对方支付相应的代价就能求得女子为妻的方式，而这绝不是婚姻自由的结果，恰恰相反，它正是无视妇女人格、将妇女视为客体的体现，包括赠与婚、收继婚。

赠与婚，是指家长将其所能支配的女子赠与他人为妻的一种结婚方式。这里的家长指的是宗法统治下的国王、君主、诸侯等权贵以及父母。等级之分很是严格，如君对臣赠与女子为妻的，称为赐婚；如为笼络关系等而送侍妾的，则称为赠与婚。这类婚姻在古代以男权为主，男尊女卑的社会中是普遍存在的。

收继婚分为逆缘婚和顺缘婚。逆缘婚，是指兄亡而弟娶其嫂的婚姻。这在我国严格的尊卑长幼等级制度下是被禁止的。顺缘婚，是指当姊死亡后妹继嫁其姐夫而形成的婚姻。由于姐妹按照封建礼、法所确定的亲属种类为外亲，其间的权利、义务及亲属身份都是非常轻的，所以这类顺缘婚是被我国封建礼法及民间所承认的。

（四）聘娶婚

聘娶婚是我国古代自西周开始通行了数千年之久的结婚方式，到封建社会时期，因其由完备的礼法规制而更加成熟，遂成为当时主要的结婚形式，并对后世产生了深远的影响。所谓聘娶婚，是指男方以向女方父母缴纳一定的聘金或聘财作为成婚的必备条件之一，之后双方再依礼的要求嫁娶而成立的婚姻。聘娶婚的礼仪程序在《礼记》、《礼仪》中有较为详细而明确的记载。据记载，聘娶婚的礼仪程序就是六礼的礼仪程序，其内容以聘娶仪式进行的先后顺序分别按以下程序进行：①纳采，即男方家请媒人去女方家提亲；②问名，即男方家通过媒人询问并得知女方的出生年、月、日、时等生辰八字；③纳吉，即占卜，以求得婚姻的吉兆；④纳征，也称纳币，即男方家向女方家交纳聘财，此行意味着双方婚约的正式订立，至此任何一方不得随意反悔，否则依封建礼、法予以惩治；⑤请期，即男方家与女方家商量以定婚期，后逐渐演变成男方家自行决定后通知女方家即可，所以，请期也称告期；⑥亲迎，即迎娶之日，男方根据礼仪要求的仪式，亲自到女方家迎娶女方，婚礼完成，但女方须再经过“庙见”之后，才能正式成为男方宗族的成员。

聘娶婚是在我国实行最久的一种古代结婚方式，它是我国宗法家族统治下对于家族利益最为有利的一种结婚方式，婚姻的缔结不是基于两性的意愿，而是出于家事利益的考虑，其“家本位”的特点十分突出，家庭的利益高于个人利益，实际上是两个家庭的结合，也正因为如此，结婚的双方当事人没有婚姻自由，聘娶婚实行的是“父母之命”、“媒妁之言”的结婚方式。虽和买卖婚有所不同，但就其本质而言，聘娶婚也是有偿婚的一种，只是这种有偿与男方家世背景、地位有很大的联系。我国相关古籍中就有“婚礼者，将合二姓之好，上以事宗庙，而下以继后世也”的记载，说明了当时结婚制度的宗旨及其目的就是“以家为本”，为了家庭的利益不顾、甚至牺牲个人的利益被认为是天经地义的事。

聘娶婚作为我国长期实行的一种结婚方式，对我国意识形态领域产生了非常重要的影响，以至于我国亲属法法律规范对其也采取了长期的宽容和变相承认的做法，其主要表现就是对事实婚姻存续的默认。随着我国亲属立法的不断发展和完善，为了维护法律的严肃性，目前我国对于事实婚的立法态度也趋于严格，[1] 但另一个需要注意的问题是，对事实婚姻究竟应该以何种态度对待，是一个非常值得研究和探讨的问题，绝不是一个简单地依据法律规定判断是与非的问题。

（五）共诺婚

共诺婚，也被称作是自由婚，它是近、现代资产阶级在反封建斗争的过程中，为争取自由、平等的权利，而在个人婚事方面所取得的自主性权利的表现，一般认为，共诺婚就是以男女双方的合意作为婚姻成立的必要条件，即依双方共同的意愿而成立的婚姻。之所以认为共诺婚与自由婚同义，在于此时婚姻双方当事人在与谁结婚、何时结婚等问题上，依赖于当事人自由意愿的表达，即双方是否对有关结婚事宜达成共识，需要看双方是否有向对方作出结婚的承诺，以此判断双方是否有共同的承诺或双方的意愿表达是否自由，在此意义上，两者的内涵是一致的。

共诺婚的出现是人类婚姻历史上的一次重大的革命，它表明个人主体意识的觉醒和婚姻家庭立法个人本位思想的确立。但是，共诺婚在产生初期，因受历史条件、社会发展等诸多方面因素的影响，其形式意义大于实质意义，即婚

---

〔1〕 对此可参见2001年《婚姻法》修正案及相关法律、配套措施的有关规定。

姻自由权的行使在许多方面受到种种条件的限制，导致当事人无法真正实现其追求婚姻自由的愿望。

第二节　婚姻的缔结

一、结婚条件概述

结婚条件，实际上是指使结婚能够发生预期的法律效力所必须具备的法定条件，也被称为婚姻成立的要件。在亲属法学中，对于结婚条件有不同的划分，其所赖以划分的依据不同，或者划分的角度不同，要件的类型也就不同。一般认为，有以下几种类型：

（一）实质要件和形式要件

1. 实质要件，是指结婚的双方当事人本人必须具备的、对于婚姻效力发生实质作用的条件。由于这是要求当事人本身必须具备的（从条件本身看），当自身条件具备则符合结婚的要求，反之则不符合。从这个意义上讲，又可将其称为结婚的自身条件，同时也就包含了当事人符合结婚要求的积极要件和消极要件，前者称为结婚的必备条件，后者称为结婚的禁止条件。

2. 形式要件，是指结婚必须履行的程序，也称为程序性条件或结婚的法定程序。形式要件是使结婚能够产生预期法律后果、并使其后果获得法律的承认与保护的必不可少的条件。由于我国现行法律在对待“事实婚姻”的问题上，采取的是较为严格的以形式要件是否具备的标准，具备形式要件则属于有效的婚姻，否则，不具有婚姻的法律效力，故从这个意义上讲，形式要件也属于结婚的必备条件。

由于结婚的必备条件是双方当事人必须具备、缺一不可的条件，所以又称为积极条件，从积极方面予以要求，结婚的必备条件一般包括以下几种情形：双方合意、符合法定婚龄、符合一夫一妻制原则。由于结婚的禁止条件属于结婚时必须排除的障碍性条件，故又称为结婚的消极条件，即只要当事人有一方存在禁止性情形，则不允许结婚。从禁止性方面对要求结婚的当事人加以限制的情形有：禁止患有一定疾病的人结婚、禁止一定的血亲间通婚等。

结婚条件的分类，只是角度不同而已，称谓不同，但并无本质区别。从内容上讲，必备条件和禁止条件都属于实质要件；从广义上看，实质要件和形式要件又都属于必备条件。

（二）公益要件和私益要件

公益要件，是指结婚应该符合的要件是与社会公共利益紧密相关的，即涉公的结婚要件；私益要件，是指结婚应该符合的要件仅与当事人及其亲属相关，即涉私的结婚要件。将结婚要件做这两类划分，所采取的标准是与不同国家、不同社会等的文化、观念、历史等因素相联系的，由此决定了哪些要件涉公、哪些要件涉私，对此，不同国家的亲属立法其规定是不同的。

我国对于结婚条件的规定，可以说既是从国家、社会利益出发，考虑到婚姻家庭建设关系到民族的长远发展，关系到社会的稳定与和谐，并将有些符合社会伦理道德规范的要求上升到法律的高度，同时，又可以说是从有利于当事人的角度出发，处处体现以人为本，使其结婚自由的权利尽可能最大空间地行使。所以，在我国，对于结婚条件一般不作公益要件或私益要件的划分，即我国亲属法律的有关规定既符合国家、社会的整体利益，又符合当事人自身的利益，公益和私益并没有泾渭分明的界限。但我们认为，公益要件和私益要件的划分仍具有重要的意义，它对于结婚条件的适用以及在处理结婚条件有瑕疵而涉及婚姻效力的问题上具有重要的指导和参考意义。

我国2001年《婚姻法》及相关司法解释中，对于结婚条件的规定及其适用沿袭了我国一贯秉承的做法，即只划分结婚的必备条件和禁止条件；在有关对婚姻效力的认定和判断方面，又体现出结婚的实质要件和形式要件之分，未采用公益要件和私益要件的划分方法。

二、结婚的法定条件

结婚的法定条件，是法律规定的结婚必须符合的条件，在我国，结婚的法定条件分为必备条件和禁止条件，除此之外，结婚的形式要件也属于法定的条件之一，称为结婚的程序，对于结婚的程序问题，将作为专门的一节讲解，此处只讲法定的实质要件。

（一）结婚的必备条件

根据我国现行《婚姻法》第2、5、6条的规定，结婚的必备条件包括：

1. 双方当事人须无配偶。我国《婚姻法》第2条明确规定实行婚姻自由、一夫一妻、男女平等的婚姻制度，这是关于我国婚姻制度的基本规定，也是关于我国《婚姻法》的基本原则的规定。其中，一夫一妻是对要求结婚的男女双方设定的制度条件，其具体要求表现为：当事人必须无配偶，即只有在未婚、丧偶或离婚的情形下，才属于无配偶的情形，这样才使其他结婚条件的具备显得有意义。所以，符合一夫一妻制原则是结婚必备条件中的一个非常重要的条件，是使结婚能够产生预期法律后果的必要条件。

2. 男女双方须完全自愿。我国现行《婚姻法》明确规定了实行“婚姻自由”的原则，这是对宪法确定的总的婚姻自由原则的具体体现。在具体贯彻执行中，《婚姻法》第5条通过规定结婚须符合“男女双方完全自愿”的条件而实现婚姻自由的权利。

从通常意义上讲，在理解“男女双方完全自愿”时，往往强调三个方面的意思：

（1）强调“双方自愿”。结婚不能是一厢情愿的事，必须经过对方的同意，否则，就是强迫，是对当事人权利的侵害，也是对婚姻自由原则的违背，其结果可能导致婚姻因被撤销而自始无效（严格来讲，违背婚姻自由原则所缔结的婚姻，应发生婚姻不成立或不存在的法律后果，但由于我国亲属法中缺乏相应的制度，往往处理时是以可撤销婚姻对待的，所以，此处是以我国现行法律为根据所做的判断），或者可能承担其他相应的法律责任。这里的“双方自愿”的法理依据是：结婚作为法律行为的一种，属于双方法律行为，其行为的成立、有效，必须以双方当事人共同做出一致的意愿表达为前提，而非一方的意愿所能奏效，它既不能欺骗和隐瞒，更不能要挟与胁迫，否则，就是对现代法律精神的违背。

（2）强调“完全自愿”。结婚意愿的表达必须是完全的、真实的，而不是被迫的、虚假的，否则，就是对自己意愿的违背，其产生的法律后果或者是可撤销婚姻，或者是无效婚姻。这里需要注意的是，根据我国现行《婚姻法》及其相关司法解释的规定，“结婚”意愿的表达，除非是一方以另一方当事人或者其近亲属的人身或财产受到损害为要挟，迫使另一方同意结婚的，其产生可撤销婚姻的法律后果外，其他情形下的如被迫同意、虚假同意、勉强或违心同意等，一般只是对婚姻的质量及婚后的共同生活产生影响，而不发生婚姻无效或被撤销的法律后果，即不会产生法律上的法律后果。因为对于结婚意愿真实性的审查，往往是通过对双方当事人的表示和其外在的其他条件的审查而认定，即只要经过形式意义上的审查即可获得有效的认可。

（3）强调“本人自愿”。结婚是由当事人自己决定的事情，只有自己能够做自己的主人，他人绝不可以越俎代庖，这就排除了父母等第三人对自己婚事的强迫和包办。其法理依据是：婚姻自由是人格权，是人身权中的一项重要的权利。这一权利只能由权利人自己行使，而不能适用代理制度由他人行使。故“本人自愿”对于结婚的预期法律后果的发生具有重要意义。

值得注意的是，当事人只要不是在结婚的当时（即在登记处进行登记之时）做出自愿结婚的表示，而是在这之外的其他时间、或其他场合所表示的结婚意愿，则不足以作为准予登记的根据。因此，理解时，应当将这种“自愿”的表达，理解为必须是在结婚登记的当时所表达的，而且也只在此时所做的结婚的意思表示，才具有相应的效力，它既不能转达，也不能由他人代理表达。

还需注意的是，男女双方完全自愿，是决定婚姻能否缔结的首要条件，也是决定结婚这一法律行为能否发生预期后果的核心要件，违反此要件，则是对法律行为中意思自治原则的违反，依法律行为的原理，应产生无效的法律后果。但是，由于结婚意愿问题是一个复杂而多变的问题，它与一般民事领域中的其他法律行为不同，具有独特性，在判断其是否为双方自愿的问题上显示出了极大的困难，主观随意性较大，不易把握，故我国现行法律对于违背当事人自愿、或当事人非出于完全自愿而缔结的婚姻，或者以可撤销婚姻、或者以有效婚姻加以对待。

3. 双方须达法定婚龄。所谓法定婚龄，是指法律规定的允许结婚的最低年龄，也就是说，只有到达这个年龄，当事人才具备了行使婚姻自由权利的资格。我国《婚姻法》第6条明确规定："结婚年龄，男不得早于22周岁，女不得早于20周岁。晚婚晚育应予鼓励。"对于该条的理解应该注意的是：

（1）法定婚龄只是为要求结婚的双方当事人设定的最低年龄门槛，即只有符合这个年龄才能具备结婚的行为能力，也才能使结婚发生相应的法律的效力。

（2）关于晚婚年龄的规定，只是号召性的，是在符合法定婚龄的基础上提倡晚婚、晚育，是与国家计划生育的基本国策相一致的，并不具有强制执行的效力，与法定婚龄的性质不同，应把握好两者的界限，适用时应注意区分和采取不同的方法，否则，极易损害到当事人的合法权益，同时，亦有损法律的尊严。

（3）关于法定婚龄确定的依据。规定结婚的最低年龄是世界各国亲属法的立法通例，从有关资料看，各国规定的结婚法定条件中，都有有关结婚须达一定年龄的规定，只是结婚年龄的高低是与一国的传统、习俗、文化、地域等因素联系在一起的，所以，法定婚龄的规定虽有所不同，但在确定该国法定婚龄时所遵循的规律是相同的，也就是说，各国在确定法定婚龄时，一般是根据以下两方面的因素加以确定：①根据自然因素加以确定。这主要是考虑到人的生理发育、心理成熟以及一定地域对人的影响等因素，法定婚龄的确定实际上是婚姻的自然属性在结婚年龄方面的体现和具体要求，也是人类在制定法律时遵循自然规律的结果。自然因素对法定婚龄的影响，表明人类在认识和把握自然规律方面的能力的加强和运用上的进步。②根据社会因素加以确定。社会因素一般指的是一定社会的政治、经济、文化、人口发展等情况，这些因素对于法定婚龄的确定，其影响是非常重要的，并且也是非常明显的。我们知道，社会属性是婚姻家庭的本质属性，社会因素是确定法定婚龄的重要依据，各国法定婚龄之所以不同，除了自然因素的影响外，主要是受社会因素的影响，乃至由社会因素所决定，社会属性对亲属法立法的发展和完善起着决定性的作用。

另外，关于法定婚龄在实践中变通适用的问题，一般会出现两种情况：一种是少数民族地区的地方性立法机构在其权限范围内，针对本民族的具体情况而制定出的只在其区域范围内适用的法定婚龄，通常较现行法定婚龄为低，即在现行法定婚龄的基础上男女各下调两周岁，男为20周岁，女为18周岁。另一种是针对社会中特殊的一部分群体，出于一定的行业需要和考虑，对已符合结婚年龄条件及其他条件的当事人的结婚要求暂时性地予以限制，要求其适当推迟结婚的年龄。但是，对于这种限制是否合理已在学界引起关注并予以讨论和研究。这说明我国法制建设所取得的成就已在公民法律意识的提高上得到体现。

需要注意的是，由于我国是世界第一人口大国，控制人口增长的压力较大，实践中计划生育工作开展的难度也非常大，为了将计划生育的基本国策落到实处，对子孙后代负责，国家对此进行了大量的投入，各部门、各地区的工作方针和政策都贯彻和体现了计划生育的要求，甚至国家在立法层面也进行了大量的工作，还在2001年12月29日颁布了《人口与计划生育法》，以此规范和调整计划生育及相关工作。法定婚龄的确定及晚婚晚育的倡导性规定就是体现我国基本国策的结果。社会因素对于法定婚龄的影响，在我国主要体现为计划生育国策对其的影响，围绕着法定婚龄的确定是否有利于计划生育原则的贯彻和执行，结婚法定条件的这一规定，充分体现了亲属法立法受婚姻家庭社会属性决定的一面。

（二）结婚的禁止条件

结婚条件的确定，不仅关系到当事人及其家庭的利益，而且关系到社会善良风俗、伦理道德等公共利益，从有利于当事人身心健康，有利于优生、优育及维护社会公共利益等出发，我国现行婚姻法为要求结婚的当事人设定了两种障碍性条件：一是有关禁婚亲的规定；另一是有关禁止结婚的疾病的规定。

根据现行《婚姻法》第7条的规定，禁止结婚的条件包括两个方面：

1. 一定范围的亲属禁止结婚。关于禁止近亲结婚的法律规定，是世界各国立法的通例，只是各国在禁止的范围上有所不同，或宽或严，这与各国、各地区不同的风俗习惯、文化差异等有着密切的联系。在结婚条件的有关规定中，亲属间结婚的禁止性规定，应该说是亲属法伦理性比较突出的反映。我国现行《婚姻法》第7条第1款明确规定："直系血亲和三代以内的旁系血亲禁止结婚。"所以，在我国现行法律中，禁止结婚的亲属范围只限于两部分：一部分是具有直接血缘联系的直系亲属；另一部分是具有间接血缘联系的三代以内的旁系亲属。其他亲属未有涉及。对于该条规定，在适用时应注意：

（1）禁止结婚的直系血亲。该部分血亲间由于具有直接的血缘关系，其直接性表现为：上、下代相互间是生育和被生育的关系，其不仅血缘关系近，而且伦理性强，禁止其结婚符合人类自身及其社会发展规律的要求。这部分亲属间，无论其代数是多少，是婚生还是非婚生，都在禁止之列。具体包括：父母、子女、(外) 祖父母、(外) 孙子女、(外) 曾祖父母、(外) 曾孙子女、(外) 高祖父母、(外) 玄孙子女等。

(2) 禁止结婚的旁系血亲。根据现行《婚姻法》的规定，三代以内的旁系血亲间禁止结婚。其禁止的范围并不是所有的旁系血亲，而只是限制在三代以内。根据我国亲属代的计算方法，三代以内的旁系血亲包括两部分亲属：一部分是辈分相同的血亲，具体包括同胞兄弟姐妹间、堂兄弟姐妹间、姑表兄弟姐妹间和姨表兄弟姐妹间禁止通婚；另一部分是辈分不同的血亲，具体包括伯、叔与侄女、姑与侄子、舅与外甥女、姨与外甥等禁止通婚。

值得注意的是，即便是现行《婚姻法》修正案中，在规定禁止结婚的血亲时，也并未明确指明血亲的种类，即该规定中的血亲，是指自然血亲无疑，但究竟是否包括拟制血亲则没有明文规定，对此也无相关的解释，这就为法律的适用和理解留下了自由裁量和探讨的空间。

(3) 关于拟制血亲间通婚的问题。拟制血亲，依我国法律的规定，包括两种情形：一种是因收养而形成的血亲关系；另一种是继父母对继子女的、因继养而形成的血亲关系。这两种情形中，既包括拟制直系血亲关系，也包括拟制旁系血亲关系。

由于对此缺乏明确的法律依据，理解上应注意以下问题：

第一，拟制直系血亲间的通婚问题。拟制直系血亲的效力范围，对于收养关系中的当事人来讲，理论上，应该既包括养父母子女关系、养(外) 祖孙关系，还应包括养(外) 曾祖孙和养(外) 高祖孙关系等。我国法律对此虽有相关的规定，但并不具体，在适用和解释时，根据习俗，一般限于祖孙三代以内(包括外祖孙) 的直系血亲之间；对于因继养而形成的拟制直系血亲的效力范围，理论上应该同收养关系，但是，亦因缺乏相应具体的法律规定，在适用和解释时，其范围也只限制在有法律效力的继父母与子女之间。对于这部分亲属之间能否通婚问题，法律更是未有明定，故根据我国现行法律规定的精神及世界多数国家立法的通例，[1] 拟制直系血亲之间应该禁止结婚。这不但对于保护晚辈直系血亲的利益是必要的，而且对于维护社会伦理道德也是有益的。现行《婚姻法》此方面的欠缺，为今后我国《民法》亲属编的立法完善留下了空间。

第二，拟制旁系血亲间的通婚问题。拟制的旁系血亲，包括养兄弟姐妹、养表兄弟姐妹、养堂兄弟姐妹等。该部分亲属之间能否结婚的问题，法亦无明

---

〔1〕 我国现行《婚姻法》第26条规定："养父母和养子女间的权利和义务，适用本法对父母子女关系的有关规定。"世界多数国家立法的通例是：为防止监护人对被监护人的侵害，保护被监护人的人身和财产的安全，保障其健康成长，多数国家民事法律中均有禁止监护人和被监护人结婚的规定。

文，在适用和解释时，以尊重习俗和传统道德为基本，对于辈分相同，而且相互之间并无自然血缘联系的养兄弟姐妹（包括堂、表）之间，应该准予结婚；对于辈分不同的三代以内的拟制旁系血亲之间，虽不宜结婚，但于法无据。

拟制血亲关系，特别是拟制直系血亲间应否禁止结婚等问题，在亲属关系对社会生活有巨大影响的当今社会，是一个值得探讨的问题。

（4）姻亲间通婚的问题。姻亲包括直系姻亲和旁系姻亲。直系姻亲，如公婆与儿媳、岳父母与女婿等；旁系姻亲指旁系血亲的配偶、配偶的旁系血亲、配偶的旁系血亲的配偶。关于姻亲间能否结婚的问题，我国现行《婚姻法》修正案中没有规定，处理此类纠纷时，于法无据。在此方面，习俗和伦理道德规范往往发挥着比较重要的作用。

对于姻亲间能否结婚、或是否具有其他方面的法律效力的问题，我国现行《婚姻法》没有涉及，在实践中，法律适用的缺位造成民众较大的困惑，这虽然赋予了婚姻主体行使婚姻自由权利的很大空间，但是，却对婚姻伦理性的体现是一个缺失，特别是在我国这样一个传统深、历史久的国家，婚姻家庭的伦理性更为突出，法律对此应予以体现。

（5）禁止近亲结婚的立法依据。其立法依据主要是从以下两方面考虑的：

第一，优生学是禁止近亲结婚规定的必然依据。这是婚姻家庭的自然属性对亲属法立法影响的体现，是自然规律对亲属法立法的必然要求，体现了人类对自然规律的尊重。人类近亲通婚的结果是使后代智力和体质发生残疾的风险大大地提高，从家庭、个人方面看，造成负担、带来痛苦是毋庸置疑的；从民族和社会的发展看，危害民族健康，阻碍人类和社会的发展。人类的发展实践证明，血缘关系越远，对于人类自身的繁衍和发展就越有利，甚至没有血缘关系的人之间所生育的后代智力、体质更高、更强。要想提高民族人口素质，保障民族人口健康发展，为了民族的未来，必然要遵循优生学的自然规律，否则，将受到自然规律的惩罚。

第二，人类社会的伦理道德观念是禁止近亲通婚规定的重要依据。这一点反映出人类社会长期形成的伦理道德观念对亲属法立法的影响，是婚姻家庭的社会属性对亲属法立法影响的结果。社会属性是婚姻家庭的本质属性，对婚姻家庭立法起决定性的影响，在我国古代典籍中早就有关于同姓不婚的记载，因为我国古时同姓即意味着同宗，同时，也就意味着一定的血缘联系。禁止近亲通婚与我国人民的传统道德观念相符合。

（6）我国禁止近亲结婚的立法本意。从一般意义上讲，近亲通婚的危害性是有目共睹的，当今已无需加以特别的明示或解释，而且伦理道德规范对当事人也是有一定约束的。既然如此，为什么我国《婚姻法》对此还要加以特别规定，并对旁系血亲还要限定在三代以内？这就涉及到对我国《婚姻法》规定的立法本意的考察。由于我国长期存在有中表婚，即表兄弟姐妹间通婚的习俗，虽然也禁止一定亲属间的通婚，但这种表兄弟姐妹间的通婚，一直以来受到民间的拥护，民间普遍认为这是非同姓的亲属，符合伦理要求，而且亲上加亲，对于加强亲属间的联系，密切亲属间的关系是非常有益的。但是，限于当时的认识水平，对于这种近亲通婚所带来的危害没有足够的认识，所以，在上述观念的影响下，这种表兄弟姐妹间的通婚大行其道，且盛行时间之久、范围之广、影响之深，在我国堪称一种"民俗"，对其仅以道德约束和限制，实不足以禁止。所以，立法中增添了以禁止中表婚为立法本意的禁婚规定。这种被称为表兄弟姐妹间通婚的中表婚，其适用上有广义和狭义之分。广义上的中表婚，指同出于一个祖先、具有血缘联系的表兄弟姐妹间的通婚；狭义上的中表婚，仅指同出于祖父母、外祖父母的姑表、姨表兄弟姐妹间的通婚。我国现行《婚姻法》所禁止的是狭义意义上的中表婚。

新中国成立以后，颁布了第一部1950年《婚姻法》，其中，对于旁系血亲的五代以内的亲属间的通婚，规定"从习惯"。1980年《婚姻法》，是经过了30年的政治斗争、经济建设和文化发展，以及一系列历史事件的历练之后，婚姻家庭领域恢复法制建设所取得的成就，其中，对于旁系血亲的禁婚范围，从过去的"五代以内"，缩小至"三代以内"；从过去的遵从习惯，改为现行法的明令禁止，表明我国政府对于婚姻家庭的建设和人口素质的发展的高度关注。

2. 禁止结婚的疾病。禁止患有一定疾病的人结婚，是现代各国亲属立法的通例。就禁止结婚的疾病看，一般可将其分为两类：一类是精神意识方面的疾病，如精神病、痴呆症患者以及其他导致意识丧失的疾病；另一类是身体方面的疾病，这主要是指一些重大不治的传染性或遗传性疾病，诸如艾滋病、麻风病等，但经治疗痊愈的"重大恶疾"，并不在禁止之列。根据我国现行《婚姻法》以及其他相应的解释、条例等规定，对于禁止结婚的疾病，虽无明确而具体的规定，但是在实践中，结合我国《传染病防治法》、《母婴保健法》等规定及精神，其操作性应该是能够得以解决的，况且现行法中的规定是在对原法律适用的基础上加以修正的，即"患有医学上认为不应当结婚的疾病"的人，禁止结婚，没有更为具体的规定，只是用概括性的规定将立法的精神体现出来，是典型的立法"宜粗不宜细"指导原则的体现。而在修正前的法条中，对于禁婚疾病的规定，采用了例示加概括的规定，即只将麻风病这一个病种在法律中专门加以明示，但是，随着社会的发展，这种规定的局限性显露出来，使得立法严重滞后，故修正案中作了上述改变，从中可以看出立法随着社会的发展而产生的变化。

结合结婚行为的性质，对于禁止结婚的疾病，在理解时还需注意以下几点：

（1）关于患有严重精神意识方面疾病的人能否结婚的问题。这主要是指患有精神病、痴呆症以及因脑部其他病症所导致的脑残患者或者完全丧失意识者能否结婚的问题，在现行法律规定中没有提及。从现行《婚姻法》对结婚条件的规定中，我们可以得知，结婚行为是法律行为，能够产生当事人所欲追求和希望发生的法律后果，并受法律保护。丧失意识的当事人，由于缺乏对自己行为的判断，行为的后果无法预料，也就是说，缺乏意思表示能力，况且其本人还需他人监护，故这部分主体是不允许结婚的，这也是为防止其切身合法权益受到损害所能给予的必要的保护措施。另外，从遗传学角度和发挥家庭对其成员的保障作用方面看，禁止这部分主体结婚也具有合理性。但是，由此可能会产生另一个问题，即：精神病患者或痴呆症患者的监护问题。虽然我国《民法通则》中对此作了明确的规定，但由于这类患者缺乏必要的生活自理能力，给家庭带来了一定的负担，特别是作为监护人的父母，其监护能力会随着年龄的增长而不断地下降，这是实际存在的问题，因此，对于这部分主体能否结婚问题的考虑，实际上已经成为了对其权益如何有效地给予保障的问题，这是一个不容忽视的社会问题，对此，不应仅仅从婚姻家庭及其立法方面给予关注和重视，也不应仅仅是对能否结婚问题的关注，而应该是全社会共同关注的问题。

（2）关于“医学上认为不应当结婚的疾病”的范围如何把握的问题。对此问题实践中会产生一定的争议，而且对该规定的适用必须要与婚检制度相衔接才可以使其得到落实，做到事前防范，这也是该规定的宗旨所在，否则，只能以事后救济的方式予以解决，而这种事后救济对于当事人权利的保护具有很大不利的因素。

至于婚检所查出的哪些病例是在禁止结婚范围之内的，取决于医学权威部门的认定，并结合我国《传染病防治法》、《母婴保健法》等法律中有关的规定加以理解和适用。因为，法律禁止结婚疾病的规定，其根本宗旨在于保护当事人利益不受损害，保障公共安全不受威胁和侵害，保障民族健康繁衍和发展，故适用时应注意把握精神实质，防止出现该禁止的不禁止，或者禁止过严或过松的现象，这些都不利于法律的贯彻执行。

关于传染性疾病，由于在传染期对公民健康的影响太大，以不宜结婚为宜，但要考虑该病的影响程度，有无预防措施，以及当事人对此的知情状况和真实意愿，综合决定是否准予结婚；对于重大传染性的疾病，如艾滋病等，明确、肯定地禁止此类疾病患者结婚不仅符合法律规定的精神，而且也符合社会伦理道德的要求，符合社会公共利益。

关于遗传性疾病，主要是指那些由于遗传因素致使患者全部或者部分丧失劳动能力及自主生活能力，并且后代再现风险高的疾病，应属于医学上认为不应当结婚的疾病。但在适用时应注意，如果是一般的遗传性疾病，对患者本人和后代不构成健康威胁的，或者当事人已经做了绝育手术的，在他方知情且自愿的情况下，允许其结婚符合法律规定的精神，符合人性发展的要求。

关于有生理缺陷、不能发生性行为者的结婚问题，现行法中没有规定，这是我国1980年《婚姻法》根据1950年《婚姻法》的适用经验，对此不予规定，赋予结婚当事人以更自主的能够决定自己婚姻的权利，对于《婚姻法》的贯彻施行具有积极意义。因为从立法的精神实质看，在于确保婚姻的质量、家庭的稳定、成员的健康、社会的发展。婚姻领域是私人领域，干预必须是有限度的，只要当事人知情并自愿，不违背社会公序良俗，允许其结婚符合社会发展对当事人权利尊重的要求，符合立法精神。但是，如果双方结婚后，因此不能同居生活而导致要求离婚时，则可作为准予离婚的理由。

对于患有某种疾病而由法律规定禁止结婚，各国在此方面表现出了一定的共性，即：在维护人口健康、民族繁衍、社会和家庭稳定方面的追求具有趋同性。这反映了婚姻家庭领域中固有的自然规律对婚姻家庭立法的影响，以及婚姻家庭本身对社会所产生的影响使得各国立法机关在制定相关法律时而不得不对其加以考虑。但在具体的立法模式上和对疾病的认识上则体现出各国不同的特点，尤其是对于患有禁止结婚疾病的人，一旦结婚，其法律效力如何，各国规定也不尽一致。我国在现行《婚姻法》中规定了禁止患有“医学上认为不应当结婚的疾病”的人结婚，具体适用时，根据最高人民法院《关于适用〈中华人民共和国婚姻法〉若干问题的解释（一）》中的规定，当事人向人民法院申请宣告婚姻无效时，如法定无效的原因依旧存在，则人民法院应该宣告无效；如法定无效的情形已经消失的，则人民法院不予支持。由此可以看出，当事人对禁止结婚疾病规定的违反，对婚姻效力的影响是显而易见的。对此问题，将在“无效婚姻”部分讲解，此处从略。

三、大陆法系有关国家的法律中关于结婚条件的规定

（一）德国法中关于结婚条件的规定

在《德国民法典》中，亲属法作为专门的一编，是民法的组成部分。在该亲属编中，有关结婚条件的规定十分明确，主要在亲属编中有专门的“民法上的婚姻”一章，其中第二节“婚姻的缔结”是关于结婚条件及其程序的专门规定。[1] 其规定非常详细，涉及结婚年龄、结婚的行为能力、禁止结婚的情形等。归纳起来，结婚应该具备的条件是：

---

〔1〕 陈卫佐译注：《德国民法典》，法律出版社2006年版。

（1）关于结婚年龄：双方均应年满18周岁。

（2）关于结婚的行为能力：双方必须是具有完全行为能力的人。

（3）关于禁止结婚的同居关系的情形有：双方必须是均无配偶或均无同性生活伴侣关系的人，否则，不得结婚。

（4）禁止结婚的血亲：双方不属于直系血亲和同胞兄弟姐妹（包括同父异母和同母异父的兄弟姐妹）。

（5）拟制血亲间结婚的禁止：养父母与养子女之间，在收养关系存续期间，不应该缔结婚姻。

（二）法国法中关于结婚条件的规定

在《法国民法典》中，由于其采取的是人法、物法、债法三编的编制体例，没有专门的亲属编，故有关结婚、离婚、亲属关系等的规定，依其所具体涉及的内容的不同而放在相应的部分，如结婚条件等，放在"人"的专编中，而因结婚产生的夫妻财产关系，则放在"财产取得的各种方法"一编中，[1] 所以，归纳起来，《法国民法典》关于结婚条件的规定有：

（1）关于结婚年龄。男须年满18周岁，女须年满15周岁；但子未满25周岁、女未满21周岁结婚的，须经父母的同意，否则，不得结婚。

（2）须双方合意，未经合意不得成立婚姻。

（3）须无配偶，即第一次婚姻解除前不得再婚。

（4）禁止直系血亲间结婚，无论其为婚生还是非婚生，均在禁止之列。

（5）禁止旁系的同胞兄弟姐妹间结婚，无论婚生还是非婚生，均在禁止之列；依罗马法方法计算，旁系血亲四亲等内的亲属间，亦禁止结婚。

（6）姻亲间禁止结婚的规定。直系姻亲间禁止结婚；上述第五条所列之同亲等的旁系姻亲间亦禁止结婚。

（三）日本法中关于结婚条件的规定

由于《日本民法典》在编制体例上受德国法的影响较大，也是将民法的内容根据一定的原理和规则采用五编制，亲属法的内容亦作为专门的一编，即"亲属"专编，其中有关结婚条件的规定，体现在亲属编的"婚姻"一章中，关于结婚条件的规定。归纳起来有：

（1）关于结婚年龄：男必须满18周岁、女必须满16周岁。

（2）关于结婚的禁止：禁止有配偶者结婚；禁止女子在待婚期内结婚；禁止直系血亲（包括收养所形成的拟制直系血亲）和三亲等内的旁系血亲间结婚，但养子女与收养方的旁系血亲之间，不在此限；禁止直系姻亲间结婚，包括因

---

〔1〕李浩培等译：《拿破仑法典》，商务印书馆1996年版。

收养所形成的直系姻亲。

此外，《日本民法典》还就未成年子女结婚的问题作了规定，赋予父母以同意权，规定：未成年子女结婚，须经父母同意；父母一方不同意时，以仅有另一方同意为已足。[1]

第三节　结婚程序

一、结婚程序概述

结婚程序，即我们通常说的婚姻缔结的形式要件，它是使结婚能够产生预期法律后果、并受法律保护的必经程序，是婚姻合法化的必备条件。在我国，结婚程序指缔结婚姻所要履行的登记程序，这是我国婚姻合法化的必经程序。

关于结婚程序，各国依其不同的历史和文化背景、不同的民俗习惯等，规定有不同的结婚程序。根据目前所掌握的相关资料显示，关于结婚程序的种类，无外乎有三种形式：①仪式制，即结婚必须举行一定的仪式，这是使婚姻合法有效的必经途径；②登记制，即结婚必须进行登记，未经登记，婚姻不受法律保护；③仪式和登记须同时具备的双轨制或称结合制，即结婚必须举行一定的仪式和进行必要的登记，之后婚姻才正式成立。

对于实行仪式制的国家来说，举行一定的仪式，是婚姻缔结并使之产生相应法律效力的必经程序，就举行的仪式看，由于各国具体的情况不同，结婚仪式也有宗教仪式、世俗仪式和法律仪式之分，无论哪种仪式，都具有相应的法律效力。采用仪式制的国家和地区很多，如法国、德国、意大利、瑞士、秘鲁等。

登记制是一种简便易行、又十分具有严肃性的结婚程序，特别是对于国家在履行相关的监管职责时，登记程序提供了一定的有利条件，在保护当事人合法权利、防止违法婚姻的出现方面，具有实践意义。依登记制，要求结婚的当事人双方必须到国家的有关部门依法办理结婚登记，婚姻自登记之日始告成立，并产生相应的法律效力，其公示性很强。基于登记制所具有的优势，目前结婚采用登记形式的国家、地区不在少数，如日本、俄罗斯、保加利亚、古巴、中国等。

登记与仪式结合制的形式，要求结婚的当事人既要履行登记程序，又要举行结婚仪式，只有这样，婚姻才能够有效成立，并产生相应的法律效力。采用

---

〔1〕 渠涛编译：《最新日本民法典》，法律出版社2006年版。

该种形式的国家，如罗马尼亚、匈牙利、[1] 英国等。

二、我国结婚程序及结婚登记的意义

结婚程序在我国不同的历史时期是有所不同的。封建制下所适用的聘娶婚，可以说是一种较为典型的世俗仪式婚，它有着完备的礼仪程序，而且，结婚时礼仪程序的完备与否，直接关系到婚姻的有效与否。解放前的中国，处于半殖民地、半封建社会，仪式婚并没有完全退出历史舞台，民间适用普遍，以至于国民党时期制定的民法亲属编中，关于结婚程序非常明确地规定，“结婚应有公开之仪式及二人以上之证明”。只有经过这种仪式，婚姻才可认为合法成立，否则即使已经同居，依旧不发生婚姻的效力。[2]

革命根据地时期，在中华苏维埃政府领导下，颁布了大量的婚姻方面的法律或者条例，就结婚程序或者结婚所应具备的形式要件上，这些法律或条例中均规定了相应的形式，其中大量的法律文件所确认的结婚程序是必须进行登记，并在当时绝大部分地区予以实行，对此规定具有代表意义的婚姻法律、条例分别是 1931 年 12 月的《中华苏维埃共和国婚姻条例》和 1934 年 4 月的《中华苏维埃共和国婚姻法》，这无疑为新中国实行结婚登记制度打下了基础，积累了经验。

新中国成立后，先后颁布了 1950 年《婚姻法》和 1980 年《婚姻法》，并在 2001 年对 1980 年《婚姻法》进行了一定的修改，并在同年 4 月 28 日颁布了 1980 年《婚姻法》修正案，其中都明确规定：男女双方结婚，必须亲自到婚姻登记机关进行结婚登记。我国实行统一的结婚登记制，即使是在拥有独自特殊结婚仪式的少数民族地区也不例外。与此同时，为了保证结婚登记制度的贯彻执行，我国政府又分别于 1955 年 6 月、1980 年 11 月、1986 年 3 月分别发布了三个同名的《婚姻登记办法》（下称“登记办法”）；1994 年 2 月，在总结前三个“登记办法”的基础上，以新发布的《婚姻登记管理条例》代替了原“登记办法”；2003 年 8 月，国务院又公布了《婚姻登记条例》，并自同年 10 月 1 日起正式实施，至此，《婚姻登记条例》成为我国结婚登记时所应遵循的规范，以取代 1994 年 2 月的《婚姻登记管理条例》。婚姻登记工作的规范化，对于保障我国亲属法的贯彻实施、保障当事人合法权利，以及强化登记制度的作用和效力是非常重要的。结婚实行登记程序具有重要意义，包括以下几方面：

（1）保障我国的婚姻制度的实施。我国实行的是婚姻自由、一夫一妻、男女平等的婚姻制度。《婚姻登记条例》第 1 条明确规定了其宗旨，即“为了规范

---

〔1〕 此处所列举国家，引自杨大文主编：《亲属法》，法律出版社 2004 年版。

〔2〕 史尚宽：《亲属法论》，中国政法大学出版社 2000 年版，第 178 页。

婚姻登记工作，保障婚姻自由、一夫一妻、男女平等的婚姻制度的实施，保护婚姻当事人的合法权益”，通过登记工作，有关部门可以为当事人适时地进行法制宣传教育，明确双方的权利义务，同时，对于可能出现的不良现象，如包办、买卖婚姻及其他干涉婚姻自由的行为，以及重婚现象的发生，具有一定的震慑和预防的作用，另一方面，又可促使当事人明确各自对婚姻所承担的责任。

（2）有效保护当事人的合法权益。实行婚姻自由是宪法和法律赋予当事人的一项基本权利，也是公民享有民主权利的体现，保护公民的基本权利，亲属法及其相关条例同样义不容辞。《婚姻登记条例》的颁布和实施，意义显得尤为重要，其不仅从内容上进一步简化了登记程序，而且仅就条例名称的确定方面，较前也有了很大地变化，显示出了公民自由权行使空间的扩大，尤其是在行使结婚自由权时，对于所需证件的简化，一方面显示出各部门之间的相互协调性正在加强，另一方面，反映出我国法制建设中，需要从实务层面进一步强化法制的统一性，这对于减少当事人的办事成本，提高政府机关的办事效率，真正维护当事人的合法利益，具有积极意义。结婚登记，一方面体现国家对公民婚姻大事的关心和重视，另一方面，又可给予当事人必要的法律支持，是一项既为公民服务又彰显其具有超强公信力的行政程序。

（3）结婚登记可以使亲属法规范得到更好地落实。《婚姻登记条例》的实施，一方面给予了当事人更大的自由空间，同时，也更明确了当事人要为自己的行为承担责任的意识，这样，当事人在要求结婚登记时，是在明确双方均符合法律规定的结婚条件的基础上，向登记机关声明双方条件合法而完成登记，进而为自己行为负责。这实际上就是要求当事人在结婚登记前了解法律规定的内容，增强其法律意识，维护自身合法权益，强化其对婚姻、家庭的责任感，使我国亲属法法律规范内容得到真正的落实，构建和谐婚姻、和谐家庭，进而促进我国和谐社会的建设，使人人能够安居乐业，实现我国法制建设的目标。

三、结婚登记的机关和登记程序

（一）登记的机关

《婚姻登记条例》第2条规定：内地居民办理婚姻登记的机关是县级人民政府民政部门或者乡（镇）人民政府，省、自治区、直辖市人民政府可以按照便民原则确定农村居民办理婚姻登记的具体机关；内地公民同港、澳、台居民、华侨及外国人办理婚姻登记的机关是省、自治区、直辖市人民政府民政部门或者该民政部门确定的机关。第4条确定了登记机关的管辖，即：内地居民结婚，双方应当共同到一方当事人常住户口所在地的婚姻登记机关办理结婚登记；中国公民同港、澳、台居民、华侨、外国人在中国内地结婚的，双方应当共同到内地居民常住户口所在地的婚姻登记机关办理结婚登记。明确了“户籍”是确定管辖的依据。

婚姻登记机关的职责，除了要依法给予当事人办理婚姻登记，并补发结婚证、出具婚姻登记记录证明外，还要依法处理和撤销受胁迫的婚姻，宣传婚姻法律法规，倡导文明婚俗。另外，因其职责决定了婚姻登记人员的从业素质，必须达到一定的水平才能上任，对此，《婚姻登记条例》专门规定了婚姻登记员的任职资格，即：由本级民政部门考核、任命。具体讲，婚姻登记员应当由地（市）级以上人民政府民政部门进行业务培训，经考试合格，取得婚姻登记员资格证书，方可办理婚姻登记，其他人员不得从事婚姻登记工作。同时，明确要求登记人员带证上岗，并统一着装，一方面显示其工作的严肃性和规范性，另一方面又可使当事人意识到婚姻是神圣而庄重的，强化其责任感。这种要求对于维护法律的尊严和当事人的合法权益具有积极意义。

（二）登记程序和要求

根据《婚姻登记条例》的有关规定，结婚登记的具体程序分三个步骤：结婚申请、登记机关审查、准予登记。

1. 申请。结婚申请是双方当事人到婚姻登记机关要求进行结婚登记时，以书面形式所填写的结婚登记申请书，是一种格式化的表格，当事人如不会填写，可由婚姻登记员代为填写。

双方当事人要求结婚登记时，须提交一定的证件和证明材料，这些证件和证明材料是根据要求结婚的当事人是中国内地公民，还是港、澳、台居民，华侨或外国人等有所不同。其中，内地居民办理结婚登记的，必须出具的证件和证明材料有：①本人的户口簿、身份证；②本人无配偶以及与对方当事人没有直系血亲和三代以内旁系血亲关系的签字声明。

需要注意的是，1994年2月的《婚姻登记管理条例》第9条规定："在实行婚前健康检查的地方，申请结婚登记的当事人，必须到指定的医疗保健机构进行婚前健康检查，向婚姻登记管理机关提交婚前健康检查证明。"虽然在当时来说，婚前健康检查在全国并未完全普及，但至少1994年的该条例对此作了明确规定，只是有所区分，即：在实行婚检的地方，须提交健康检查证明；未实行婚检的地方，则视情况酌定。按当时的情况看，逐渐实行普遍婚检只是时间问题，因为这一制度本身的出发点是对双方当事人、对家庭、对社会利益的保护，防止出现对人、对己、对社会不利因素的出现，其积极意义是显而易见的。但是，在实践中，它的贯彻和执行由于缺乏必要的规制而变了味，不但没有发挥其应有的作用，反而增加了当事人的负担，因此，在《婚姻登记条例》中对此没有作出规定，但这并不意味着国家对于婚前健康检查制度的否定，只是将是否需要检查的权利赋予了当事人自己，国家依旧对此十分重视，因为《母婴保健法》第12条规定："男女双方在结婚登记时，应当持有婚前医学检查证明或者医学鉴定证明。"婚前健康检查制度是十分重要的，它的实践意义毋庸置疑，它的法律意义在于能够与我国婚姻法中的禁婚条件的规定相衔接，并使之能够有效地得到贯彻落实，否则，仅婚姻法中一条禁婚疾病的规定，操作起来肯定具有一定的难度，而且标准也不易统一。

2. 审查。这主要是登记机关做的工作。在审查时，一方面，登记机关主要是根据我国现行婚姻法所规定的结婚的实质要件，对双方当事人进行衡量、审查，从结婚是否自愿到双方是否符合法定婚龄、双方有无配偶、是否近亲以及双方有无法律禁止结婚的疾病等，其审查范围相对较为广泛，这是登记机关职责之所在，对此，当事人有义务如实告知；另一方面，从审查的程序上，登记机关对于双方当事人所提交的证件和证明材料进行真实性与合法性审查，以确保材料能够真实地反应结婚当事人的个人相关的信息。需要注意的是，由于各方面条件所限，这种审查要真正做到实质意义上的审查，实践中还存在困难。

审查是登记程序中的一个中心环节，它是保障婚姻质量、保护当事人合法权益以及维护法律尊严的不可缺少的重要环节，对此，要求登记机关的工作人员应严格把关，依法办事，并以服务的理念和心态对待当事人，这也是现代法制以人为本的要求。

3. 登记。经审查程序后，登记机关对符合结婚条件的当事人应当当场予以登记，发给结婚登记证；对于当事人不符合结婚条件不予登记的，应当向当事人说明理由，并给当事人出具《不予办理结婚登记通知单》。当事人从登记时起即确立夫妻关系。

对于要求结婚登记的当事人，经审查，一方或双方有下列情形之一的，婚姻登记机关不予登记：①未到法定婚龄的；②非双方自愿的；③一方或者双方已有配偶的；④属于直系血亲或者三代以内旁系血亲的；⑤患有医学上认为不应当结婚的疾病的。如当事人对登记机关不予登记的决定不服的，可以依照行政复议条例的规定申请复议；对复议决定不服的，可以依照行政诉讼法的规定提起诉讼。

另外，对于双方当事人离婚后又自愿恢复夫妻关系、申请办理复婚登记的，和已经同居的双方当事人要求补办结婚登记的，适用有关结婚登记的规定。

结婚证是确认双方当事人婚姻关系成立并有效的直接证据，是登记机关签发的具有法律效力的证明文件，当事人应当妥善予以保管，一旦出现遗失、毁损等情况，当事人可持户口簿、身份证向原办理登记的机关或者一方当事人常住户口所在地的婚姻登记机关申请补领。婚姻登记机关经对当事人的婚姻登记档案查证，确认属实的，应为其补发结婚证；如若遗失、毁损的是离婚证，则依此程序补发离婚证。

综上所述，根据我国法律规定的条件，婚姻的成立应该具备两大要件：一是实质要件，二是形式要件。从一定意义上说，两者都属于婚姻成立的必备要件，也就意味着，缺少任何一方面的要件，婚姻的缔结都不具有法律效力。

四、关于结婚登记的补办

《婚姻法》第8条规定："未办理结婚登记的，应当补办登记。"该条的立法宗旨体现了我国《婚姻法》一贯的精神，即维护婚姻、家庭的稳定，保护妇女、儿童合法权益，同时，也是对婚姻的成立必须进行登记的重申，主要是针对过去不进行登记，以夫妻名义同居生活而获得法律认可的否定，即对事实婚姻婚姻效力的否定。对此，最高人民法院《关于适用〈中华人民共和国婚姻法〉若干问题的解释（一）》中进一步解释，对于1994年2月1日以后的符合结婚实质条件的男女，应告知其补办结婚登记，否则，按解除同居关系处理。

关于结婚登记的补办，是现行《婚姻法》中增加的一个条款，其目的在于强化我国结婚登记程序及其效力，统一我国对于婚姻有效条件的认定标准，这对于维护法律的权威性、严肃性，培养公民的法律意识，具有重要的意义。

补办结婚登记之后，涉及到该婚姻的成立和有效是从何时算起的问题，对此，上述最高人民法院《关于适用〈中华人民共和国婚姻法〉若干问题的解释（一）》第4条规定，婚姻关系的效力从双方均符合《婚姻法》所规定的结婚实质要件时起算，在符合法定条件的基础上，考虑到婚姻关系的特殊性，进而最大限度地保护当事人的合法权益。

五、事实婚姻

（一）对事实婚姻的认识及处理原则的演变

事实婚姻，可以说一直是我国现实社会中长期存在的一种客观现象，对它的存在，无论加以肯定，还是予以否定，似乎都不是能够简单地一刀切的问题，尚有待于理论的进一步研究。

从以往我国处理事实婚姻纠纷的原则和办法中，我们可以看到，尽管对事实婚姻是否赋予其婚姻的法律效力存有争议，但是由于历史原因和特定国情因素的影响，在司法实践中，依旧倾向于保护事实婚姻中的妇女和儿童权益，而视其同合法婚姻具有同等的法律效力，只是在具体处理时，由一个逐渐宽松到严格、直至取消的过程，对此通过总结我国以往处理事实婚姻的有关政策、法规、司法解释等的规定，可以反映出我国法律对待和处理事实婚姻态度的发展演变及现状。

（1）我国最高人民法院曾在1979年2月2日公布的《关于贯彻执行民事政策法律若干问题的意见》中明确规定：事实婚姻是指没有配偶的男女，未进行结婚登记，以夫妻关系同居生活，群众也认为是夫妻关系的。与此同时，该意见中对于实际纠纷的处理，其规定也是有所区分的，并不是一律将符合上述规定的男女结合，都以“事实婚姻”相对待。具体做法是：在审理此类纠纷案件时，强调要坚持结婚必须登记的原则，不登记是不合法的，要从实际出发，对于双方或一方不满婚姻法结婚年龄而导致的事实婚姻纠纷，如未生育子女，在做好工作的基础上，应解除其非法同居关系；如已有子女等特殊情况，应根据婚姻法的有关规定，对于女方及子女利益给予照顾；如双方已满婚姻法结婚年龄的事实婚姻纠纷，应按一般的婚姻案件处理。此时，对于事实婚姻的存在，司法实践中采取有条件肯定的态度，承认符合“事实婚姻”要件的男女结合为婚姻，具有与合法婚姻相同的法律效力，且条件非常宽松。

（2）1984 年 8 月 30 日，最高人民法院发布了《关于贯彻执行民事政策法律若干问题的意见》，其中，对于没有配偶的男女，未按《婚姻法》规定办理结婚登记手续，即以夫妻名义同居生活的，一方面，指出其违法性和危害性；另一方面，具体处理时又以一方起诉的时间为界限，规定：如起诉时双方均已符合结婚条件的，可按《婚姻法》第 25 条（2001 年修正前的《婚姻法》）规定的精神处理，经调解和好或撤诉的，双方应补办结婚登记手续；如起诉时一方未达到法定婚龄或不符合其他结婚条件的，应解除其同居关系。所生子女的抚养和财产的分割问题，按《婚姻法》的有关规定处理。此时，承认事实婚姻具有婚姻效力的条件，虽然依旧宽松，但较之前适用的 1979 年的《意见》中规定的条件看，有所严格。

（3）1989 年 11 月 21 日，最高人民法院公布了《关于人民法院审理未办结婚登记而以夫妻名义同居生活案件的若干意见》，这是处理“事实婚姻”纠纷案件的最直接的、最具适用性的依据，在处理此类纠纷时，其规定也更明确、更具体。该意见中对于“事实婚姻”的认定，是在此前 1984 年《意见》的基础上，又进一步规定了明确的时间界限，即：以 1986 年 3 月 15 日《婚姻登记办法》的实施为界限，具体讲：①1986 年 3 月 15 日《婚姻登记办法》实施以前，当事人未办结婚登记手续即以夫妻名义同居生活，群众也认为是夫妻的，一方起诉要求“离婚”的，如起诉时双方均已符合结婚的法定实质要件的，可认定为事实婚姻关系；如起诉时一方或双方不符合结婚的法定实质要件的，应认定为非法同居关系。②1986 年 3 月 15 日《婚姻登记办法》实施以后，当事人未办结婚登记手续即以夫妻名义同居生活，群众也认为是夫妻的，一方起诉要求“离婚”的，如同居时双方均已符合结婚的法定实质要件的，可认定为事实婚姻关系；如同居时，一方或双方不符合结婚的法定实质要件的，则应认定为非法同居关系。从中我们可以看到，认定“事实婚姻”的条件逐渐变得更加严格。

（4）从1994年2月1日民政部颁布的《婚姻登记管理条例》实施之日起，凡未办理结婚登记即以夫妻名义同居生活的，按非法同居关系对待。事实婚姻至此不再受法律的保护，它在我国经历了从有条件地承认、并赋予其婚姻的法律效力到不承认其具有婚姻的法律效力的一个较为漫长的转变过程。

需要注意的是，我国目前处理事实婚姻纠纷案件的原则，是在现行《婚姻法》颁布实施之后，根据2001年12月24日最高人民法院公布的《关于适用〈中华人民共和国婚姻法〉若干问题的解释（一）》第5条中所确定的原则，即：该《解释》重申以1994年2月1日为时间界限，而对事实婚姻纠纷加以明确处理。具体做法为：①1994年2月1日《婚姻登记管理条例》公布实施之前，未履行结婚登记手续即以夫妻名义同居生活的男女，一方起诉要求离婚的，如男女双方已经符合结婚实质要件的，按事实婚姻处理。②1994年2月1日《婚姻登记管理条例》公布实施之后，此类纠纷中的男女双方，如均已符合结婚实质要件的，人民法院应告知其在案件受理前补办结婚登记；未补办结婚登记的，按解除同居关系处理。从中我们可以看到，我国立法、司法对待事实婚姻的态度，依旧是本着对其不予承认、但又给予特定保护的原则，而且，重申1994年2月1日之后，采取一律不予承认的态度，以维护法律的权威性和统一性。

（二）事实婚姻与其他相关概念的区分

为了保护合法婚姻当事人的权益，维护现行婚姻制度的权威性和严肃性，特别是遏制有配偶者与他人同居、重婚等行为，应当正确处理实践中的非婚同居与事实婚姻之间的关系及因同居关系所引发的权利纠纷，把握法律的精神，将事实婚姻与其他相关概念进行区分具有实践意义。

1. 事实婚姻与有配偶者与他人同居的关系。事实婚姻，其构成要素、产生婚姻法律效力的条件、以及与“非法同居关系”处理的界限，以现行司法解释为依据，处理原则明确，此不再赘述。

“有配偶者与他人同居”，由于在实践中，该种称谓不是典型的法律术语，容易导致歧义，使之与其他用语产生混淆，对此，最高人民法院在《关于适用〈中华人民共和国婚姻法〉若干问题的解释（一）》中对此予以了解释，依此解释，“有配偶者与他人同居”，是指有配偶者与婚外异性，不以夫妻名义，持续、稳定地共同居住。这里强调的有三点：①同居者一方或双方有配偶，如双方均无配偶而同居的，不属于“有配偶者与他人同居”的情形。②双方同居的形式，并不是以夫妻名义而同居的；如果双方明确地互以夫妻身份相对待，进而同居生活，则也不是此处所说的“有配偶者与他人同居”。“以夫妻名义”必须是公开的、能使他人知晓双方是“夫妻”的方式。③双方的同居关系具有持续性和稳定性。

事实婚姻与“有配偶者与他人同居”显然是不同的，具体表现有：

（1）事实婚姻关系的当事人双方均须是无配偶的，而“有配偶者与他人同居”关系的当事人，或者双方或者一方是有配偶的。这一点决定了两种情形下的同居关系的本质是不同的。

（2）事实婚姻在符合一定的条件时，可以获得法律的认可，进而赋予其婚姻的法律效力；“有配偶者与他人同居”则有违婚姻成立的实质要件，而被法律所禁止。

（3）事实婚姻，即使被认定为只是同居关系，而无婚姻效力，仅就同居关系而言，不产生对另一方的侵权赔偿责任；而“有配偶者与他人同居”则不同，合法婚姻关系的另一方要求离婚时，可据此提出损害赔偿的请求。如若证据确凿，人民法院则应当予以支持。

2. 事实婚姻与重婚的关系。重婚是指有配偶者又与他人登记结婚，或者与他人以夫妻名义同居生活而形成的事实上重婚的行为。在我国分为两种：法律上的重婚和事实上的重婚。

事实婚姻与法律上的重婚关系容易把握，主要应注意区分事实婚姻与事实上的重婚之间的关系，这在实践中容易产生认识上的误解，两者的区别主要有：

（1）两者的性质不同。事实婚姻的违法性在于只是欠缺结婚登记的形式要件，本质上符合结婚的实质要件；而事实重婚在于其本质上具有违法性，而被法律严加禁止。

（2）两者的认定条件不同。事实婚姻不是事实重婚认定的前提条件，即事实上的重婚关系的认定，其把握的核心条件是：①双方或一方有配偶；②双方以夫妻名义同居生活。也就是说，当事人的第二个同居关系，无论如何不可能构成事实婚姻。这在逻辑上就存在着矛盾：第二个同居关系既然不构成“婚姻”关系，何来重婚呢？在此就需要把握我国的立法精神，在于针对我国社会生活中存在的较为普遍的破坏一夫一妻制的行为——事实上的重婚而进行打击，遏制此类现象的发生，进而有效维护我国一夫一妻的婚姻制度。

3. 事实上的重婚与有配偶者与他人同居的关系。两者区别的主要点在于：同居当事人双方在同居期间是否以夫妻名义，如以夫妻名义同居生活的，则属于前者，构成事实上的重婚，分别可能涉及承担刑事或民事责任；如未以夫妻名义同居生活的，则属于后者，应认定为“有配偶者与他人同居”的情形，只可能涉及到一定的民事责任。

有配偶者与他人同居的情形中，如当事人是以夫妻名义同居的，则构成事实上的重婚关系，否则，仅构成“非法同居关系”。

两者相同之处主要有：①涉案纠纷当事人双方或一方都是有配偶的；②当

事人都具有较为稳定且持续的同居关系；③都缺乏实质上和形式上的正当性。

第四节　婚　约

一、婚约的概念

婚约，是指男女双方以结婚为目的所做的婚前约定，订婚之后的男女双方互以未婚夫妻身份相对待。婚约具有以下两点特征：

（1）订立婚约的行为是双方合意的行为。订立婚约是双方就将来结婚的事项主观意愿达成一致的过程，就行为的性质来讲，是一般意义上的民事行为，不是法律行为。

是否属于法律行为，是否具有法律效力，取决于不同国家和地区不同的立法态度，就普遍来看，对于这种合意的行为，不赋予其法律效力，已是近、现代法律的趋势和立法选择。我国法律不承认婚约具有法律效力，婚约协议不具有法律意义，双方任何一方都可以随意反悔而无需承担“毁约”责任。

（2）订立婚约是双方以将来缔结婚姻关系为目的的行为。这一点决定了婚约具有不同于一般民事约定的特点，即强烈的人身属性和道义属性决定了其只能依靠双方自觉履行其内容，而不能通过法律手段而强制执行。

二、婚约在我国的演变

婚约的产生和存续在我国有较为悠久的历史。我国古代时期就有了订婚的习俗，并且在当时的礼、法中占有重要地位。我国古代盛行仪式婚，仪式婚的礼仪程序非常严格，在六道礼仪程序中，须严格依礼进行，缺一不可，否则，婚姻不受当时社会的承认，这严格的程序即前所述的“六礼”程序。在六礼中，当礼三“纳吉”、礼四“纳征”行毕后，也就意味着双方正式订婚，同时意味着双方间的婚约正式成立，并且具有拘束力，其约束力甚至对双方家长均为有效，任何一方不得随意反悔，否则，不但科以刑罚，而且强令履行原婚约，以体现婚姻的义务本位的属性。以订婚为结婚必备程序的仪式婚，在我国实行时间之久，使其具有了广泛的群众基础，以至于仪式婚的观念在我国社会生活中根深蒂固。

中华民国时期，国民党政府所颁布的《民法典》亲属编中，对于婚姻的缔结在一定程度上沿袭了传统的婚姻以仪式的举行为其婚姻缔结的有效要件，而规定“结婚，应有公开之仪式及二人以上之证人”，但法律中对于婚约的缔结采取与以往旧律不同的规定，即：婚约不为结婚之必备条件，虽未订婚约，亦可径行结婚，从而否定封建婚约具有强制执行的效力，强调婚约由男女当事人自行订立，为不要式行为，与结婚实为两码事，结婚并不以婚约为前提，无需订立婚约而可径行结婚；婚约不得强制履行，当事人得随时解约，惟按其情形，应负损害赔偿责任。[1] 此与近、现代法律追求和保护婚姻自由权利的方向一致。

解放前革命根据地时期，在颁布实施的一系列的在各根据地适用的婚姻条例或婚姻法中，开始贯彻和实施婚姻自由的原则，废除包办、买卖婚姻制度，而订婚是包办、买卖婚姻的一个重要的手段，故在此时期，废除一切封建的、对人民起桎梏作用的条框，包括婚约对当事人的束缚，代之以婚姻自由而使人民得以在婚姻家庭领域获得解放。这一传统在新中国的婚姻立法中得到贯彻。

1950 年《婚姻法》和 1980 年《婚姻法》中，都以婚姻自由、男女平等、一夫一妻等为原则，强调“结婚须男女双方本人完全自愿，不许任何一方对他方加以强迫或任何第三者加以干涉”。须亲自到“人民政府”或“婚姻登记机关”进行结婚登记，一经登记即确立夫妻关系，并发给结婚证，以此证明婚姻的有效成立。由此可以看出，新中国的婚姻立法对于婚约的订立，所采取的态度是：如双方自愿，法不禁止；其法律效力，法不承认。

三、关于婚约所引发的纠纷的处理原则

（一）婚约解除纠纷的处理

如前所述，由于我国法律不承认婚约具有法律拘束力，故对于订立婚约的当事人来讲没有法律意义，任何一方只要在结婚登记前都可以随时反悔，而不必征得对方的同意，婚约的解除也不需履行一定的程序，只要通知对方即可，就“婚约”本身来讲，其解除不产生相应的民事责任，但双方在订婚期间如有财物的往来而产生相应的纠纷，则依财产纠纷的处理原则进行处理，而非婚约效力的体现。

（二）婚约解除所引发的财产纠纷的处理

虽然婚约并无法律拘束力，亦不会产生相应的法律后果，但是，由于婚约的存续意味着双方的恋爱关系的存续，而且在此期间，双方往往为了增加彼此之间的感情而给予对方一定的物质利益，包括金钱的付出，当婚约解除时，由于付出财物的一方未达到与对方结婚的目的，而对于涉及一定数额的财产请求对方返还或赔偿的纠纷则时有发生。处理此类纠纷时，应注意寻找准确的法律依据，或者恰当的法律原理，以平衡双方的利益关系，实现法律的公平、公正，并使该类纠纷的处理不仅合法，而且合理，真正做到以法、以理服人，这是在解决因婚约而产生的财物纠纷时所应当重视的问题。对此，虽然我国《婚姻法》中并未对婚约及其相关问题作具体规定，但在最高人民法院《关于适用〈中华人民共和国婚姻法〉若干问题的解释（二）》中对此作了明确的解释规定，这对

---

〔1〕 史尚宽：《亲属法论》，中国政法大学出版社 2000 年版，第 120 页。

于正确适用法律、有效处理实践中的纠纷具有积极意义。根据实践中纠纷发生的具体情形及该司法解释中有关规定，在处理此类财物纠纷时，应注意把握以下的处理原则：

1. 对于双方在订婚期间，一方按照当地习俗以给付彩礼的名义而向对方付出的财物，婚约解除时，给付方要求对方予以返还的，视不同情形，处理时有所不同。

(1) 如果双方没有办理结婚登记手续，只是婚约的解除，则此时收受彩礼的一方无论如何均应将彩礼予以返还，因为已不存在接受“彩礼”的合理基础。

(2) 如果双方已经办理结婚登记手续，但确实还没有共同生活的，此时，双方关系的破裂已不是婚约解除的问题，而是离婚的问题，此时对于彩礼应予以返还，因为“给付彩礼”的真正目的并未实现，为避免以婚姻为手段而敛财、骗财，虽然法律未对“给付彩礼”的性质给予明确界定，但如果不予返还则有违公平，而且会使那些有不良企图的人得以钻法律的空子，为此，最高人民法院在上述司法解释中明确规定了此种情形下，一方要解除婚姻关系时，婚前收受的彩礼应当返还。

(3) 婚前给付彩礼并导致给付人生活困难的，此时，也是因离婚而要求返还彩礼的，人民法院对此应予支持。

2. 对于双方在订婚期间，因一方实施诈骗等违法手段而获得对方财物的，依有关规定应严肃处理，以切实维护公民合法权利。

3. 对于双方在订婚期间，出于自愿而向对方所做的赠与，是否返还，还应根据实际情况酌定。对于价值不大的，原则上不予返还；而价值较大的，是否返还，应首先由双方当事人协商处理；协商不成的，可诉至法院，由法院依法裁决，一般可令接受财物的一方酌情返还。

四、关于一方为现役军人的婚约

过去，我国对于一方是现役军人的婚约，出于对军人利益和国家利益的维护，有关民事政策和其他相关规定中对其给予一定的保护，不但符合实际，而且也是符合公共利益的。对此，最高人民法院曾在1979年2月2日的《关于贯彻执行民事政策法律若干问题的意见》中明确指出：现役军人的婚约关系，应予保护。凡是双方经过一定时期的了解，同意建立、保持婚约关系，家庭、群众和所在部队都认为是婚约关系的，才能确认为婚约关系。婚约基础比较好，没有解除婚约的重要原因，有恢复和好前途的，应说服教育不予解除。婚约关系不巩固，没有结婚前途的，应通过军人所在组织，对军人进行说服教育工作，予以解除。对于破坏军人婚约关系的，要严肃认真地处理。该保护性规定，只适用于非军人一方向军人方提出解除婚约的纠纷处理；对于双方都是军人的婚约纠纷和军人对非军人一方提出的解除婚约的纠纷，不予适用上述规定，只按一般婚约纠纷进行处理即可。

值得注意的是，该保护性规定在今天是否还继续适用值得关注。由于从其颁布至今，已时隔30年之久，社会生活和人们的观念意识发生了巨大的变化，显然有需对其改进和完善的必要，但是，目前尚无明文规定废止其适用，那也就意味着：实践中，对于军人婚约的解除，依旧应该采取谨慎的态度，本着既保护军人的婚约。同时，又要保护非军人一方的婚姻自由的精神，在平衡双方利益的基础上，予以妥善解决有关军人的婚约纠纷，以保持我国一贯的“拥军”传统和贯彻婚姻自由的精神。

第五节　无效婚姻和可撤销婚姻

一、概述

无效婚姻和可撤销婚姻，从字面意义上表明，已经成立的婚姻具有瑕疵，而该瑕疵导致婚姻不能产生预期的法律效力。合法婚姻是婚姻存在的一种常态，法律对于有效婚姻是给予充分保护的，而作为保护措施和手段之一的无效婚姻和可撤销婚姻的认定和处理，是我国《婚姻法》在2001年修订之后新增设的内容，其对于完善我国《婚姻法》内容，保护当事人的合法权利，保障《婚姻法》中有关结婚条件规定的适用和贯彻，维护《婚姻法》的严肃性和权威性，强化公民的法律意识，具有重要的意义。

无效婚姻和可撤销婚姻作为保障合法婚姻的一种手段，这在亲属法的历史上并不是近现代才有的，已有较长的历史，而且一直加以沿用，只是在法律中对于无效或可撤销婚姻的规定采取了不同时期、不同国家的不同的立法模式而已。

罗马法中有关于婚姻无效的规定。罗马法中关于婚姻的成立规定了明确的成立要件，如男女双方须达适婚年龄、须经双方家父之许诺、须有男女双方同意、须无法律上之障碍等，如有违反者，罗马法不承认双方当事人之结合为正式婚姻，即婚姻归于无效，以当事人并未结婚论处。在此处未见到可撤销婚姻的规定，从撤销权的享有和行使角度来看，在罗马法时期没有可撤销婚姻的规定，也是符合当时社会发展的现状的。

1804年《法国民法典》继受了罗马法的传统，专门对无效婚姻作了规定，而根据无效的原因，有学者认为，可将法国法中的无效婚姻分为绝对无效婚姻和相对无效婚姻两种情形，由于相对无效婚姻与《德国民法典》中的可撤销婚姻相类似，故可认为，关于欠缺婚姻有效要件的婚姻，《法国民法典》采取了无效婚姻和可撤销婚姻两种制度并行的立法模式。1896 年《德国民法典》也是采取了无效婚姻和可撤销婚姻两种制度。此后，瑞士、日本、英国和美国的部分州等，都相继规定了无效婚和可撤销婚制度。[1] 中华民国时期的国民党政府所颁布的《民法典》亲属编中也有无效和可撤销婚姻的规定，其主要是受大陆法系国家的影响所致，特别是德国、日本等对其的影响是很大的。

当然，各国的立法例不尽相同，除上述立法例外，还有的国家采取的是单一的无效婚制，而无可撤销婚的规定。

兼采无效婚和可撤销婚立法例的国家，一般将两者在认定的原因、程序、效力等方面加以适当地区分，而在法律中表现为对两者有不同的规定。但应注意的是，两者的区别标准并不是统一的，而只是根据不同国家的法律规定的不同而有所不同，如某一婚姻要件的欠缺，在某一国家的法律中被确认为无效婚姻的原因，而在另一国家则被确认为可撤销婚姻的原因。例如，关于重婚和近亲间的结婚事由，《瑞士民法典》视其为无效婚姻的原因；《日本民法典》视其为可撤销婚姻的原因。这主要是由于各国不同的历史、文化背景的影响，而对于婚姻要件认识有所不同，各国所采取的不同的社会政策也是影响因素之一。

依有些学者的观点，大致可将无效婚姻和可撤销婚姻的区别归纳如下：

(1) 二者对于婚姻要件违反的程度不同。一般认为无效婚姻违反的是涉及公共利益的要件，即公益要件；可撤销婚姻违反的是私益要件，但就公益要件和私益要件的区分标准也不是统一的，也是根据各国法律规定的不同而有所不同。

(2) 在认定程序上，根据不同的立法例，无效婚姻的认定存有两种程序：①当然无效，而无需经有关机关的宣告，即只要存在法定的无效原因，当事人自行主张即可使婚姻归于无效，如《日本民法典》的规定；②宣告无效，这意味着即使存在着法定的无效原因，也必须经过法院的裁决予以宣告才使婚姻归于无效，如德国、法国、瑞士等国均采此例。对可撤销婚姻，凡采此例的国家，一般均规定，可撤销婚姻须经宣告后归于无效，而不发生当然撤销致其无效的情形。

(3) 无效后果的溯及力不同。一般情形下，无效婚姻是自始无效，可撤销婚姻是从被宣告撤销之日起无效，并无溯及力的问题。但是，对于无效婚姻的自始无效也不是绝对的，因为在有些国家的法律中，区分无效的原因时，还考虑到当事人的主观因素，即善意与恶意，并将此作为婚姻无效能否发生溯及力的依据，对于善意者而言，或者规定无效婚姻具有部分溯及力，或者无溯及力；

[1] 杨大文主编：《亲属法》，法律出版社 2004 年版，第 91 页。

而对恶意者则自始无效。

（4）请求确认的主体不一致，但这依旧取决于不同国家的法律规定，在此无法将其依据一定的规律而总结。因为，一般来讲，无效婚姻的请求权人的范围要大于可撤销婚姻的请求权人，但依不同国家法律的规定，这又有很大的不同。

我国自1950年《婚姻法》颁布实施以来，至1980年《婚姻法》修订之前，法律对于欠缺有效成立要件的婚姻如何处理，没有作相应的明确规定，实践中，对于此类纠纷在处理时也是很不统一，这就导致人们思想认识上的混乱，其直接的危害就是法律的权威性受到挑战，有法不依，秩序混乱，相关权益受到损害。在经历了长期缺失无效婚姻制度的实践后，2001年4月28日，第九届全国人大常务委员会第二十一次会议通过了修改《婚姻法》的决定，并在《婚姻法》修正案中，增加了无效婚姻和可撤销婚姻的法律规定，特别是对无效婚姻的规定较为详细和全面，而对于可撤销婚姻的规定则相对简略，而且从无效后果的判断上，两者没有实质的差别。但无论怎样，婚姻法修正案的颁布和实施，是我国婚姻家庭立法进一步完善的体现，也是我国改革开放以来法制建设取得一定成就的表现，是我国法制进程向前推进的结果。

二、无效婚姻

（一）婚姻无效的原因

我国有关无效婚姻的法律规定，与结婚的法定实质要件基本相对应，其目的在于使《婚姻法》规定的结婚条件能够得到切实地贯彻和落实，维护和稳定合法有效的婚姻关系，强化婚姻的合法化意识。

根据我国现行《婚姻法》第10条及相关司法解释中关于无效婚姻的规定，我国认定无效婚姻的原因有以下几方面：

1. 因重婚而导致的婚姻无效。一夫一妻制是我国的婚姻制度，这是《宪法》明确规定的，也是婚姻法的基本原则之一，重婚是对该制度的严重破坏。在我国，有关结婚的实质要件中，明确要求双方当事人均无配偶，禁止重婚。婚姻无效是重婚的法律后果之一。

2. 因违反禁止近亲结婚规定而导致的婚姻无效。禁止一定范围的近亲属间通婚是当今各国的立法通例，只是各国规定的范围不同而已。我国现行《婚姻法》第7条规定了“直系血亲和三代以内的旁系血亲”间禁止结婚。对于违反该条规定的当事人，其所缔结的婚姻为无效婚姻，这是我国在禁止近亲结婚问题上所取得的又一成果，强化了结婚必须依法进行的法律意识。

3. 因婚前患有医学上认为不应当结婚的疾病，婚后尚未治愈而导致的婚姻无效。禁止患一定疾病的人结婚，这实际上维护的不仅是当事人的切身利益，而且关系到社会公共利益，违反该规定而缔结的婚姻被法律确认为无效，也是现行《婚姻法》为确保婚姻的质量、维护当事人的合法权益、促进婚姻和社会的稳定所作的努力。

4. 因未达法定婚龄而导致的婚姻无效。《婚姻法》确定的法定婚龄是基于婚姻所产生的家庭、社会的责任及其担当，当事人只有达到一定年龄时，这种责任的担当才会显得实际，这是符合人类自身和社会发展规律的，特别是在我国实行计划生育作为基本国策的前提下，未达法定婚龄“结婚”而带来的负面影响是非常大的，以违反该规定而令其承担无效的后果，对于强化当事人的法律意识和责任意识、并在一定程度上遏制早婚和包办婚姻，具有一定积极的意义。

需要注意的是，我国《婚姻法》在确定无效婚姻的理由时，是以其客观存在及对婚姻所产生的实际影响为依据，也就是说，婚姻成立时虽然存在着无效的原因，但是，如果该无效原因随着时间的经过而消失，则不得再以此为由而主张婚姻无效。对此，最高人民法院《关于适用〈中华人民共和国婚姻法〉若干问题的解释（一）》第 8 条明确指出：“当事人依据《婚姻法》第 10 条规定向人民法院申请宣告婚姻无效的，申请时，法定的无效婚姻情形已经消失的，人民法院不予支持。”由此我们可以看出，我国是以尊重婚姻具有的“以永久共同生活为目的”的属性为宗旨，立法和司法实践都是以维护婚姻、家庭的稳定为思想指导，故对产生无效婚姻的原因作了符合实际的处理。

（二）确认婚姻无效的程序

根据最高人民法院相关司法解释、民政部有关婚姻登记条例等的规定，我国对无效婚姻的处理原则实际上应是宣告无效，而不是当然无效，也即意味着，即使婚姻的成立存有法定无效的原因，该“婚姻”也不发生当然无效，而必须经由有关机关依一定程序宣告之后，才发生无效的后果。

1. 宣告婚姻无效的机关。采用宣告制的国家，一般是通过司法机关依诉讼程序而进行宣告。在我国，宣告婚姻无效的机关是人民法院，人民法院在审理有关婚姻效力的纠纷案件时，应以判决的形式结案，而不能以调解的形式结案，而且，该判决实行“不上诉”制度，即一经作出，即刻生效。对此，最高人民法院《关于适用〈中华人民共和国婚姻法〉若干问题的解释（一）》第 9 条明确指出：“人民法院审理宣告婚姻无效案件，对婚姻效力的审理不适用调解，应当依法作出判决；有关婚姻效力的判决一经作出，即发生法律效力。”同时，在其后颁布的最高人民法院《关于适用〈中华人民共和国婚姻法〉若干问题的解释（二）》又进一步规定，对于经法院“审查确属无效婚姻的，应当依法作出宣告婚姻无效的判决。原告申请撤诉的，不予准许”。表明关于婚姻效力的判断标准，属法律强制性规定，并不考虑当事人的意愿。

2. 宣告婚姻无效的程序和请求权人。宣告婚姻无效采用的是诉讼程序，由相关权利人向人民法院提出确认婚姻无效的请求，法院加以受理。有权提出请求宣告婚姻无效的权利人，是婚姻当事人和利害关系人。婚姻当事人自然不难理解，但对于利害关系人的理解，则需结合我国《婚姻法》、《继承法》等关于家庭关系范围的有关规定。根据最高人民法院《关于适用〈中华人民共和国婚姻法〉若干问题的解释（一）》中的有关规定和我国司法实践经验，作为有权请求宣告婚姻无效的利害关系人的范围，因婚姻无效原因的不同而有所差异，具体有以下情形：

（1）以重婚为由申请宣告婚姻无效的，为当事人的近亲属及基层组织。

（2）以未达法定婚龄为由申请宣告婚姻无效的，为未达法定婚龄者的近亲属。

（3）以有禁止结婚的亲属关系为由申请宣告婚姻无效的，为当事人的近亲属。

（4）以婚前患有医学上认为不应当结婚的疾病，婚后尚未治愈为由申请宣告婚姻无效的，为与患病者共同生活的近亲属。

根据权利人的请求，人民法院对于已成立的婚姻是否符合法定条件、能否产生相应的法律效力进行审查，对于确属无效的婚姻，以判决的形式进行宣告，以支持权利人的宣告婚姻无效的请求，但以请求时其婚姻无效的原因尚客观存在为限。

对于人民法院受理的非以“婚姻无效”为诉求的案件，而是离婚案件时，经审查确属无效婚姻的，应当将婚姻无效的情形告知当事人，并依法作出宣告婚姻无效的判决。

（三）因婚姻无效而产生的后果

1. 对当事人来讲，婚姻被宣告为无效后，其婚姻自始无效，双方的关系为同居关系，而不具有婚姻的效力，双方也自然不具有夫妻身份，财产关系的认定，与夫妻共同财产制无关，只能适用民法中关于个人所有权或共有关系的规定。考虑到双方在一起同居生活的事实，最高人民法院发布的司法解释中明确指出，对于双方在同居期间的财产，除有证据证明是当事人一方所有的以外，按共同共有处理。

值得注意的是，在处理无效婚姻案件时，因构成无效婚姻的原因不同，致使人民法院在处理相关纠纷时对于当事人合法权益给予不同的保障措施，这主要是指因重婚导致的婚姻无效，从而引发的财产纠纷。因重婚而使婚姻无效，不仅对当事者本人有影响，而且还会影响到合法婚姻中的当事人的利益，所以，人民法院审理因重婚导致的无效婚姻案件时，涉及财产处理的，准许合法婚姻当事人作为有独立请求权的第三人参加诉讼，其目的在于防止重婚的一方与他人损害合法婚姻当事人一方的财产权益。

2. 对于双方同居期间所生子女问题的处理。

（1）子女与父母的关系不受婚姻无效的影响，依旧为《婚姻法》中所指的父母子女关系，其法律适用依《婚姻法》的有关规定。

（2）双方如对子女抚养等问题产生争议和纠纷，既可以单独起诉，也可以在人民法院审理无效婚姻案件时就此问题请求人民法院一并予以解决，需要明确的是，无论如何，人民法院在审理无效婚姻案件时，就子女抚养问题的解决是其职责所在。在解决方式上，既可采取调解的方式，也可采取判决的方式，只是不宜与婚姻无效的判决相混淆，而应另行制作调解书或判决书。最高人民法院关于《婚姻法》的司法解释中明确指出，法院审理无效婚姻案件，涉及财产分割和子女抚养的，应当对婚姻效力的认定和其他纠纷的处理分别制作裁判文书。而且，对于财产分割和子女抚养问题的判决不服的，当事人可以上诉。

（3）需要明确的是，子女虽然属于非婚生子女，但是其与父母的关系、享有的权利和应尽的义务等都与婚生子女完全相同，包括与父母之间的抚养、赡养、继承等，任何人不得歧视、限制甚至非法剥夺非婚生子女所享有的权利。

（四）在宣告婚姻无效的程序中，另需注意的问题是：

1. 婚姻无效请求权的行使，不受“婚姻”当事人是否死亡的影响，但受一定期限的限制。“夫妻”一方或者双方死亡后一年之内，生存一方或者利害关系人依据《婚姻法》第10条的规定申请宣告婚姻无效的，人民法院应当受理。

2. 关于被申请人的确定。利害关系人依法申请法院宣告婚姻无效的，利害关系人为申请人，婚姻关系当事人双方为被申请人；夫妻一方死亡的，生存一方为被申请人；夫妻双方均已死亡的，不列被申请人。

3. 关于就同一婚姻关系法院分别受理了离婚和申请宣告婚姻无效请求的案件，处理时应注意：对于离婚案件的审理，应当等申请宣告婚姻无效案件作出判决后进行；如果该婚姻关系被宣告无效后，涉及财产分割和子女抚养的，应当继续审理。

三、可撤销婚姻

（一）可撤销婚姻的原因

依我国现行《婚姻法》第11条的规定，可撤销婚姻的原因只有一种情形：因胁迫而结婚的，受胁迫的一方可以向婚姻登记机关或人民法院请求撤销该婚姻。由此可以看到，将当事人有瑕疵的结婚意思表示作为可撤销婚姻的原因，这是在一定程度上考虑到了婚姻关系的特殊性而作出的规定。因为我国婚姻成立的实质要件中，双方完全、真实的自愿，是婚姻能够成立并有效的前提条件，因胁迫而表达的“自愿”，违背法律的宗旨，如以无效婚姻论处则无法准确地衡量双方关系的变化，故将婚姻是否予以撤销的请求权赋予了被胁迫的当事人一方。

如何认定“胁迫”？由于在实践中对此的认识和把握容易混淆，故最高人民法院在《关于适用〈中华人民共和国婚姻法〉若干问题的解释（一）》中明确指出，《婚姻法》第11条所称的“胁迫”，是指行为人以给另一方当事人或者其近亲属的生命、身体健康、名誉、财产等方面造成损害为要挟，迫使另一方当事人违背真实意愿结婚的情况。这里需要注意的是，对于“以……造成损害为要挟”的理解，须是以将要造成的现实损害而进行的要挟为限，处理时应注意把握。

对于婚姻登记机关来讲，除受胁迫结婚之外，以任何其他理由请求撤销婚姻的，婚姻登记机关不予受理。

（二）可撤销婚姻的程序

1. 受理婚姻撤销请求权的机关和适用的程序。根据我国现行《婚姻法》的规定，受理当事人撤销婚姻的申请的机关，既可以是婚姻登记机关，也可以是人民法院，受理的机关不同，也就决定了适用的程序不同，婚姻登记机关受理的，适用的是行政程序，人民法院受理的，依诉讼程序审理。

第五章

（1）根据民政部颁发的《婚姻登记条例》和《婚姻登记工作暂行规范》，婚姻登记机关受理当事人撤销婚姻的请求，应当按照初审——受理——审查——报批——公告的程序办理。因受胁迫而结婚的当事人，依法向婚姻登记机关请求撤销婚姻时，应当出具的证明材料有：①本人的身份证、结婚证；②能够证明其受胁迫结婚的证明材料。婚姻登记机关经审查认为受胁迫结婚的情况属实且不涉及子女抚养、财产及债务问题的，应当撤销该婚姻，宣告结婚证作废。婚姻登记处对不符合撤销婚姻条件的，应当告知当事人不予撤销的原因，并告知当事人可以向人民法院请求撤销婚姻。

（2）受胁迫的当事人向人民法院提出撤销婚姻的请求的，人民法院审理时，应当适用简易程序或者普通程序，经审查，受胁迫而结婚的情况属实的，依法宣告撤销婚姻的，应当收缴双方的结婚证书并将生效的判决书寄送当地婚姻登记管理机关。

2. 婚姻撤销请求权人。根据《婚姻法》及相关司法解释，享有并且能够行使撤销婚姻请求权的当事人，只限于受胁迫者本人，除此之外，任何单位或个人均不得以任何理由请求撤销婚姻。由于受胁迫而结婚是受胁迫者不得已而为之的，违背了当事人的真实意愿，侵害了其婚姻自主权，而内心真实意愿的判断只能由自己来完成，婚姻自主权是否受到侵害也取决于当事人自己的判断，受到侵害的权利的人身属性，决定了婚姻撤销请求权的享有和行使只能是受胁迫者本人，而不能是他人。

撤销婚姻请求权的享有和行使，须在法定的期限之内，即在权利人能够行使权利之日起1年内行使，否则，请求权消灭，婚姻即为有效，再想终止该婚姻关系时，只能以离婚方式解决。“能够行使权利之日”的确定，依两种方式：①自结婚登记之日起算；②请求权人被非法限制人身自由的，自其恢复人身自由之日起算。因该请求权享有的“1年”期限，性质上不属于诉讼时效，而是权利享有的固定期间，故最高人民法院在《关于适用〈中华人民共和国婚姻法〉若干问题的解释（一）》中进一步指出：该“1年”，“不适用诉讼时效中止、中断或者延长的规定”。

3. 婚姻被撤销的后果。应该明确的是，在我国，婚姻被撤销与婚姻无效所产生的法律后果相同，都是自婚姻被撤销或被宣告无效的法律文件生效之日起婚姻自始无效，并由此产生其他相应的后果。

（1）对当事人的后果。由于婚姻被撤销以后，其产生自始无效的后果，也就意味着婚姻自始不受法律保护，则当事人之间仅仅是同居关系，而不具有夫妻身份，自然也就不产生夫妻之间的权利义务关系，婚姻法中有关夫妻之间的人身关系的法律规定不适用于被撤销婚姻的当事人之间。

在财产关系方面，因其受身份关系的影响，只能适用民法中有关个人财产权或者共有关系的法律规定，而不能适用关于夫妻共同财产的法律规定。双方在同居期间积累的财产，在处理时，原则上应按共同共有处理，但有证据证明是当事人一方所有的除外。这同样是考虑到了当事人之间同居生活的事实，为了平衡双方的利益所做的处理，但又要尊重个人的财产权利和双方并无夫妻身份的事实，在能够证明属于个人所有的情况下而归其个人，他方则无权享有或者请求分割。需要关注的问题也在于此。由于我国采取了婚姻撤销以后自始无效的立法例，也就意味着婚姻自始不受法律保护，而在受胁迫一方当事人方面看，其本身就处于某种弱势地位，或者至少其自我保护能力比较有限，当其撤销婚姻的请求获得支持后，其本身如没有经济来源或者经济收入非常有限，而他方又能够证明收入为己的，则受胁迫方只能“净身”走人，她（他）既不能要求分割对方的财产，也不能要求对方给予因夫妻间的扶养义务而产生的经济帮助，更无因对方的过错而向对方提出损害赔偿请求的权利，这样一来，婚姻法及其相关司法解释只是保护或者说救济了受胁迫一方的婚姻自主权，而对于因受胁迫而结婚、因婚姻被撤销而自始无效给当事人所带来的其他相关问题，法律则关注不够，对此有必要予以完善和充实。

（2）对双方子女所产生的后果。如前所述，子女与父母之间的关系不受父母婚姻关系的有无和效力的影响，任何时候父母都不能以任何借口或理由推脱其对未成年子女的抚养、教育、保护等的义务和责任。具体表现为：①父母婚姻因被撤销而自始无效，致使子女变为非婚生子女，但父母子女间关系的调整仍须适用婚姻法中有关父母子女关系的规定，而不受婚生与非婚生的影响。②父母子女关系问题，应是在婚姻被撤销之时一并得以解决的，但是，这只限于法院通过诉讼程序审理的撤销请求，而对于婚姻登记机关来讲，其受理的撤销请求必须是双方没有子女抚养、财产分割及债务清偿等问题的纠纷，否则，婚姻登记机关是不予受理的。人民法院在解决子女问题时，应本着子女利益最大化原则，根据具体情况依法对子女的抚养问题，包括由何方抚养、抚养费数额的确定、给付办法和期限以及有关探望权等问题依法进行妥善处理和解决，将父母因其婚姻被撤销所带给子女的不利后果降至最低，甚至使子女不受影响。

【小结】

1. 结婚是异性主体之间以永久共同生活为目的、依法确立夫妻关系的法律行为。

2. 我国法律将结婚的条件分为实质要件和形式要件；结婚的法定条件包括实质方面的必备条件、禁止条件，以及形式要件的登记程序，二者缺一不可。

3. 登记是具有法律意义的行为；我国的登记机关是民政部门；对于补办登记的，其登记的效力从双方均符合结婚的实质要件时起算。没有配偶的男女，未经登记而同居的，不具有婚姻的法律效力。

4. 我国法律不承认婚约具有法律效力；因婚约而引起的财物纠纷的处理原则，依最高人民法院的相关司法解释处理。

5. 无效婚姻认定的法定事由依现行《婚姻法》的有关规定；具体处理结合最高人民法院的相关司法解释的规定；对无效婚姻的认定机关只限于人民法院。

6. 法律对可撤销婚姻的法定事由只规定了一种：因受胁迫而结婚；对撤销请求的受理机关，既可以是婚姻登记机关，也可以是人民法院。

【思考题】

1. 我国关于结婚条件的规定有哪些方面的改进？

2. 我国现行《婚姻法》关于无效婚姻和可撤销婚姻的规定有无完善的空间？

第6章 夫妻关系

【提示要点】本章主要介绍了夫妻关系的基本内容，婚姻缔结所带来的最直接的效力就是在男女双方之间产生夫妻关系，包括夫妻的人身关系和财产关系。对夫妻关系基本内容的全面理解和掌握是学习亲属法学的基础。这一章中需要掌握的基本内容有：夫妻关系的概念、历史发展和我国夫妻关系立法的基本情况；夫妻人身关系的具体内容；夫妻财产关系的基本内容，尤其是夫妻财产制的基本内容。通过对夫妻关系的学习，掌握基础理论，并能够分析解决简单的实际问题。

第一节　概　述

一、夫妻关系

夫妻关系是人类社会发展到一定阶段的产物，夫妻关系就是夫妻法律关系，是指法律所规定的夫妻之间的权利义务关系的总和。夫妻关系的产生是婚姻的效力之一。婚姻的效力是指男女两性因结婚而产生的法律拘束力或法律后果。在婚姻家庭领域，婚姻的效力可以分为直接效力和间接效力。婚姻的直接效力就是指婚姻在夫妻之间产生的权利义务关系，婚姻的间接效力是指婚姻所产生的其他亲属之间的权利义务关系。夫妻关系就是婚姻的直接效力。

夫妻关系包括夫妻人身关系和夫妻财产关系两方面。夫妻人身关系是指夫妻双方在家庭中的地位、人格及身份的权利义务关系。夫妻财产关系是指夫妻双方在财产权、扶养以及继承方面的权利义务关系。需要注意的是，在夫妻关系领域，夫妻人身关系是首位的，夫妻人身关系决定夫妻财产关系，夫妻财产关系是夫妻人身关系引起的法律后果。

二、夫妻关系的历史演进

夫妻关系是人类社会发展到一定历史阶段的产物，人类社会蒙昧时期低级阶段所形成的“杂婚制”中的男女两性关系，并非真正的夫妻关系，只是一种“杂乱的性交关系”。随后在人类社会蒙昧时期中级和高级阶段所形成的群婚制和在野蛮时期所形成的对偶婚制中的男女两性关系仍然是松散的两性关系，欠缺夫妻关系所应当具备的稳定性和共同性特征。真正意义的夫妻关系是在人类进入文明时期产生个体婚制以后形成的，文明时期的一夫一妻制才真正具备了夫妻关系的稳定性，并确立了相对固定的共同经济生活体。

从夫妻关系的历史发展来看，在不同的历史时期、不同的社会经济条件和社会制度下，夫妻关系的内容和特征各有不同。夫妻关系的历史发展主要表现在夫妻关系立法的历史发展当中，不同时期的夫妻关系立法的内容和特征是当时当地夫妻关系的表现。因此，这里通过夫妻关系立法的演变来说明夫妻关系的历史演变。夫妻关系立法主要经历了夫妻一体主义时期和夫妻别体主义时期。

（一）夫妻一体主义时期

夫妻一体主义，又称“夫妻同体主义”，即夫妻因婚姻关系的成立而合为一体，双方的人格互相吸收。早期罗马法和中世纪欧洲教会法中的夫妻关系准则是夫妻一体主义的代表。古代印度和古代中国的法律中体现了夫妻一体主义。《摩奴法典》记载了婆罗门的格言：“丈夫和妻子只形成一人”。我国古代典籍《白虎通·嫁娶》记载：“夫妇，一体也。”《仪礼·丧服传》记载：“夫妻一体也”。在这个时期，形式上夫妻具有平等的法律地位，实质上往往是妻子的人格被丈夫吸收，妻子处于被丈夫支配的地位，没有独立的姓名权和财产权。丈夫只有在入赘时，才丧失独立的人格，其人格被妻子吸收。早期罗马法规定，妻子进入夫家之后便成为“家女”，必须服从新的“家父”。在有夫权婚姻中，妻子的全部财产属于丈夫，丈夫死后，妻子受丈夫以遗嘱所指定监护人的保护，没有财产权。《摩奴法典》规定：“妇女应该日夜被监护人置于从属地位，服从其所从属者的权力。”英国古老的普通法认为妻子在法律上处于完全从属的地位，其没有缔约、处分和享有财产的权利，其“嫁资”和继承所得的财产也处于丈夫的支配之下。欧洲中世纪更是奉行严格的夫妻一体主义，确认了丈夫的支配地位，《圣经》上记载：“开辟之初，神造男女，是故人离父母而合于妻，凡此二人，应为一体。”进入近代资本主义时期，夫妻一体主义仍然对一些国家的立法产生了影响。如1900年《德国民法典》仍然规定：“夫有权决定有关共同婚姻生活的一切事务”，未经夫之同意，妻单独处分个人婚姻财产的行为无效。20世纪30年代，美国的一些州仍然不允许妇女签订契约，在17个州中，已婚妇女仍然不能享有与其丈夫平等的地产权。

（二）夫妻别体主义时期

夫妻别体主义，又称“夫妻异体主义”或“夫妻分离主义”，即指男女婚后仍然是独立的主体，具有各自独立的人格，分别独立地享有权利、承担义务，尤其是在财产上的权利能力和行为能力独立且平等。近代资本主义商品经济的发展和妇女解放运动的高涨迫使资本主义制度作出了调整，夫妻关系立法开始由夫妻一体主义向夫妻别体主义演变。英国1882年《已婚妇女财产法》肯定了夫妻分别财产制，规定已婚妇女可以独立享有一系列的财产权利；1923年《婚姻法》承认了妇女在离婚方面具有与男子平等的权利；1935年《婚姻改革法》确认了已婚妇女有取得、占有、使用和处分任何财产的权利。法国1965年用法律肯定了夫妻均享有完全的法律权利。1947年《日本民法典》将原来的“妻随夫姓”改为“使用夫姓或妻姓，根据结婚时双方所定”。由夫妻一体主义到夫妻别体主义是夫妻关系立法上的进步，但早期的资本主义国家夫妻关系立法仍然是以形式平等掩盖实质平等的立法。

三、我国的夫妻关系立法

我国清末修订法律时期，夫妻关系法基本上仍然沿袭封建法的传统，实行男尊女卑的法律制度。北洋政府时期的法律坚持妻子为限制行为能力人，1930年《民法》“亲属编”采用“二元主义”，既规定了“男女平等”，又规定了“于平等原则之外，并注意于共同体之保持”。这是用形式上的平等掩盖了实质上的不平等。

新中国成立后，随着社会主义制度的建立，确立了生产资料公有制，消灭了阶级压迫，为建立人与人之间的平等关系奠定了基础。我国《宪法》第48条规定：“中华人民共和国妇女在政治的、经济的、文化的、社会的和家庭的生活等各方面享有同男子平等的权利。”《婚姻法》在“家庭关系”中规定“夫妻在家庭中地位平等”。我国的夫妻关系立法从根本上确立了男女平等的原则，当然，从法律上的平等到实际生活的平等还有一定的距离，还有待社会政治、经济的不断发展和法律的进一步完善。

第二节 夫妻人身关系

夫妻人身关系是指夫妻之间不以经济利益为内容，以夫妻的人身利益为内容的社会关系，包括夫妻之间在人格和身份方面的权利义务关系以及夫妻双方在家庭中的地位。夫妻人身关系主要涉及夫妻姓名权、人身自由权、婚姻住所决定权、日常家事代理权、计划生育义务和忠实义务等。

一、夫妻姓名权

姓名是将某个体与其他个体相区别的符号，体现了个人与其亲属团体的从属关系。姓名由姓和名两部分组成，姓用于表明个人的血缘和家族，或者说亲属团体的从属关系，名用于表明个人与他人的区别。姓名是个人人格要素的组成部分，姓名权是人格权的重要组成部分，是一项重要的人身权利，没有姓名权就没有独立的人格。婚姻关系的当事人在婚后是否发生姓氏的变更，意味着其人格是否独立，是否发生新的亲属从属关系。

对夫妻姓名权的法律规制，基于古代社会夫妻一体主义的盛行，各国基本都规定“妻随夫姓”，男女婚后变更妻的姓氏，在其本姓之前冠以夫姓。我国封建社会，婚姻实行男娶女嫁，女子婚后即加入夫宗，冠以夫姓，并丧失姓名权。这是夫权统治的要求，将已婚妇女归入夫的亲属团体之中。当然，也存在特例，为传宗接代而设立的赘婿制度中，赘婿需冠之以妻姓，其子女也随妻姓。此种情形下，赘婿丧失姓名权，无独立的人格。在外国古代、中世纪甚至早期资本主义时期，已婚妇女的姓名权普遍受到歧视。当代各国对夫妻姓名权的立法主要有两种形式：①妻从夫姓的原则。例如，瑞士1907制定的《民法典》曾经多次修订，但始终坚持妻从夫姓。该法典第160条规定：“夫的姓氏为配偶双方的姓氏”。②允许当事人选择的原则。即规定在一定条件下允许夫妻双方选择婚姻姓氏。例如，德国1981年修改其《婚姻法》时，规定允许双方协议“选定一个婚姻姓氏”。日本1947年《民法典》第750条规定：“夫妻可以根据结婚时所定，使用夫或妻的姓氏。”

我国建国后，法律充分保障夫妻的姓名权。《民法通则》中规定：“公民享有姓名权，有权决定、使用和依照规定改变自己的姓名，禁止他人干涉、盗用、假冒。”1950年《婚姻法》、1980年《婚姻法》和2001年修订后的《婚姻法》均规定“夫妻双方都有各用自己姓名的权利”。此种规定体现了男女平等的法律原则，其目的主要是针对妇女姓名权受侵害的事实，保护已婚妇女的姓名权。此外，现行《婚姻法》第22条规定：“子女可以随父姓，可以随母姓。”也就是说，子女的姓氏可以由父母双方约定。对子女姓氏的规定，进一步体现了破除子女姓氏随父的夫权传统和男女平等的立法精神。

二、夫妻人身自由权

人身自由是个人最基本的自由之一，夫妻的人身自由权是公民人身自由的具体体现，是夫妻家庭地位平等的标志。夫妻人身自由权是指已婚夫妻参加社会活动、进行社会交往、从事社会职业的权利。夫妻人身自由权的实质在于已婚妇女是否享有参加生产、工作、学习和社会活动的自由。

在古代社会，已婚妇女不享有人身自由权，古代中国和外国皆如此。在古代中国，已婚妇女受到“三从四德”、“男不言内、女不言外”的禁锢，处于从属于男性的地位，无权参与社会生活、管理社会公共事务，没有独立的权利。古印度的《摩奴法典》规定：“妇女幼时处在父亲的监护下，青春期处在丈夫的监护下，老年时处在儿子的保护下。”早期资本主义国家也肯定丈夫的权利，认为妻子应当顺从丈夫。直到19世纪末，资本主义各国才相继赋予已婚妇女参加社会活动的权利。

我国法律对夫妻人身自由权的规定在1950年《婚姻法》、1980年《婚姻法》中都有所体现。1950年《婚姻法》第9条规定："夫妻双方均有选择职业、参加工作和参加社会活动的自由。"1980年《婚姻法》第11条规定："夫妻双方都有参加生产、工作、学习和社会活动的自由，一方不得对他方加以限制或干涉。"2001年修订后的《婚姻法》沿用了此规定。该条规定主要是为了保障已婚妇女参加生产、工作、学习和社会活动的自由。

我国法律规定的夫妻人身自由权具有三方面的内涵：①夫妻人身自由双方均享有，是双方享有，非某一方片面享有；②夫妻双方所享有的人身自由权完全相同，并无差别；③夫妻双方人身自由权的行使应当限制在合法的范围之内，任何一方不得滥用人身自由权，行使人身自由权的同时应当承担应尽的义务。我国法律规定的人身自由权从内容上可以分为三个层面：①夫妻双方平等地享有参加生产、工作的权利，这里所说的"生产"泛指一切生产活动，"工作"既包括社会职业，也包括短期的或暂时性的社会工作；②夫妻双方平等地享有参加学习的权利，这里所说的"学习"应当作广义的理解，包括正规的学校学习、各种形式的培训和自学等；③夫妻双方平等地享有参加社会活动的权利，这里的"社会活动"包括政治、经济、科技、文学、艺术等多方面的活动，夫妻任何一方不能限制或干涉另外一方正常的社会活动。

三、夫妻婚姻住所决定权

婚姻住所就是夫妻婚后共同生活、共同居住的场所。婚姻住所决定权是指决定夫妻婚后住所的权利，即夫妻婚后的住所由谁来决定。在古代社会，婚姻住所决定权专属于丈夫，实行妻从夫居，妻子没有婚姻住所决定权。在早期资本主义社会，婚姻住所决定权仍然由丈夫享有。1804年《法国民法典》第214条规定，妻以夫之住所为住所，这表明妻子没有婚姻住所决定权。当代西方国家婚姻住所决定权的立法体例主要有三种：①丈夫片面享有婚姻住所决定权。《瑞士民法典》第160条规定："夫决定婚姻住所并应以适当的方式扶养妻及子女"。②丈夫有提供婚姻住所的义务，而妻子有在该住所居住的权利。英国1967年《婚姻住所法》和1970年《婚姻程序及财产法》规定，即使妻对婚姻住房并无产权，未经司法裁判也不得强行令妻迁移。③夫妻协商决定婚姻住所。法国1975年的法律规定："家庭的住所应设在夫妻一致选定的处所"。

我国古代亦规定妻从夫居，婚后妻加入夫的宗族。1930年的《民法》"亲属编"第1002条规定："妻以夫之住所为住所，赘夫以妻之住所为住所。"建国后，1950年《婚姻法》对婚姻住所决定权没有规定。1980年《婚姻法》第8条规定："登记结婚后，根据男女双方约定，女方可以成为男方家庭的成员，男方也可以成为女方家庭的成员。”2001年修订后的《婚姻法》删除了该条中的“也”字，修改为：“女方可以成为男方家庭的成员，男方可以成为女方家庭的成员。”对“也”字的删除更充分地体现了男女平等原则，并不以女方成为男方的家庭成员为一般，以男方成为女方的家庭成员为补充，男女双方可互为家庭成员。由此可见，我国法律没有明确规定夫妻婚姻住所决定权，对婚姻住所决定权的规定主要体现在婚后男女双方互为家庭成员的规定当中。具体来说，夫妻婚姻住所决定权包含两个方面的含义：①夫妻双方平等地享有决定婚姻住所的权利；②夫妻双方享有成为对方家庭成员的决定权。

四、日常家事代理权

日常家事代理权的产生源于古罗马，其发展则得益于商品经济的发展。在古罗马，妇女不具有完全民事行为能力，无缔约能力和责任能力，受到丈夫的支配。随着商品经济的发展，行为人行为能力的有限性与社会政治、经济生活的无限性之间的矛盾，迫使行为人必须扩张自己的行为能力。

具体地说，日常家事代理权是指夫妻一方因日常家庭事务而与第三人为一定法律行为时互为代理的权利。夫妻一方与第三人实施的法律行为视为依夫妻双方的意思表示而为的行为，另一方承担连带责任。日常家事代理权的立法意义在于，日常家庭事务相对繁杂，夫妻中任何一方都不可能事事亲力亲为，必然产生一方对另一方事务的代理。为了保障夫妻双方的利益和第三人的利益，同时维护交易安全，实有必要规定夫妻日常家事代理权。国外的许多国家立法都对夫妻日常家事代理权作出了规定。例如，《瑞士民法典》第166条规定：“配偶双方中任何一方，于共同生活期间，代表婚姻共同生活处理家庭日常事务。”有些国家对日常家事代理权所涉及的债务承担、义务履行等也作出了规定。例如，《德国民法典》规定，夫妻双方均有权从事满足家庭适当生活需求而效果也影响他方的事务。因从事此种事务，夫妻双方均享有权利并负有义务，但依情形另有决定者，不在此限。《日本民法典》规定，夫妻日常家事代理权所生之债务，夫妻负有连带责任。

对夫妻日常家事代理权的理解，涉及几个方面的问题：①夫妻日常家事代理权仅限于日常家庭事务的范围之内。日常家庭事务是指为满足平常家庭生活所必需的，非属人身性的一切事务。②日常家事代理权是夫妻人身关系之一种，它的行使不同于一般代理权，不需要一方以另一方的名义行使，男女双方婚姻关系的成立就意味着双方互享日常家事代理权。③夫妻一方滥用日常家事代理权时，另一方可以限制其日常家事权，但此种限制除非第三人知道，否则不对第三人产生效力，即不得对抗善意第三人。④夫妻日常家事代理权的行使要求代理方必须具有行为能力，且其代理行为需为对方利益考虑，不得损害对方的合法权益。⑤夫妻日常家事代理权的产生基于夫妻身份关系，消灭基于夫妻身份关系的终止。

我国现行法律对夫妻日常家事代理权没有明确的规定，但2001年12月最高人民法院《关于适用〈中华人民共和国婚姻法〉若干问题的解释（一）》第17条的规定实际上肯定了夫妻日常家事代理权，该条规定："夫或妻在处理夫妻共同财产上的权利是平等的。因日常生活需要而处理夫妻共同财产的，任何一方均有权决定。"

五、计划生育义务与生育权

1980年《婚姻法》第12条规定"夫妻双方都有实行计划生育的义务"，新修订的《婚姻法》第16条也作出了这样的规定。《人口与计划生育法》第17条规定："公民有生育的权利，也有依法实行计划生育的义务，夫妻双方在实行计划生育中负有共同的责任。"将计划生育义务作为夫妻人身关系之一是计划生育的基本国策决定的。人口的发展应当和生产力的发展相适应，法律是调节人口生育的重要手段。对夫妻计划生育义务的理解应当包括两个方面的内容：

1．夫妻双方都有实行计划生育的义务。夫妻在实行计划生育义务中负有同等的共同的责任。夫妻的计划生育义务不是夫妻一方的，尤其不是女方单方的义务，是男女双方应当共同承担的责任。

2．夫妻双方享有生育权。夫妻双方有生育的权利，也有不生育的自由，夫妻双方的生育权受法律的强制性保护。对夫妻双方是否都享有生育权，学界存在争议，主要的学术观点有：①夫妻双方都享有生育权，都是生育权的主体。理由在于：生育是男女双方共同的行为，是夫妻人身权的重要内容。[1] ②女方享有生育权，男方不享有生育权。理由在于：首先，"生育权应当界定为是否终止妊娠或者是否分娩的权利，从性行为到受孕再到生育，体现生育意愿的客观阶段是女性的妊娠期间。在受孕前，无法将对未来的期望作为权利的主观状态予以保护，并且也不能将受孕等同于双方达成生育意愿的标志。在女性受孕后，才真正地使生育成为可能，而这个阶段女性成为唯一的生育主体。"其次，"男性的生育权在理论上是不存在的。既然规定女性有生育的自由，也有不生育的自由，却又规定'夫妻双方有平等的生育权'，表面上看上去是'平等'的，实际上却矛盾重重。"[2] 我国《妇女权益保障法》第51条规定："妇女有按照国家有关规定生育子女的权利，也有不生育的自由。"从这条规定中可以看出，法律将生育权赋予了妻子。

〔1〕 王歌雅："关于修改婚姻法的若干思考"，载《法律适用》2001年第4期。
〔2〕 周鸿燕："对生育权主体的再探讨"，载《家事法研究》2006年卷。

3. 生育决定权。如果夫妻双方都享有生育权，当夫妻双方就生育或不生育的问题意见不一，谁享有最终的决定权？这是一个现实的问题。对此问题，学界存在较大争议。主要的学术观点有：①女方享有生育的最终决定权，夫妻意见不一致时应当由妻子决定是否生育。理由在于：首先，女性在生育的整个过程以及生育后的抚育过程中承担了更多的且无法替代的责任；其次，以性别平等和人格独立为时代背景，生育与否是女性基于个人利益的价值选择和人格追求。②当夫妻双方就是否生育意见不一致时，应当为夫妻提供平等地保护。理由在于：首先，片面强调男性的夫妻共同生育决定权会带来负面的效应，同样，将生育决定权仅赋予妇女也是片面的；[1] 其次，夫妻享有平等的生育权，只是因为生理结构和分工的不同，男性生育后代的愿望需要通过女性的配合才能实现，同样，女性的生育也需要男性的配合。[2] 因为生育决定权的归属，在实际生活当中引发了现实的问题。

【案例】　何某（男）和孙某（女）于2003年自由恋爱结婚，婚后孙某提出，由于自己是从事舞蹈教学的，需要保持身材，暂时不要生孩子，何某虽然很喜欢小孩，但为了妻子的事业，还是同意了妻子的要求。随着同龄人的孩子都上了小学，何某想要孩子的愿望越来越强烈了。不久，孙某发现自己意外怀孕了，何某非常高兴，希望孙某生下孩子，但孙某坚决不同意，两人发生了激烈的争执。一气之下，孙某到医院做了人流手术，何某认为孙某完全不考虑自己的意见，擅自做人流手术侵犯了他的生育权，于是向法院提起了诉讼，要求解除婚姻关系。法院受理了此案，并先进行了调解，但孙某仍然不愿生育，经调解无效，法院判决准予何某和孙某离婚。在这个案例中，法院最终以离婚的方式维护了男方的生育权，但是仍然没有解决生育决定权到底由谁享有的问题。如果双方不离婚，男方能否基于生育权受到侵害而请求女方赔偿？这是需要进一步深入探讨的问题。

六、夫妻忠实义务

（一）夫妻忠实义务的概述

夫妻忠实义务有狭义和广义两种解释：狭义的夫妻忠实义务是指贞操义务，即专一的夫妻性生活义务；广义的夫妻忠实义务是不限于贞操义务的，包括夫

---

〔1〕 杨遂全等：《婚姻家庭法典型案例研究》，人民法院出版社2007年版，第226～227页。
〔2〕 蒋月：《婚姻家庭法前沿导论》，科学出版社2007年版，第83页。

妻一方不得恶意遗弃配偶，不得为第三人的利益而损害或牺牲配偶他方的利益。夫妻忠实义务是个体婚姻的本质要求，是个体婚制与其他类型的婚姻形态的本质区别。规定夫妻忠实义务是家庭稳定、确认父母子女真实血缘联系的保证。古代社会的夫妻忠实义务具有片面性，由于妻子没有独立的人格，从属于丈夫，所以忠实义务仅约束妻子。如《汉谟拉比法典》就仅要求妻子承担贞操义务，如有违反者则依法予以处罚。近代早期的资本主义国家所规定的夫妻忠实义务仍然是不平等的，对妻子的要求仍然严于丈夫。现代社会的一些国家规定夫妻互负忠实义务。对涉及第三人的违反夫妻忠实义务的法律责任，主要包括两个方面：一方面是夫妻中有过错方的法律责任，即夫妻一方违反夫妻忠实义务，无过错方可以提出离婚并请求精神损害赔偿；另一方面是第三人的法律责任。有些国家规定第三人要承担相应的法律责任。例如，日本 1979 年的判例就允许无过错的受害配偶向破坏他人婚姻家庭关系的第三人请求赔偿。现代社会还有一些国家没有规定违反夫妻忠实义务要承担法律责任，例如，英国 1970 年修定法律时，删除了 1965 年《英国婚姻诉讼法》有关因通奸所产生的损害赔偿请求权的规定。

（二）我国法律对夫妻忠实义务的规定

对夫妻忠实义务的规定是我国 2001 年修订《婚姻法》时新增的规定，该法第 4 条中规定："夫妻应当互相忠实，互相尊重。"该规定出现在《婚姻法》的总则当中，是倡导性的规定。对《婚姻法》是否应当规定夫妻忠实义务，学术界出现了肯定和否定的两种观点。"肯定说"认为应当规定夫妻忠实义务。理由在于：夫妻忠实义务是个体婚姻、一夫一妻制和社会主义道德的本质要求，有利于婚姻家庭的和睦与稳定，是保证子女与父母间真实血缘联系的必要，也为追究过错方的法律责任提供了法律依据。"否定说"认为不应当规定夫妻忠实义务。理由在于：公权力不应当干涉夫妻之间是否忠诚，这是夫妻间的私事；婚姻本身就蕴含着夫妻相互忠实的意味，不需要另行规定；规定夫妻忠实义务可能会导致捉奸成风。是否应当规定夫妻忠实义务涉及的是道德问题和法律问题的区分，法律尤其是婚姻家庭方面的法律应当在多大程度上对道德层面的问题进行法律调控，对该问题的解决不能依据主观臆断，而是应当寻求道德和法律问题之间的平衡，从而客观、妥善地解决问题。

需要说明的是，夫妻忠实义务不包括夫妻精神上、感情上的忠实，仅指夫妻的贞操义务和不得恶意遗弃配偶、不得为第三人的利益损害配偶的利益。夫妻精神上、感情上的忠实是道德调整的范畴，夫妻在行为中是否履行贞操义务和是否恶意遗弃配偶、是否为第三人的利益损害配偶的利益才是法律调整的范畴。

七、夫妻同居义务

夫妻同居义务是指夫妻婚后互负共同生活的义务，但有不能同居的正当理由除外。2001 年修订后的《婚姻法》没有规定夫妻同居义务，仍交由道德调整。对是否应当规定夫妻同居义务学界有两种观点：肯定的一方认为，应当在《婚姻法》中规定夫妻同居义务。这是完善婚姻家庭立法和司法实践、保护配偶权的需要，是婚姻自然属性和社会属性的必然要求。婚姻中男女两性的结合必然产生同居关系，同时，婚姻也是一种共同生活体，夫妻同居体现了婚姻的社会功能。并且，一方不履行同居义务侵害了配偶他方的人身利益，规定同居义务为人身利益受侵害一方寻求救济提供了依据。否定的一方认为，规定同居义务相当于把自己的性权利交给他人支配，会使婚内强奸合法化。我们支持肯定说的观点，如果否认夫妻间的同居义务，婚姻的缔结并不必然产生夫妻间的同居义务，那么婚姻的自然和社会属性均会受到削弱，婚姻与其他类型社会关系的区别将被淡化。

第三节 夫妻财产关系

夫妻财产关系是夫妻双方在财产方面的权利义务关系，包括夫妻财产制、夫妻扶养义务和夫妻继承权。夫妻财产关系以夫妻人身关系为前提，夫妻人身关系决定夫妻财产关系。

一、夫妻财产制

夫妻财产制又称婚姻财产制。从广义的角度来看，夫妻财产制是指规范夫妻财产制的设立、变更与废止，夫妻婚前财产和婚后财产的归属、管理、使用、收益、处分，债务的清偿，家庭生活费用的负担，以及婚姻关系终止时夫妻财产的清算和分割的一系列法律制度。

（一）夫妻财产制的分类

1. 根据夫妻财产制发生根据的不同，夫妻财产制可以分为法定财产制和约定财产制。法定财产制是指在夫妻双方婚前或婚后未就夫妻财产关系作出约定，或者所作的财产约定无效时，依照法律直接适用的夫妻财产制。法定财产制又被称为“正常的夫妻财产制”或“补充的夫妻财产制”。根据法定财产制适用情况的不同，可以进一步将其分为通常法定财产制和非常法定财产制。通常法定财产制是指在通常情况下，夫妻双方依法律的直接规定所适用的财产制。非常法定财产制是指在特殊情况下，依法律的规定或法院宣告，撤销原共同财产制，设立分别财产制。特殊的情况一般是指夫妻一方破产等情形，例如，《意大利民法典》第 191 条规定，配偶一方破产的情况下，夫妻共同财产关系终止，实行分别财产制。

约定财产制是指夫妻双方以约定的方式确定适用于夫妻双方的财产制的法律制度。约定财产制是私法自治的体现，是法律对婚姻双方当事人就双方之间财产关系进行约定的意思自治的尊重。从约定的范围来看，主要有三种立法例：①独创式的夫妻财产约定制度，即对夫妻关于财产制的约定没有设置可供选择的种类，由当事人自由约定；②选择式的夫妻财产约定制度，即明确规定夫妻在约定财产制时可以选择的财产制形式，当事人只能在这些财产制中选择所要适用的财产制，而不能另行创设财产制，如《德国民法典》的规定；③特殊的夫妻财产约定制度，即仅允许夫妻双方约定特有财产。

2. 根据夫妻财产制内容的不同，各国的夫妻财产制可以分为：

（1）统一财产制。统一财产制是指除特有财产外，将妻子的婚前财产估定价额，转归丈夫所有，妻子保留在婚姻关系终止时对估价财产的返还请求权。此种财产制将妻子对其财产的所有权转变为债权，体现了早期资本主义国家在财产方面的男女不平等，是夫权主义的表现，现代很少有国家采用。

（2）联合财产制。联合财产制又称管理共同制，是指除特有财产之外，婚前和婚后的财产仍归夫妻各自所有，但将双方财产联合在一起，由丈夫统一管理。在婚姻关系终止时，妻子的财产由本人收回或由其继承人继承。该财产制源于欧洲中世纪的日耳曼法。联合财产制相对统一财产制是有所进步的，但是仍然没有根本改变夫妻在财产上不平等的法律地位。

（3）共同财产制。共同财产制是指除特有财产之外，夫妻的全部或部分财产归双方共同所有，双方享有平等的占有、使用、收益、处分和分割的权利。依共同所有财产范围的不同，共同财产制可以分为：①一般共同制，即除特有财产外，夫妻婚前和婚后所得的财产，包括动产和不动产均归夫妻双方共同所有的财产制；②婚前动产及所得共同制，即夫妻婚前的动产及婚后所得的动产和不动产均归夫妻双方共同所有的财产制，该财产制排除了对夫妻婚前不动产及特有财产的共有；③婚后所得共同制，即夫妻在婚姻关系存续期间所得的一切财产均归夫妻双方共同所有的财产制；④婚后劳动所得共同制，即夫妻劳动所得的财产归夫妻双方共同所有的财产制，该财产制排除了对夫妻一方或双方继承或受赠所得的财产的共有。

共同财产制是夫妻共同体的本质体现，是婚姻共同生活的要求，其优势在于，能较好地保障夫妻中经济能力较弱的一方，实现男女双方实质上的平等。其劣势在于不能充分尊重夫妻一方的财产权，一方未经另一方同意不得擅自行使共有财产权。

（4）分别财产制。分别财产制是指夫妻双方婚前和婚后的财产均归各自所有，各自行使管理、使用、收益和处分的权利。当然，基于双方当事人的意思自治，当事人可以约定一部分财产共有或将妻子的财产管理权交给丈夫行使。

分别财产制的优势在于，它充分保障了婚姻当事人自由管理、使用、收益和处分财产的权利。其劣势在于，不能保障经济能力较弱一方当事人的财产权，造成男女实际上的不平等。

（5）剩余共同财产制。剩余共同财产制是指夫妻对于自己婚前财产及婚后所得的财产，各自保留其所有权、管理权、使用收益权及有限制的处分权，夫妻财产制终止时，以夫妻双方增值财产的差额为剩余财产，归夫妻双方分享。德国以剩余共同财产制为法定财产制，法国以剩余共同财产制为约定财产制。此种财产制实际上是兼采了分别财产制和共同财产制的长处，具有一定的优势。

（二）我国的夫妻财产制

我国的夫妻财产制分为法定财产制和约定财产制。

1．法定财产制。我国的法定财产制是婚后所得共同制。它是指在婚姻关系存续期间，夫妻双方或一方所得的财产归夫妻双方共同所有，夫妻双方对共有财产享有平等的占有、使用、收益和处分的权利，法律另有规定或当事人另有约定除外的一种财产制。我国的法定财产制又被称为夫妻共同财产制。

（1）夫妻共同财产概述。夫妻共同财产是指夫妻双方或夫妻一方在婚姻关系存续期间所得，除法律另有规定或者夫妻另有约定之外，归夫妻共同所有的财产。要构成夫妻共同财产，需满足以下条件：

第一，夫妻共同财产的所有权主体必须是有婚姻关系的夫妻。无效婚姻、可撤销婚姻以及同居关系的男女不能成为夫妻共同财产的所有权主体。

第二，夫妻共同财产所有权的取得必须是在婚姻关系存续期间。也就是说，夫妻共同财产只能在婚后取得，夫妻一方的婚前财产是夫妻一方的个人财产。婚姻关系存续期间就是指从婚姻关系成立之日起到婚姻关系解除之日止。就1994年2月1日《婚姻登记管理条例》实施以前形成的事实婚姻而言，婚姻关系存续期间的起算点是同居之日。夫妻分居或者离婚判决尚未生效的期间也是婚姻关系存续期间。

【案例】 小张（男）和小王（女）于2002年5月登记结婚，领取了结婚证，在2002年10月举行的婚礼上，小张的母亲送给小王一对玉镯子。2006年，由于小张和小王感情不和，两人协议离婚。两人就这对玉镯子的归属发生了分歧，小张认为，这对玉镯子是婚后所得，应当属于夫妻共同财产，小王认为，这对玉镯子是小张的母亲送给她的，是她的个人财产。在这个案例中，这对玉镯子虽然是小张的母亲在婚礼上送给小王的，看起来似乎是送给小王个人的，但实际上小张的母亲赠送这对玉镯子是为了表达对儿子和儿媳妇婚姻的祝福，并且赠送行为发生在两人登记结婚之后，也就是婚姻关系存续期间，所以，这对玉镯子应当是夫妻的共同财产。

第三，夫妻双方或一方所得的财产。"所得"是指财产所有权的取得，不必实际占有财产。

第四，夫妻共同财产不包括双方约定为个人所有的财产。夫妻双方没有约定为个人所有或约定无效时的婚后所得可以认定为夫妻共同财产。

（2）夫妻共同财产的范围。2001 年修订后的《婚姻法》第 17 条规定："夫妻在婚姻关系存续期间所得的下列财产，归夫妻共同所有：①工资、奖金；②生产、经营的收益；③知识产权的收益；④继承或赠与所得的财产，但本法第 18 条第 3 项规定的除外；⑤其他应当归共同所有的财产。夫妻对共同所有的财产，有平等的处理权。"对该条中夫妻共同财产的规定应当作如下理解：

第一，工资、奖金。工资、奖金是指夫妻婚后因劳动力的付出而从他人处领取的报酬。如在国家机关、社会团体、企事业单位和其他单位或个人处工作所取得的劳务收入。总的来说，工资、奖金包括定期取得的工资和奖金，也包括因临时工作所取得的工资和奖金。具体来说，这里的工资包括固定工资、定额工资，奖金包括定期的作为工资组成部分的奖金，不定期的金钱或实物奖励，还包括职工在企业中的分红。用工资和奖金购置的动产和不动产也属夫妻共同财产。需要注意的是，这里的奖金不包括具有人身性质的奖金，如基于个人荣誉而取得的发明奖、比赛获奖、拾金不昧或见义勇为的奖励。

第二，生产、经营收益。夫妻双方或一方在婚姻关系存续期间从事生产、承包、租赁、股份、个体经营等生产和经营活动所得的收入，包括劳动收入和资本性收入，包括现金收入和实物收入。

第三，知识产权的收益。夫妻一方或双方在婚姻关系存续期间，因著作权、专利权、商标权、发明权等知识产权所取得的经济收益。这里需要注意的是，最高人民法院 1993 年《关于人民法院审理离婚案件处理财产分割问题的若干具体意见》第 15 条规定："离婚时一方尚未取得经济利益的知识产权，归一方所有。"也就是说，知识产权权利本身属于夫妻一方所有，因知识产权所取得收益归夫妻双方共有。最高人民法院《关于适用〈中华人民共和国婚姻法〉若干问题的解释（二）》第 12 条规定："《婚姻法》第 17 条第 3 项规定的'知识产权的收益'，是指婚姻关系存续期间，实际取得或者已经明确可以取得的财产性收益。"这里所说的知识产权的收益包括既得的收益和确定的财产期待收益，在财产分割时，尚不确定的财产期待收益不能作为共同财产进行分割。

【案例】 甲乙是夫妻，甲在婚前发表小说《昨天》，婚后获得稿酬。乙在婚姻存续期间发表了小说《今天》，离婚后第二天获得稿酬。甲在婚姻存续期间创作小说《明天》，离婚后发表并获得稿酬。请分析小说《昨天》、《今天》和《明天》的稿酬属于什么性质的财产？

第四，除遗嘱或赠与合同中确定只归夫妻一方的财产外，夫妻一方或双方继承或赠与所得的财产。由于继承和赠与合同中指明归夫妻一方所有的财产，是立遗嘱人和赠与人根据自己意愿处分财产的表现，基于私法自治，应当尊重当事人的财产处分权。所以，遗嘱或赠与合同中确定只归夫妻一方的财产应当归该夫妻一方所有，而其他的夫妻一方或双方继承或赠与所得的财产应当归夫妻双方共同所有。

按照《继承法》的规定，继承自被继承人死亡时开始。在继承开始时，继承人就享有对被继承人的遗产实际取得的权利。如果继承开始以后，夫妻一方死亡或双方离婚，夫妻一方所继承的遗产应当属于夫妻共同财产。

第五，其他应当归夫妻共同所有的财产。对夫妻共同财产范围的上述规定采用了列举式的立法，列举式的立法有利于明确确定夫妻共同财产。但是，随着社会生活的不断发展，夫妻财产也日趋多样化，上述规定并不足以涵盖夫妻共同财产的范围，因此，在这里作出了一项补充性、概括性的规定。根据最高人民法院《关于适用〈中华人民共和国婚姻法〉若干问题的解释（二）》第11条的规定，婚姻关系存续期间一方以个人财产投资取得的收益，男女双方实际取得或者应当取得的住房补贴、住房公积金，男女双方实际取得或者应当取得的养老保险金、破产安置补偿费都属于夫妻共同财产的范围。

最高人民法院1993年《关于人民法院审理离婚案件处理财产分割问题的若干具体意见》中规定："对个人财产还是夫妻共同财产难以确定的，主张权利的一方有责任举证。当事人举不出有力证据，人民法院又无法查实的，按夫妻共同财产处理。"也就是说，当夫妻双方对财产为共同财产还是个人财产发生争议时，谁主张谁举证；不能举证证明为夫妻个人财产的，推定为夫妻共同财产。

【案例】 李某（男）和刘某（女）婚后，约定婚后所得财产为共同财产，李某将每个月的工资和奖金交给刘某，由刘某对夫妻的共同财产统一进行管理，刘某每月发给李某400元钱作为李某的零花钱。由于李某喜欢结交朋友，应酬较多，结婚时间越长，李某越来越发现，每月400元的零花钱远远不够用。于是，李某就在网上开了一间商铺，出售电脑配件，慢慢地，李某给自己存起了一个“小金库”。几年后，由于两人感情不和，准备协议离婚，刘某在整理东西的时候意外发现了李某的一张存单，金额是15万元，李某认为这笔钱是他开商铺的收入，属于个人财产，刘某则认为这笔钱是夫妻共同财产。对这笔15万元存款的归属，李某主张为其个人财产，就要承担举证责任，证明该财产确实是他的个人财产，如果不能证明则应当认定为夫妻的共同财产。

第六，关于夫妻个人财产转化为夫妻共同财产的问题。最高人民法院1993年《关于人民法院审理离婚案件处理财产分割问题的若干具体意见》第6条规定：“一方婚前个人所有的财产，婚后由双方共同使用、经营、管理的，房屋和其他价值较大的生产资料经过8年，贵重的生活资料经过4年，可视为夫妻共同财产。”该规定违背了所有权取得原理。2000年12月18日九届人大常委会第十九次会议提交审议的《中华人民共和国婚姻法修正案（草案）》删除了财产转化的规定。2001年修订后的《婚姻法》也没有“个人财产转化为共同财产”的规定，而根据2001年12月最高人民法院《关于适用〈中华人民共和国婚姻法〉若干问题的解释（一）》第19条规定：“……但当事人另有约定的除外”。所以，上述关于财产转化的规定已经失效。

另外，需要注意的是，夫妻分居两地分别管理、使用的婚后所得财产，应当认定为夫妻共同财产。婚后夫妻双方对婚前一方所有的房屋进行修缮、装修、原拆原建，增值部分属于夫妻共同财产。夫妻的共同财产不同于家庭财产，家庭财产是全体家庭成员共同所有的财产，家庭财产中包括了一定份额的夫妻财产。

（3）夫妻对共同财产的权利和义务。

第一，夫妻对共同财产的权利。夫妻双方对共同财产的共有是共同共有，夫妻双方对夫妻共同财产享有平等的占有、使用、收益、管理和处分的权利。2001年修订后的《婚姻法》第17条第2款规定：“夫妻对共同所有的财产，有平等的处理权。”这里所说的处理权包括了夫妻对共同所有财产的占有、使用、收益、管理和处分的权利。夫妻对共同财产享有以下几个方面的权利：

首先，夫妻对共同财产享有平等的占有、使用和收益的权利。夫妻对共同财产的占有权是指夫妻双方都可以平等地实际掌握和控制共同财产；夫妻对共同财产的使用权是指夫妻双方都可以平等地对共同财产加以利用，满足生产和生活需要；夫妻共同财产的收益权是指夫妻双方可以平等地收取共同财产的新增经济利益。

其次，夫妻对共同财产享有平等的管理权和处分权。夫妻对共同财产的管理权包括夫妻对共同财产的保存、使用、维修、收益等权利。夫妻对共同财产的处分权包括转移共同财产所有权及设定财产负担。在夫妻对共同财产的权利中，夫妻对共同财产的管理权和处分权是较为重要的两项权利。夫妻因日常生活需要处理夫妻共同财产的，任何一方均由有权决定；夫妻非因生活需要而需对夫妻共同财产作出重要处理的，夫妻双方应当平等协商，取得一致意见。他人有理由相信其为夫妻双方共同意思表示的，另一方不得以不同意或不知道为由对抗善意第三人。

第二，夫妻对共同财产的义务。夫妻对共同财产的义务是指夫妻双方就共同财产应当为或不为一定行为的约束。主要包括：家庭生活费用应首先以共同财产支付，共同财产不足时，夫妻各自以个人财产支付；夫妻共同生活所负的债务，由夫妻双方先以夫妻共同财产偿还，不足部分，再由双方以个人财产承担连带责任；夫妻双方负有不妨碍配偶他方对财产行使占有、使用、收益、管理和处分的权利。

（4）夫妻个人财产的范围。夫妻的个人财产又称夫妻的特有财产或保留财产。夫妻的个人财产是指夫妻婚后实行共同财产制的，依法律规定或依夫妻约定，夫妻可以各自保留一定范围的个人所有的财产。根据2001年《婚姻法》第18条的规定："有下列情形之一的，为夫妻一方的财产：①一方的婚前财产；②一方因身体受到伤害获得的医疗费、残疾人生活补助费等费用；③遗嘱或赠与合同中确定只归夫或妻一方的财产；④一方专用的生活用品；⑤其他应当归一方的财产。"对夫妻个人财产需要作出如下说明：

第一，一方的婚前财产。一方的婚前财产包括一方在婚前所有的财产，其财产来源可以是合法的劳动所得，继承或受赠所得，也可以是合法的资本性收入。主要包括个人存款、婚前购置的个人生活资料和生产资料。对婚前财产在婚后所得的孳息归属，学界产生了争议。主要有三种观点：①"肯定说"，认为夫妻一方的婚前财产在婚后所得的孳息应当属于夫妻共同财产，这是婚后所得共同制的逻辑结果，是民法中孳息归属原物所有人的例外。②"否定说"，认为夫妻一方的婚前财产在婚后所生的孳息应当属于夫妻一方的个人财产，这样的规定符合民法孳息与原物的基本原理，保护了夫妻个人财产所有权。③孳息的归属应当视情况而定。婚前个人财产的自然增值归夫妻个人所有，因为自然增值不需要夫妻双方投入劳动；其他婚前个人财产在婚后所生的孳息往往需要一方或双方投入一定的资金或劳动，所以应当属夫妻共同所有。我们认为，将婚前个人财产所生的孳息进行分类处理，更符合权利与义务对等的原则，只有夫妻共同投入了资金或劳动的孳息才应当归夫妻共同所有。

第二，一方因身体受到伤害获得的医疗费、残疾人生活补助费等费用。此种费用具有人身专属性，因身体受到伤害获得的医疗费是由于夫妻一方的生命健康权受到侵害所获得的补偿，残疾人生活补助费是国家或集体为残疾人提供基本生活保障的一种方式，这两项与配偶他方没有关系，所以应当属于夫妻一方所有。另外，一方获得的补助金、人身保险金、军人医疗补助费、回乡生产补助费以及按国家规定属于一方所有的财产均为夫妻一方的个人财产，但发放到军人名下的复员费、自主择业费等一次性费用的，以夫妻婚姻关系存续年限乘以年平均值，所得数额为夫妻共同财产。[1]

第三，遗嘱或赠与合同中确定只归夫妻一方的财产。将此类财产归夫妻一方所有是对公民财产处分权的尊重，也是保障继承人和受赠人的合法财产权的需要。

第四，夫妻一方专用的生活用品。夫妻一方专用的生活用品是指夫妻一方因身体、生活、工作等的需要专门由个人使用的物品。需要注意的是，有些财产虽然由一方长期使用，但是服务于家庭共同生活，如摄像机、小汽车等，不能作为一方的个人财产；用共同财产购置的由一方专用的生产资料不能作为一方的个人财产。我们认为，价值较大的一方专用的生活用品也不宜作为一方的个人财产，如汽车、健身器材等。

第五，其他应当归一方的财产。这是一项补充性、概括性的规定。有些财产不能直接依据上述规定判定为夫妻一方的个人财产时，就可以依据该规定纳入夫妻一方个人财产的范围。其判断标准主要是，某项财产具有较强的人身专属性，或者和夫妻一方的生活和工作密不可分。

【案例一】　2000 年 3 月，甲、乙、丙开办了一合伙企业，同年 6 月甲与丁结婚。2005 年 8 月，双方协议离婚，约定合伙企业中甲的财产份额全部转让给丁。问合伙企业的财产属不属于夫妻共同财产？

【案例二】　王某与赵某 2000 年 5 月结婚。2001 年 7 月，王某出版了一本小说，获得 20 万元的收入。2002 年 1 月，王某继承了其母亲的一处房产。2002 年 2 月，赵某在一次车祸中造成重伤，获得 6 万元赔偿金。在赵某受伤后，有许多亲朋好友来探望，共收礼 1 万多元。请问，王某出版小说、继承房产、6 万元赔偿金和接受的礼品是不是夫妻共同财产？为什么？

---

〔1〕 参见最高人民法院《关于适用〈中华人民共和国婚姻法〉若干问题的解释（二）》第 14 条的规定。

2. 约定财产制。约定财产制又称为夫妻财产合同，是指夫妻以合同的形式对夫妻婚姻关系存续期间的夫妻财产关系作出约定，从而排除法定财产制适用的夫妻财产制。2001 年修订后的《婚姻法》第 19 条规定："夫妻可以约定婚姻关系存续期间所得的财产以及婚前财产归各自所有、共同所有或部分各自所有、部分共同所有。约定应当采用书面形式。没有约定或约定不明确的，适用本法第 17 条、第 18 条的规定。夫妻对婚姻关系存续期间所得的财产以及婚前财产的约定，对双方具有约束力。夫妻对婚姻关系存续期间所得的财产约定归各自所有的，夫或妻一方对外所负的债务，第三人知道该约定的，以夫或妻一方所有的财产清偿。"

（1）财产约定的条件。夫妻对婚姻关系存续期间的财产关系作出约定的行为是一种法律行为，夫妻之间的财产约定行为只有符合法律行为的有效要件才能成为民事法律行为，并且只有同时符合《婚姻法》的规定，才能够合法有效。因此，夫妻财产约定的条件包括：

第一，作出财产约定的当事人只能是存在婚姻关系的夫妻双方，也就是说，具有配偶身份关系的当事人才能进行夫妻财产约定。非婚同居或姘居双方所作的财产约定不属于夫妻财产约定。

第二，夫妻双方具有完全的民事行为能力，这是对财产约定主体资格的要求。

第三，夫妻财产约定必须是夫妻双方真实的意思表示，夫妻双方在完全自愿的基础上，经过平等协商作出约定。一方以欺诈、胁迫或乘人之危的方式所作的约定是可变更、可撤销的法律行为。

第四，夫妻财产约定的内容合法。夫妻财产约定只能对夫妻的共同财产或个人财产作出约定，不能损害社会公共利益，包括国家、集体和第三人的利益，不得违反法律。

（2）财产约定的内容。夫妻财产约定既可以对婚前财产，也可以对婚后财产进行约定；既可以约定财产归各自所有、共同所有，也可以约定部分各自所有、部分共同所有；既可以对财产的归属作出约定，也可以对财产的使用、管理、收益和处分、家庭生活费用的负担、债务的清偿、婚姻关系终止时财产的清算与分割作出约定。

（3）财产约定的时间和方式。夫妻财产约定的时间没有限制，既可以是婚前约定，也可以是婚后约定。夫妻财产约定应当采用书面形式。夫妻之间口头的财产约定，若双方无争议且合法，则对双方有效；若双方有争议，则不能在夫妻间产生效力；如果第三人知道该口头的夫妻财产约定，则对第三人也有法律效力。这是尊重当事人意思自治和只有第三人知道的情况才能对第三人产生拘束力原理的应用。

（4）财产约定的效力。夫妻财产约定的效力分为三个方面：优先效力、对内效力和对外效力。

第一，优先效力。2001年修订后的《婚姻法》第19条规定："没有约定或约定不明确的，适用本法第17条、第18条的规定。"当夫妻就婚姻关系存续期间的财产关系有约定，且约定合法时，适用夫妻的约定财产制。当夫妻就婚姻关系存续期间的财产关系没有约定、约定无效或被撤销的，适用法定财产制。也就是说，约定财产制的效力优先于法定财产制。

第二，对内效力。约定财产制的对内效力是指夫妻财产约定对婚姻关系当事人的效力。当夫妻就婚姻关系存续期间所得的财产和婚前财产作出约定时，该约定对夫妻双方均有拘束力。任何一方未经对方同意不得擅自变更或者撤销。

第三，对外效力。约定财产制的对外效力是指夫妻财产约定对婚姻关系当事人以外的第三人的效力。2001年修订后的《婚姻法》第19条第3款规定："夫妻对婚姻关系存续期间所得的财产约定归各自所有的，夫或妻一方对外所负的债务，第三人知道该约定的，以夫或妻一方所有的财产清偿。"出于对不知情第三人利益的保护和维护交易安全，夫妻约定婚姻关系存续期间的财产归各自所有的，夫妻负有将其财产约定告知第三人的义务，并对第三人知道该约定承担举证责任。已告知第三人的，才能对第三人产生拘束力；没有告知第三人的，第三人不受夫妻财产约定的拘束。第三人"知道"夫妻间的财产约定是指第三人不仅要知道该约定的存在，还要知道该约定的内容。

（5）财产约定的变更和终止。约定财产制是基于夫妻双方平等自愿的协商而产生的，因此在婚姻关系存续期间，也可以基于夫妻平等自愿的协商而变更或终止。夫妻变更和终止约定财产制的方式应当与订立财产约定的方式相同。另外，婚姻关系的终止（夫妻一方或双方死亡、夫妻离婚）也会导致约定财产制的终止。

（6）财产约定的无效和撤销。夫妻财产约定是一种民事法律行为，所以，夫妻财产约定的无效和撤销应当按照民事法律行为的无效和撤销条件和法律后果来处理。

二、夫妻扶养义务

（一）夫妻扶养义务的法律规定

《婚姻法》第20条规定："夫妻有相互扶养的义务。一方不履行扶养义务时，需要扶养的一方，有要求对方付给扶养费的权利。"

（二）夫妻扶养义务的特征

夫妻扶养义务具有以下几个方面的特征：

1. 夫妻间的扶养义务与夫妻人身关系密不可分。夫妻间的扶养义务虽然是夫妻财产关系的一部分，但是夫妻间的扶养义务是基于夫妻间的配偶身份关系而产生的，夫妻间的扶养义务也会随着配偶身份关系的消灭而消灭。

2. 夫妻间的扶养既是权利又是义务，具有相互性。夫妻一方有受扶养的权利，同时也有扶养另一方的义务，双方均为权利主体和义务主体。

3. 夫妻间的扶养义务是法定义务，具有强制性。当夫妻一方生活困难，缺乏生活来源，没有劳动能力或独立生活能力，另一方有扶养的义务。一方不履行扶养义务的，另一方有权请求对方履行。夫妻对其扶养纠纷可请求有关部门调解或直接向法院提起诉讼。法院审理扶养纠纷案件，应当先调解，调解无效的应当及时判决。

夫妻间扶养的其他相关内容见本书第十章“扶养”。

三、夫妻继承权

夫妻继承权，是指夫妻之间基于配偶身份关系而产生的相互继承遗产的权利。夫妻继承权中需要明确的问题是：

（1）夫妻继承权的产生是基于夫妻间的配偶身份关系。只有具有合法婚姻关系的婚姻当事人才能相互享有遗产继承权。未办理结婚登记即以夫妻名义公开同居生活的男女双方，同居期间一方死亡的，另一方是否能以配偶身份继承遗产取决于对双方关系的认定。如果该男女双方的关系被认定为事实婚姻，生存一方可以配偶身份继承遗产；如果该男女双方的关系被认定为同居关系，生存一方不能以配偶身份继承遗产，只能根据《继承法》的规定，酌情分得遗产。

（2）夫妻互为第一顺序的法定继承人。在《继承法》中，夫妻双方均为法定继承人，并且在法定继承的顺序当中处于第一顺序的位置。

（3）夫妻一方死亡，对死亡一方遗产的继承不得侵害生存配偶的合法财产权。夫妻一方死亡，首先应当对夫妻共同财产进行认定与分割，析出死亡一方的财产，只有该部分财产才能作为遗产被继承。夫妻共同财产中属于生存配偶的财产是不能作为遗产被继承的。生存配偶作为第一顺序的法定继承人可以继承死亡一方的遗产，其合法继承权应当受到保护。

（4）夫妻登记结婚后尚未同居生活或者同居生活的时间很短，配偶一方死亡，另一方享有继承权，但对遗产份额的划分，应当根据结婚时间的长短和所尽义务的多少来确定。

（5）1950年《婚姻法》实施前的妻和妾若与被继承人均保留夫妻关系的，享有同等的继承权。

【小结】

夫妻关系这一章全面介绍了夫妻人身关系和财产关系的基本内容，在学习中，需要掌握夫妻人身关系中的每一项权利的具体内容，夫妻财产制的概念、分类，法定财产制和约定财产制，夫妻共同财产和夫妻个人财产的范围，了解夫妻扶养义务和夫妻间的继承权。

【思考题】

1. 生育权的主体范围是什么？生育决定权应当由谁享有？丈夫能否基于自己的生育权要求擅自堕胎的妻子承担生育权受侵害的责任？

2.《婚姻法》是否应当规定夫妻忠实义务？理由是什么？

3.《婚姻法》是否应当规定夫妻同居义务？理由是什么？

4. 夫妻财产制包括哪些类型？各有什么优劣？

5. 我国的法定财产制和约定财产制的基本内容是什么？

第7章 离婚制度

【提示要点】本章学习目的和要求主要是了解包括中国在内的世界范围内离婚制度的总的发展沿革，尤其要深入了解我国现行离婚制度的主要内容。其中应重点掌握的内容包括：离婚的概念、特征及法律性质、离婚与别居及其他相似概念的区别、新中国离婚制度的基本原则与指导思想、协议离婚的条件和程序、裁判离婚的条件和程序、离婚产生的各种法律效力等。

第一节 概 述

一、离婚的概念、特征与法律性质

（一）离婚的概念与特征

所谓离婚，又称离异，是指由于嗣后的法定事由，夫妻双方依照法律规定基于双方协议或司法判决而终止合法有效的婚姻关系。即离婚是配偶在生存期间依法定的条件和程序解除婚姻关系的行为。在我国，离婚也被称为婚姻的解除。从此概念上看，离婚含有如下法律特征：

1. 离婚的前提是现存婚姻关系合法有效，倘若婚姻关系根本不存在或者无效，则不存在离婚的问题。该特征将其与婚姻无效或被撤销区分开来。从主体上看，离婚是夫妻双方的行为，没有合法的婚姻关系，即没有合法的夫妻身份，就谈不到离婚问题，因为离婚就是解除合法的婚姻关系。如男女双方解除同居关系就不能用离婚这个概念。根据《婚姻登记条例》的规定及最高人民法院的司法解释，解除同居关系的，法院不予受理。根据现行《婚姻法》第6条的规定，结婚必须要符合法定条件，即结婚年龄，男不得早于22周岁，女不得早于20周岁。根据《婚姻法》第8条规定，要求结婚的男女双方必须亲自到婚姻登记机关进行结婚登记。符合本法规定的，予以登记，发给结婚证。取得结婚证，即确立夫妻关系。只有符合法律规定的条件，履行法律规定的登记程序，夫妻关系才能正式确立。因此，离婚的主体必须是具有合法夫妻身份的男女。

2. 离婚的目的和法律效果是使现存婚姻关系终止，就是使婚姻关系的效力在法律上归于消灭，该特征将其区别于别居、协议分居等。后者虽然也使得夫妻双方暂时或永久地不再保持实质的婚姻关系，但在表面上，在法律上，男女双方仍然存在有效的婚姻关系，双方均不得再婚，否则构成重婚。

3. 离婚必须遵循法定程序、条件及方式。离婚的方式包含协议离婚与裁判离婚两种。不过，不论是协议离婚还是裁判离婚，都必须有第三方公权力机关的介入，才能够使得合法有效的婚姻关系归于消灭。当事人私下解除婚姻关系，不经过行政机关或司法机关的认可，是不具有离婚效力的。在这一点上，离婚不同于我国合同法上的合同协议解除制度。

（二）离婚的法律性质

有学者认为，从某种角度出发，婚姻可以看作是一种合同关系，该合同兼具人身与财产的混合性，以及合同履行的长期性等特点。离婚则是当事人一方或双方解除[1]合同关系的行为。协议解除则类似于普通财产性合同的协议解除，基于司法裁判的婚姻解除，则类似于我国合同法上一方当事人行使合同解除权而进行的合同解除。

当然，婚姻关系的终止不限于离婚。夫妻一方死亡也会导致婚姻关系的终止。配偶死亡又可分为自然死亡和宣告死亡。配偶自然死亡使构成婚姻关系的主体不再完整，必然引起夫妻关系的消灭，并引起相应法律后果。宣告死亡系经利害关系人申请，法院按法定程序作出宣告失踪人死亡的判决。

被宣告死亡，与自然死亡发生同等的法律效力。宣告失踪人死亡的判决宣告之日，为被宣告死亡人死亡的日期。被宣告死亡人与其配偶的婚姻关系，自宣告死亡之日起消灭。倘若被宣告死亡人重新出现，或者以后确知被宣告死亡的人实际上并未死亡，须经本人或利害关系人的申请，由法院撤销原宣告死亡的判决。如果被宣告死亡人的配偶尚未再婚的，夫妻关系自撤销死亡宣告之日起自行恢复。但如果其配偶已经与他人登记结婚，则后一婚姻关系具有法律效力，而原来的婚姻关系不再恢复。如果其配偶再婚后又离婚或者再婚后配偶又死亡的，则不得认定夫妻关系自行恢复。这样的规定主要是基于对法律秩序的尊重，既照顾到被宣告死亡人的利益，也兼顾了其配偶和善意第三人的利益。

〔1〕在大陆法系，传统上法律区分契约解除与契约终止，前者针对一时性契约，后者则针对长期性契约（继续性契约）。不过，中国合同法没有对二者做区分，统一以“合同解除”或“解除合同”来称谓；但一时性合同与长期性合同在解除的法律效果上还是有区别的。简言之，一时性合同解除具有溯及既往的法律效力，而长期性合同法律关系的消灭则不具有溯及力，其仅仅面向将来发生法律效力。本文未加说明之处，在等同意义上使用“解除”与“终止”。

二、离婚与相关概念的区分

（一）离婚与婚姻不成立

所谓婚姻不成立，也称无婚，是指由于欠缺合意从而导致婚姻关系根本不存在或不成立。结婚是一种双方法律行为，无论将其性质定位于契约还是定位于共同法律行为，都必须要有双方的合意。这种合意的存在与否是一个事实判断。如果任何一方主观上根本就没有结婚的意思，客观上也没有作出意思表示并履行法定程序。在这种情形下，婚姻关系不成立。离婚的前提则是婚姻关系成立并有效。因此，二者的区别还是非常明显的。

（二）离婚与婚姻无效

所谓婚姻无效，是指婚姻关系虽然成立，但由于存在法定事由，法律对其效力作出否定性评价，认定婚姻关系不具备法律效力，同时也不受法律保护。不同于婚姻不成立系一种客观事实的不存在，婚姻无效是一种法律的否定性评价。我国《婚姻法》第 10 条规定："有下列情形之一的，婚姻无效：①重婚的；②有禁止结婚的亲属关系的；③婚前患有医学上认为不应当结婚的疾病，婚后尚未治愈的；④未到法定婚龄的。"婚姻无效的后果是婚姻关系自始无效，是法律对违法婚姻的制裁手段。而离婚是指双方由于结婚之后的事由（嗣后事由）依法解除有效的婚姻关系的行为。离婚并不会导致婚姻关系自始无效，而仅仅是面向将来使婚姻归于消灭。

（三）离婚与婚姻撤销

所谓婚姻撤销，是指由于存在法定事由，婚姻一方当事人请求撤销婚姻从而使婚姻关系溯及既往地不具有法律效力。我国《婚姻法》第 11 条规定："因胁迫结婚的，受胁迫的一方可以向婚姻登记机关或人民法院请求撤销该婚姻。受胁迫的一方撤销婚姻的请求，应当自结婚登记之日起 1 年内提出。被非法限制人身自由的当事人请求撤销婚姻的，应当自恢复人身自由之日起 1 年内提出。"可见，胁迫是婚姻可撤销的法定事由。而离婚的法定事由主要是夫妻感情破裂。可撤销的婚姻在撤销前，婚姻关系合法有效，撤销后，自始无效。而离婚则是将合法有效的婚姻面向将来的归于消灭。因此，在法定事由、性质及法律效果上，离婚与婚姻撤销均有所不同。

（四）离婚与别居

所谓别居（separation），是指依照判决或合意，免除夫妻同居义务的制度。在当代社会，禁止离婚而只允许别居的国家极少，但存在别居制度的国家和地区却不少，如法国、意大利、瑞士、荷兰等国，以及属于英美法系的英国和美国的一些州。在存在别居制度的国家，别居的法律效力也不完全一致。[1] 与离婚一样，别居也可分为司法别居与协议别居。同时，很多国家法律规定，别居与离婚的条件相同或相似；或者别居达到一定年限就可以转化为离婚的法定理由。但离婚与别居本质上还是不同的，别居时，无论夫妻之间的权利义务是否中止，人身关系与财产关系是否中止，夫妻之间的婚姻关系都还是继续存在有效的，双方均不得与他人结婚，否则便构成重婚；离婚时，夫妻双方彻底地终结一切权利义务关系。简言之，别居是暂时中止、冻结婚姻关系，可以恢复，恢复后仍然是同一婚姻关系的延续；离婚是终局性地终止婚姻关系，即便离婚双方复婚，那也是开始另外一个新的婚姻，不是同一婚姻的延续。

三、中外离婚制度与离婚法

中国古代的离婚制度最重要的特点是丈夫享有离婚的特权，妻子没有主动离婚的权利；丈夫休掉妻子被称为“出妻”。中国古代离婚制度最主要的内容是所谓的“七出”、“三不去”制度。所谓“七出”，是指丈夫休妻的七种法定事由，分别是不顺父母、无子、淫、妒、有恶疾、多言、窃盗。也就是说，当妻子一方出现不孝顺公婆、不生儿子、与人通奸、嫉妒丈夫纳的妾、患恶性疾病、多嘴多舌、擅自动用家庭财产等情形时，丈夫一方可以休妻。所谓“三不去”，是指在法定的三种情形下，丈夫就不能以“七出”来休妻。三不去是指：有所取无所归，不去；与更三年丧，不去；前贫后富贵，不去。意思是说，当妻子被抛弃便无可依附，则丈夫不能休妻，否则便是太不仁义；当妻子与丈夫曾经为公婆服过三年之丧，已经恪尽为妇之道时，丈夫再休掉妻子就属于“忘恩”；当夫妻刚成婚时，丈夫卑贱，而后飞黄腾达，则丈夫不能休妻，否则就是“背德”。

中国古代离婚方式除了上述“出妻”外，还有义绝制度与和离制度。所谓义绝制度，是指出现法定事由（丈夫殴打或杀害妻子一方的至亲、夫妻双方的至亲相互残杀、妻子辱骂殴打丈夫一方的至亲、妻子欲杀害丈夫等等）时，经官府处断，夫妻的婚姻关系必须解除。这其实是国家公权力强行介入而实行的一种强制离婚制度，其目的不外乎维持封建伦理纲常。所谓和离制度，是指夫妻感情不和，可以自愿离婚，并且不受惩罚。当然，这里起决定作用的仍然是男方。

从中世纪早期开始，囿于天主教及其后基督教教义的限制，许多国家采取禁止离婚主义。除了配偶死亡而导致婚姻终结外，婚姻关系不得解除；如果配偶双方无法生活在一起，至多是在经教会法庭裁决后实行分居。这种禁止离婚

［1］ 史尚宽：《亲属法论》，中国政法大学出版社2000年版，第524～525页。

的思想和做法直至近代才大幅度退却，但时至今日，这种禁止离婚的立法例，仍然有个别的存在。

当然，在没有受到天主教和基督教影响的其他国家和地区，乃至在天主教和基督教支配欧洲前的上千年时间内的欧洲，对离婚还是采取一种许可的态度的。这里的许可离婚，不是任意离婚，换言之，离婚虽不禁止，但仍然需要满足一定的条件。此条件既可以是一方的过错、罪责，也可以是与过错无关的其他客观事实。

近代社会的离婚制度具有限制离婚主义的特征，其发展趋势是有责主义向无责主义和破裂主义的转变。所谓有责主义离婚，是指夫妻一方能够以对方有违背夫妻义务的特定过错或罪责行为，作为提出离婚的法律依据。有责离婚主义也被称为过错离婚主义。在有责主义的立法模式下，离婚是对过错方的制裁，同时也是对无过错方的救赎，令其获得解脱。所谓无责主义离婚，是指虽然没有夫妻一方的主观过错或有责行为，但存在法定的客观原因致使婚姻的目的无法达到，出现了对婚姻维系有重大影响的事实时，夫妻一方或双方仍然可以请求离婚。所谓破裂主义离婚，是指以夫妻感情破裂，无法维持共同生活为理由，夫妻一方或双方均可要求离婚。除有责主义和无责主义外，还有所谓的目的主义，它是指夫妻一方能够以婚姻共同生活中发生的、违背婚姻目的的事实为由而诉请离婚。这种事实虽然归责于任何一方，但却使婚姻关系难以持续，构成了一种客观障碍。此类事由包括精神病、性病、无法治愈的性无能（不能人道）等。

相对而言，过错主义或有责主义的历史要悠久得多。直到20世纪60年代以后，随着文明程度的提高，人们对人性解放、婚姻道德、男女平等等各种相关伦理问题的认识更加科学和深刻，法律对离婚的立场也逐渐从有责主义发展到无责主义。许多国家，如英国、美国、加拿大、澳大利亚、德国、法国、比利时、挪威、瑞典等，相继进行了离婚制度的变革，确立了无责主义亦即破裂主义。西方世界第一部彻底废除有责主义的离婚法，是美国加州1970年制定的，它规定“不可调和的分歧已引起婚姻无可挽回的破裂”是裁判离婚的唯一理由。类似的立法和判例也出现在上述其他国家和地区。当然，破裂主义的普遍盛行并不意味着过错主义的彻底灭绝。事实上，在当今许多国家和地区，两种离婚主义是并存的。例如，在德国，破裂主义、目的主义和过错主义三种原则并存；在法国，离婚可能因为三种原因而发生：双方同意的离婚、共同生活破裂的离婚，以及因错误而离婚。显然，这些离婚立法例采取的是多种主义混合的立场。

我国现行的离婚制度是伴随着《婚姻法》的数次修改而形成的。1950年新中国《婚姻法》第一次全面废除了封建主义婚姻制度，剔除了其中大量的男女不平等的糟粕。1980 年《婚姻法》修改，首次确立了我国准予离婚的法定条件，即以夫妻感情破裂为条件，并将过错原则引入，使之与破裂离婚原则相结合。2001 年《婚姻法》修改，增加了离婚条件的例示性规定，亦即感情破裂的客观表现，使得司法适用更加明确和便利。

新中国的离婚法一直是婚姻法中最重要的组成部分之一。我国离婚法的基本原则包括：保障离婚自由；反对轻率离婚；保护未成年子女与妇女的利益。

保障离婚自由是我国《宪法》赋予公民的一项自主权利，同时也是我国《婚姻法》规定的一项基本原则。婚姻是以感情和自愿为基础，是双方合意的结果；当这种基础不存在，当合意无法维系、婚姻死亡时，不允许离婚、强行把两个无法继续生活在一起的人捆绑在一起，是违背伦理道德的。婚姻作为一种身份行为，法律不能违背当事人的意思进行强制。离婚自由特别对广大的妇女具有重要意义。旧社会中，妇女向来具有依附其丈夫的传统；古代中国，离婚是丈夫一方的特权，妻子一方只有被动接受的份；新中国确立离婚自由，不啻是对几千年压迫妇女之旧传统的一次彻底破除，是一次事关妇女基本权利的伟大解放，也是新文明战胜旧文明的必然结果。

与此同时，也要看到，婚姻家庭是社会的基本细胞，离婚不仅导致婚姻的解体，还会影响到子女的成长，同时也会影响到社会关系的健康和稳定。离婚既然如此重大，就不能任由当事人的一时冲动而随意离婚。因此，我国《婚姻法》的另一基本原则是反对轻率离婚。离婚是一个影响面非常广的事件，当事人在最终选择它之前，必须要经过深思熟虑。法律对离婚予以实质要件和程序要件的规定，正是法律对个人强制进行深入慎重地思考。这种离婚条件以及离婚程序的规定，在防止当事人基于一时冲动而草率离婚方面，起到了重要的作用。

保障离婚自由与反对轻率离婚，是对立统一的，前者是核心本质，后者是重要辅助和限制，二者需要并重，不能偏重一点，不及其余。这两项基本原则贯穿于婚姻制度的始终。

第二节　协议离婚

一、协议离婚制度概述

所谓协议离婚，也叫登记离婚、双方自愿离婚，是指夫妻双方协商一致解除婚姻关系，并须到婚姻登记机关进行离婚登记的一种离婚方式。我国《婚姻法》第 31 条规定：“男女双方自愿离婚的，准予离婚。双方必须到婚姻登记机关申请离婚。婚姻登记机关查明双方确实是自愿并对子女和财产问题已有适当处理时，发给离婚证。”这是我国立法对协议离婚的明文规定。

婚姻，本质上来说是一种市民生活的自我安排，因此，意思自治的基本理念也要在可能的情形下给予基本地尊重。在不违反强行性法律与公序良俗的前提下，夫妻双方基于意志自由而对婚姻关系作出的安排，法律没有理由予以禁止或限制。有学者认为，我国合同法上有合同的协议解除制度，婚姻这种合同虽然不属于合同法调整的对象，但在一定意义上说，协议离婚在性质上与合同的协议解除是一致的。在协议离婚中，夫妻双方谁对谁错，离婚究竟出于什么样的理由，这些都不重要；重要的是配偶双方决定“终止合作”，结束婚姻关系。换言之，协议离婚重点在于当下的决定以及对未来的安排，而不是对过去及现在夫妻事务的判断与评价上。这种离婚方式的优点很明显，离婚成本小，生活状态的转变较为平滑顺畅，对当事人的冲击小，有利于保护隐私，夫妻双方即便离婚了还可能维持一定的感情。当然，协议离婚作为一种离婚方式，需要双方的妥协和忍让。一旦任何一方对子女或财产问题的安排不满，就很难达成协议。

协议离婚在欧洲可以追溯到罗马法。彼得罗·彭梵德在其所著《罗马法教科书》中曾指出，无视意味着“婚意”终结的离婚而宣称婚姻仍在持续，这乃是罗马人的思想所不能理解的事情。在后期罗马法中，合意离婚是常用的一种离婚形式。在我国古代中后期，也有所谓的“和离”制度，这些都是现代协议离婚的前身。

在近代，1804年《法国民法典》第一次将协议离婚纳入到民法典当中。目前，大多数国家都已经确立了协议离婚制度。这些国家的协议离婚制度共同体现了这样几个基本原则：双方真实有效的意志表达；保护子女的合法利益；给予当事人一定的冷静期或思考期，避免轻率离婚；国家公权力最低限度地介入；公示主义。

当然，在当今世界，仍然有一些国家囿于宗教的影响，至今依然拒绝采纳协议离婚制度，但这些毕竟属于少数。无论如何，协议离婚相对于判决离婚而言具有天然的优势，因此，这种离婚方式必定会受到越来越多地承认。

二、协议离婚的条件和程序

（一）协议离婚的条件

依据《婚姻法》第31条、《婚姻登记条例》第11、12条和《婚姻登记工作暂行规范》第48条的规定，协议离婚登记必须满足以下条件：

（1）双方当事人协议离婚及办理离婚登记时必须具有完全民事行为能力。这是民法上法律行为制度的基本内容之一。无民事行为能力或限制民事行为能力的人，即精神病患者、痴呆症患者不适用协议离婚的程序，只能适用诉讼离婚的程序。

（2）双方当事人必须形成真实而一致的合意。这是作为双方法律行为的离婚协议成立有效的最重要条件。真实意味着意思表示没有胁迫和欺诈，没有戏谑和虚伪表示；一致意味着没有意思表示错误或重大误解，没有乘人之危或显失公平。

（3）离婚协议的内容不违反法律强行性规定和公序良俗；夫妻双方不得相互串通，假借离婚来损害第三人合法权益，否则离婚协议无效。

（4）离婚协议中必须对子女问题和财产分割问题作出妥善安排。这是为了保护弱势配偶一方以及子女的合法利益。对子女问题的处理包括未成年子女由谁抚养，子女生活费、教育费的给付数额、期限以及方式。对于财产问题的处理包括对所有夫妻共有财产的分割，对夫妻共同债务的清偿，以及离婚时对生活困难一方的经济帮助。

（二）协议离婚的程序

协议离婚的程序，是指夫妻要达到协议离婚的法律效果所必须履行的步骤。在我国，协议离婚通过行政程序进行，即夫妻双方必须到婚姻登记机关办理离婚登记手续。我国办理离婚登记的机关是民政主管部门。双方都是中国大陆居民的，具体的办理机关是县级人民政府民政部门或乡（镇）人民政府。离婚登记按地域进行管辖。当事人协议离婚的，必须到一方户口所在地的婚姻登记机关申请离婚登记。中国公民同外国人，内地居民同香港特别行政区、澳门特别行政区居民、我国台湾地区居民、华侨办理离婚登记的机关是省、自治区、直辖市人民政府民政部门或者省、自治区、直辖市人民政府民政部门确定的机关。男女双方应当共同到内地居民常住户口所在地的婚姻登记机关办理离婚登记手续。

按照我国《婚姻登记工作暂行规范》第48～52条的规定，离婚登记必须经过以下程序：

1. 申请。申请是意思表示的一种方式。申请时应持本人的户口本、身份证、结婚证和双方共同签署的离婚协议书。夫妻一方是港澳台或外国居民的，应当持护照等有效身份证件办理申请。离婚协议书必须由当事人签字或盖章，应当写明双方当事人的离婚意思表示，以及对子女抚养、探望、共同财产的分割、共同债务的清偿等事项的处理办法。由于离婚申请是身份法律行为，因此，协议离婚的申请不得由他人代理，必须由离婚的当事人本人亲自办理。

2. 审查。婚姻登记员受理离婚登记申请，应当审查身份证件的真实有效性，向当事人讲明《婚姻法》关于协议离婚的条件，询问当事人的离婚意愿以及对离婚协议内容（主要是子女抚养与财产分割）的意愿。如果这些事项任何一个方面存在问题，则必须退回让双方修改完善。如果这些事项都没有问题，则让双方填写《申请离婚登记声明书》，并当面签名。夫妻双方也要在离婚协议书上签名。签名的文件一式三份，离婚双方以及婚姻登记处各自保留一份。

3. 登记。婚姻登记员在审查相关证件以及书面文件的真实性后，可令双方填写《离婚登记审查处理表》和离婚证，在当场登记后，发给当事人离婚证。与此同时，在当事人的结婚证上加盖条形印章，其中注明“双方离婚，证件失效”。注销后的结婚证退还给当事人。在将离婚证发给当事人时，婚姻登记员口头向离婚当事人双方宣布：“取得离婚证，婚姻关系解除”。

另外，必须明确一点的是：婚姻登记机关及登记人员不负有调解和好的义务。

三、协议离婚后的相关法律问题

由于协议离婚仅仅是双方当事人对子女抚养和财产问题所作的一种“私的安排”，在离婚进行的整个过程中，没有公权力机关对协议相关内容（子女与财产问题）的公正性、可行性作出评判。因此，协议离婚也比较容易产生如下一些实际问题。

（一）假离婚、恶意离婚时有发生

为了逃避计划生育或夫妻共同债务，追求共同或各自利益等，夫妻双方可能假离婚、恶意离婚。对此，除了在查明事实的基础上给予当事人以行政处罚或行政处分外，在民事层面，法律对于假离婚侵害债权人利益的，也作了明确规定。对于夫妻双方假借离婚来逃避夫妻共同债务，损害作为第三人的债权人利益的，第三人可以依据合同相对性以及债权保全原理，请求撤销相关的财产处分，或者援引《婚姻法》的相关规定，请求离婚的双方当事人对于夫妻共同债务承担连带清偿责任。

对于假离婚后一方反悔的，最高人民法院有明确的回复。最高人民法院《关于男女登记离婚后一方翻悔，向人民法院提起诉讼，人民法院是否应当受理问题的回复》指出：“关于男女双方在婚姻登记机关办理离婚登记后，一方翻悔，向人民法院提起诉讼，人民法院是否应当受理的问题，经研究，我们认为，根据《婚姻法》第24条的规定，和国务院1980年10月23日批准、民政部于同年11月11日发布的《婚姻登记办法》的有关规定，男女双方自愿离婚，并对子女和财产问题已有适当处理，在婚姻登记机关办理了离婚登记，领取了离婚证的，其婚姻关系即正式解除。一方对这种已发生法律效力的离婚翻悔，在原婚姻登记机关未撤销离婚登记的情况下，向人民法院提起诉讼的，人民法院不应受理，可按本院（84）法办字第112号文件《关于贯彻执行〈民事诉讼法（试行）〉若干问题的意见》第43条规定的精神，告知当事人向原婚姻登记机关申请解决。”可见，即便是假离婚，但只要履行了法定手续，则最初双方设计的假离婚将产生真离婚的法律效力。这也是为了维护法律的严肃性而采取的正确立场。

（二）离婚协议缺乏强制执行力

约定容易执行难。离婚协议就是一纸合同，虽然离婚效力能够确定地发生效力，但对于子女抚养以及财产分割等问题，它具有的也只是合同的效力而已，不具有直接的执行效力。因此，一旦就约定的子女抚养以及财产分割等内容发生争议，当事人就不得不请求法院的介入。当事人不履行财产分割等义务或履行财产分割等协议发生纠纷，可以向人民法院起诉，或者男女双方协议离婚后1年内就财产分割问题反悔，请求法院变更或撤销财产分割协议的，人民法院应当受理。[1] 虽然这种诉讼在某种意义上说为当事人的合法利益提供了法律保障，但诉讼过程费时费力，与协议离婚制度简便、易行、高效的原则相悖。

（三）对离婚协议内容的事后争议

离婚协议本质上是合同，因而合同缔结过程中存在的效力瑕疵，也会必然地存在于离婚协议中。如果当事人在协议离婚后对于协议的内容反悔，并请求法院撤销或变更时，法院就应当在查明事实的基础上作出恰当的判决。

对于财产分割问题，最高人民法院《关于适用〈中华人民共和国婚姻法〉若干问题的解释（二）》第8条规定：“离婚协议中关于财产分割的条款或者当事人因离婚就财产分割达成的协议，对男女双方具有法律约束力。当事人因履行上述财产分割协议发生纠纷提起诉讼的，人民法院应当受理。”第9条规定：“男女双方协议离婚后1年内就财产分割问题反悔，请求变更或者撤销财产分割协议的，人民法院应当受理。人民法院审理后，未发现订立财产分割协议时存在欺诈、胁迫等情形的，应当依法驳回当事人的诉讼请求。”依据上述规定，协议离婚的，当事人一方请求变更财产分割的，只限于当初缔约时一方存在胁迫和欺诈。以《民法通则》总则中关于法律行为可撤销的规则来看，这里的可撤销事由不包括“重大误解、乘人之危、显失公平”。关于此点，似有进一步检讨的必要。

对于协议离婚下的子女抚养问题，司法解释没有特别规定。但根据基本的诉讼法理与婚姻法基本精神，当事人一方对于协议的履行发生纠纷提起诉讼的，以及离婚后对子女抚养及探望的协议内容提出不同意见的，法院应当对其请求及理由进行审查。当然，法院只有在起诉方拥有非常充足的理由时才可基于当

---

〔1〕参见最高人民法院《关于适用〈中华人民共和国婚姻法〉若干问题的解释（二）》第8~9条的规定。

事人一方的申请，变更协议内容。

第三节 裁判离婚

一、裁判离婚制度概述

所谓裁判离婚，又称诉讼离婚，是指夫妻一方或双方基于法定事由，向法院提起离婚的诉讼请求，法院基于该请求而调解或判决解除婚姻关系的离婚方式。在当代不少国家，裁判离婚是唯一的离婚方式。

从定义上看，裁判离婚具有下列特征：①通常是夫妻一方提起，但也有双方同时向法院起诉离婚的情形；②离婚诉讼请求的提起必须要有法定事由，即离婚诉讼请求不能是随意性的；③离婚的结果是否达成取决于法院的自由裁量，这种自由裁量权虽然说不是没有限制的，即它是以夫妻感情是否确已破裂为裁判离婚的法定依据和标准，但它仍然是十分宽泛的；④裁判离婚的结论将会形成一项法律判决，因而具有强制执行力，当事人必须遵守，否则另一方当事人可申请强制执行。

就性质而言，有学者认为，裁判离婚从某种意义上可以看成是单方行使合同解除权的情形，只不过这种形成权的行使需要借助法院公权力的裁断和宣示。由于结婚时双方通常不会约定解除事由（即使约定法律未必会认可），因此，这种解除权的行使必定是在法定事由出现时，当事人行使法定解除权（而非约定解除权），从而导致婚姻关系解除。

从立法原则看，裁判离婚分为有责主义（过错主义）、无责主义（目的主义）、破裂主义。有责主义强调一方必须要有过错行为；无责主义看重的是一方存在若干不可克服的障碍导致婚姻无法维系下去；破裂主义则主要看夫妻感情是否确已破裂。

从离婚条件和理由的规定方式看，有列举主义、概括主义和例示主义等立法例。列举主义就是明确列出有限的几个离婚理由，除此之外的事项不能成为离婚理由。概括主义即以抽象的表达作为离婚的理由，如感情破裂。例示主义实际上是前两种规定方式的综合，既有列举，又有概括性规定。例如，《日本民法典》第770条规定，离婚的理由有5项，前4项是列举性规定，第5项是“有其他难以继续婚姻的重大事由时，允许离婚”，这显然是兜底性的概括规定。各国立法中体现出来的离婚法定事由通常有：感情破裂、通奸、重婚、遗弃、虐待、生死不明、患精神病或其他重症、不能人道、被判处监禁、长期分居、意图杀害对方等。

二、我国裁判离婚的程序

（一）关于诉讼外调解

我国《婚姻法》第32条第1款规定："男女一方要求离婚的，可由有关部门进行调解或直接向人民法院提出离婚诉讼。"想要离婚的一方当事人直接向法院提起诉讼，这是裁判离婚或诉讼离婚的规定。"可由有关部门进行调解"，这是配偶一方或双方请求第三方进行调解。一般来说，请求调解的一方往往是不愿意离婚的一方，因为调解的努力总是朝双方和解、重归于好的方向进行的。这里的第三方，在其中扮演的角色是一个中立的、非公权力性质的第三方；因此，即便调解成功，这种调解也属于诉讼外调解（社会调解），其调解协议书不具有强行执行力。尽管存在这样的欠缺，但此种调解方式也有优势，那就是成本低，第三方具有一定公信力，比之于双方自行谈判更容易达成协议。

社会调解可能会产生如下三种后果：①双方重归于好，继续维持婚姻关系；②双方不能维持婚姻关系，但就子女问题、财产问题能够达成一致，即实行自愿离婚；③双方既不能维持婚姻关系，又不能达成自愿离婚协议，社会调解完全失败，此时，想要离婚的当事人必须启动诉讼离婚的程序。

（二）普通裁判离婚的程序

1. 确定管辖法院。根据我国《民事诉讼法》和最高人民法院的相关司法解释，自然人提起离婚诉讼，原则上应当由被告住所地人民法院管辖；但被告离开住所地超过1年的，由原告住所地人民法院管辖；双方离开住所地超过1年的，由被告经常居住地人民法院管辖，没有经常居住地的由原告起诉时居住地人民法院管辖；被告不在中华人民共和国境内居住、下落不明或者宣告失踪、被劳动教养或者被监禁的，由原告住所地或者经常居住地人民法院管辖；非军人对非文职军人提起离婚诉讼由原告住所地人民法院管辖；双方当事人都是军人的，由被告住所地或者被告所在的团级以上单位驻地的人民法院管辖；中国公民双方在国外但未定居，一方向人民法院起诉离婚的，由原告或者被告原住所地的人民法院管辖。

2. 法院调解。我国《婚姻法》第32条第2款规定："人民法院审理离婚案件，应当进行调解。"这意味着，在离婚诉讼当事人之间进行司法调解，是受理离婚案件法院的职责和义务。司法调解是不可省略的一道必经程序。如果当事人确实因为特殊情况不能出庭参加调解的，除本人不能表达意志的以外，应当出具书面意见。之所以将司法调解作为裁判前的必要步骤，是因为实践证明，很多离婚诉讼争议在法院的调解下能够达到和解、撤诉的目的。之所以在有了诉讼外调解方式的情况下还要设立法院调解，其原因在于：①二者的性质、地位以及效力不同。法院调解是司法权的介入和斡旋，具有正式性、权威性，其调解书生效后具有判决书同样的效力。②并非所有的离婚诉讼当事人都经过了诉讼外调解这一过程，诉讼外调解程序不是必经程序，因而当事人可能出于种种考虑并未经历过调解，因此，法院调解对于离婚诉讼双方来说还是很有必要的。法院调解和诉讼外调解一样，也有三种后果：重归于好，撤诉；离婚，但达成自愿离婚协议，撤诉；坚持要求离婚，并且请求以裁判的方式达成。需要强调的是，离婚调解应当自愿合法，不能久调不决。离婚调解书应当写明诉讼请求，案件的事实和调解结果，并由审判人员、书记员署名，加盖人民法院印章。离婚调解书经当事人签收后即具有法律效力。

3. 判决。对于调解无效的离婚案件，法院必须在查明事实的基础上，依法对原告的诉讼请求进行判决。在审理离婚案件时，当事人除不能表达意志的以外，必须亲自出庭，这是身份关系诉讼的共同特征，即身份关系的法律行为和诉讼行为不得代理，这也体现了法律的严肃性和慎重态度。离婚案件的审理，属于可选择的不公开审理案件，当事人可以申请不公开审理。即便是不公开审理，也要公开作出判决。人民法院可以判决驳回原告诉讼请求，不予离婚；也可以判决离婚，但应当在宣告判决时告知当事人在判决发生法律效力前不得另行结婚。凡判决不准离婚和调解和好的离婚案件，没有新情况、新理由，原告在6个月内不得重新起诉。这也意味着，原诉讼的被告不受此期间的限制，可以在此期间内起诉要求离婚。

（三）离婚诉权的限制

离婚诉权的限制，是指为了实现特定的目的，法律对于特定条件下的婚姻关系当事人限制其提起诉讼离婚的权利。根据我国《婚姻法》的规定，限制离婚诉权主要有如下两种情况：

1. 现役军人配偶的离婚诉权受到限制。我国《婚姻法》第33条规定：“现役军人的配偶要求离婚，须得军人同意，但军人一方有重大过错的除外。”关于此规定，需要注意以下几点：①本条限制仅仅针对现役军人的配偶，这就将退役军人、复员军人、转业军人和军事单位中不具有军籍的工作人员排除在外，同时也将现役军人本人排除在外；②现役军人的配偶只能是非现役军人，如果双方均是现役军人，则本条也不适用；③本条限制的是诉权，即只规范诉讼离婚的情形，仅是推迟离婚诉权的行使，不妨碍或影响当事人双方行使离婚的实体权利；④必须是现役军人没有重大过错行为，这里的重大过错行为可以参考《婚姻法》第46条的规定，例如重婚、与第三人同居、家庭暴力、虐待以及遗弃等。

2. 妻子怀孕期间、分娩后1年内或中止妊娠6个月内丈夫离婚诉权的限制。我国《婚姻法》第34条规定：“女方在怀孕期间、分娩后1年内或中止妊娠后6

个月内，男方不得提出离婚。女方提出离婚的，或人民法院认为确有必要受理男方离婚请求的，不在此限。”此种限制具有如下特点：①它仅仅是一种暂时性限制，有明确的期限性，就此而言，它与上述第一种限制不同；②其目的在于保护受孕的及其后一段时间内妇女的身心健康，也有助于胎儿及刚出生婴幼儿的成长；③它仅仅限制男方的离婚诉权，不限制女方的离婚诉权；④法院有很大的自由裁量权，从而确定究竟是否受理符合条件的男方提起的诉讼案件。这里的“确有必要”是指因特殊事由受理男方离婚诉讼请求的确有利于对妇女及胎儿或婴幼儿的保护，或者是出于社会公共利益及一方当事人合法权益保障的需要。当然，法院应当从严把握这种例外，以便更充分地实现《婚姻法》此项规范的本旨。

三、我国裁判离婚的条件

我国《婚姻法》第32条第2款规定：“人民法院审理离婚案件，应当进行调解；如感情确已破裂，调解无效，应准予离婚。”由此条文可知，我国《婚姻法》对裁判离婚的事实理由亦即所需的法定条件是“夫妻感情确已破裂”，这是裁判离婚的唯一实质性要件。至于“调解无效”是指法院调解没有效果，这是一个程序性的要求。夫妻感情确已破裂，意味着夫妻之间的感情已经破裂（不是正在破裂）、完全破裂（不是部分破裂）、不可逆转的破裂（不是可修补的破裂）。一旦出现夫妻感情已经完全的无可挽回的破裂，婚姻实质上也就走到了尽头，此时，离婚对双方而言都是一种解脱，是一个自然而然的选择。

既然夫妻感情破裂这个事实如此重要，那么，如何判断夫妻感情是否已经破裂呢？从明确到含糊，从具体到概括，从直接认定到详细分析判断，分别有以下几种情况：

1. 可以直接准予离婚的客观事实。我国《婚姻法》第32条第4款规定：“一方被宣告失踪，另一方提出离婚诉讼的，应准予离婚。”据此，一旦存在配偶一方被宣告失踪的事实，则另一方提出的离婚诉讼请求，法院应当判决离婚。本款实质上不是以夫妻感情破裂为依据，而是以事实上婚姻关系无以为继为理由的。但本款的规定其实可以依据法律解释的方法推得。依据所谓的当然解释——举轻以明重，既然夫妻感情破裂、无法维系婚姻都可以作为离婚的充足理由，那么夫妻实际上根本无法共同生活，即一方失踪这样的事实，当然更可以成为离婚的理由了。我国《民法通则》第20条规定：“公民下落不明满2年的，利害关系人可以向人民法院申请宣告他为失踪人。”这里的下落不明是指离开家庭且与家庭无通讯联系之时起算。

2. 可以明确认定夫妻感情已破裂的客观指标。我国《婚姻法》第32条第3款规定：“有下列情形之一，调解无效的，应准予离婚：①重婚或有配偶者与他人同居的；②实施家庭暴力或虐待、遗弃家庭成员的；③有赌博、吸毒等恶习屡教不改的；④因感情不和分居满 2 年的；⑤其他导致夫妻感情破裂的情形。”据此，如果出现以下事实，则可以径自认定夫妻感情已经破裂：

（1）重婚或有配偶者与他人同居。重婚指的是同一个自然人在第一次有效婚姻尚未解除的情况下又与他人缔结了第二次婚姻关系。[1] 关于重婚，需要强调的是，第一次婚姻一般情况下是登记婚姻，而第二次婚姻可以是登记婚姻也可以是事实婚姻。所谓事实婚姻，是指虽然未登记，但事实上男女双方以夫妻名义同居生活并被周围亲友邻里公认的关系。所谓“有配偶者与他人同居”，是指有配偶者与婚外异性不以夫妻名义持续、稳定地共同居住的行为。这是仅次于重婚的恶劣行为。倘若一方出现重婚或有配偶者与他人同居的情形，则属于有重大过错行为，另外一方配偶可以此为理由起诉要求离婚，法院如果调解无效，应准予离婚。

（2）实施家庭暴力或虐待、遗弃家庭成员的。这里的家庭暴力指的是行为人对其家庭成员使用暴力并造成后者人身、精神等方面一定伤害后果的行为，如殴打、捆绑、残害、强行限制人身自由等手段，其性质是一种典型的侵害人格权的侵权行为。所谓虐待，是指持续性经常性的家庭暴力，或是拒绝满足或限制另一方衣食住行、医疗等基本生活需求，或是指精神上凌辱与恐吓。与家庭暴力相比，虐待可能暴力程度各异，但范围更广，手段多样，持续时间长，其损害后果未必比家庭暴力为低。关于虐待，还有一种特殊情形，即性虐待。严格地说，性虐待构成一种人身侵害行为，只要存在损害后果，那么它就是一种侵权行为。因此，只要性虐待有损害后果，那么，它同样属于这里所说的虐待。所谓遗弃，是指夫妻一方对于年老、年幼或者其他没有独立生活能力的人，负有扶养义务而拒绝扶养，情节恶劣的行为。其具体表现是经济上不给基本生活费，或是物质上不提供基本生活条件，生活上不予照顾，从而使得被扶养人无法获得正常的生活，甚至基本的生命安全和健康得不到保障。倘若出现家庭暴力、虐待或遗弃等现象，则无过错方可以此为理由诉请离婚，法院调解无效的，应当判决离婚。

（3）配偶一方有赌博、吸毒等恶习屡教不改的。除了赌博和吸毒外，其他恶习还包括好逸恶劳、不务正业、不履行家庭义务、卖淫嫖娼、酗酒等恶习。所谓屡教不改，意指行为发生的反复多次性，并且经过了劝说，仍然一犯再犯的。倘若配偶一方存在这种情况，则另外一方配偶可以此为由诉请离婚，法院

---

[1] 重婚中的第二次婚姻虽然因为违反法律强制性规定而无效，但第二次婚姻关系的存在是一种客观事实。从法律行为的角度理解，第二次结婚行为属于已成立但无效的法律行为。

经调解无效后应当判决离婚。

(4) 因感情不和分居满 2 年的。分居是指吃穿住行等生活上双方分开，经济上分开，感情上互不关心对方，当然也不再有夫妻性生活的事实，但它不同于国外法中的“别居”制度。这样的分离状态满 2 年，无和好可能的，说明夫妻感情确已破裂。一旦出现这种情形，则任何一方配偶均可以此为理由诉请离婚，法院经调解无效应判决离婚。

(5) 其他原因导致夫妻感情破裂的情形。这是一个兜底性的概括条款。比如说一方在婚姻存续期间患有精神病，久治不愈；或是丧失性能力或性能力严重下降无法恢复或改善的；一方因为犯罪遭受刑事惩罚的；双方办理结婚登记但未同居生活的，诸如此类。一旦出现这些情况，一方要求离婚，显然夫妻感情很难再恢复如初。因此，强迫双方共同生活也没有意义，而且可能有违人道。法院在审理案件时，遇到这些情形，可以运用其自由裁量权，作出准予离婚的判决。

3. 如果既没有可直接准予离婚的客观事实，又没有表征夫妻感情破裂的客观事实，那么法院就必须对夫妻感情是否确已破裂进行分析判断。具体的可以从婚姻基础、婚后感情、离婚原因以及夫妻关系的现状和有无和好可能等方面入手进行全面考察分析，然后得出结论。

第四节 离婚的法律效力

一、离婚对夫妻身份关系的效力

一旦离婚登记完毕或离婚判决生效，就产生离婚的法律效力。对于配偶之间的身份关系而言，离婚将宣告基于夫妻身份关系而产生的一切权利义务关系随之消灭。具体而言，离婚在夫妻身份关系上将产生如下法律效力：①双方恢复“自由身”，均有权再婚；②双方的同居义务、忠实义务以及其他义务均告终止；③姻亲关系也随之消灭，这种姻亲关系的消灭有时候在继承法上会有实质意义的影响；④夫妻之间相互代理权的消灭，这种家事代理权源于夫妻之间的身份关系即配偶权，配偶权消灭，这种家事代理权当然也随之消灭。

二、离婚对夫妻财产关系的效力

离婚不仅对夫妻身份关系有影响，对于夫妻财产关系也会发生效力。这方面主要涉及：离婚时夫妻共同财产的分割；夫妻共同债务的清偿；一方对付出较多劳务的另一方给予经济补偿；一方对生活困难的另一方给予经济帮助。离婚时共同财产的分割向来是离婚诉讼案件中最重要的议题之一。[1] 我国《婚姻法》第39条规定："离婚时，夫妻的共同财产由双方协议处理；协议不成时，由人民法院根据财产的具体情况，照顾子女和女方权益的原则判决。夫或妻在家庭土地承包经营中享有的权益等，应当依法予以保护。"可见，在共同财产的分割上，《婚姻法》遵循协议优先的原则，这也体现了法律对当事人自治的尊重。

（一）共同财产的分割

1. 关于财产分割之对象与共同财产的认定。离婚时财产分割的对象显然只能是夫妻共同共有的财产。如果配偶双方在结婚前就对财产的归属均作过全面的约定，即采取所谓的约定财产制，那么离婚时，也就不存在财产分割的问题。如果配偶双方曾对某一项或某几项财产的归属作过约定，那么对于这些特定的财产也不存在离婚分割的问题。如果配偶双方没有对财产归属作过任何约定或约定不明确或约定无效，即夫妻实行的是所谓的法定共同财产制，那么离婚时财产分割也仅限于属于夫妻共同共有的财产；对于那些专属于夫妻一方所有的财产，不能进行分割。

由上可知，在夫妻无约定的情况下，共同财产的认定是夫妻离婚时财产分割的首要问题。根据我国《婚姻法》的规定，符合法律规定的那些类型的财产属于个人财产，除此之外，推定为夫妻共同财产。我国《婚姻法》第18条规定："有下列情形之一的，为夫妻一方的财产：①一方的婚前财产；②一方因身体受到伤害获得的医疗费、残疾人生活补助费等费用；③遗嘱或赠与合同中确定只归夫或妻一方的财产；④一方专用的生活用品；⑤其他应当归一方的财产。"另外，军人的伤亡保险金、伤残补助金、医药生活补助费属于个人财产。对于这些专有财产，离婚时自然不予分割，仍然归原所有人单独所有。

另外，《婚姻法》的司法解释也规定了一些其他属于共有财产的情形。我国《关于适用〈中华人民共和国婚姻法〉若干问题的解释（二）》第11条规定："婚姻关系存续期间，下列财产属于《婚姻法》第17条规定的'其他应当归共同所有的财产'：①一方以个人财产投资取得的收益；②男女双方实际取得或者应当取得的住房补贴、住房公积金；③男女双方实际取得或者应当取得的养老保险金、破产安置补偿费。"此外，军人所得的复员费、自主择业费等一次性费用的，以夫妻婚姻关系存续年限乘以年平均值，所得数额为夫妻共同财产，应按夫妻共同财产进行分割；已登记结婚，尚未共同生活，一方或双方受赠的礼

〔1〕 离婚诉讼案件的三大基本问题分别是：是否应当判决离婚；如果判决离婚，共同财产如何分割；如果判决离婚，子女归谁抚养，子女生活费与教育费由谁负担，如何负担。

金、礼物应认定为夫妻共同财产，还有诸如婚后对房屋的扩建部分等其他一些特殊财产也应当认定为夫妻共同共有。

2. 关于分割的原则。离婚时，夫妻共同财产的分割原则如下：

（1）男女平等。即原则上男女等额共有，分割时应当双方平分。

（2）保护儿童、妇女的合法权益。因为一般而言，妇女、儿童属于弱势群体，因此在离婚财产分割时，必须充分保障他们的利益，以免这些弱势群体在这一分割过程中利益受损。而且妇女经常是主要从事家务的人，这种家务劳动虽然没有直接以增加家庭财富的形式出现，实质上是为家庭的收入增加做了贡献的；但在离婚时共同财产的分割方面，这一点往往遭到忽视。

（3）尊重当事人意愿。此即所谓约定优先原则，即便是共同财产，离婚当事人双方也可以随时约定，对财产进行处置。这种约定在性质上是一种契约，双方原则上不得反悔；除非存在法定事由，如欺诈或胁迫，否则任何一方不得反悔。一方自愿放弃或部分放弃财产权利的，原则上不应当受到禁止或限制；但恶意串通，损害债权人利益的除外。

（4）有利生产、方便生活。这一原则尤其体现在特殊共同财产权益的分割上，如农村土地承包经营权、福利住房的权益等。这些财产的具体分割问题，容后详述。这里应注意的就是，共同财产的分割不能忽视有利生产、方便生活的原则。

3. 关于分割的具体规则。根据《婚姻法》及其司法解释的规定，对于如下财产应当按照法定的方式进行分配：

（1）发放到军人名下的复员费、自主择业费等一次性费用的，其认定与分割办法是：以夫妻婚姻关系存续年限乘以年平均值，所得数额为夫妻共同财产；离婚双方对此共同财产原则上应均分。这里所称的年平均值，是指将发放到军人名下的上述费用总额按具体年限均分得出的数额。其具体年限为人均寿命70岁与军人入伍时实际年龄的差额。

（2）夫妻一方持有的有限责任公司的出资，应按照如下规定分配：①夫妻双方协商一致将出资额部分或者全部转让给该股东的配偶，过半数股东同意、其他股东明确表示放弃优先购买权的，该股东的配偶可以成为该公司的股东；②夫妻双方就出资额转让份额和转让价格等事项协商一致后，过半数股东不同意转让，但愿意以同等价格购买该出资额的，人民法院可以对转让出资所得财产进行分割；③过半数股东不同意转让，也不愿意以同等价格购买该出资额的，视为其同意转让，该股东的配偶可以成为该公司股东。用于证明前述规定的过半数股东同意的证据，可以是股东会决议，也可以是当事人通过其他合法途径取得的股东的书面声明材料。

（3）夫妻一方持有的合伙企业中的出资，其分割办法是：当夫妻双方协商一致，将其合伙企业中的财产份额全部或者部分转让给对方时，按以下情形分别处理：①其他合伙人一致同意的，该配偶依法取得合伙人地位；②其他合伙人不同意转让，在同等条件下行使优先受让权的，可以对转让所得的财产进行分割；③其他合伙人不同意转让，也不行使优先受让权，但同意该合伙人退伙或者退还部分财产份额的，可以对退还的财产进行分割；④其他合伙人既不同意转让，也不行使优先受让权，又不同意该合伙人退伙或者退还部分财产份额的，视为全体合伙人同意转让，该配偶依法取得合伙人地位。

（4）夫妻以一方名义投资设立独资企业的，人民法院分割夫妻在该独资企业中的共同财产时，应当按照以下情形分别处理：①一方主张经营该企业的，对企业资产进行评估后，由取得企业一方给予另一方相应的补偿；②双方均主张经营该企业的，在双方竞价基础上，由取得企业的一方给予另一方相应的补偿；③双方均不愿意经营该企业的，按照《中华人民共和国个人独资企业法》等有关规定办理。

（5）由一方婚前承租、婚后用共同财产购买的房屋，房屋权属证书登记在一方名下的，应当认定为夫妻共同财产。双方对夫妻共同财产中的房屋价值及归属无法达成协议时，人民法院按以下情形分别处理：①双方均主张房屋所有权并且同意竞价取得的，应当准许；②一方主张房屋所有权的，由评估机构按市场价格对房屋作出评估，取得房屋所有权的一方应当给予另一方相应的补偿；③双方均不主张房屋所有权的，根据当事人的申请拍卖房屋，就所得价款进行分割。

（6）离婚时双方对尚未取得所有权或者尚未取得完全所有权的房屋有争议且协商不成的，人民法院不宜判决房屋所有权的归属，应当根据实际情况判决由当事人使用。当事人就此等房屋取得完全所有权后，有争议的，可以另行向人民法院提起诉讼。

（7）当事人结婚前，父母为双方购置房屋出资的，该出资应当认定为对自己子女的个人赠与，但父母明确表示赠与双方的除外；当事人结婚后，父母为双方购置房屋出资的，该出资应当认定为对夫妻双方的赠与，但父母明确表示赠与一方的除外。

以上为法律对某些财产的认定与分割有明确规定的，另外还有一些财产的认定与分割，系现实中切实存在的、不得不面对和解决的问题，但现行法没有提供解决办法。例如，农村土地承包经营权如何分割，部分产权或仅仅享有居住权的福利住房如何分割，一方婚前购买婚后双方共同还贷的按揭房屋如何分割，存储型保险如何分割，信托财产及收益如何分割，这些问题均没有现成答案。为了做到有法可依，法律应该对此加以规定。

例如，男女结婚前，男方办理按揭购买期房一套，结婚后，夫妻双方共同还贷，房产登记上的所有权人是男方。这种情形下，倘若男女双方离婚，该房产如何分割？倘若该房产有较大增值，增值部分是否分割，如何分割？对此，现行法没有规定。我们认为，此类案例应当充分考虑到双方还贷以及增值发生在婚姻关系存续期间这两个重要事实，并基于这两个重要事实而对房产的基本价值和增值部分分别进行分割：对于前者，应当按照男方婚前独自还贷与婚后夫妻双方共同还贷的比例来确定个人财产和共同财产的比例；对于后者，应当将增值部分予以平分。只有这样进行分割，才是符合《婚姻法》现有规定的基本精神和指导思想，同时也是公平合理的。

（二）关于共同财产的补充分割

我国《婚姻法》第47条规定："离婚时，一方隐藏、转移、变卖、毁损夫妻共同财产，或伪造债务企图侵占另一方财产的，分割夫妻共同财产时，对隐藏、转移、变卖、毁损夫妻共同财产或伪造债务的一方，可以少分或不分。离婚后，另一方发现有上述行为的，可以向人民法院提起诉讼，请求再次分割夫妻共同财产。人民法院对前款规定的妨害民事诉讼的行为，依照民事诉讼法的规定予以制裁。"据此，共同财产的补充分割，其成立要件是：

（1）一方在离婚时有隐藏、转移、变卖、毁损夫妻共同财产，或伪造债务的行为。这里的离婚时，指的是离婚判决前或者离婚登记前的一段时间内。一段时间可长可短，其本质要义是：一方配偶在与对方敲定离婚财产协议时，或者在法院作出财产方面的判决时，不能准确地全面把握所有夫妻共同财产的范围和内容。

（2）一方从事上述行为的目的是企图侵占另一方财产。一方从事这些行为，其目的可能一开始就是为了多占利益，也可能是一开始存的私房钱，在离婚时索性继续隐瞒，转化为多占利益的目的。

一旦满足上述要件，财产受到侵占的一方可以向法院主张，对实施上述行为的一方在分割财产时少分或者不分。如果离婚后，一方才发现另一方有上述行为的，可以向法院起诉，请求再次分割共同财产。实质上，一方怀着侵占对方财产的目的而实施隐匿转移财产的行为，按照侵权法基本理论，这构成了对另一方的民事侵权，应当承担的是侵权损害赔偿责任。但现行《婚姻法》将其处理为：不分或者少分，或者是请求重新分配。实施不法行为的人承担的责任性质是什么？请求权的权利基础及其性质是什么？从法律的规定来看，答案不明确。离婚时被发现有这些行为，对其少分或不分，这种责任很可能具有惩罚性；离婚后被发现有这些行为，对相关财产重新分割，这种责任可能是物权性的，即受害方可以主张物权返还请求权。如此处置，从表面上看，对受害方似乎更有利一些；实质上，与债权请求权没什么实质差异。

（三）关于共同债务的清偿

我国《婚姻法》第41条规定："离婚时，原为夫妻共同生活所负的债务，应当共同偿还。共同财产不足清偿的，或财产归各自所有的，由双方协议清偿；协议不成时，由人民法院判决。"可见，所谓夫妻共同债务是指夫妻双方或一方为夫妻共同生活需要或者共同的生产经营所负的债务。不论是为了生活需要还是生产需要，只要双方同意（含默示同意或推定同意[1]），即可成立夫妻共同债务。在双方合意的前提下，具体所借款项是否用于共同生活的改善，或是共同生产资料的购置，或是仅仅为了夫妻一方学习或进修而举债，并不是问题的关键。至于婚前借的还是婚后借的，也不是问题的关键。

对于夫妻共同债务，理所当然应当由夫妻共同偿还。在夫妻离婚时，如何保障债权人的利益不受损害，是一个重要的议题。关于共同债务的认定与承担，现行法有下列一些规定：

（1）债权人就一方婚前所负个人债务向债务人的配偶主张权利的，人民法院不予支持。但债权人能够证明所负债务用于婚后家庭共同生活的除外。

（2）债权人就婚姻关系存续期间夫妻一方以个人名义所负债务主张权利的，应当按夫妻共同债务处理。但夫妻一方能够证明债权人与债务人明确约定为个人债务，或者能够证明属于《婚姻法》第19条第3款规定情形的除外。[2]

（3）当事人的离婚协议或者人民法院的判决书、裁定书、调解书已经对夫妻财产分割问题作出处理的，债权人仍有权就夫妻共同债务向男女双方主张权利。一方就共同债务承担连带清偿责任后，基于离婚协议或者人民法院的法律文书向另一方主张追偿的，人民法院应当支持。

（4）夫或妻一方死亡的，生存一方应当对婚姻关系存续期间的共同债务承担连带清偿责任。

在夫妻共同债务的清偿问题上，尤其要防止夫妻假借离婚或离婚协议来逃避债务，损害债权人的事情发生。从债务清偿的角度看，离婚如同公司分立，夫妻共同的债权人如同公司债权人，其地位和利益不得因为作为债务人的夫妻离婚或作为债务人的公司分立而受到任何地削弱和损害。从另外一个角度说，依据合同相对性原理，离婚当事人之间关于债务分担的协议仅仅能够拘束当事

---

〔1〕默示同意或推定同意需要有充分的证据证明。

〔2〕《婚姻法》第19条第3款规定："夫妻对婚姻关系存续期间所得的财产约定归各自所有的，夫或妻一方对外所负的债务，第三人知道该约定的，以夫或妻一方所有的财产清偿。"

人双方，对于第三人即债权人而言，不具有拘束力。因此，即便夫妻离婚并且关于债务承担达成协议，离婚后的双方当事人仍然要对债权人就共同债务承担连带清偿责任。

【案例】　王某以个人名义向张某独资设立的飞跃百货有限公司借款10万元，借期1年。不久，王某与李某登记结婚，将上述借款全部用于婚房的装修。婚后半年，王某与李某协议离婚，未对债务的偿还作出约定。请分析王某以个人名义所借款项属于什么类型的债务？该如何处理？

以上为夫妻共同债务的清偿，至于夫妻一方个人所负的债务，则理当由个人财产清偿。所谓夫妻个人债务，是指夫妻一方在婚前或婚后以个人名义所负担的、与夫妻共同生活无关的债务。从形式上看，这个概念有两个重要特征：①夫妻一方以个人名义负担债务；②与夫妻共同生活无关。实质上，还有一个更关键的标准是：夫妻另一方不认为或并不同意这样的债务属于夫妻共同债务。因为只要另一方同意或认可某次举债为共同债务，则即便具备前述两个特征，该债务也不属于个人债务。夫妻个人债务一般包括：①一方婚前购置财产所负的债务和其他婚前个人债务；②婚后一方未经对方同意，擅自资助与其没有扶养义务的亲友所负的债务；③一方未经对方同意，独资筹资从事经营活动，其收入确未用于共同生活所负的债务；④虽发生于夫妻共同生活中但双方约定由个人负担的债务（须债权人借贷时了解此项约定）等。

根据2003年最高人民法院《关于适用〈中华人民共和国婚姻法〉若干问题的解释（二）》第23条，债权人就一方婚前所负个人债务向债务人配偶主张权利的，人民法院不予支持。但债权人能够证明所负债务用于婚后家庭共同生活的除外。用于清偿夫妻个人债务的个人财产，包括夫妻共同财产分割后属于夫妻个人所有的财产、法定的个人财产以及夫妻双方约定的归各自所有的财产等。

这里实际上包含了一种不太明显的夫妻共同债务，即个人婚前借贷，但用于婚后共同夫妻生活，因而被认定为夫妻共同债务。

（四）一方对另一方的经济补偿

在离婚当事人之间，除了共同财产的分割以及共同债务的清偿外，还有一方对另一方补偿的情形发生。我国《婚姻法》第40条规定："夫妻书面约定婚姻关系存续期间所得的财产归各自所有，一方因抚育子女、照料老人、协助另一方工作等付出较多义务的，离婚时有权向另一方请求补偿，另一方应当予以补偿。"据此，一方对另一方给予经济补偿的条件是：

（1）经济补偿仅仅发生在夫妻实行约定的分别财产制的情形下。如果夫妻双方实行的是法定财产制，则不发生经济补偿的情形。

（2）经济补偿的根本原因或者说对价是一方付出了相对较多的家务劳动。这种家务劳动可以体现在抚育子女、赡养照料老人以及操持家事与完成家务劳动上。这体现了现行立法对一方家务劳动价值的肯定和扶持。

（3）这种经济补偿的数额应当是“适当的”，换言之，相对于一方较多的家务劳动付出，经济补偿必须做到相当、适当、对应。它不要求是对家务劳动实行完全市场价计算——实质上也无法准确计算，而只要求适当的补偿即可。

（4）这种经济补偿的性质不是合同责任，也不是侵权责任，而是一种法定责任，可以将其理解为公平责任。

（五）一方对另一方的经济帮助

我国《婚姻法》第42条规定：“离婚时，如一方生活困难，另一方应从其住房等个人财产中给予适当帮助。具体办法由双方协议；协议不成时，由人民法院判决。”这里使用的是“帮助”一词，这意味着，从法律上说，一方原本是没有法定义务提供物质方面的支持的。婚姻存续期间，夫妻有相互扶养的义务，一旦离婚，这种扶养义务就随之消灭。而我国《婚姻法》仍然在离婚后当事人之间无扶养义务之外，规定了经济帮助义务，表明了一种人道主义的立场，这种义务派生于原先的婚姻关系：一方面，对于生活困难的一方不能置之不理；另一方面，对生活困难一方的帮助义务又不能被随意地加在任何第三人的身上。所以，最好的办法是让其原先的配偶承担这一义务，从因果关系上说，这种义务的课予不是没有一定道理的。从国外立法例来看，德国、美国、法国、墨西哥、罗马尼亚等国的法律对离婚后一方对与另一方的帮助义务都进行了相应的规定。

根据现行法的规定，离婚后一方对另一方的经济补助，其责任的构成要件是：①这里所称的“一方生活困难”，是指依靠个人财产和离婚时分得的财产无法维持当地基本生活水平。一方离婚后没有住处的，属于生活困难。②经济帮助仅限于离婚时。③提供经济帮助的一方须有经济负担能力，这种能力体现在动产和不动产的拥有，生活水准的高低上。④接受经济帮助的一方必须是没有再婚。如果接受经济帮助的一方再婚，则对其的扶养义务应当由其再婚后的配偶承担。

一旦符合以上四个要件，则离婚后，生活困难的一方就可以要求另一方给予经济帮助。就其内容而言，首先，这种帮助可以是财产性的，也可以是金钱性的；前者包括提供基本生活物资，如米、面、油等，也包括允许对方在自己的住房内临时居住等。[1] 对此，最高人民法院《关于审理离婚案件中公房使用、承租若干问题的解答》有如下一些规定：第一，夫妻共同居住的公房，具有下列情形之一的，离婚后，双方均可承租：①婚前由一方承租的公房，婚姻关系存续5年以上的；②婚前一方承租的本单位的房屋，离婚时，双方均为本单位职工的；③一方婚前借款投资建房取得的公房承租权，婚后夫妻共同偿还借款的；④婚后一方或双方申请取得公房承租权的；⑤婚前一方承租的公房，婚后因该承租房屋拆迁而取得房屋承租权的；⑥夫妻双方单位投资联建或联合购置的共有房屋的；⑦一方将其承租的本单位的房屋，交回本单位或交给另一方单位后，另一方单位另给调换房屋的；⑧婚前双方均租有公房，婚后合并调换房屋的；⑨其他应当认定为夫妻双方均可承租的情形。第二，对夫妻双方均可承租的公房，应依照下列原则予以处理：①照顾抚养子女的一方；②男女双方在同等条件下，照顾女方；③照顾残疾或生活困难的一方；④照顾无过错一方。第三，对夫妻双方均可承租的公房而由一方承租的，承租方对另一方可给予适当的经济补偿。其次，按照法律规定，这种帮助的幅度是“适当的”，这意味着提供经济帮助的一方没有义务使得接受帮助方达到很高的生活水准或者与自己一样的生活的水准，而只要使得后者能够维持基本的生活水平即可。最后，这种经济帮助具体内容的达成方式，既可以是双方协议，也可以是法院的判决。

三、离婚损害赔偿制度

所谓损害赔偿制度，是规定配偶一方不法侵害配偶他方基于配偶身份享有的合法权利，其过错行为导致婚姻关系的破裂，离婚时，无过错一方对由此所受损害（财产上损害和非财产上损害）有权要求赔偿，加害方则负有赔偿损失，给付抚慰金等侵权民事责任的民事法律制度。我国《婚姻法》第46条规定：“有下列情形之一，导致离婚的，无过错方有权请求损害赔偿：①重婚的；②有配偶者与他人同居的；③实施家庭暴力的；④虐待、遗弃家庭成员的。”最高人民法院《关于适用〈中华人民共和国婚姻法〉若干问题的解释（一）》第29条规定：“承担婚姻法第46条规定的损害赔偿责任的主体，为离婚诉讼当事人中无过错方的配偶。人民法院判决不准离婚的案件，对于当事人基于婚姻法第46条提出的损害赔偿请求，不予支持。在婚姻关系存续期间，当事人不起诉离婚而单独依据该条规定提起损害赔偿请求的，人民法院不予受理。”同一司法解释第30条规定：“人民法院受理离婚案件时，应当将婚姻法第46条等规定中当事人的有关权利义务，书面告知当事人。在适用婚姻法第46条时，应当区分以下

---

〔1〕《妇女权益保障法》第48条第2款规定：“夫妻共同租用的房屋，离婚时，女方的住房应当按照照顾子女和女方权益的原则解决。”

不同情况：①符合婚姻法第46条规定的无过错方作为原告基于该条规定向人民法院提起损害赔偿请求的，必须在离婚诉讼的同时提出。②符合婚姻法第46条规定的无过错方作为被告的离婚诉讼案件，如果被告不同意离婚也不基于该条规定提起损害赔偿请求的，可以在离婚后1年内就此单独提起诉讼。③无过错方作为被告的离婚诉讼案件，一审时被告未基于婚姻法第46条规定提出损害赔偿请求，二审期间提出的，人民法院应当进行调解，调解不成的，告知当事人在离婚后1年内另行起诉。”

（一）离婚损害赔偿的责任要件

根据上述法条的规定，我国现行法上的离婚损害赔偿责任，其构成要件是：

1. 夫妻一方在婚姻存续期间存在法定的侵害另一方利益的行为。这些行为具体包括：重婚；有配偶者与他人同居；实施家庭暴力；虐待、遗弃家庭成员四种情形。

2. 遭受侵害的一方存在损害。这种损害既可能是个人财产的减少或灭失，也可能是人格权的损害，如遭受家庭暴力，健康受损，还可能是身份权受到损害，如另一方重婚，导致配偶权利益得不到保障。当然，知识产权也可能是受害方遭受损害的标的。就内容而言，这里的损害既包括财产性损害，也包括非财产性损害（精神损害）。

3. 因果关系。根据我国现行法规定的表述，这里的因果关系有两层含义：一是一方配偶的侵害行为与另一方配偶的损害后果之间的因果关系；二是一方配偶的侵害行为与离婚这种事态发生之间存在因果关系。

4. 实施侵害行为的一方存在过错。这里的过错既包括故意、重大过失，也包括一般过失。这里的过错要件与一般侵权责任构成要件中的过错没什么差别，其判断应当适用一般理性人的注意标准。

5. 请求对方承担离婚损害赔偿责任的一方必须是无过错方。按照国内的通说，这里的无过错是指没有《婚姻法》第46条所列举的那四种过错，而不包括其他过错。这是对离婚损害赔偿责任的权利主体所作的限定。

6. 离婚损害赔偿责任只有当离婚时才可提出。根据现行法的规定，如果不离婚，则侵害方没有损害赔偿义务，受害方也无权提出索赔请求。这里包含两层含义：①如果受害方不提出离婚诉求，仅仅提出损害赔偿诉求，则法院不予受理；②如果受害方同时提出损害赔偿诉求和离婚诉求，如果法院判决不予离婚，则损害赔偿诉求也必将被驳回。

（二）离婚损害赔偿的请求方式

根据现行法的规定，离婚损害赔偿的提出，分两种情况：①无过错方作为原告起诉离婚的，应当在离婚诉求的同时提出损害赔偿请求。②无过错方作为被告加入到离婚诉讼中的，无过错方可以在诉讼中提出损害赔偿请求；如果无过错方不同意离婚，也没有提出损害赔偿请求的，人民法院若判决离婚，则无过错方可以在判决后1年内提出单独的损害赔偿之诉。如果无过错方作为离婚诉讼的被告在一审时没有提出损害赔偿请求，而在二审期间提出的，二审人民法院应当进行调解；调解不成的，二审法院不对这一请求加以判决，可以告知当事人在离婚后1年内另行起诉。

如果当事人协议离婚并且办理了离婚登记手续，离婚时双方没有涉及离婚损害赔偿问题。办理离婚登记后1年内一方以《婚姻法》第46条列举的四种过错要求另一方给予损害赔偿的，人民法院应当受理。如果当事人在协议中明确放弃离婚损害赔偿请求的，则人民法院应当驳回弃权方的索赔请求。

【案例】 周某与妻子庞某发生争执，周某一记耳光导致庞某右耳失聪。庞某起诉周某赔偿医药费1000元、精神损害赔偿费2000元，但未提出离婚请求。请问法院该如何处理？

（三）离婚损害赔偿制度存在的不足

现行离婚损害赔偿虽然对于婚姻关系中遭受不法行为侵害的一方配偶的权利救济有重要意义，但仍然存在一些不足。具体说来，该制度的不足包括如下方面：

1. 可诉赔偿的原因行为类型过少，范围过窄。离婚损害赔偿的法定事由有四种情形：重婚；有配偶者与他人同居；实施家庭暴力；虐待、遗弃家庭成员。显然，这几类行为都是比较严重地损害婚姻关系中另一方配偶利益的行为。但社会生活中，侵权行为的形态五花八门，这些类型繁多的侵权同样可能发生在夫妻之间。作为自然人的夫妻一方所享有的各项绝对权和合法利益都可能受到侵害，例如，一方享有所有权的个人财产遭到对方侵夺或损害，双方的共有财产被一方恶意地无权处分，一方享有的著作权被对方侵犯，一方的人格权或身份权[1]被对方侵害，这些侵权行为依据现行法均无法凭藉离婚损害赔偿制度获得救济。

2. 离婚损害赔偿只能在离婚诉讼时一并提起，此种限制严重违反侵权法和民事诉讼法的基本法理，也不利于对受害人的保护。侵权法的宗旨是任何受到权益侵害的人都有权依据该法获得救济。依据我国《民事诉讼法》第108条的

---

〔1〕 如夫妻一方把孩子藏匿起来，不让对方知晓行踪，也不允许探望，这显然侵犯了另一方配偶对孩子享有的亲权（身份权）。

规定，只要有利害关系的原告针对明确的被告，有具体的诉讼请求和事实、理由，且属于人民法院受理民事诉讼的范围和受诉人民法院管辖的事项，就可以起诉，并要求法院作出判决。现行《婚姻法》既然明确了婚内因另一方特定行为而受侵害的一方有损害赔偿请求权，就不应当限制该诉权提起的时间。这与我国《民事诉讼法》的规定是相矛盾的。[1] 如果说法律限制男方在女方怀孕期间提起离婚诉讼是为了保护妇女权益，那么离婚损害赔偿限制起诉时间，是为了保护实施侵权行为的另一方配偶吗？在这里，立法者想当然地为了保护抽象的婚姻稳定而对受侵权损害一方的诉权滥加了限制。

3. 对请求权主体限制过严。只能是无过错方可索赔。换言之，受害人哪怕只有轻微的过失，也不能对行为人严重的过错侵权行为索赔。这严重违背了正义原则和比例原则，毫无理由地废弃了损害赔偿法上共同过错的基本法律原则。共同过错从来就不是一种令加害人侵权责任不成立的绝对免责事由，而只是一种减轻加害人赔偿责任的相对抗辩事由。现行《婚姻法》根本上禁止有共同过错一方配偶求偿权的这种规定，是有失科学的，也是有害的。

4. 证明规则和举证责任的不合理及过分严苛。证明过错方有重婚行为，相对来说还较为容易一些。[2] 但要证明对方“有配偶者与他人同居”非常困难。何谓同居？多长时间住在一起才算同居？要有多高的频率住在一起才算同居？无过错方如何取证？一两次甚至三五次“捉奸”成功，能否证成此“同居”的事实？这些问题很难回答。对于平常百姓而言，没有足够的取证能力。因此，现行离婚损害赔偿制度在证明规则和举证责任上对无过错方来说过于严苛。

由于存在上述缺陷，现行离婚损害赔偿制度，无法充分有效保护婚内被侵权一方配偶的合法利益。解决问题的关键，是建立全面的夫妻之间的侵权损害赔偿制度。从保护受害人、制裁侵权人及预防侵权的角度出发，应建立一般性的婚内侵权制度；婚内个人财产的存在为该制度的建立提供物质基础，婚内侵权救济的提起并不必然带来婚姻解体。有学者认为，婚姻法应废除离婚损害赔偿制度，建立起统一的婚内侵权责任规则。婚内侵权责任在成立要件上与一般

〔1〕 注意最高人民法院《关于适用〈中华人民共和国婚姻法〉若干问题的解释（一）》第29条第3款的措辞：“在婚姻关系存续期间，当事人不起诉离婚而单独依据该条规定提起损害赔偿请求的，人民法院不予受理。”这种不予受理的蛮横做法，显然与当事人依法享有诉权的原理在根本上相冲突。关于我国主流的二元诉权理论，参见李龙：“民事诉权论纲”，载《现代法学》2003年第2期。

〔2〕 就证明重婚而言，证明存在事实婚比证明存在登记婚相对要困难得多。一般地说，我国现行《婚姻法》不承认事实婚姻，但却承认重婚可以由事实婚姻构成。换言之，事实婚姻作为第二婚是被法律认可的，这主要是出于保护无过错的相对方的利益，从宽认定重婚。构成重婚的事实婚，是指虽未办理结婚登记，但以夫妻名义共同生活。“以夫妻名义共同生活”，这个并不容易证明。实践中，也很少有周边邻居愿意提供证人证言。

侵权责任无异，在责任承担方式上可灵活设计。

四、离婚在父母子女关系上的影响

（一）离婚后父母与子女的关系

我国《婚姻法》第36条第1、2款规定："父母与子女间的关系，不因父母离婚而消除。离婚后，子女无论由父或母直接抚养，仍是父母双方的子女。离婚后，父母对于子女仍有抚养和教育的权利和义务。"据此，父母与子女之间的关系不因为父母的离婚而发生任何改变。这是因为父母子女的关系属于血缘关系，这种关系是天然的、固有的；它不同于夫妻关系这种后天才产生的关系，夫妻关系是一种法律认可和赋予的关系。因此，夫妻关系的解除不影响父母子女关系的继续存在。当然，离婚也不影响父母对子女的扶养义务。

至于因为收养而形成的拟制血亲，除依法变更收养关系外，也不因养父母离婚而消除。另外，生父（母）与继母（父）解除婚姻关系时，对曾受其抚养教育的继子女，继母或继父不愿意继续抚养继子女的，该子女仍由其生父母抚养。

（二）离婚后子女的抚养和变更

离婚后子女由谁抚养，这是离婚诉讼案件中三大基本问题之一。对此，如果双方能够达成协议，当然最好；如果无法达成协议，则应根据不同情况做不同处理。

1. 如果未成年子女可以自由表达自己的意志，那么该子女的意见应当被考虑。这也有利于该子女的成长。当然，如果该子女选定的一方不愿意抚养的，则法院应当做好后者的工作；如果实际情形决定了子女的选择十分不利于该子女的成长，则法院也不能单纯依赖该子女的意见。总之，子女的意见，是决定抚养人的一个非常重要的参考依据。

2. 如果未成年子女因年龄较小或其他原因，不能表达意见或者不愿意表达意见，而父母均要求抚养的，可优先考虑具有下列情形的一方：①已做绝育手术或因其他原因丧失生育能力的。②子女随其生活时间较长，改变生活环境对子女健康成长明显不利的。③无其他子女，而另一方有其他子女的。④子女随其生活，对子女成长有利，而另一方患有久治不愈的传染病或者其他严重疾病的，或者有不利于子女身心健康的情况，不宜与子女共同生活的。后者通常是指对方有严重的不良生活习惯，或者道德败坏，或有虐待、遗弃子女的行为，不利于子女身心健康等情形。⑤父母抚养子女的条件基本相当，双方均要求抚养的，这时候考虑子女是否有与祖父母或外祖父母共同生活较长时间的情节，如果有此情节，则可作为父亲一方或者母亲一方取得抚养权的一个优先条件加以考虑。

3. 尚在哺乳期内的子女，则原则上由母亲一方来抚养。这里指的哺乳期的子女指的是2周岁以下的婴幼儿。这也是考虑到该婴幼儿的健康成长。但母亲有下列情形之一的，该子女应由父亲一方抚养：①母亲患有久治不愈的传染病或其他严重疾病，子女不宜与其共同生活的；②母亲有抚养条件但不尽抚养义务，父亲要求抚养该子女的；③因其他原因，子女的确无法与母亲生活的。这是一个兜底性的概括条款，如母亲一方因为犯罪被收押，无法抚养子女等。

抚养子女的一方确定后，这种抚养关系，未经双方协商一致，不得轻易变更。如果父母的抚养条件发生重大变化，或者子女要求改变抚养归属，可由双方协议变更抚养关系；协议不成时，人民法院可根据子女利益和双方的具体情况判决。

（三）离婚后子女抚育费的负担和变更

我国《婚姻法》第37条规定："离婚后，一方抚养的子女，另一方应负担必要的生活费和教育费的一部或全部，负担费用的多少和期限的长短，由双方协议；协议不成时，由人民法院判决。关于子女生活费和教育费的协议或判决，不妨碍子女在必要时向父母任何一方提出超过协议或判决原定数额的合理要求。"据此，关于子女抚养费，有以下主要内容：

1. 抚育费负担的主体是父母中未直接抚养的子女的一方。因为抚养的一方已经为孩子的抚养付出了一定的财力、物力和精力，因此，以金钱形式给付抚养费主要由另一方来承担。

2. 给付范围是必要的生活费与教育费的一部或全部。抚育费分为两部分，即抚养费和教育费。抚育费数额的要求是必要的，也就是说维持子女基本生活和基本教育开支的实际需要，具体数额，应按照如下原则确定：抚育费支付主体有固定收入的，其比例一般是20%～30%，最高不超过50%；无固定收入的，其数额可依据当年总收入或同行业平均收入，参照上述比例确定。

3. 抚育费的给付期限。一般情况下，抚育费给付到子女18周岁为止。但有两种情况例外：①16周岁以上不满18周岁，以其劳动收入为主要生活来源，并能维持当地一般生活水平的，父母可停止给付抚育费；②虽然已经成年，但是尚在学校接受高中及其以下学历教育的，或者丧失劳动能力或虽然没有完全丧失劳动能力但其收入不足以维持生活的，以及其他无独立生活能力和条件的，仍应给付抚养费。

4. 抚育费的给付办法。子女的抚育费一般应当给付金钱，例外也可给付实物。抚养费应当定期给付，有条件的可一次性给付。在农村地区，可按受益季度或年度给付。

抚育费确定后，随着条件变化，是可以变更的。因为不论是协议离婚中的抚育费约定，还是判决离婚中的抚育费裁判，都是根据离婚当时的实际情形来确定抚育费的数额的，当客观情形发生变化时，继续固守原先的标准实际上是不公平的。如果后来的客观条件发生重大变化，应当允许当事人一方变更抚育费的数额。一般说来，具有下列情形之一，子女要求增加抚育费，而被要求方有能力的，应当支持该请求：①由于物价上涨，原先确定的抚育费数额不足以维持当地实际生活水平；②因子女患病、上学，实际需要已超过原定数额的；③有其他正当理由应当增加的，例如被要求一方的收入大幅度增加，等等。

抚育费不仅可以被要求增加，也可被要求减少。具有下列情形之一的，有给付义务的一方，可提出减少或者免除其给付义务：①有给付义务的一方由于长期患病或丧失劳动能力，失去经济来源，确实无力按照原先协议确定的数额履行给付，而实际抚养方又能够负担，有抚养能力的；②有给付义务的一方因为犯罪被收监改造，无力给付的；③抚养子女方再婚，继父或继母愿意负担子女抚育费的一部或全部，在这种情况下，给付抚育费的一方所承担的抚育费数额可相对减少或免除。当然，无论是减少还是免除抚育费的给付，都只是根据客观情况所作的暂时变通性处理，它不是给付义务一方对子女扶养义务的彻底终止或免除。换言之，它是对抚育费给付义务一方暂时地免除抚育费的给付，不是永久地免除抚养义务。一旦客观情形发生改变，这种扶养义务可以基于另一方或子女的请求，随时被恢复。

（四）离婚后父母对子女探望权的相关规定

所谓探望权，是指离异的配偶中不与子女共同生活的一方，有探望子女的权利。一方享有这种探望权，另一方配偶有予以协助的义务。我国《婚姻法》第38条规定："离婚后，不直接抚养子女的父或母，有探望子女的权利，另一方有协助的义务。行使探望权利的方式、时间由当事人协议；协议不成时，由人民法院判决。父或母探望子女，不利于子女身心健康的，由人民法院依法中止探望的权利；中止的事由消失后，应当恢复探望的权利。"

从本条规定可知，行使探望权的主体是离婚后不直接抚养子女的父亲一方或母亲一方。除此之外，其他亲属，如兄长、姐姐、祖父母、外祖父母、姑姨、叔伯均无此项权利。这些亲属只能是和享有探望权的一方一道探望时，才能实现与子女接触、见面的要求。

行使探望权的时间、地点和方式，这些应当由父母双方先行协商。如果协商不成，则由人民法院在对具体事实通盘考虑后，作出包含具体安排内容的判决。

从内容上说，探望权是父母一方对子女的权利，从该内容上可以推导出探望权的性质。本书认为，探望权是父母对子女所享有之亲权的一项次级权利，或者说是由亲权衍生出来的一种权利，它仍然属于身份权的范畴，但该权利是基于未成年子女最大利益来进行考量的，从这一层面讲，它同时也是未成年子女的一项权利。从探望权的行使方式看，它是作为权利人的父母一方对另一方提出的，并要求对方予以配合的权利；从请求给付的角度说，它又具有债权请求权的某些性质。当然，探望请求权的内容，既可以是要求义务方消极不作为，也可以是要求义务方进行一些积极的作为来配合探望权的恰当实现。

探望权可以成为单独的一项诉讼请求。如果有协助义务的一方故意刁难、横加干涉，或者消极地不予配合，导致探望权实质上无法实现，则构成侵犯探望权的行为，权利人可以起诉，追究义务方的责任。

当享有探望权的一方对子女的探望，不利于子女身心健康时，人民法院可依法中止。不利于子女身心健康的情形有多种，例如，探望权人患有严重传染性疾病，或者有吸毒恶习、对子女有暴力倾向、有危害子女身心健康的其他行为、引诱子女从事不法或不利于其健康成长的行为等。这种事由必须是能够直接给子女带来负面影响的情事，除此之外的事实都不得作为中止探望权的事由。

探望权的中止只能由法院依法作出，负有协助义务的一方不得擅自中止权利人的探望。负有协助义务的一方认为有必要中止权利人探望的，应当诉请法院作出裁定。

探望权的中止，只是探望权的暂时停止，并不等于探望权的彻底消灭。探望权的消灭是基于一定的法律事由而终止行使探望权，其中最主要的法定事由就是探望权人的死亡。探望权的中止，意味着探望权可以恢复。当探望权中止的事由消失后，探望权的权利人可以向法院提出恢复探望权的请求，法院对权利人的申请进行审查，认为情况属实的，可以裁定恢复探望权的行使。

不论是探望权本身的存在，还是探望权的中止，或是探望权的恢复，这些制度和规则背后的根本原因和理由，都是为了维护未成年子女的利益。为了未成年子女的健康成长，为了把父母离婚对未成年子女的消极影响降低到最小程度，法律赋予不直接抚养未成年子女的一方父母对其子女享有探望权，从相反角度看，这实质上也是在赋予未成年子女“探望”不与其生活在一起的父母的权利。同理，探望权的中止以及恢复，都是为了未成年子女的利益。因此可以说，“儿童最佳利益原则”贯穿了离婚父母探望权制度规则设计的始终。

【小结】

离婚是指由于嗣后的法定事由，夫妻双方依照法律规定基于双方协议或司法判决而终止合法有效的婚姻关系的法律行为。基于不同的方式，离婚可分为协议离婚和裁判离婚。协议离婚是夫妻双方通过缔结协议，并经由行政登记手续而完成的离婚。裁判离婚是夫妻双方在无法通过协议就离婚事宜取得共识的情况下，一方或双方向法院起诉要求离婚，并经过有效的司法判决而实现离婚。我国裁判离婚的法定事由和标准是“夫妻感情确已破裂”。离婚会产生一系列的法律效果，主要涉及未成年子女抚养和夫妻共同财产分割两方面。

【思考题】

1. 离婚与婚姻无效、被撤销有哪些区别？

2. 离婚的类型有哪些？

3. 协议离婚一方当事人在离婚登记后，对财产安排反悔的，应该如何处理？

4. 我国诉讼离婚中，判决离婚的条件和程序是什么？什么是“夫妻感情确已破裂”？夫妻感情确已破裂有哪些判断标准？

5. 诉讼离婚中，一般存在哪些重要的争点？其处理原则是什么？

6. 我国现行法关于离婚财产分割的具体规定是怎样的？

7. 离婚损害赔偿制度的要件有哪些？该制度存在哪些不足？

8. 探望权的具体内容和实现方式是什么？

第8章　亲子关系

【提示要点】本章是关于亲子关系的基本知识和理论，共分为六节来阐述亲子关系的相关问题。通过本章学习，要求学生掌握我国《婚姻法》及其相关法律规定的父母子女间的权利义务关系、婚生子女的推定和否认、非婚生子女的准正和认领、继父母与继子女的类型及他们之间形成的权利义务关系、人工生育子女的法律地位、亲权的内容等，以及了解关于亲权和监护这两个制度的相互关系及我国设立亲权制度的可行性等。

第一节　亲子关系概述

一、亲子关系的概念

亲即指父母，子即指子女。亲子关系，即父母子女关系，在法律上是指父母子女之间的权利义务关系。父母子女是血缘联系最近的直系血亲，也是家庭中的重要成员，因此亲子关系是家庭关系的重要组成部分。亲子法，是关于调整亲子关系和规定父母子女法律地位和相互权利义务的法律规范，是亲属法的一个重要组成部分。

二、亲子关系的种类

根据我国现行《婚姻法》的规定，父母子女关系可以分为两大类：

（一）自然血亲的父母子女关系

这是基于子女出生的法律事实而发生的父母子女关系，其中包括生父母与婚生子女、生父母与非婚生子女之间形成的父母子女关系。自然血亲的父母子女关系是客观存在的，只能因一方死亡而自然终止，不能人为解除。而法律上的权利义务，在通常情况下，也只能因父母将子女送养而消除。

（二）法律拟制的父母子女关系

这是基于收养或再婚的法律行为以及事实上的抚养关系而形成，由法律认可而人为设定的父母子女关系。在我国，此类亲子关系包括养父母与养子女、继父母与受其抚养教育的继子女之间形成的父母子女关系。法律拟制的父母子女关系是依法产生的，可因收养的解除或继父（母）与生母（父）的离婚及相互扶养关系的变化而终止。

三、亲子关系法的沿革

纵观西方亲子法演进的历史，大体分为古代的“家本位亲子法”、近代“亲本位亲子法”。在亲子关系法的形成时期，亲权具有家长权的实质，家庭成员必须绝对服从父系家长的支配。在奴隶社会和封建社会，亲子关系以家族为本位，受家族制度的支配，抚养子女的责任主要不是由父母而是由家长承担。随着生产力的发展，家族的范围逐渐缩小，宗族制度逐渐衰落，父亲成为一家之长。这个时期亲子法律关系的内容主要是维护父权。社会发展至现代，父权已经从单纯的父权演变为父母与子女之间平等的权利义务关系，父母子女既是权利主体又是义务主体，各自享有权利承担义务。并且亲子关系的内容也越来越重视对子女地位及利益的尊重和保护，同时也更强调对子女的教育。父母子女法律地位渐趋平等，亲子关系法发展到子女本位的亲子法。

我国古代奉行家族主义，亲子关系法贯彻“父为子纲”的思想，长期实行家本位，子女没有独立的法律地位，受尊亲属的支配。根据唐代以后各朝代法令的规定分析，亲子关系还兼有“亲本位”的性质。发展到现代，1930 年南京国民政府民法亲属编在形式上完成了我国亲属法从古代型向近代型的过渡。其有关亲子关系的立法以保护子女权益为原则，规定父母子女权利义务平等，但仍然保留了一定男女不平等、以父权为中心的封建色彩。

新中国成立后，1950 年《婚姻法》对亲子关系设专章加以规定，规定了父母子女之间以保护子女利益为原则的平等的权利义务。1980 年的《婚姻法》重申了 1950 年《婚姻法》的有关规定，增加了关于子女姓氏、抚养请求权以及父母对子女的管教、保护方面的规定，确定了以保护未成年子女合法权益为原则的新型的父母子女间的权利义务关系。2001 年的《婚姻法》在亲子关系上，也补充了非婚生子女的生父母对非婚生子女的义务、子女应当尊重父母的婚姻权利、子女的赡养义务不因父母的婚变而终止等新的法律规范，进一步完善了我国亲子关系法的内容。

四、父母子女间的权利和义务

（一）父母对子女有抚养和教育义务

我国《婚姻法》第 21 条规定：“父母对子女有抚养教育的义务；……父母不履行抚养义务时，未成年的或不能独立生活的子女，有要求父母付给抚养费的权利。”

1. 抚养义务。抚养是指父母从物质上供养子女和在日常生活中照料子女，保障子女的生活，使子女得以健康成长，包括负担子女的生活费、教育费、医疗费等。父母对未成年子女的抚养是无条件的。即使父母离婚，对未成年子女仍应履行抚养义务。一般情况下，父母对子女的抚养至18周岁为止，对成年子女不再负担抚养义务。但是，对于不能独立生活的子女，父母又有给付能力的，仍应负担必要的抚养费。所谓“不能独立生活的子女”，依据最高人民法院《关于适用〈中华人民共和国婚姻法〉若干问题的解释（一）》第20条的规定，是指尚在校接受高中及其以下学历教育，或者丧失或部分丧失劳动能力等非主观因素而无法维持正常生活的成年子女。对于不履行抚养义务的父母，其未成年子女或不能独立生活的子女向父母请求给付抚养费的，该请求可以经抚养人所在单位或有关部门调解，或通过诉讼程序向人民法院提起给付抚养费之诉。对拒不履行抚养义务、恶意遗弃未成年子女，情节恶劣、构成犯罪的，应依法追究其刑事责任。

2. 教育义务。教育是指父母在思想品德、学业上对子女的关怀和培养。教育子女是父母的一项重要职责，包括：①父母或其他监护人应当尊重未成年人接受教育的权利，必须使适龄的未成年人按照规定接受义务教育；②父母应当以健康的思想、品行和适当的方式方法教育未成年人，引导他们进行有益身心健康的活动，预防和制止未成年人吸烟、酗酒、流浪以及聚赌、吸毒、卖淫等不良行为。

（二）父母对子女有保护和管教的权利和义务

我国《婚姻法》第23条规定：“父母有保护和教育未成年子女的权利和义务。在未成年子女对国家、集体或他人造成损害时，父母有承担民事责任的义务。”

1. 管教义务。管教是指父母按照法律和道德规范的要求，采用适当的方法对未成年子女进行管理和引导。保护是指未成年子女在法律上属于无行为能力人或限制行为能力人，他们缺乏对事物的全面理解和处理能力，行为不计后果，自制能力差，因此法律赋予父母管教未成年子女的权利和义务，既可以保障子女的安全和健康，也可以防止未成年人伤害他人或侵害社会公共利益。

2. 保护义务。保护是指父母应保护未成年子女的人身安全和合法权益，防止和排除来自自然界或他人的非法侵害。包括：①父母本身不得危害子女人身和财产权益；②父母有义务防止和排除来自外界的侵害，并有权以法定代理人的身份提起诉讼，请求加害人停止侵害、赔偿损失。

3. 父母对未成年子女有承担民事责任的义务。在未成年子女对国家、集体或他人造成损害时，父母有承担民事责任的义务。《民法通则》第133条规定：“无民事行为能力人、限制民事行为能力人造成他人损害的，由监护人承担民事责任。监护人尽了监护责任的，可以适当减轻他的民事责任。有财产的无民事行为能力人、限制行为能力人造成他人损害的，从本人财产中支付赔偿费用。不足部分，由监护人适当赔偿，但单位担任监护人的除外。”

（三）子女对父母有赡养和扶助的义务

《婚姻法》第21条中规定：“……；子女对父母有赡养扶助的义务。子女不履行赡养义务时，无劳动能力的或生活困难的父母，有要求子女付给赡养费的权利。”赡养是指子女对父母经济上的供养即提供必要的生活费用，给予物质上的帮助；扶助是指子女给予父母精神上的安慰和生活上的照料。子女对于丧失劳动能力、生活确有困难的父母，必须自觉地履行赡养扶助义务，让老人能够安度晚年。依据《老年人权益保障法》的规定：①赡养人应当履行对老年人经济上供养、生活上照顾和精神上慰藉的义务，照顾老年人的特殊需要。②赡养人对患病的老年人应当提供医疗费用和护理。③赡养人应该妥善安排老年人住房，不得强迫老人迁居条件恶劣的房屋。老年人自有的或者承租的住房，子女或者其他亲属不得擅自改变产权关系或租赁关系。老年人自有的住房，赡养人有维修义务。④赡养人有义务耕种老年人承包的田地，照管老年人的林木和牲畜等，收益归老年人所有。应当明确强调的是，成年子女赡养扶助父母既是无期限的，也不得附加任何条件。赡养人不得以放弃继承权或者其他理由，拒绝履行赡养义务。义务人有能力赡养而拒绝赡养，构成遗弃；情节恶劣，触犯刑法的，应依法追究其刑事责任。

（四）子女应当尊重父母的婚姻权利

《婚姻法》第30条规定：“子女应当尊重父母婚姻的权利，不得干涉父母再婚以及婚后的生活。子女对父母的赡养义务，不因父母的婚姻关系变化而终止。”这条规定包括以下含义：①子女应当尊重父母的婚姻权利；②子女不得干涉父母婚后生活；③子女应当履行赡养义务。

【案例】　某县某厂工人方某于1952年与赵某结婚，生育一儿二女，均已结婚另立门户。1986年7月，赵某因病去世，方某一人独居，平时儿女少有看望，垂暮之年，倍感孤独凄凉。1987年12月经人介绍，方某与54岁的周某相识。俩人都因丧偶感到孤独，想找个老伴，生活上有所照应。方某的儿女知道后，极力反对，并说长道短。在女儿的干涉下，方某不敢与周某在家见面，只能躲到公园里相对垂泪。虽然经单位和邻居劝说，儿女仍然多方阻止，他们只好停止往来。我国婚姻法规定的“婚姻自由”原则，不仅是法律赋予青年人的权利，也是赋予老年人的权利。在法律上，任何人的婚姻自由权利都是平等的。丧偶老人再婚，只要是出于双方自愿，并且符合法律的规定，都应当受到法律的保护。本案中，方某的儿女无视婚姻法的规定，出于旧的思想观念，阻止父母再婚，这是干涉婚姻自由的违法行为。

（五）父母子女有相互继承遗产的权利

我国现行《婚姻法》第24条第2款规定："父母和子女有相互继承遗产的权利。"这一权利是基于双方特定身份而产生的。根据我国《继承法》第10条的规定，父母、子女、配偶，同为第一顺位法定继承人。父母死亡时，子女有继承他们遗产的权利；子女死亡时，父母有继承他们遗产的权利。这里的子女，包括婚生子女、非婚生子女、养子女和有扶养关系的继子女。父母，包括生父母、养父母和有扶养关系的继父母。

第二节 婚生子女

一、婚生子女的概念

关于婚生子女的概念，许多国家和地区的立法都有规定，只是表述不尽相同。从立法上看，关于婚生子女的定位也比较宽松，如英国普通法规定，子女在婚姻关系存续中出生的，不问其是否婚前受孕，只要在出生时父母之间有合法的婚姻关系，子女就取得婚生子女身份；如果在婚姻关系存续中受孕，则不问子女出生前婚姻关系是否已经解除，子女均可取得婚生子女身份。但英国普通法不承认婚后的准正。美国大多数州的规定比英国更为宽松，如《纽约州家庭法》规定，父母在子女出生前或出生后，已举行世俗的或宗教的婚礼仪式，或者按照普通法规定完婚，婚姻被认为有效并经婚姻举行地法律认可，所生子女为婚生子女，而不论该婚姻现在是无效的、可撤销的，还是已经被撤销的或者以后将被撤销或判决无效的。《德国民法典》也规定，妻于婚前或婚姻关系存续中受胎，而夫与妻之受胎期内有同居事实，其结婚后所生子女为婚生子女，即使婚姻宣告无效，亦同。

但还有一些国家和地区的立法较为严格，如《日本民法典》规定，妻于婚姻中受胎的子女即婚姻成立起200日后，或自婚姻解除或撤销之日起300日内所生的子女为婚生子女。我国台湾地区现行"民法"规定，婚生子女是有婚姻关系受胎而生子女。受胎期间从子女出生回溯第181日起至第302日止。可见，日本和我国台湾地区的规定比较保守，不利于保护未成年子女的利益。

我国1980年《婚姻法》和现行《婚姻法》虽然使用了婚生子女的称谓，但均未对婚生子女的概念作出规定。因此，明确婚生子女的概念，是完善我国亲子关系法需要解决的问题。

二、婚生子女的推定

婚生子女的推定，是指妻子在婚姻关系存续期间受胎或所生子女推定为夫的婚生子女的制度。婚生子女推定制度，是对婚生子女婚生性和合法性的法律认定，目的是为尊重婚姻制度，维护合法的婚姻家庭关系，保护未成年人权益。

目前世界各国关于婚生子女的推定，大致有三种规定方法：①子女在婚姻关系存续间受胎的，推定为婚生子女。其怀孕期间以医学界的研究经验，至少须满6个月，最多不超过10个月。如日本民法规定，自婚姻成立之日起200日后，或自婚姻解除之日起300日内所生子女为婚生子女。②以子女是否在婚姻存续期间所生为标准，这是一种最简单的推定办法。③以子女是否于婚姻存续期间或婚姻解除后300日以内出生为推定方法。第一、二种方法都有片面性，而第三种方法是由第一、二两种方法综合而成的。此方法有两方面的含义：①如果子女是在婚姻存续期间出生的，则不问婚前是否已受胎；②如果子女是在婚姻关系存续期间受胎的，则只要在婚姻关系解除之后300日之内出生，一律推定为婚生子女。此方法不仅为维护夫妻关系、巩固社会秩序，重要的是对子女的利益保护更为有利。当今世界多数国家采取此方法来推定子女婚生性。

因此，我国婚姻法对婚生子女的推定应以出生说为原则，受胎说为补充，将婚生子女推定为：凡在婚姻关系存续期间受胎或出生的子女均为婚生子女。其应当具备的三个条件：①凡于合法婚姻关系存续期间受胎的子女，不问是否在婚姻关系存续期间出生，均为婚生子女；②凡于合法婚姻关系存续期间出生的子女为婚生子女，不问是否婚前受胎（可证明是非婚生子女的除外）；③子女为夫之妻分娩，且为夫之血统。

因此，我国《婚姻法》应在借鉴外国立法与结合我国司法实践经验的基础上，对婚生子女的推定作出明确的规定，以完善我国的亲子关系立法。设立婚生子女推定制度的理由是：①有利于尊重婚姻道德。由一夫一妻制原则可知，一切婚外性关系都是非法的。妻子在婚姻关系中所生子女通常是其丈夫的，即应推定丈夫是妻子所生子女的父亲。②有利于保护丈夫的合法权益。由于婚生子女是法律上的推定，如有相反事实，丈夫可以免除其不应承担的义务。③有利于保护子女的利益。对于妻子在婚姻关系中受胎生育的子女，先由法律推定为婚生子女，无需证明，这样可以避免确认父子女关系所固有的证明困难，使子女在受胎期间和出生后切实享有法律规定的权利。④有利于维护婚姻家庭的和睦稳定。实行婚生子女推定制度，可以增强夫妻双方的信任感和责任感，在法律机制上有助于保障婚姻家庭关系的和睦与稳定。

三、婚生子女的否认

婚生子女的否认，是指丈夫证明在受胎期间内，未与妻有同房行为，依法否认子女是自己亲生子女的制度。世界各国婚生子女的否认制度，尽管内容不尽相同，但是均涉及以下几方面的问题：

1. 否定婚生子女的原因。否定婚生子女的原因，就是否定婚生子女的事实依据。各国法律多采用概括主义，只要能提供证明受婚生子女推定的子女不是丈夫的亲生子女即可。如丈夫在妻子受胎期间没有同居的事实；丈夫有生理缺陷不能发生性行为、无生育能力；妻在与夫同居前已怀孕无法由丈夫受胎等情况。

2. 否定权人。关于否定权人，世界各国有关规定不尽相同。有的规定只有丈夫享有否定权，如法国、日本、罗马尼亚；有的国家规定丈夫和子女享有否定权，如瑞士；有的国家规定夫妻和子女均享有否定权。但从各国的司法实践来看，丈夫传统的否认有关子女为其婚生子女的专属权消失，允许以更加自由的方式确定真正的父亲身份，婚生子女的推定有被弱化的趋势。

3. 否定权的诉讼时效。许多国家规定了否认婚生子女的诉讼时效，但有关时效的长短不一。如美国路易斯安娜州规定为1个月；比利时规定为90天；法国、罗马尼亚规定为6个月；俄罗斯、日本规定为1年；德国规定为2年。时效的计算，各国多从自知悉需要行使权利时开始，也有国家规定从子女出生时起计算。

我国现行《婚姻法》尚无婚生子女的推定和否认制度。在实践中，丈夫如否认子女为婚生子女，可向人民法院提起确认之诉。在诉讼中，丈夫负举证责任。必要时人民法院也可以委托有关机构进行亲子鉴定。如果婚生子女否定成立，丈夫可免除该子女的抚养义务。我国现行法律对婚生子女的否定权没有时效限制，也没有丈夫可向该子女的生父追偿已付生活费的规定。

第三节 非婚生子女

一、非婚生子女的概念

非婚生子女，是指始终没有婚姻关系的男女所生的子女，包括男女双方未婚所生的子女或已经有婚姻关系的男或女与婚姻关系外的第三人发生两性关系致孕所生的子女，俗称“私生子”。对于无效婚姻或被撤销婚姻的当事人所生的子女，有的国家将其视为非婚生子女，而多数国家基于保护子女利益的需要，仍然规定其为婚生子女。

非婚生子女与其生母的法律关系，除少数立法例外（如日本民法），各国大多基于母卵与子宫一体的原则，遵循罗马法“谁分娩，谁为母亲”（mater simper certaist）之原则，以生理的出生分娩事实发生法律上的母子（女）关系。几乎在所有国家，母亲身份都是基于子女出生的事实或者在出生证上登记母亲的姓名而自动取得的。此外，母亲身份还可以通过认领或诉讼程序或因民事身份占有的事实而确定。非婚生子女的父亲身份的确定则必须取决于母亲身份是否确定。因为如果没有指明母亲的姓名，实际上不可能确定孩子的父亲。但非婚生子女与生父之关系，无法以分娩之事实而直接确定，因而确定父亲身份是要比证明母亲身份更为复杂的法律问题。

非婚生子女的父亲身份难以通过推定的方法来确定，常见的方法是自愿认领和强制认领（司法裁决）。法国民法还承认通过身份占有证明非婚生血缘关系。20 世纪 60 年代后，大部分国家普遍采用“认领”和“准正”的法律程序，使非婚生子女婚生化，保障非婚生子女的合法权益，改变了非婚生子女受歧视的不公正状况，对社会稳定起到了积极作用。

二、非婚生子女的准正和认领

当代世界大多数国家对非婚生子女婚生化的途径有两种：一是非婚生子女的准正制度；二是非婚生子女的认领。

（一）准正制度

非婚生子女的准正，是指已出生的非婚生子女因生父母结婚或司法宣告而取得婚生子女资格的制度。准正制度始于罗马法，为了保护非婚生子女的利益，现代大陆法系国家和英美法系国家多设有准正制度。将婚姻制度与保护非婚生子女的利益结合起来。

1. 准正的要件：①非婚生父母与子女间须有血缘关系；②生父母须有结婚的事实或司法宣告；③准正的依据是法律事件而非法律行为，是指生育行为或子女出生的客观事实。

2. 准正的形式：①因生父母结婚而准正。分为两种：一是以父母结婚为准正要件，不另设其他条件；二是以结婚和认领为准正要件，只结婚而不办理认领手续的，不发生准正的效力。②因法院宣告而准正。法院宣告的准正，是指生父或生母死亡，或有婚姻障碍，致使婚姻准正不能时，得依一方或子女的请求，依法宣告子女为婚生子女。

3. 准正的效力：是指非婚生子女取得婚生子女的法律资格。但效力发生的时间，因各国法律规定的不同而有差异。有的国家规定从父母结婚或法院宣告之日起发生婚生的效力，有的国家规定从子女出生之日起发生婚生的效力。

（二）认领制度

非婚生子女认领制度是指在非婚生子女无法准正的条件下，生父承认该非婚女生子女为自己的子女，并承担抚养义务的法律行为。认领分为自愿认领和强制认领两种。

1. 自愿认领。自愿认领即生父承认该非婚生子女为自己的子女，并自愿承担抚养义务的法律行为。自愿认领又分为两种：①单独行为的自愿认领：生父的认领系生父单独的法律行为，生父享有决定权，不依赖于其他人的同意，也不论母亲或子女是否反对；②以同意为条件的自愿认领。目前大陆法系国家普遍实行的认领模式是取决于一定条件的认领，其条件之一就是母亲或子女的同意。自愿认领具有以下特征：①认领的对象是非婚生子女；②认领是身份法律行为；③认领是不可废除的法律行为；④认领是无条件的法律行为；⑤认领是有追溯力的行为；⑥认领是无时效限制的法律行为。

2. 强制认领。强制认领即当非婚生子女生父不自愿认领时，有关当事人诉请法院予以强制认领的制度。强制认领的原因，一是未婚所生子女，经母亲指认的父亲不承认该子女与其具有血缘关系；二是已婚所生子女，经生母指认该子女的生父为其丈夫以外的第三人而遭否认时，生母可向法院提起确认生父之诉。关于强制认领请求权发生原因的规定，应当采用概括式。因为无论是何种原因致使生母受胎而产生的非婚生子女，对这些原因不负任何责任。他们都是人，都应该有受抚养教育及其他一切充分的、平等的人权。因此追究其具体原因，不仅是不应该的，而且对子女是不人道、不公平的。出于对儿童生存、发展权的全面保护，应规定凡能以充分事实（证据）证明当事人为非婚生子女的生父母的，得请求其生父母认领，即提起认领之诉。强制认领，除当事人抛弃认领请求权或被认领人死亡又无未成年直系卑亲属外，无除斥期间。

> 【案例】 殷某（男）与李某（女）经人介绍，确立恋爱关系。二人关系稳定后，为方便生活，于2004年搬到一起，开始了同居生活。2005年10月，殷某在同学聚会时，和大学时的初恋情人潘某相遇。之后两人联系密切，因此，殷某和李某的关系不断恶化，并于同年底最终分手。2006年3月，李某发现自己怀孕，找到殷某，殷某正在筹备婚礼，不予理睬。同年9月，李某生下一女孩，找到殷某要求支付孩子的抚养费。但殷某不承认孩子是自己的。李某于2007年1月向法院提起诉讼，要求确认殷某和孩子的父子关系，并要求殷某承担孩子的抚养费。法院说服殷某作了亲子鉴定，结论是殷某和孩子存在血缘关系。请问本案应如何处理？

我国亲子关系立法中只对非婚生子女的法律地位作了规定，对于非婚生子女与其父母之间如何确定父母子女关系未作明确规定。实践中的做法通常是：非婚生子女与其生母的关系，可以怀孕、分娩的客观事实为依据，一般无需证明。但如有生母故意遗弃子女或子女被拐骗后，发生确认生母的情况，可由子女或他人申请，依法定程序，由人民法院根据事实、证据通过确认之诉，确定子女与生母的关系。非婚生子女与生父的关系，可以因生父主动承认，或者由其生母或其他监护人提出证据，必要时法院可以要求当事人作“亲子鉴定”，但由于我国尚无准正和认领制度，在具体确定非婚生父母子女的关系时难免发生一系列问题，造成非婚生子女利益难以得到切实保障。因此，依据我国国情建立非婚生子女准正和认领制度十分必要。

三、非婚生子女的法律地位

非婚生子女的法律地位，因时代、国家、宗教、道德、习惯等不同而有所差异。历史上，非婚生子女与婚生子女发生区别而受歧视，始于父系、父权社会，特别是从基督教视一夫一妻的婚姻制度为唯一正当的方式以来，即已经存在。只有在一夫一妻制下所生的子女才受社会认许，而婚姻外男女间的性行为被视为罪恶行为，由此而生的子女也备受歧视。直到近代，基于人道主义之人权思想，开始致力于保护非婚生子女的人权。自20世纪60年代以来，各国均逐渐脱离歧视非婚生子女之观念，而转向保护之途。其保护的途径通常有二：①在尽可能的范围内，使非婚生子女取得婚生子女身份；②保障非婚生子女的经济生活，即包括受抚养权及继承权。如丹麦在1960年，德国、英国在1969年，均规定非婚生子女取得与婚生子女平等或接近的权利。俄罗斯、东欧国家以及美洲、拉丁美洲等许多国家均有抚养非婚生子女的规定。尤其是近些年来，人们对传统婚姻价值观的质疑和松弛，非婚生子女大量增加，各国更致力于非婚生子女与婚生子女法律地位的同等化，甚至在某些国家，法律上已经完全取消了非婚生子女与婚生子女的区分，被统称为“自然子女”、“亲生子女”；非婚生子女之观念被彻底抛弃，可谓现代父母子女关系立法最新的发展趋势。纵观各国关于非婚生子女法律地位的历史，是从否定出发，经消极的肯定，而臻于今天的积极肯定——与婚生子女完全平等对待。

中国封建法律对“婢生子”、“奸生子”倍加歧视，清末颁行的《大清现行刑律》中还规定“奸生子”、“婢生子”在继承财产时，依子量予半分。近代社会对非婚生子女的态度已有了很大转变，认识到无论是婚生还是非婚生，都与子女无关，是其父母所为，没有理由歧视非婚生子女。新中国成立以后，我国法律对非婚生子女亦给予了必要的保护。现行《婚姻法》第25条规定：“非婚生子女享有与婚生子同等的权利，任何人不得加以危害和歧视。不直接抚养非婚生子女的生父或生母，应当负担子女的生活费和教育费，直至子女能独立生活为止。”我国《继承法》第10条规定：“遗产按照下列顺序继承：第一顺序：配偶、子女、父母。……本法所说的子女，包括婚生子女、非婚生子女……”可见，我国的非婚生子女具有与婚生子女完全相同的权利和义务。

但在保护非婚生子女的法律地位和合法权益方面，有的省、直辖市在《城市居民的最低生活保障工作操作规程》上并没有对非婚生子女的这项权利给予应有的重视和保护，使非婚生子女得不到像婚生子女一样应该得到的城市最低生活保障金，如《兰州晨报》在2003年某月某日，因本省的非婚生子女得到了和婚生子女一样的城市最低生活保障，而专门用大篇幅来报道。由此可见，非婚生子女和婚生子女之间在权利上还是有一定的差异的，只有在立法上和实践中都消除了这种差异才能使非婚生子女的权利得到认同和保护，同样也只有这样才可以使我们从根本上将这种传统的观念转变过来，使非婚生子女不再受到歧视和危害。因此进一步完善我国对非婚生子女的准正和认领制度，加强对非婚生子女制度上的保护具有十分重要的意义。

第四节 继父母和继子女

一、继父母子女的概念和类型

父母子女关系可分为婚生父母子女关系、非婚生父母子女关系、养父母子女关系和继父母子女关系四种。前三种父母子女关系都适用我国婚姻法关于父母子女权利义务的有关规定，只有继父母子女关系有条件地适用父母子女权利义务关系的规定，这就使继父母子女关系在婚姻法上成为特殊的现象。

所谓“继父母”是指子女对母亲或父亲后婚配偶的称谓，即称继父或继母。而“继子女”是指后婚配偶一方对他方的子女的称谓。继父母与继子女关系产生的原因主要有两种类型：一是由于生父母一方死亡，另一方再行结婚；二是由于生父母离婚，生父或生母再行结婚。

在现实中继父母与继子女的关系主要有三种类型：①纯粹的直系姻亲关系。指生父或生母与继母或继父再婚时，继子女已经独立生活，或者继子女虽未成年但是由其生父母抚养，继父母没有尽抚养的义务，继子女也没有对继父母尽赡养的义务。②形成的收养关系。继父或继母经继子女的生父母同意，正式办理了收养手续，将继子女收养为养子女。随着收养关系的确立，该子女与其共同生活的生父或生母之间的关系仍为直系血亲，而与不在一起共同生活的生父或生母一方的父母子女权利义务关系随之消灭。③形成双重的权利和义务关系。即生父（母）与继母（父）再婚时，继子女尚未成年，他们随生父母一方与继父或者继母共同生活时，继父或继母对其承担了部分或者全部抚养义务；或者成年继子女事实上对继父母长期承担了赡养义务，形成了赡养关系。

二、继父母子女之间的权利义务关系

我国《婚姻法》第 27 条规定："继父母与继子女间，不得虐待或歧视。继父或继母和受其抚养教育的继子女间的权利义务，适用本法对父母子女关系的有关规定。"本规定明确了继父母与继子女的法律地位：继父母与继子女之间是否发生法律规定的父母与子女间的权利义务关系，取决于他们之间是否有抚养教育这一客观事实。继子女未受继父母抚养教育的，属姻亲关系，他们之间不产生法律规定的父母子女间的权利义务关系。继子女受继父母抚养教育的，形成抚育关系，继父母子女间的权利义务，是完全等同于生父母子女之间的权利义务的。可见，继父母子女之间因具体情况不同，具有不同的权利义务关系。

（一）仅形成直系姻亲关系

当继子女的生父或生母与继母或继父再婚时，继子女已经独立生活，或者继子女虽未成年但是由其生父母抚养，继父母没有尽抚养的义务，继子女也没有对继父母尽赡养的义务时，继父母与继子女间未形成抚养教育关系。因此，继子女与继父母间是直系姻亲关系，一般没有父母与子女间的权利义务关系。

（二）形成拟制血亲关系

这里又有两种情况：①根据《婚姻法》第 27 条第 2 款"继父或继母和受其抚养教育的继子女间的权利和义务，适用本法对父母子女关系的有关规定"的规定，这种类型是一种因相互间存在着抚养事实而产生的法律拟制血亲关系；②继父或继母依照《收养法》第 14 条的规定，经继子女及其生父或生母的同意，明确收养了继子女，该继子女与不共同生活在一起的生父或生母相互间的权利义务关系即告消除，是一种因收养事实而直接产生的养父母子女关系，也是法律拟制血亲关系。

继父母与继子女之间并不必然产生父母子女间的权利义务关系，只有继父母与继子女之间形成抚养教育关系，他们之间才产生与父母子女间的权利义务关系一样的关系。我国立法对如何认定抚养教育关系的成立没有作具体规定，但通常在以下两种情况下可以认定为抚养教育关系成立：①继子女与继父母长期共同生活，继父或继母负担了继子女生活费和教育费的一部或全部，继子女受继父或继母的抚养教育；②继子女的生活费和教育费虽主要由生父或生母负担，但与继父或继母长期共同生活，继父或继母对继子女进行了生活上的照料和教育。至于何谓长期共同生活，司法实务中一般认为继父或继母与继子女间共同生活达 5 年以上的，即适用婚姻法对父母子女关系的有关规定。

继父母与继子女间虽无血缘上的联系，但是继父母对继子女的抚养教育是继子女健康成长的保证，所以应认定他们之间有拟制血亲关系。继子女在成年后，也应对继父母进行赡养。那么继子女与继父或继母发生抚养关系后，与不和其共同生活的生父或生母间的权利义务是否还存在？按照我国婚姻法的规定，父母子女之间的关系，不因父母离婚而消除。离婚后子女仍是双方的子女，双方仍有抚养教育子女的权利和义务。子女成年后，仍有赡养生父母的义务。因此上述权利义务仍然是存在的，即继子女与其生父母的权利义务关系并未因此而免除，继子女与其有抚养教育关系的继父或继母间，与不和其共同生活的生父或生母间，是有双重权利义务的。处理有关抚养、赡养和继承等问题时，都应当特别注意这一点。另外，成年继子女虽未受到继父母的抚养教育，但对继父母却尽了主要赡养义务的，我们也应认定他们之间形成拟制血亲关系，发生父母子女间的权利和义务。

根据我国《收养法》第 14 条的规定，继父或继母经继子女的生父母同意，可以收养继子女。事实上，这种继父母子女关系已转化为养父母子女关系，也形成拟制血亲关系。与前述一种情况不同的是，一旦形成收养关系，继子女与其不共同生活的生父或生母及其近亲属间的权利义务关系即行消除，不再具有双重的法律地位，使得其地位单一化，从而避免双重权利义务关系的发生，有利于我国家庭关系的稳定。

三、继父母子女关系的解除及其法律后果

继父母子女之间的亲属关系能否解除问题，应区分不同情况分别处理：

（一）没有形成抚养教育关系的继父母子女关系

由于双方仅为姻亲关系，不产生法律上的权利义务关系，因此当生父母与继父母离婚或生父母死亡时，这种姻亲关系也随之解除，继父母与继子女的称呼也不复存在，这种属于姻亲的继父母子女关系也就随之解除。

（二）形成抚养教育关系的继父母子女关系

此种父母子女关系为法律拟制血亲，能否解除，现行法律未明确规定，审判实践中应区分不同情况分别处理。

1. 在生父与继母或生母与继父的婚姻关系存续期间，如果继子女未成年，为维护子女的利益，已形成抚养关系的继父母子女关系，一般不得解除。

2. 在生父与继母或生母与继父的婚姻关系终止时，无论是因离婚或是因生父或生母死亡而终止，继父或继母与继子女之间的抚养教育关系均不因此而解除。根据我国《婚姻法》及相关规定，继父母与继子女间已形成的权利义务是一种独立的权利义务关系，其产生的原因除生父母带子女再婚外，还包括继父母抚养教育继子女这一客观事实，再婚关系的终止并不表明抚养事实消失，因而不能自然终止。一方要解除这种权利义务关系的，只能起诉至人民法院，由人民法院根据具体情况，看是否符合子女的最佳利益及老人的合法权益来作出是否准许解除的调解和判决。在实践中一般有以下几种情况：

（1）如果生父或生母已死亡，另一方生父母要求将子女领回抚养，未成年子女由生父或生母带走的，该继子女与继父母的关系自然解除。如果未成年子女无其他抚养人，则不允许解除继父母子女关系。因为与基于法律拟制的血缘关系而存在的继父母子女关系相比，基于直系血缘关系的生父母子女关系，除了子女被依法收养外，生父母子女间的关系并不全部消灭，生父母仍有抚养教育子女的义务且是第一位的。如果受继父母抚养教育的继子女已经成年，继子女与继父母的权利义务关系不能自然解除。继父母或继子女一方或双方提出解除继父母子女关系的，可以准许。但是，对年老体弱、生活困难的继父母，继子女应当承担赡养扶助的义务。

【案例】　吴某的丈夫因病去世，留下一子屈某某。后经人介绍，吴某和路某相识，不久就登记结婚，吴某将屈某某带来一起生活。屈某某高中毕业后，在家庭的资助下买了一辆三轮车跑运输，将收入如数上交父母，一家三口都有收入，生活比较富裕。1988 年，吴某心脏病发死亡，1990 年，屈某某在运输中不慎跌伤，右腿骨折。出院后，屈某某因伤势未愈，没有工作，生活困难，多次要求路某抚养，但继父路某态度冷淡，均予以拒绝。在此种情况下，屈某某向当地人民法院提起诉讼。请问：屈某某有权要求路某给付抚养费吗？为什么？

（2）如果生父或生母离婚，对曾受其抚养教育的继子女，继父或继母不同意抚养的，仍应由生父母抚养。此时，继父母子女关系应当解除。如果继父或继母愿意抚养继子女，生父母与继父母就继子女的抚养权发生争议，实践中人民法院一般将直接抚养权交给生父母，理由是生父母与子女间是基于血缘产生的权利义务关系，是自然的血亲关系，应优先得到满足。如果受继父母抚养教育的继子女已经成年，则继子女与继父母的权利义务关系同生父或生母已死亡的情况相同。

综上，对于已形成抚养教育关系的继父母与继子女之间，其关系的解除在司法实践中一般按照以下原则来处理：首先，在生父母与继父母的婚姻存续期间，对于尚未成年的继子女与继父母的关系，原则上不能解除。其次，如果继子女已经成年，并与继父母的关系恶化，经当事人请求，经有关部门调解不成的，人民法院可以作出解除他们之间的权利和义务关系的判决。但是对于已丧失劳动能力、生活困难的继父母，继子女仍有义务承担其生活费用。

第五节 人工生育子女的法律地位

长期以来，人类的生殖繁衍均是遵循传统的自然生殖方式进行，如男女性交、输卵管内卵子受精、受精卵植入子宫、子宫内妊娠这些男女互补的自然步骤。但伴随科学技术的发展，子女的出生早已不限于人类传统的自然生殖方式，科学的发展带动了技术的进步，与自然生殖方式相对应的人工生殖方式应运而生，随之带来了许多全新的伦理和法律问题。

一、人工生育子女概述

根据大多数国家的立法和相关法律规定，婚生子女包括在父母的婚姻关系存续期间受胎或出生的子女，还包括人工授精、试管婴儿、代孕母亲等人工生育的子女。所谓人工生殖技术又称为辅助性生殖技术（assisted reproductive technology），它是指不同于人类传统基于两性性爱的自然生育过程，而是根据生物遗传工程理论，采用人工方法取出精子或卵子，然后利用人工方法将精子或受精卵胚胎注入妇女子宫内，使其受孕的一种新生殖技术。而人工生育子女则是指非通过男女之间自然的性行为而是利用人工生殖技术受胎而出生的子女。

从世界各国来看，1799 年英国完成了人类第一个人工授精成功的案例；20 世纪 70 年代起，人工生殖技术即开始应用于临床医学领域；1978 年 7 月 25 日，世界上第一个试管婴儿路易斯·布朗在英国诞生。近年来，随着医学、生物学技术的突飞猛进，加之实际生活中不能生育子女的人数增加，各种非传统家庭（如单人家庭、同性恋家庭等）的成员也有生育子女的要求，使得人工生殖技术获得了长足的发展，人工生育方法也逐渐增多。截至 2002 年 4 月，世界上已有 110 万名试管婴儿诞生，如将人工体内授精所生婴儿包括在内，其数量已达数百万。我国自 1982 年首例使用冷冻精液进行人工授精获得成功以来，人工生殖技术取得了迅速发展。为保证人类辅助生殖技术安全、有效和健康发展，规范人类辅助生殖技术的应用和管理，卫生部于 2001 年 2 月 20 日发布了《人类辅助生殖技术管理办法》（自 2001 年 8 月 1 日起施行）。根据该办法，人类辅助生殖技术必须在经过批准并进行登记的医疗机构中实施，未经卫生行政部门批准，任何单位和个人不得实施人类辅助生殖技术。该办法第 3 条规定："辅助生殖技术的应用应当在医疗机构中进行，以医疗为目的，并符合国家计划生育政策、伦理原则和有关法律规定。禁止以任何形式买卖配子、合子、胚胎。医疗机构和医务人员不得实施任何形式的代孕技术。"第 14 条规定："实施人类辅助生殖技术应当遵循知情同意原则，并签署知情同意书。"该办法的颁布，使人类辅助生殖技术的实施纳入法律管制的轨道，无疑具有重要意义。

二、现代人工生殖技术所生育子女的法律地位

传统的亲子关系分为两类：一类是自然血亲关系，它强调亲子间的生物学联系，是指直接以血缘为纽带而发生的父母子女关系；另一类是拟制血亲关系，是指养父母与养子女的关系和继父母与受其抚养教育的继子女间的关系。而人工生育是将性与生育相分离。目前人类已具备使一个孩子有5位父母的可能：精子捐赠者、卵子捐赠者、怀孕母亲、抚养孩子的父母。可以说，依靠人工生殖技术生育的子女，可以有2个父亲、3个母亲。更有甚者，未来的克隆人技术，将使克隆出的孩子可能拥有3个父亲、4个母亲，即7位父母，甚至更多。但目前各国这方面的立法尚未完善或呈现空白，使当代婚姻家庭制度与亲子关系、伦理道德及法律等面临巨大挑战。

（一）人工体内授精子女的法律地位

人工体内授精（artificial insemination，AI），是指用人工方法将精液植入女性生殖道，以使其怀孕的技术。其直接临床功能是代替两性的结合，解决男性不育问题。以精液来源的不同，人工体内授精子女分为同源人工体内授精子女和异源人工体内授精子女。

1. 同源人工体内授精子女的法律地位。同源人工体内授精（artificial insemination by husband，AIH），是指以丈夫的精子注入妻子体内，受精卵在妻子子宫内着床、发育并分娩。由于同源授精的精卵细胞来自于夫妻双方，夫妻与所生子女之间具有真实的血缘关系，与自然受胎的父母子女关系相同，故依据婚生推定理论，该子女应当然解释为夫妻双方的婚生子女。因为婚生推定只要求子女是在婚姻关系存续期间受胎或出生，至于受胎的方式是自然受胎还是人工受胎，并不影响子女的婚生地位。

（1）关于在妻子欺骗或未争得丈夫的同意实施AIH，丈夫隐瞒妻子进行AIH时，所生子女的法律地位。有学者认为，“依据婚生推定理论，妻子在婚姻关系中受胎或出生的子女为婚生子女，丈夫如果要否认该子女非其亲生，须证明该AIH子女与他没有真实的父子女血缘关系。在AIH场合，妻子虽未经丈夫同意而实施手术，但该子女却是丈夫的亲生子女，因而丈夫不能否认”。“夫同意而妻不同意进行人工授精所生子女亦应享有婚生子女的地位。”

（2）关于因医生的过失将误用的第三人的精液注入妻子体内而出生的子女的法律地位。有学者主张适用婚生子女的否认制度，丈夫有权提起否认之诉，如胜诉，该子女确定为非婚生子女。他们认为丈夫既然与该子女无真实的血缘关系，即可借鉴有关国外法中婚生子女否认之诉的要件，因而丈夫有否认权。但这种“旧瓶装新酒”的办法对所生的子女严重不利。一旦丈夫提起否认之诉，则该子女在法律上就沦为没有父亲的孩子，其法律地位可能连非婚生子女都不

如，至少非婚生子女可以通过其真实生父自愿认领或请求法院强制认领来确定生父。因此，在此种情况下，应该将该子女作为AIH即婚生子女来看待。至于因医生的过失导致丈夫利益受损，可通过医院承担医疗损害赔偿责任的途径给予经济上的救济。

(3) 关于在事实婚姻下，所生AIH子女的法律地位。所谓事实婚姻，是指无配偶的男女双方，未经结婚登记，便以夫妻名义共同生活，且社会上一般也承认其为夫妻关系的结合。最高人民法院《关于适用〈中华人民共和国婚姻法〉若干问题的解释（一）》第5条作出了专门的规定："未按婚姻法第8条规定办理结婚登记而以夫妻名义共同生活的男女，起诉到人民法院要求离婚的，应当区别对待：①1994年2月1日民政部《婚姻登记管理条例》公布实施以前，男女双方已经符合结婚实质要件的，按事实婚姻处理；②1994年2月1日民政部《婚姻登记管理条例》公布实施以后，男女双方符合结婚实质要件的，人民法院应当告知其在案件受理前补办结婚登记；未补办结婚登记的，按解除同居关系处理。"因此，在1994年2月1日以前形成的事实婚姻，符合结婚实质要件的，其婚姻关系有效，当然所生子女为婚生子女。在1994年2月1日以后形成的事实婚姻，未能补办结婚登记的，按同居关系对待，所生子女为非婚生子女，在这种情况下实施了同质人工体内授精技术，可以通过非婚生子女准正制度将AIH子女的非婚生子女地位转为婚生子女的地位，从而保护AIH子女的合法权益。

2. 异源人工体内授精子女的法律地位。异源人工体内授精（artificial insemination by donor，AID）是指利用第三人提供的精子注入妻子体内，受精、着床、发育并分娩。

(1) 在夫妻关系存续期间，并且夫妻双方一致同意进行人工授精所生子女的法律地位。1991年7月8日，最高人民法院在《关于夫妻关系存续期间以人工授精所生子女的法律地位的复函》中指出："在夫妻关系存续期间，双方一致同意进行人工授精，所生子女应视为夫妻双方的婚生子女，父母子女间的权利义务关系适用《婚姻法》的有关规定。"此复函规定对于人工授精子女成为婚生子女的前提条件是：人工授精子女必须在夫妻关系存续期间受胎、出生，且夫妻双方一致同意。根据此复函规定，此时的AID子女当然应视为婚生子女。

【案例】 由于周胜利没有生育能力，10年前在妻子程维的一再劝说下，两人一起去医院作了人工授精。第二年程维生一男孩，当时两个人都十分高兴。可随着时间的推移，程维明显感觉到周胜利对孩子的冷淡。孩子1岁时，周胜利调往外地工作，孩子一直由程维带。

去年5月份周胜利调回原单位工作，夫妻结束了两地分居的生活。但由于周胜利和孩子长时间没有在一起生活，且周胜利一直对程维人工生育的事情放不下，一家人关系很不融洽，为此周胜利和程维经常打架。今年3月周胜利提出离婚，程维也认为日子没法过了，也同意协议离婚。可周胜利坚持自己不是孩子的亲生父亲，拒不承担抚养费。请问：①人工授精所生子女和婚生子女与父母的权利义务关系是否相同？②周胜利不承担抚养费有无法律依据？

（2）妻隐瞒或在夫不同意的情况下实施人工授精，所生子女的法律地位。当妻隐瞒或在夫不同意的情况下实施AID，此时该AID子女是否适用受婚生子女推定呢？有学者认为，应分情况而定：如果夫妻处于正常的婚姻状态，而AID子女系在婚姻关系存续期间受胎或出生，则该子女应被推定为婚生子女；如果在人工授精实施期间，夫妻客观上并无婚姻共同生活，则应以其为不适用婚生推定的非婚生子女，任何利害关系人均得提起父子女关系不存在的确认之诉，否认其父子女关系。

也有学者认为，在以上两种情况下，AID子女均应推定为婚生子女，因为这种情况符合婚生子女推定的规定，即在婚姻关系存续期间，子女受胎或出生时，该子女应推定为婚生子女。在这里婚姻关系存续期间应理解为既包括夫妻双方正常的婚姻状态，也包括夫妻客观上并不具有婚姻共同生活。从这一点也体现了将子女的最大利益作为今后立法出发点的精神。

我们认为，即使AID子女首先被推定为婚生子女，也并不代表他就长期、稳定充当婚生子女的角色。法律在权衡保护子女利益的同时，也对丈夫的利益加以考虑。对此情况，法律应在保护丈夫的生育权和子女的合法权利之间平衡。在一定的期限内，应为丈夫知道子女非为自己的亲生子女后的一定期限内，丈夫应有提出婚生子女否认之诉的权利，通过行使婚生子女否认权，否认孩子为自己的亲生子，不承担父亲的责任。如果这期间丈夫不提出否认权，应推定为父母子女的关系已为丈夫事实上承认，以维护子女的合法权益。

（3）AID子女与捐精者的关系。捐精者提供精液与自愿为他人献血、捐献器官相似，在捐精后不得再主张权利。捐精者提供的精液如被多次为多人使用时，要求他认领众多的人工授精子女，显然是不合理的。因此，在法律上应明确禁止AID子女与捐精者发生法律上的父子女关系。

（二）人工体外授精子女的法律地位

人工体外授精（in vitro fertilization）是指在夫妻不能依自然方法生育子女时，用人工方法将取出的精子和卵子放在培养皿中授精，再将受精卵分裂的胚胎移入妻子子宫内着床、发育并分娩。依此方法生育的子女被称为“试管婴儿”。这常解决的是妻子的不孕问题，比人工体内授精技术要求要高，涉及到更多的主体，除实施人工生育的夫妻外，还包括精子捐赠人和卵子捐赠人，由此引起的法律问题更为复杂。

1. 以妻卵、夫精进行人工体外授精，所生子女的法律地位。为解决妻无法正常授精，利用医学科技，将夫之精子与妻之卵子在体外完成授精后再将受精卵分裂的胚胎移入妻的子宫着床、发育并分娩。其前提需要妻的子宫有孕育胎儿的能力。这也是与代理母亲的本质区别。运用此方法与自然受孕的同质体内授精的细胞来源相同，只是授精地点不同，一是在体内，一是在体外。因此，此种情况下所生子女的法律地位应与 AIH 子女一样，适用婚生子女的推定。

2. 以妻卵、第三人捐赠的精子进行人工体外授精，所生子女的法律地位。当妻无法正常进行体内授精，而夫又不能为妻提供精子，以第三人捐赠的精子与妻的卵子在体外进行授精，再将受精卵分裂的胚胎移入妻的子宫着床、发育并分娩。此种情形与异质人工体内授精相比，只是授精地点不同，因此，所生子女法律地位应与 AIH 子女一样，适用婚生子女的推定。但如果在实施此项技术时，欠缺丈夫的同意，丈夫仍享有提出否认之诉的权利。

3. 第三人捐卵的同质人工体外授精，即以第三人卵子、夫精进行人工体外授精，所生子女的法律地位。当妻不能提供卵子，但在妻的子宫具有孕育胎儿的能力情况下，由第三人捐赠的卵子与夫的精子在体外进行授精，再将受精卵分裂的胚胎注入到妻的子宫内着床、发育并分娩。

如夫妻双方实施人工生殖的目的为愿意成为所生子女法律上的父母，则应认定夫妻是所生子女在法律上合法的父母，任何人不得推翻。捐精、捐卵的第三人不能成为所生子女法律上的父母，因为他们捐精、捐卵的目的在于帮助他人生育，自始就没有成为人工授精子女之父母的意愿。

4. 以第三人捐卵、第三人捐精进行人工体外授精，所生子女的法律地位。对于这一情形，我们认为，生下婴儿的妇女应当是该婴儿的合法母亲。至于虽然妻之夫与婴儿既无生物学上的联系也无血统上的联系，但从保护孩子的权益考虑，仍应推定妻之夫为子女法律上的父子女关系。因为尽管说孩子的遗传父母分别提供了精子和卵子，但他们互不相识，更谈不上有合法的婚姻关系，而养育父母则不同，他们有合法的婚姻关系。

（三）胚胎移植所生子女的法律地位

胚胎移植是指将精子注入第三女性的体内与其卵子授精，并在授精后四天至五天，将受精卵自体内取出，再注入到妻子的子宫内使其着床、发育并分娩。此技术为人工体内授精与人工体外授精相结合的一种人工生殖技术。

1. 捐卵同源授精的胚胎移植所生子女的法律地位。捐卵同源授精的胚胎移植是指夫提供精子，利用人工体内授精技术将其精子注入第三女性体内与其卵子进行授精，再将分裂的受精卵胚胎细胞注入妻子宫使其着床、发育并分娩。

此技术与第三人捐卵同质人工体外授精相比，在于授精地点不一样。此技术授精地点在第三女性体内，而第三人捐卵同质人工体外授精的授精地点在培养皿中，其余基本一样。因此，依此技术所生子女的法律地位应参考第三人捐卵同源人工体外授精子女的法律地位。

2. 捐卵异源授精的胚胎移植所生子女的法律地位。捐卵异源授精的胚胎移植是指第三人提供精子，注入到第三女性体内与其卵子进行授精，再将分裂的受精卵胚胎细胞注入到妻子子宫使其着床、发育至分娩。

此种情况与第三人捐卵异源人工体外授精只是授精地点不同，其他基本相同，因此，可比照第三人捐卵异质人工体外授精所生子女的法律地位来确定依此技术所生子女的法律地位。

（四）代孕母亲所生子女的法律地位

代孕母亲自其出现之日起就引起了法学界、伦理学界及医学界的广泛争议，尽管如此，在各国的医学实践中，代孕之事却越来越多、越演越烈。所谓代孕母亲是指妻之子宫无法使受精卵着床、发育时，使用妻卵和父精、妻卵和供精、供卵和夫精、供卵和供精在体外授精，然后将胚胎移入他人子宫内妊娠生育，此妊娠生育者即为代理孕母。

对于代孕母亲所生子女的法律地位，我们认为，代孕母亲对因代孕而出生的子女，不产生任何权利义务关系，亦不得提起确认子女之诉；该子女视为实施人工授精的夫妻双方共同的婚生子女，夫妻不得提起否认之诉。

由于代孕母亲是一个极具争议的法律和伦理问题以及其具有诸多弊端，因而在立法上是否应予认可，颇具争议。目前，对于该问题一些国家的立法有限度地予以承认，如美国和英国；另一些国家则明令禁止，如法国和瑞典。在我国法学界也存在“支持说”和“反对说”两种截然相反的观点。但一般认为，对于那些以营利为目的的代孕，以及那些为谋取经济利益而强迫或利用妇女代人妊娠或从事其他代孕业务的行为，法律应当严加惩戒。

（五）单身女性采取人工授精所生子女的法律地位

2002 年 9 月 27 日吉林省第九届人民代表大会常务委员会第三十二次会议通过的《吉林省人口与计划生育条例》第 30 条第 2 款规定：“达到法定婚龄决定不再结婚并无子女的妇女，可以采取合法的医学辅助生育技术手段生育一个子女。”这是全国首个以地方法规的形式明文规定未婚女子采用医学辅助生育技术手段生育子女的立法例。我们认为，单身女性在符合现行法律法规的条件和程序下，可以通过人工授精方式生育一个子女。该子女为单亲，与单身女性之间有法律上的母子女关系，与精子的捐赠者不存在任何法律上的父子女关系。

第六节 亲 权

亲权是近现代婚姻家庭法上亲子关系效力中最重要、最核心的部分。亲权制度经过上千年的历史沿革，现已形成了一套体现现代法治思想（男女平等、保护未成年子女最大利益等）的系统严谨的体系。在调整亲子之间的保护教养关系，指导亲权人正确行使权利，维护未成年子女利益等方面，发挥着其独特的功能。本节即介绍亲权制度的理论。

一、亲权概述

（一）亲权的概念

亲子关系在外国法中称为“亲权”，是父母对子女基于身份关系所产生的权利和义务。对亲权概念的界定，学术界主要有以下几种观点。一种观点认为：“亲权是指父母对未成年子女在人身和财产方面的管教和保护的权利和义务。”另一种定义为：“父母保护教养未成年子女之权利义务，谓之亲权。”第三种定义为：“亲权在近代立法，谓以教养保护未成年子女为中心之职能，不仅为权利，同时为义务。”还有一种定义认为：“亲权是指父母对未成年子女有身份上及财产上的以监督保护为内容的权利义务的总称。”上述各定义，尽管表述上有差异，但其基本的内涵是一致的，都表明亲权是基于基本的身份关系而产生的一种专属于父母的权利和义务。具体来讲，亲权的概念不仅要体现亲权的三要素——亲权是权利和义务的统一，亲权产生于父母和未成年子女之间，亲权关系涉及人身和财产两个方面；而且应突出对未成年人利益的保护。综上所述，所谓亲权是父母基于其身份对未成年子女的人身、财产进行管教保护的权利和义务。

（二）亲权的特征

亲权具有以下法律特征：

1. 亲权是一种民事权利，具体来讲是一种身份权。亲权是父母基于身份、依照法律规定而获得的权利。现代各国立法都以明示的方法赋予父母保护教养子女的权利，并对该权利的内容作了明确规定。如《日本民法典》第818、820~824条分别规定，未成年子女要服从父母的亲权，并规定亲权的内容包括身上监护权及财产管理权。

2. 亲权是权利义务的统一。亲权既是权利又是义务，不仅包含了父母抚养、保护子女的义务，同时包含着父母教养子女与管理处分财产的权利。一方面，亲权是父母的权利，其依法自主行使，以实现其利益。另一方面，亲权行使又是父母的义务，不得抛弃、转让或非法剥夺。

3. 亲权人仅限于父母。亲权是父母基于其身份所有的权利义务，因此，行使亲权的权利义务主体应是父母。包括父母与婚生未成年子女、父母与非婚生未成年子女、养父母与未成年子女、有抚养关系的继父母与未成年继子女。至于是以父母一方或双方为亲权人，则因父母子女关系类型的不同、是否存在妨害亲权行使的事实或发生法律上的障碍而有不同。

4. 亲权的对象为未成年人。未成年人身心尚未发育成熟，个性和智力还有待健全、发展，应得到特别的保护和照料，尤其是在法律上。因此亲权的行使以保护未成年人最大利益为唯一目的。所以，已成年子女，不论其有无民事行为能力，也不管其是否独立谋生、能否自立，都不属于亲权的范围和对象。亲权是法律制度专为未成年人子女利益而设立的。

5. 亲权是绝对权、支配权和专属权。亲权的行使一般不需借助他人的积极行为，只要义务人不加妨害和侵犯，亲权就可以实现，因此亲权属于绝对权。亲权人依法对未成年子女的人身和财产进行支配，这种支配以保护未成年子女的最佳利益为前提。亲权属于父母，不得转让、继承、抛弃，所以具有支配性和专属性。

（三）亲权与监护的关系

从国外的立法看，在大陆法系的各国民法典中，亲权与监护是两个不同的概念，有着严格的区别，作为两种独立的制度而存在。我国现行民法已经确立了监护制度，《民法通则》第16条规定未成年人的父母是未成年人的监护人。这种父母对未成年子女的监护关系实际上就是大陆法系国家规定的父母对未成年子女的亲权关系。在我国的法律体系中，亲权和监护既有联系又有区别。

1. 亲权与监护的联系。亲权与监护都表明人和人之间的身份关系，亲权表现为父母与未成年子女的身份关系，而监护则体现为监护人与被监护人之间的身份关系。其联系有以下几点：

（1）亲权与监护的主体与对象在一定范围内重合。在亲权制度中，亲权人是父母，而在监护制度中，未成年人的监护人也是父母。亲权法律关系的对象是未成年子女，而在父母作为未成年人监护人的情况下，监护权的对象也是未成年子女。

（2）亲权和监护权的内容有某些方面相同。亲权的内容包含了父母对未成年人人身和财产方面的权利和义务，而监护权也有监护人保护被监护人人身和财产方面的权利和义务。

（3）在一定意义上，监护权是亲权的延续和补充。父母对未成年子女的亲权存在于子女未成年时期。监护可以分为对未成年人和对成年精神病人的监护。对未成年人的亲权存在于子女为无民事行为能力和限制民事行为能力时期，当未成年人随着年龄的增长成为成年人并已具备完全的民事行为能力时，亲权关系自然终止。如其无父母或父母不能行使亲权，或亲权被剥夺，则需为未成年人设立监护人。因此，监护权是作为亲权的延续和补充而存在的。

2. 亲权和监护的区别。我们应该看到二者的联系以及相同之处，同时更应该看到二者的不同之处。具体而言，二者之间的区别有以下几点：

（1）亲权与监护的含义不同。如前文所述，亲权是父母基于其身份对未成年子女的人身、财产进行教养保护的权利和义务，以保护未成年子女的利益为唯一目的。监护则是指监护人对未成年人和精神病人的人身、财产和其他合法权益依法实行的监督和保护，其实质是对民事主体行为能力欠缺的一种补充，从而为其实现民事权利提供合法途径。

（2）亲权与监护的性质不同。亲权是建立在血缘关系之上的，带有浓厚感情色彩的亲子关系，因而亲权是父母特有的对未成年子女进行保护、教养的权利和义务的统一体。而监护则为法律对监护人规定的一种职责，更多体现的是义务而无实质性的权利的性质。

（3）亲权与监护的主体范围不同。亲权是父母基于身份保护教育未成年子女的权利和义务，其主体仅限于未成年人的父母。而在监护关系中，监护人既可以是被监护人的近亲属，也可以是亲属之外的人，甚至可以是单位或者社会组织。二者相比，监护人的范围远远超过亲权的权利主体范围。

（4）亲权与监护的权利义务内容不同。亲权和监护设置的目的虽然都是对行为能力欠缺的权利相对人进行保护，但是亲权人对未成年子女的权利义务不仅仅包括经济上的供养、人身上和财产上的保护，更重要的是对未成年子女的品行及思想上的培养与教育。而监护则更强调对被监护人的保护，而不具有教养的内容。另外，作为亲权人的父母不得就其行为请求获得报酬；监护人在有些情形下可就其监护活动请求报酬。

（5）亲权与监护的立法原则不同。亲权立法采取放任主义，法律对父母持信任态度，其立法的着眼点在于通过某种规则的设置引导父母正确行使权利、履行义务，因此立法上对亲权人的限制较少；而监护立法采取限制主义，尽管监护人与被监护人存在某种亲属关系或其他社会关系，但毕竟疏远，所以法律对监护人的活动进行严格的限制，其立法着眼点在于通过严密的规则体系将国家最信任之人选上监护岗位，并通过严格的限制和有效的监督督促其正确履行职责。

二、亲权的历史沿革

亲权渊源于罗马法和日耳曼法。在早期的罗马法中，家父权是法律赋予罗马男性市民中自权人的一种支配其家属和物品的特权，它是罗马法特有的制度。一般而言，“家父是指家庭成员的父亲、祖父或曾祖父”。家父对家子在人身方面的权力是很大的，家父就是家子的法官，对于家子所犯的过错，家父有权以任何方式予以处罚，包括监禁、身体刑，甚至死刑。由于罗马法上的家父权过于专制和残忍，罗马的法学家一直试图对这种家父权加以限制。“共和国试图限制‘父权’的滥用，特别是想借助于监察官，他凭借自己的不特定的和道德性的权力，得以在这个领域施加影响。”而日耳曼法的父权不同于罗马法中的家父权。比罗马法的“家父权”较有进步的是，由于日耳曼法规定了个人权利义务的行使要受家庭、氏族、公社的约束，因此日耳曼法的父权既是权利，又是义务。近现代许多国家民事立法确立亲权制度，一般多继受日耳曼法的原理。与此相应，在中国的古代，父母子女关系完全从属于宗法家族制度，有关亲子关系的立法，以孝道为本，“父权”和“尊长权”是我国亲权制的渊源之一。中国古代“三纲”中的“父为子纲”，即是父权制度的理论基础。中国古代的父权，不但和罗马法中的家父权有相同之处，表现为父对子的支配权，同时也含有日耳曼法中父对家子的保护权的性质。一方面“父要子亡，子不敢不亡”，表明了家父对子女专制的人身支配权；另一方面，中国古代父权制的核心是“孝”，要求子女必须孝敬父母，而父母则要教育抚养子女。所谓“不孝有三，无后为大”，“子不教，父之过”，表明了“子”在中国的宗法家庭制度中所处的重要地位。由此可见，中国古代的父权制，其内容比罗马法和日耳曼法中有关亲权的内容丰富得多，而且有其自身的特点。但在父对子人身权的支配方面则同其他古代法没有实质的区别。

近代的民事立法中，各国早期的民法典均设有亲属篇，专门规定有关的亲权制度。如《法国民法典》、《德国民法典》等。这一时期亲权制度的内容，比起古代来，有了极大的进步。基于父母子女之间的身份权，亲权主要表现为父母对子女的人身和财产的保护权。如《日本民法典》第820条规定：“行使亲权者，有权对子女进行监督和教育，承担义务。”这一时期亲权制度的最大缺陷是，将亲权单方面地授予父方，而剥夺了母亲对于子女的亲权。如1804年的《法国民法典》第33条规定：“父母婚姻关系存续中，亲权由父单独行使之。”

现代各国的民事立法，亲权是父母共同的亲权，体现了男女平等的原则。父母共同亲权的原则已被各国的民事立法所确认。如1970年修订后的《法国民法典》第371－2条规定：“父母有权保护子女的安全、健康及道德品行。父母对子女负有照管、监督及教育的权利和义务。”《德国民法典》第1626条规定：

"父母有照顾未成年子女的权利义务（亲权照顾权）。"日本在1948年修改《民法》时，在第818条中规定："……亲权，……由父母共同行使之，但父母之一方，不能行使亲权时，由他方行使之。"我国《婚姻法》第21、23条和《民法通则》第16、18、133条等有关亲子关系的立法，也体现了父母共同行使亲权的原则。所以，共同亲权的原则是现代亲权制度的共性。但现代各国法关于亲权的具体规定，却不尽一致。大陆法系各国皆设有亲权制，英美法系国家则亲权与监护不分，统称监护，父母为当然的监护人，如无父母则另设监护人。

三、亲权的构成

（一）亲权的主体

亲权人及受亲权保护的子女分别是亲权的权利义务主体。亲权人即亲权的主体，指享有亲权的人。父母基于其身份关系根据法律的规定而成为子女的亲权人。对于婚生子女，父母都健在，且处于婚姻正常状态，父母均为亲权人；父母一方死亡（包括宣告死亡）或父母一方属于无行为能力或限制行为能力以及处于失踪状态，停止亲权时，他方为单独亲权人。对于非婚生子女，世界各国立法例中，亲权人确认以非婚生子女是否准正或被认领而有所不同。我国《婚姻法》25条规定："非婚生子女享有和婚生子女同等的权利。"据此，非婚生子女的生父母均为亲权人。

受亲权保护的子女是亲权的相对人。亲权是专为未成年子女设定的，为未成年子女的利益而存在，其内容和目的是为了保护未成年子女的人身和财产利益。所以，在这里亲权的范围不包括已成年子女和因结婚而成年的子女，也不包括成年的无行为能力人和限制行为能力人。由此可见，亲权的对象是特定的，仅仅是指未成年人。

（二）亲权的客体

对于亲权的客体，学界有不同的观点。史尚宽先生认为："为亲权之客体之子女，以未成年者为限。"其主张特定人说，即亲权的客体是具有一定身份关系的特定的人。杨立新教授认为："亲权的身份利益，是父母对未成年子女的地位、管理、教育、抚育以及相互尊重、爱戴的亲情和责任。"其主张利益说，即亲权的客体是某种利益。张俊浩教授认为："人身权依其客体究竟是人格抑或身份，而分为人格权和身份权。"其主张身份说，即亲权的客体是主体的身份。我们认为，亲权的客体应区分认识，其人身照护权的客体是受亲权保护的未成年子女的人身；而财产照护权中，其客体是未成年子女的财产。

（三）亲权的内容

亲权以保护教养未成年子女的利益为目的，父母对未成年子女的权利义务可概括为两项，即人身照护权和财产照护权。根据大陆法系国家的立法和学说，亲权包括以下内容：

1．人身照护权。人身照护即“抚养教育，管教保护”的概括表达，其具体表现为以下几种权利：

（1）教养和保护权。教养指教导养育子女，以谋子女心身成长的健全，如鼓励其从事有益运动，资助其学习进修，此为积极作用；保护指预防和排除危害，以谋求子女心身的安全，如预防或治疗疾病，禁止其阅读黄色书刊，此为消极的作用。

教养和保护权是人身照护权的总体概括性权利，其他人身照护权，如住所指定权、子女交还请求权、惩戒权、身份行为代理权和同意权等，都是教养保护权的具体表现。

（2）住所指定权。由于父母子女是一个生活共同体，因此，未成年子女的父母与未成年子女在同一居所居住。为了实现保护教养未成年子女的目的，各国民法均赋予亲权人指定子女居住所之权利。子女应在亲权人指定的住所或居所居住，未经父母允许，不得在他处居住。父母行使居所指定权，不得妨碍子女的身心健康发育。

（3）子女交还请求权。即亲权人在未成年子女被非法诱骗、拐卖、隐匿或扣留时，有请求返还其子女的权利。这是亲权人为尽保护教养的责任应具备的权利。惟该项权利不得滥用，父母非为管教保护子女而专为加害对方或为不法目的而请求返还的，即构成权利滥用。

（4）惩戒权。一些国家法律允许父母在一定范围内享有惩戒未成年子女的权利。惩戒权是教育权的延伸，关键是对在什么情况下，采用何种体罚方法、限度等应有明确的规定。父母行使惩戒权超越必要范围则构成惩戒权滥用，可作为剥夺亲权的事由。

（5）身份行为代理权和同意权。是指未成年子女无民事行为能力或者限制行为能力，不能独立进行身份行为和其他民事法律行为等事项，必须由父母代理或者同意，才能行使。例如，对未成年子女肖像的使用，必须经其父母同意。亲权人的法定代理权和同意权是父母保护未成年子女人身和财产权益的一种重要权限。许多国家的父母子女关系法中有此规定。我国《民法通则》第14、16条规定，父母享有对其未成年子女的法定代理权，“无民事行为能力人和限制行为能力人的监护人是他的法定代理人”，“未成年人的父母是未成年人的监护人”。

2．财产照护权。它是指父母对未成年子女的财产有进行管理、使用、收益及处分的权利和义务，具体包括：

（1）财产行为代理权及同意权，这是指父母有权代理及同意未成年子女进行财产行为，包括：①财产行为代理权。无民事行为能力之未成年人，应由法定代理人代为或交其代受意思表示。限制行为能力之未成年人，可由法定代理人代为财产行为。具有身份色彩的财产行为，亦可由法定代理人代理，如继承之抛弃、遗产之分割等。②财产行为同意权。限制行为能力人自为财产法律行为，应征得其法定代理人同意。

（2）财产管理权，这是指父母对属于未成年子女的财产有进行管理的权利。财产管理，是保存或增加财产价值的行为。按照财产来源的不同，未成年人的财产可分为两大部分：①未成年人因劳力或有偿方式取得的财产；②未成年人因继承、赠与或其他无偿方式取得的财产。未成年子女对其取得的财产，欠缺管理能力，因此赋予亲权人以财产管理权，亲权人基于管理权行使权利以及履行义务。父母管理子女财产，应尽到何种程度之注意，各种法律规定存在差异。瑞士、法国民法规定应尽善良管理人之注意，德国、日本、韩国民法规定应与处理自己事项为同一注意。我国台湾地区“民法”未设明文，通说认为应尽与处理自己事项为同一之注意。

（3）使用收益权，这是指父母对属于未成年子女的财产有使用和收益的权利。亲权人在不损毁子女财产的前提下可以使用和收益子女的财产。如我国台湾地区“民法”就明确规定：对未成年子女财产的使用受益权，由父母共同行使。

（4）处分权，这是指父母对未成年子女的财产在特定条件下有一定处分的权利，但该权利受到法律的严格限制。亲权人须在为未成年人的利益和需要时才可以处分未成年子女的财产。亲权人非为未成年子女利益处分未成年人财产，造成子女财产损失的，亲权人应负赔偿责任。我国《民法通则》第18条中明文规定：“监护人除为被监护人的利益外，不得处理被监护人的财产。”

需指出的是，前述父母所具有的财产照护权，同时又是父母的一项义务，即为未成年子女财产保值增值的目的及合法权益的保障，父母必须对未成年子女的财产进行前述代理、管理、使用收益及特定条件下的处分。

四、亲权的行使与限制

（一）亲权的行使

亲权的行使是指由谁来具体实施亲权，即谁将成为未成年子女的法定代理人。亲权的行使人有以下两种情形：

1. 父母双方共同行使亲权。父母共同行使亲权，是现代亲权制度的基本原则。所谓共同行使，即亲权内容的实现应由父母双方共同的意思决定，并对外作为其未成年子女的共同代理人。但父母共同行使亲权时难免会产生意思不一致，最好的解决办法是相互协商，合理解决。如遇有重大问题，不能协调一致，一方或双方可要求法院裁决。

2. 父母一方单独行使亲权。亲权原则上由父母双方共同行使，但在父母一方由于各种原因（如长期不在、失踪、重病、服刑或丧失行为能力及亲权被剥夺等情况下）不能行使亲权时，或者父母离婚后，亲权由父母一方行使。在父母一方死亡时，由生存一方独自行使对子女的亲权。

（二）亲权的限制

父母基于身份关系而行使其亲权，有保护及教养未成年子女的权利义务，但其行使权利并不是没有限制。未成年子女同父母的地位是平等的，他们也享有基本的人权，父母应为子女的利益行使权利义务，同时父母也应充分重视未成年子女的心身健全发育及受教育的权利，因此，有必要对父母行使亲权施以监督或加以限制，并禁止其滥用。

1. 亲权人不得实施对未成年子女有害的处罚手段。如采用棍棒殴打或进行辱骂、施加精神压力等。

2. 侵权人不得滥用亲权。如强迫子女实施违法行为等。

3. 对子女财产的管理和处分要有利于子女的利益，不得擅自代理放弃未成年子女的继承权、受遗赠权，也不得擅自处分未成年子女的财产。父母如果滥用亲权，造成未成年子女身心重大伤害或财产重大损失的，要承担相应的法律责任。

五、亲权的丧失、恢复和消灭

父母为了照顾子女会花费大量的时间，为了子女的健康和教育会花费金钱，但也有些父母虐待子女。在现实生活中，父母侵害子女合法权益的案件也并非鲜见。因此，有必要在法律上明确滥用亲权或不行使亲权的法律后果。许多国家的民法典中均规定了亲权的丧失、恢复和消灭，而这部分内容在我国立法上还是空白，因此，为切实保障未成年子女的最大利益和身心健康，必须完善我国现行立法，增加此内容以约束父母。

（一）亲权的丧失

由于亲权是因特定的身份关系而产生的权利和义务关系，因而不能自动丧失，也不能随意抛弃。它只能因法定事由而失去，如亲权人因丧失行为能力不能行使亲权，或者亲权人不尽亲权义务或者滥用亲权被依法剥夺而丧失亲权等。亲权依据其丧失的原因和性质的不同，可具体分为以下几种：

1. 亲权因剥夺而丧失。是指亲权人违反行使亲权的法律规定，被有关机关宣告停止亲权。这是亲权丧失的主要形式，各国法普遍采用了这种形式，其目的是为了保护未成年人的人身和财产权益。同时各国法也均规定，亲权未经审判程序，不得任意剥夺。但关于剥夺亲权的请求权人，各国法的规定不一。我国现行法对此并未作任何规定。

2. 亲权因中止而丧失。中止是指亲权人因事实上的原因或实际困难而无法行使亲权，为了未成年人的合法权益不致受到损害而设立的一项制度。亲权中止必须有法定事由，如亲权人丧失行为能力，父母离异后同子女共同生活的一方失去行为能力，因父母远离子女而不能行使亲权如执行军事任务等，在上述情形下，亲权丧失。对此各国法同时规定，亲权的中止必须经法定宣告程序，否则无效。有学者认为，此种情形仅可称为亲权的中止或停止，而不能称为“丧失”。

3. 亲权因转移而丧失。亲权因转移而丧失是指亲权因协议或法院宣告，由亲权人转移给他人或社会机构行使，如子女被依法收养等。对上述内容，我国现行法均未作规定。

（二）亲权的恢复

亲权的恢复，是指丧失亲权的人在法定条件下重新取得亲权。这一规定是从子女的最大利益出发而作出的，它有利于子女的健康成长，使未成年子女能及时地处于亲权的照护之下。恢复亲权以丧失亲权的原因消灭为必要条件，根据父或母一方及亲属、子女的申请，由法院撤销丧失亲权的宣告，亲权即可依法定程序恢复。在亲权因剥夺而丧失的情况下，亲权的恢复也有利于亲权人改正错误。所以，各国法对此均有规定。

（三）亲权的消灭

亲权的消灭是指基于法定事由致使亲权人无需或无法履行亲权，从而使亲权归于消灭。亲权的消灭与亲权的丧失不同：亲权丧失者，若丧失原因不复存在，可得恢复；亲权的消灭则是亲权的彻底终止，没有恢复之可能。亲权的消灭可分为绝对消灭和相对消灭：

1. 亲权的绝对消灭。亲权的绝对消灭是指由于子女方面的原因而使亲权无存在的必要。未成年子女死亡，因亲权客体的消灭导致亲权消灭。或者未成年子女长大成年，子女成年，亲权丧失存在的法定条件，故亲权消灭。

2. 亲权的相对消灭。亲权的相对消灭是指因亲权人的原因而使亲权不再能履行，需更换亲权人或监护人继续行使。又有两种情况：①亲权人死亡；②父母一方死亡，则死亡一方的亲权消灭，但另一方的亲权仍存在，仍可单独行使。如父母双方均死亡，则亲权消灭，此时需另设置监护人保障未成年人利益。

【小结】

本章主要从婚生子女、非婚生子女、继父母子女关系、人工生育子女的法律地位、亲权等相关制度来讲述亲子关系。亲子关系是家庭中最基本，也最为重要的关系之一。人类的生儿育女维系着自身的延续和文明的传承，决定着一个民族的前途和未来，因而亲子关系是所有社会家庭制度的核心组成部分，调整亲子关系的法律规范即亲子法在亲属法中占重要地位。本章在我国《婚姻法》及相关法律规定的父母子女间的权利和义务的基础上，进一步从学理上剖析婚生子女的推定和否认、非婚生子女的准正和认领、继父母子女关系的类型及权利义务关系的形式、人工生育子的法律地位以及亲权制度。

【思考题】

1. 试述我国亲子关系法的历史沿革。
2. 父母子女之间有哪些权利和义务关系？
3. 婚生子女的推定及其应具备的条件。
4. 婚生子女的否定原因。
5. 什么是非婚生子女的准正和认领？
6. 我国法律对非婚生子女是如何保护的？
7. 继父母子女关系有哪些类型？其法律关系有何不同？
8. 如何理解继父母子女的双重权利义务？
9. 对继父母子女关系的终止应掌握哪些要点？
10. 如何确定人工生育子女的法律地位？
11. 试述亲权的概念和特征。
12. 论述亲权的内容。

第9章 收养制度

【提示要点】收养制度是我国婚姻家庭制度的重要组成部分。随着《收养法》的颁布实施及其修改、完善，我国对收养关系的调整日益规范，当事人的相关权利也越来越得到有效的保护。随着国家、社会对未成年人利益的关注程度不断提高，收养的重要性日益突出。作为婚姻家庭制度的组成部分，收养关系也是家庭关系的一部分，由于其所具有的特殊性（是拟制血亲产生的重要原因），使得其与婚姻家庭制度中的其他具体制度有着明显区别，涉及到许多相关的法律问题，故在此有必要将其作为单独的一章加以介绍。本章重点介绍了收养的概念和特征、收养制度的演变、我国收养法的基本原则、收养关系成立的条件及其效力、特定情况下收养条件的适用、收养关系的解除等内容。

第一节 概 述

一、收养的概念和法律特征

（一）收养的概念

收养，是指自然人依法领养他人子女为自己子女，从而产生拟制血亲关系的法律行为。领养他人子女而进行抚养的人为收养人，即为养父母；被他人领养的人为被收养人，即养子女；将未成年人送给收养人抚养的人为送养人，包括父母、其他监护人及社会福利机构等。

在亲属法学中，收养一词往往是在两种意义上加以使用的，一种是指收养行为，这主要是强调收养作为一种法律事实，具有引起拟制血亲关系发生的作用；另一种是指收养关系，这主要是强调拟制血亲关系本身。[1] 收养关系是由收养行为所引起的，没有收养行为则无收养关系的发生。

---

〔1〕 杨大文主编：《亲属法》，法律出版社2004年版，第244页。

（二）收养的法律特征

从法律层面上讲，收养既是一种法律事实，也是一种法律关系，它所表现出来的特征与其他法律事实或法律关系相比较具有很大的不同，具体表现在以下几方面：

1. 收养是一种合法行为。虽然强调收养是一种法律行为，但是更应注重其依法为之。因为收养者所要追求的是亲子关系的有效发生，在实施收养行为时，只有依法进行才有可能实现其收养目的。故收养行为虽然体现了当事人的自愿，但合法性是其有效，并能产生当事人所欲发生后果的根本前提和保障。

2. 收养关系的主体是收养人和被收养人，且相互之间须无直系血亲关系。由于收养行为是变更或创设亲属身份的行为，主要是在收养人与被收养人之间产生拟制血亲关系，终止或消灭被收养人与其自然血亲之间的亲属身份。如果允许直系血亲之间进行收养，则会出现这样的结果：收养或者没有意义，或者违背伦理秩序，而这与收养的宗旨相去甚远。故收养关系只能产生于没有直系血亲关系的自然人之间。送养人虽然参与收养行为的实施，在收养行为的成立和有效条件中，送养人条件的具备与否将起到非常重要的作用，所以，收养行为的成立和有效与其关系密切。但是，在随后产生的收养关系中，送养人不能作为一方主体，因为收养关系的本质是亲子关系，是收养行为人所要达到的目的，送养人希望在他人之间产生亲子关系，而不是对自己产生。

3. 收养关系的内容是收养人和被收养人之间具有的与自然血亲间相同的权利义务关系，其由婚姻法及收养法予以调整。

由于收养是一种通过人为形式而创设的亲子关系，与自然血亲关系不同，当事人相互之间并无真正意义上的血缘联系，而是在符合法律规定的条件下，由法律赋予其自然血亲的内涵，故又称为“准血亲”。因其产生的事实是基于人为因素而产生，所以它也可基于人为因素而解除。

（三）收养与寄养

寄养是指父母由于某种特定的原因，不能直接履行抚养和照顾子女的义务，而委托他人代为抚养、照顾的行为。与收养相比较，需注意以下几方面的问题：

1. 两者性质不同。寄养是受他人之托，代为抚养和照顾他人子女的行为，可以有偿代为抚养，也可以无偿，但一般子女的抚养费、教育费等须由父母承担，代为抚养人不承担该费用；而收养是为收养人自己设定父母的权利和义务，自己亲自抚养并承担养子女的抚养费和教育费等，而不能要求养子女的生父母承担，更不能对其生父母主张有偿抚养，否则，有违法律和伦理道德。

2. 两者目的不同。寄养的目的在于临时性地解决父母不能亲自履行抚养义务的困难，为使未成年人的生活不因父母的困难而受到影响，而委托他人代为履行父母的义务，并希望子女得到受托人的临时性的抚养和照顾；收养的目的在于产生父母子女关系，收养人亲自履行父母的义务和职责，并且希望与养子女的关系是稳定而持久的。

3. 两者的后果不同。寄养不改变子女和生父母之间的关系，他们之间依然具有法律意义上的父母子女关系，子女与受父母之托而代为抚养者之间无任何法律关系；收养则改变未成年人与其生父母的关系，使其法律意义上的父母子女关系终止，而使收养者和该未成年人之间产生父母子女间的权利义务关系。

二、收养制度的沿革

收养自古有之，且为古代各国极普遍存在的制度，如古巴比伦、罗马、希腊、印度、我国等。从世界范围来看，古巴比伦的《汉穆拉比法典》就有关于收养的规定，有关于自由民可以收养被遗弃的幼儿的内容，并且对于如何维护和善待收养关系及其当事人，也有相关的规定。只是这些规定带有浓厚的诸法合体的特色，即以严厉的刑罚手段惩治违反民事规范的行为。罗马法中亦规定有收养的内容，而且在当时的罗马帝国，收养现象可以说是非常普遍的，在收养的形式上有自权人收养和他权人收养之分，并对收养条件、程序及其后果作了明确的规定。罗马法中的收养制度对于近代民法具有很大的影响，特别是《法国民法典》深受其影响。在专有的收养制度中，有关收养的原则很多是受罗马法影响所致。而罗马法、法国法都是对当今世界的民事立法有着非同寻常的意义和影响的法律。

从收养制度的宗旨上考察，随着社会的发展而变迁，在不同的时代有着不同的宗旨。一般来讲，可将收养制度宗旨的变化分为三个阶段：第一阶段可概括为“为家的收养”。其主要是为了延续家族血统而进行的收养，此时，只有家长可以收养。罗马法中关于养子之收养，是典型代表。第二阶段，可概括为“为亲之收养”。其主要目的是为了安慰晚年的父母，或者是为了增加家中的劳力而进行的收养，这种收养的目的是以父母的利益为主要的考虑因素。这一点在20世纪初期、资本主义国家改革前的民事法律中表现较为明显，如改革前的法国民法、德国民法等。第三阶段，可概括为“为子女之收养”。其主要目的是为了能够给因战争（第一次世界大战以后）而产生的大量孤儿以及非婚生子女提供家庭生活的环境和父母的照顾，出于为子女幸福的考虑，这是这一时期收养行为最大的特点。这一特点在之后各国的相关立法中一直加以保持，如各国在所提供的儿童福利、保障子女利益最大化的实现等方面，相关法律都有所体现，并不断得以改进和完善。未成年人利益的保护，在这一时期开始得到制度层面的进一步确认和关注。

我国古代的收养，其主要目的是“为家之收养”，是以祭祀祖先、延续宗嗣为主要目的。而祭祖、宗嗣都须以男子为主，故立嗣就是为顺应这一需要而产生，立嗣须以男子为中心。表现为一方面须立男子为嗣，而不能立女子为“嗣”；另一方面须立本家同宗亲属中的同姓男子为嗣，且辈分相当，外姓男子不得为嗣。正是如此，嗣子亦可称为过继子，同亲生子女地位相同。当然，除了立嗣以外，我国封建法律中也有关于抚养子之称谓和异姓养子之规定。依史尚宽先生的观点，抚养子，实则为充实家庭劳力、安慰晚年之父母或养子侍老之目的，即“为亲之收养”；而异姓养子之规定，主要为唐律以后为救济婴孩或孤儿而为的收养，已不重视同宗或同姓，可以被看作是逐渐开启了“为子女利益之收养”的先河。[1] 但是需要注意的是，与立嗣相比，其他形式的收养所确认的养子地位，较嗣子为低，养女更甚，与我们今天所说的收养是有很大差别的。

国民党政府在1930年颁布的民法亲属编中，从形式上废除了宗祧继承制度，无嗣子之名称，确认了近、现代民法中的收养制度，但其实质内容上仍有待进一步改革。

三、我国收养法及其基本原则

（一）我国收养法概况

新中国成立以后对于收养关系的调整长期处于不统一、不规范的状况，即使有相关政策的调整也是零散的，且实践中不易把握。直至1991年底公布并于次年4月1日正式实施的《中华人民共和国收养法》，我国长期以来收养领域无法可依的局面才终止。该法第一次以明确的法律条文的形式具体规定了有关收养事项中所应遵循的规范，在婚姻家庭制度及收养制度的发展史上具有重要意义。

纵观新中国成立以后收养制度发展的历史，可以根据我国《婚姻法》及《收养法》颁布的时间而将其划分为不同的几个阶段：

1. 第一阶段——1950年《婚姻法》至1980年《婚姻法》正式生效前。这一时期我国的收养法律制度可以说尚未建立，但实践中承认收养关系及其效力。虽说婚姻法中承认收养的效力，但无相应的具体可操作的条文规范。因此，相关政策、法院批复等都是处理收养关系的依据；对于民间长期存在的立嗣现象，虽然法律上早已废除，但又可根据政策、批复、解释等，依实际情况，如符合收养要求的则可按收养关系对待。收养关系是否成立和有效，主要看有无收养的实质内容，而不注重形式；即使是从形式上可以证明收养关系成立和有效的文件，实践中也是五花八门，很不统一。所以，如果说此一阶段有调整收养关系的法律的话，就是1950年《婚姻法》中的第13条的第2款：“养父母与养子

[1] 史尚宽：《亲属法论》，中国政法大学出版社2000年版，第586页。

女相互间的关系，适用前项规定。”这过于笼统的原则性规定，与实际的要求相差太大，实践中大量收养纠纷的解决还是依靠最高法院根据具体个案所做的批复以及有关的政策精神。实际上在这一阶段，收养领域可以说是处于无法可依的状况。值得一提的是，为了更加有效地保障婚姻家庭领域以及收养领域中当事人的合法权益，强化人们在该领域中依规范而行为的意识。最高人民法院在1979年2月试行的《关于贯彻执行民事政策法律的意见》中，对于“收养问题”用较大篇幅作了较为具体的规定，这对于解决实践中的收养纠纷具有很强的现实意义，但依旧不能改变收养领域长期无法可依的局面。

2. 第二阶段——1980年《婚姻法》生效之后（1981年1月1日）至《收养法》正式生效（1992年4月1日）前。这一时期我国调整收养关系的法律依旧是婚姻法，但有所改进的是1980年《婚姻法》用了完整的一个法律条文，即第20条的两款内容规范调整收养关系的；另一个得以改进的方面是，在1984年最高人民法院发布了《关于贯彻执行民事政策法律若干问题的意见》。在该意见中，对于收养的有关问题做了进一步的补充规定。在内容上较前所适用的有关规定要更加全面一些，如有关事实收养问题、养祖孙问题、收养解除的条件及后果等问题，都作了明确的具体规定。但是，说该阶段的收养领域有法可依，依旧为时过早。但与此前相比，其规范性有了明显的提高，表现在相关的一些政策、司法文件等对收养内容的体现较以前增加了许多，也说明了收养在实际生活中的重要性日益凸显。规范和调整收养关系，保护当事人的合法权益，使收养关系健康发展，已是摆在立法者面前的任务，只是时机尚未成熟，有关规范尚需实践检验，故该阶段可概括为：收养关系具有了一定的可资遵循的行为规范，但是依旧缺乏统一的、以立法形式出现的规范性文件。可以说，收养领域无法可依的局面依旧没有改变，而且改革步伐不断加快，社会、经济等的发展日新月异，反映在收养领域中，人们思想观念、法律意识不断变化，收养领域中的问题也日益复杂，急需出台相应的法律对其进行必要与合理的规制，以保障当事人的合法权益。

3. 第三阶段——从1992年4月1日《收养法》正式生效之日起，至1998年11月4日收养法修正案的正式实施之前（1999年4月1日）。该阶段收养领域发生的最大的变化就是我国关于规范收养关系的第一部法律由全国人大常委会通过并予以实施。这部法律结束了我国长期以来收养领域无法可依的局面，对于收养关系成立并有效的实质要件、形式要件、法律后果等作了明确且较为详细的规定。第一次以专门的法律形式加以规范和指导当事人间有关收养关系的发生和终止，及其法律后果，对于完善我国婚姻家庭法律制度、进一步规范与和谐婚姻家庭领域中的人际关系具有重要意义。但是不容忽视的是，在实践中通过适用得以证明，该法中有关方面的内容仍有欠缺，有些规定也不尽合理，在规范和统一收养关系时，依旧有不尽如人意之处。如有关收养人的年龄条件规定偏高、收养的形式要件多头、对被收养人利益的维护缺乏相应的监督等。但总体而言，该阶段显示出我国收养领域开始进入规范化、统一化的时期。

4. 第四阶段——从 1998 年《收养法》修正案公布实施之后至今。这一阶段可以说是我国社会、经济、法制建设等发展的高速阶段，也是一个全新的阶段。在这一阶段中，除了收养法修正案的公布实施以外，在 1999 年 5 月 25 日民政部又公布了《中国公民收养子女登记办法》和《外国人在中华人民共和国收养子女登记办法》，这两个文件对于进一步规范收养关系、强化收养登记程序起了积极的作用。2000 年 3 月 3 日司法部又颁发了《关于贯彻执行〈中华人民共和国收养法〉若干问题的意见》（司发通［2000］33 号），针对办理收养公证及其他相关公证的问题给予了更加明细的规定，使得实践中有关收养公证的办理更加规范，对于收养关系的认定和保护具有积极意义。可以说这一阶段，我国收养法通过实践不断地得以发展和完善，收养行为更加规范和统一，收养关系以及相关当事人合法权益进一步得到有效地保障。

（二）我国收养法的基本原则

我国收养法是指的规定收养关系的发生和终止、收养关系的内容以及其他相关问题的法律规范的总和。从概念我们可以看出，我国收养法是从实质意义上讲的，它是亲属法的组成部分，与亲属法具有相同的性质——均属于身份法范畴，与亲属法一起共同构成民法中的亲属编。

我国收养法中对收养的原则作了明确的规定，反映在该法第 2 条和第 3 条中。这两条集中反映了我国收养法的宗旨，是我国处理收养关系的基本准则，也是收养立法的指导思想。第 2 条规定："收养应当有利于被收养的未成年人的抚养、成长，保障被收养人和收养人的合法权益，遵循平等自愿的原则，并不得违背社会公德。"第 3 条规定："收养不得违背计划生育的法律、法规。"据此可概括出我国《收养法》的基本原则有以下几方面：

1. 有利于被收养的未成年人的抚养、成长原则。我国《收养法》体现了现代收养之主要目的：为子女之收养。这一目的主要是通过收养而为孤儿、查找不到父母的儿童、弃婴以及那些不能和生父母共同生活的未成年人给予家庭生活的正常环境和父母的照顾，以使其能够健康成长，最大限度地保障未成年人权益不受损害。《收养法》将有利于未成年人抚养、成长作为其基本原则，以使其贯彻收养法立法的始终，足见我国《收养法》对未成年人权益保护之重视，也显示出其对收养目的实现之追求。

2. 保障被收养人和收养人的合法权益原则。因收养而产生的纠纷实践中经常发生。《收养法》通过对收养关系加以规范，明确收养成立和有效的条件，对其维系和终止及其后果加以明定，使当事人的自由意志受到必要约束，从而稳定收养关系以及其他相关的社会关系，避免因权利义务规定的不明确而带来不必要的纠纷，损害当事人权益。权利义务的确定性是当事人利益得以维护的最好的保障。保护收养者和被收养者的合法权益，符合现代法律的以人为本的精神，也是现代收养法的实质所在。

3. 遵循平等、自愿的原则。平等是指在收养的过程中，收养人、送养人、被收养人所处的法律地位是平等的，收养是否成立，主要取决于相关民事主体的意愿，任何一方不能违背他方的意志而随心所欲，须在相互尊重的前提下就有关收养事项的意愿达成一致。自愿是指行为人在平等的基础上，就有关收养事项是否同意而进行的内心真实意思的自由表达。因为收养行为是法律行为，其成立与否，取决于行为人的意愿是否达成一致，即收养人是否愿意收养，送养人是否愿意送养，收养年满10周岁以上未成年人的，还应征得被收养人的同意。这是《收养法》平等、自愿原则在具体适用中的体现。当然，平等原则贯彻于《收养法》的始终，在收养关系存续期间以及收养关系的解除等方面，都须遵循这一原则，这也是处理家庭关系的最基本的准则，是现代立法的精神实质。平等是自愿的前提，只有在平等的前提下，当事人才能进行自由意志的表达，特别是收养关系到当事人切身的利益，也只有在自愿的情况下，才能将“为子女之收养”的目的落到实处，最大化地体现“有利于被收养的未成年人的抚养、成长”原则，同时，实现收养者拥有子女的愿望，并达到解决送养者之实际困难的目的。

4. 不得违背社会公德原则。维护社会公德，保护社会公共利益，是我国法律所共同确认的准则，也是法律所担当的一个重要职责。收养法调整的是婚姻家庭领域中因收养而使拟制血亲关系的发生、终止及其相应的法律后果。婚姻家庭是一个伦理实体，这决定了作为亲属法组成部分的收养法具有强烈的伦理性，这种伦理性与法律性的结合，使得收养法具有道德化的法律性质，其法律规定的内容与道德的要求相一致，同时符合社会公共利益的要求。收养法所规范的收养关系及其内容、后果等都具体体现了这一原则要求。如收养人应具备的各项条件、对送养人所应适用的限制性条件、被收养人的年龄限制、严禁买卖儿童或变相买卖儿童、禁止虐待或遗弃未成年的养子女、禁止成年养子女虐待、遗弃养父母的行为等规定，都是这一原则的具体体现。

5. 不得违背计划生育的原则。收养行为是产生拟制血亲关系的行为，虽然与基于自然出生所形成的父母子女关系有所不同，但从法律层面讲，也只限于血缘关系有无的区别，而无其他方面的任何区别。所以，收养必须符合计划生育的要求，在《收养法》中具体体现为，符合条件的收养人只能收养一名未成年人为其养子或养女；对于送养人来讲，不得以再生育子女为目的而送养子女，否则，要承担相应的法律后果。

第二节　收养关系的成立和效力

根据现行《收养法》的有关规定，收养关系的成立须具备的条件，可概括为实质要件和形式要件。在实质要件中，根据收养关系当事人和参与人的不同，法律对其分别规定了不同的条件。对于形式要件，现行《收养法》更加明确、简化并统一了对收养关系的登记要求，结合《收养登记办法》的规定，强化了这一条件的具备对于收养的成立并有效的必要性。以下从收养法对不同主体之要求的不同和不同角度的规定而对收养条件分述之。

一、收养成立的实质要件

（一）收养人应具备的条件

根据我国《收养法》第6条的规定，收养人应该具备的条件有以下几方面：

1. 收养人必须无子女。这是收养人可以收养子女的前提条件，也是收养人收养子女必须具备的条件。具体要求是收养人须无婚生子女，也无非婚生子女，同时亦无其他养子女，这是由我国计划生育的基本国策所决定的。但同时收养法也针对特定情况下的收养作了例外规定。即针对特殊情况将这一条件给予适当地放宽，以体现收养法的伦理性之属性。同时，例外规定还表现为针对特殊情况将这一条件的适用予以取消，以符合儿童福利发展之要求。

《收养法》对收养人的这一要求是收养关系成立并有效的实质要件之一，也是使收养关系受法律保护的必备要件之一。如果收养人违反了这一要求，其所要承担的后果是收养关系不受法律保护。但同时值得注意的是，《收养法》对此缺乏相应的法律规定，处理时应否对于收养人的违反计划生育要求的行为有相应的处罚等，收养人具体承担怎样的法律责任，这不仅关系到收养人本人，还关系到被收养人、送养人的利益，因为不受法律保护的背后，会涉及到有关当事人的过错、赔偿以及未成年人生活的平稳过渡等，立法对此应给予必要的关注。

2. 有抚养教育被收养人的能力。现代收养制度之宗旨一般主要表现为“为子女之收养”。这在很多国家的收养法中均可得到证实。我国亦不例外。收养人有抚养教育被收养人的能力，是实现“为子女之收养”目的的重要保障，也是收养人所应具备的最重要的条件。就收养人的抚养教育的能力，理解上应该包括三个方面：

（1）经济方面的负担能力，要求收养人应该具有稳定的经济收入及为抚养子女所具备的相应的物质条件。

（2）收养人的思想道德品质应符合抚养教育子女的要求，这实际上对于子女的健康成长更具有深层次的意义。

（3）收养人应具备抚养教育子女的身体条件，即不但要求身体健康（这在《收养法》中已被规定为必备条件之一），更要求收养人必须是完全民事行为能力人。从收养行为的性质上看，无行为能力人或限制行为能力人不具备实施收养行为的能力，因其本人不能从事相关的民事活动，需要监护人对其人身和财产给予监督和保护。显而易见，这部分主体不具备承担抚养教育被收养人责任的能力，只有完全行为能力人才能够对养子女的抚养教育提供有效的支持和保障。行为能力的有无是判断收养人是否具备抚养教育养子女能力的前提条件，也是收养关系成立并有效的实质要件。

3. 未患有医学上认为不应当收养子女的疾病。身体未患有医学上认为不应当抚养子女的疾病，应理解为该疾病是对养子女的健康严重不利和对收养人承担抚养教育义务严重不利的疾病，这既是出于保护未成年的养子女的利益着想，也是为收养人自身利益的考虑。该条规定是《收养法》经修订之后对收养人所增加的一项要求，至于哪些疾病属于医学上认为不应当收养子女的疾病，法律未作出更具体详细的规定，亦缺乏相应的司法解释，故适用时应结合以上所述，考虑如何使未成年的养子女的利益最大化，并结合当地有关医疗卫生组织的证明和其他相关部门的意见办理。

4. 年满30周岁。一方面由于收养产生拟制的父母子女关系，另一方面为保障未成年的养子女得到更好的照顾和保护，收养人的抚养教育的能力则显得极为重要，二者相结合，30周岁是一个较为适宜的年龄，符合我国的国情。

需要注意的是，收养人须“年满30周岁”的规定，只适用于有配偶的收养人和无配偶的女性收养人。至于无配偶的男性收养者，《收养法》则出于伦理道德的考虑和保护未成年的女性被收养人的需要，对收养者的年龄作出了特别规定。《收养法》第9条规定：“无配偶的男性收养女性的，收养人与被收养人的年龄应当相差40周岁以上。”

5. 有配偶的收养人须夫妻双方共同收养。该条强调收养人有收养子女意愿的重要性，如果夫妻双方只有一方同意收养，则收养关系只对该方有效，与另一方不发生收养关系。《收养法》第10条第2款规定：“有配偶者收养子女，须夫妻共同收养。”

（二）送养人应具备的条件

根据现行《收养法》的有关规定，可以作为送养人的不仅有公民，还有相关组织或机构。送养人不同，法律对其的要求也不同。可以作为送养人的，有下列人员和单位：

1. 孤儿的监护人。对孤儿的收养体现了现代收养制度的本意。收养孤儿，必须经其监护人的同意；而监护人的确定，则须依法进行。根据《民法通则》第16条之规定，孤儿的监护人，依次可以是有监护能力的祖父母、外祖父母；兄、姐；其他关系密切的亲属、朋友。无上述监护人的，由相关组织或单位担任监护人，包括未成年的孤儿父、母生前所在的单位或孤儿住所地的居民委员会、村民委员会或者民政部门。

《收养法》对监护人送养孤儿的，在第13条中作了限制性规定："监护人送养未成年孤儿的，须征得有抚养义务的人同意。有抚养义务的人不同意送养、监护人不愿意继续履行监护职责的，应当依照《中华人民共和国民法通则》的规定变更监护人。"在能够担任孤儿监护人的主体范围内，有负担能力的孤儿的祖父母、外祖父母、兄、姐对其负有抚养义务。

2. 社会福利机构。社会福利机构主要是指针对符合条件的未成年人给予收容、养育的社会福利院；而同时，社会福利院也在实际上承担着对这些符合条件的未成年人的监护职责。符合条件的未成年人，主要指的是孤儿和查找不到父母的弃婴、儿童。

当收养人要求收养孤儿或查找不到父母的弃婴、儿童时，社会福利机构作为送养人，其实施送养时，应当对将被送养的弃婴、儿童的父母进行公告查找，如确实查找不到，在对收养人进行严格审查后，符合收养条件的，进行送养并登记备案；送养孤儿时，亦应对收养人进行严格地审查，并登记备案，严防出现损害这部分未成年人利益的情形。

在对这部分未成年人的送养中，社会福利机构在保障未成年人利益方面的职责，应是"预防"大于"补救"，对此，有关法律和部门规章应该严格规范社会福利机构在送养过程中的行为，并建立起相应完善的规章制度，最大限度地保护孤儿和查找不到父母的弃婴、儿童的合法权益。

3. 生父母。生父母可以作为送养人将子女送养他人，但有严格的条件限制。具体表现为以下几点：

（1）父母须有特殊困难无力抚养子女的。这一条的本意在于抚养子女是父母必须履行的义务，不得推诿，否则，造成未成年子女利益损害的要承担相应的法律责任。但是，如果父母确有特殊困难，无法承担起对子女的养育责任，则《收养法》允许父母以此为理由将子女送养他人，保障子女能够得到切实而有益的帮助，同时解决生父母所处的生存困境。"特殊困难"的认定，应该由相应的组织或机构予以证明。

（2）生父母双方均健在的，须双方共同送养。亲子关系是具有人伦亲情的法律关系，具有特殊性，在送养子女意愿的表达上，须尊重父母双方的意愿，只有一方同意送养的，该意思表示无效，即不能据此而与收养人达成收养协议。即使收养关系成立并由此进行了收养登记，未同意送养的另一方也可以主张收养关系无效。对此，《收养法》第10条第1款明确规定："生父母送养子女，须双方共同送养。"

（3）父母双方虽均在世，但不具备完全民事行为能力的。此种情形之下的父母显然不具备实施送养行为的能力，当然不能作为送养人，也不能作为子女的监护人。而作为子女监护人的其他亲属或组织，此时不得将子女送养他人而免除自己的监护职责，除非父母对子女有严重危害的可能时，为了未成年子女的切身利益，该监护人可将子女送养。

（4）父母一方不明或查找不到，或死亡的，另一方作为送养人时可以单方送养。这种情况下，显然要取得双方同意送养的意愿是不现实的，也是不可能的，因此《收养法》考虑到实际情况而作出了相应的变通规定，"生父母一方不明或者查找不到的可以单方送养"。只是在父母一方死亡的情况下生存一方送养子女时，《收养法》赋予了"死亡一方的父母有优先抚养的权利"，旨在尊重亲属关系所具有的伦理性，也更符合家庭关系中的亲缘性质。

（三）被收养人应具备的条件

现行《收养法》对于被收养人所作的规定，除了有年龄方面的限制以外，对于何种境况下的未成年人可以被收养，法律也作了相应地规定。根据《收养法》第4条的规定，有以下情形的未成年人可以被收养：

1. 年龄在14周岁以下的。我国《收养法》只承认对未成年人的收养，而根据现行民事立法的界定，未成年人的范围是18周岁以下的所有未成年主体，《收养法》对于可以被收养的未成年人只限定在其中的14周岁以下的群体，是考虑到拟制亲子关系的建立，除了依靠法律的保障外，更主要的还有当事人之间的亲情建立和建立的最佳时机。法律无法保障没有亲情的人之间关系的长久，年龄越小，对于亲情的培养就更有利。故14周岁以下的界定是较为合适的年龄段。需要注意的是，该年龄的规定，是所有符合其他条件的被收养人均适用的条件，也就是说，符合年龄条件是可以被收养的前提条件，也是收养关系成立并有效的实质要件。

2. 丧失父母的孤儿。根据我国民政部的《关于在办理收养登记中严格区分孤儿与查找不到生父母的弃婴的通知》（1992年8月11日）中对孤儿的界定，孤儿系指其父母死亡或人民法院宣告其父母死亡的不满14周岁的未成年人。这部分主体作为被收养的对象，显然更符合现代收养制度之本意。

3. 查找不到生父母的弃婴和儿童。作为被收养对象的弃婴和儿童，是指被父母遗弃的初生儿和其他不满14周岁的未成年人，由于被遗弃，其父母又无法查找到，原则上社会福利机构负有照顾和养育的职责，但从未成年人的身心健康角度讲，这不是最佳的抚养模式，加之社会福利机构受资金、人员、力量等因素所限，无法保障每个受照顾的未成年人都能享受到如同父母、家庭般的照顾，允许符合条件的收养人对其进行收养，是对其利益的最大维护。需要注意的是，这部分未成年人在被收养时，必须是以其父母确实查找不到为必要。

4. 生父母有特殊困难无力抚养的子女。未成年的子女一般是由生父母抚养和照顾，这是父母的义务，也是子女享有的受父母抚养教育的权利。但是，由于父母的特殊困难导致无法履行这一义务时，直接受损害的是未成年的子女，此时允许将处于不利生存状况的子女送养他人，体现了收养法保护未成年人权益的精神实质。只是在适用时应注意把握：何谓“有特殊困难”，何种程度导致“无力抚养”，这一界限的把握在于防止出现送养、收养是假，规避法律是真的现象发生，真正损害未成年子女的利益，这与立法的初衷是严重违背的。

（四）收养合意的达成

收养合意的达成，主要是指收养行为的当事人及该行为所涉及的利害关系人就有关收养、送养、被收养等事项达成一致的意向，而且必须是自愿达成，以使收养行为能够成立并使收养关系产生而有效。这体现了民事领域自治权的重要性，同时也强调了拟制亲子关系的建立，必须是在相互尊重的基础上，才有可能培养出真实的感情，只有这样，才可能真正符合当事人的利益和实现其所要达到的目的。对此，《收养法》第11条明确规定：“收养人收养与送养人送养，须双方自愿。收养年满10周岁以上未成年人的，应当征得被收养人的同意。”

上述四个方面是根据现行《收养法》规定的“收养关系的成立”一章中，从收养关系成立并有效的实质要件方面加以考察所得出的结论，这是收养关系成立并有效的必备条件。此外，实践中由于收养情形的复杂性，一律适用上述条件而毫无变通之情形的话，既不符合实际，更不符合收养中之伦理亲情。故《收养法》在作出统一适用的条件规定之后，又针对特殊情况下之收养作了特别规定。这些规定之所以特别，主要表现为对上述收养条件的适用予以放宽。具体见该节中第六部分的内容，此处从略。

二、收养成立的形式要件

收养的形式要件，实际上就是为使收养关系成立并有效所必须履行的程序。根据现行《收养法》第15条之规定和民政部1999年颁布的《中国公民收养子女登记办法》（以下简称《收养登记办法》）之相关规定，收养关系是自登记之日起成立，并受法律保护。

《收养法》和有关登记办法的颁布和实施，使得收养登记程序及其效力得到进一步明确和强化，统一了收养程序上曾经存在的多头状态，对于实践中判断收养关系是否成立并有效提供了简明而易行的判断标准。具体讲，收养关系的成立所应履行的程序是：

（一）收养登记

收养必须办理收养登记，“收养关系自登记之日起成立”。收养是一种要式法律行为，其登记作为必须具备的形式要件，这在《收养法》中得到体现。收养登记具有法律意义，是判断收养是否成立并有效的直观条件，履行了收养登记手续的，则收养成立并有效，收养关系受到法律的保护；如果未履行登记程序，则即使符合其他收养条件，也不受法律的保护。对此，《收养法》第 15 条作了明确的规定。此外，根据收养对象（被收养人）境况的不同，在办理收养登记时具体的程序要求上稍有不同，如对弃婴等的收养登记程序要求事先予以公告等。与此同时，该条在肯定登记效力的基础上规定，“收养关系当事人愿意订立收养协议的，可以订立收养协议”；当事人一方或双方“要求办理收养公证的，应当办理收养公证”，即收养协议、收养公证可以依当事人的意愿作为收养的形式要件，但是该“协议”和“公证”并不具有使收养关系成立并受法律保护的效力，更不能取代收养登记。

收养登记须由一定的机关依一定的程序进行，根据《收养法》和《收养登记办法》的有关规定，收养登记过程中须注意的事项如下：

1. 收养登记的机关。办理收养登记的机关应当是县级以上人民政府民政部门，其管辖是根据常住户口所在地或者组织机构所在地的民政部门，一般是以送养人或者被收养人及其父母的常住户口所在地或机构所在地的登记部门为准，以方便查找和调查取证，有利于保护收养关系当事人及相关利害关系人的合法权益。具体有以下情形：

（1）收养社会福利机构抚养的查找不到生父母的弃婴、儿童和孤儿的，在社会福利机构所在地的收养登记机关办理登记。

（2）收养非社会福利机构抚养的查找不到生父母的弃婴和儿童的，在弃婴和儿童发现地的收养登记机关办理登记。

（3）收养生父母有特殊困难无力抚养的子女或者由监护人监护的孤儿的，在被收养人生父母或者监护人常住户口所在地（组织作监护人的，在该组织所在地）的收养登记机关办理登记。

（4）收养三代以内同辈旁系血亲的子女，以及继父或者继母收养继子女的，在被收养人生父或者生母常住户口所在地的收养登记机关办理收养登记。

2. 收养登记的程序。

(1) 申请。根据《收养登记办法》的有关规定，登记机关在办理收养登记时，应注意其申请登记人应当是收养关系当事人本人；如果收养人一方有配偶，则须夫妻双方共同到场，如确有原因不能到场，则必须以书面形式委托另一方办理登记手续，且该委托书应当经村委会或居委会加以证明，或者经过公证。

在申请办理收养登记时，收养关系的当事人应当向登记机关递交有效的证明材料。当事人不同，要求递交的材料也不同，收养人一般是根据其所应具备的法定条件而递交相应的、证明其符合条件的材料；对于送养人来讲，根据送养人的不同，要求上也有差异，对此，收养登记办法中作了较为具体明确的规定。这一要求的目的在于使收养关系当事人的利益得到切实的保障，以防出现虚假身份下的虚假收养以及其他规避法律的行为，防止监管上的漏洞，损害当事人乃至社会公共利益。

(2) 审查。这是收养登记工作中的核心环节，直接关系到对当事人权益的保护是否恰当、及时和有效，也关系到我国收养法能否得到正确的贯彻和实施。

收养登记机关在收到当事人提交的收养申请及有关的材料以后，应当认真、及时地予以审查，以确定其是否符合要求，依《收养登记办法》的规定，审查期限为30天，具体为登记机关应当在收到材料后的次日起30日内进行审查，并做出是否准予登记的决定；对于收养的是查找不到生父母的弃婴和儿童的，登记机关在准予登记前须发布查找其生父母的公告，公告期限为60日，且不计入在登记办理期限之内（即30日）。

收养登记机关在审查时，本着认真、负责的精神，注意从以下方面进行：①根据《收养法》所规定的条件，对于收养关系的当事人进行“合法性”审查；②对于当事人所递交的证明材料的真实性进行审查，看有无弄虚作假、隐瞒和欺诈等违法行为，切实维护相关当事人的合法权益。

(3) 登记。收养登记机关经上述审查之后，对于符合《收养法》规定的条件的，应为其办理收养登记，并发给收养登记证，收养关系自登记之日起成立；对于不符合条件的，不予登记，并对当事人说明理由。收养登记证是有关当事人办理户口登记或者户口转移的有力依据，有关户口登记机关应当应其请求依法为其办理。

（二）收养程序的演变及收养登记的意义

收养关系的成立须以登记为准，对此，收养法作出了明确的规定，登记是法定的收养关系成立的形式要件，缺少登记的环节，收养关系便无从发生。

对于收养登记的法律确认，是我国收养实践长期经验积累的结果，进行收养登记，不仅便于国家的监督和管理，更有利于对当事人合法权益的保护。

收养关系的成立，需要具备何种形式或履行何种程序，在新中国成立后至今，经历了不同的发展阶段：

1. 第一阶段——1992 年 4 月 1 日《收养法》正式实施之前。这一阶段由于缺乏统一的适用标准，收养的形式要件基本上是各地区、各部门根据具体情况给予较为灵活而多样的形式要求，甚至在有些地方无需办理任何手续，以至于在对待收养问题上，只要有收养的事实，即可按收养对待而受到法律的保护，如事实收养即是如此。

2. 第二阶段 ——1992 年 4 月 1 日《收养法》正式实施之后至其修订之前。这一时期，在收养关系的程序上，依《收养法》的规定，收养关系的成立须有一定的形式要件，只是形式要件并不是完全统一的，有三种形式或程序：特定情况下的收养的登记程序；一般情况下的收养的双方书面协议或公证的程序；涉外收养的公证加登记的程序。这时虽然已经在形式上有了较为严格的要求，而且从形式要件规定的精神上看，也已否定了事实收养的法律效力，但依旧不统一，而且不便于对收养关系的监督和管理，特别是在对当事人的有关维权方面适用法律时，存有诸多不便和不利因素。

3. 第三阶段——1998 年 11 月 4 日《收养法》修订之后至今。这一时期，收养的形式要件有了更加明确而统一的规定，进一步明确了收养登记作为收养关系成立的必备条件，而且明定了收养关系的成立时间是自登记之日起，非经登记，收养关系不得成立。特别是 1999 年 5 月 25 日民政部的《收养登记办法》颁布实施之后，进一步强化了收养必须登记的法律意识。从对登记效力的规定上可以看出，事实收养被完全否认。

收养关系一经登记便产生法定的效力，对于收养关系当事人均具有拘束力，非经法定程序不得随意解除，表明收养登记是收养必须履行的法定必经程序。

三、特定情况下收养条件的放宽适用

关于特定情况下收养条件的放宽适用，是指收养法根据具体情况对于有关收养条件的适用所作的特别规定，这几种特别的规定在收养法中主要有以下几种：

（一）关于收养三代以内同辈旁系血亲的子女的规定

我国《收养法》第 7 条规定："收养三代以内同辈旁系血亲的子女，可以不受本法第 4 条第 3 项、第 5 条第 3 项、第 9 条和被收养人不满 14 周岁的限制。"按此规定，对于该种情况下收养关系成立条件的适用予以放宽，具体应注意以下几点：

1. 从该条款适用的对象上看，收养人和送养人之间须是三代以内的旁系血亲，即相互间的亲属身份或者是同胞兄弟姐妹，或是堂、表兄弟姐妹；被收养

人则是该部分亲属的子女。也就是说，收养侄、甥辈的子女（包括堂、表侄、甥）为养子女时，可予以放宽收养条件的适用。

2. 送养人不必受“生父母有特殊困难无力抚养”的限制，即生父母此时没有困难，且有抚养能力，依然可以作为送养人而送养子女，原因在于相关当事人之间本就存在着特殊的亲属关系，法律如此规定，有利于养父母子女之间情感的培养，有利于被收养人的抚养教育和家庭关系的和睦与团结。

3. 收养人在收养自己的侄、甥辈子女（包括堂、表侄、甥）时，即使是未婚的男性收养女性的，亦不受收养人和被收养人的年龄应当相差40周岁以上的限制。

4. 被收养人的年龄可以不受未满14周岁的限制。值得注意的是，由于我国立法本意不承认成年收养，即成年人不能作为被收养的对象，故应将此限制理解为仅扩大到18周岁以下的未成年人较为适宜。

但是不容忽视的是，如果收养人和被收养人的辈分差异相当，年龄相差又符合父母子女的标准，虽然此时被收养人已年届成年，由于其与收养人本身就有的亲属身份，是否严格禁止收养，这在理论上还需进一步探讨。

还需说明的是，如果是“华侨收养三代以内同辈旁系血亲的子女”的，除了不受上述限制以外，“还可以不受收养人无子女的限制”。

【案例】　吴某（女）16岁，父母去世后无其他近亲属，吴某的舅舅孙某（50岁，离异，有一个19岁的儿子）提出愿将吴某收养。孙某咨询律师收养是否合法，请问你作为律师该如何答复？为什么？

（二）关于收养孤儿、残疾儿童、查找不到父母的弃婴、儿童的规定

当这部分主体作为被收养的对象时，收养法也给予了相应适当条件的放宽，即收养人不受无子女和收养一名的限制。该条规定的旨意在于鼓励社会对于本就处于弱势地位的未成年人给予爱心和关注，特别是在其遭受一定的亲情变故之后，处境更加恶劣的境况下，通过收养给予其温馨的家庭生活和父母的照顾，这种爱心的普照所惠及到的未成年人的人数越多越好，不限制养子女的人数也是符合情理的。需要注意的是，收养人此时应具备的收养条件，仅仅是不受“无子女”和“收养一名”的限制，但其他收养条件应当完全具备，否则难以实现收养法该条规定的立法本意。对此应该严格把握，严防打着爱心的旗号，以收养残疾儿童、孤儿等为名，博取社会的同情而敛财、严重损害未成年人利益的违法行为的发生，坚决杜绝损害社会公众利益的行为。

（三）关于继父母子女间收养的规定

继父母子女间的关系较为特殊，在一般情形下，双方无权利义务关系，只有在形成抚养教育关系的条件下才产生父母子女的权利义务关系。在此前提下，继子女的身份有时还会是双重的，而双重身份的继子女与继父或继母之间又容易产生权利义务的相互推诿，使得家庭关系产生不稳定因素，不利于家庭成员义务的履行和权利的保护。为了明确相互间权利义务关系，建立和睦、稳定的家庭关系。对此《收养法》第 14 条规定："继父或者继母经继子女的生父母同意，可以收养继子女，并可以不受本法第 4 条第 3 项、第 5 条第 3 项、第 6 条和被收养人不满 14 周岁以及收养 1 名的限制。"

四、收养的效力

收养的效力，即收养关系依法成立后所产生的法律后果。所涉及的范围不仅是在收养关系的当事人之间，也在其他有利害关系的人之间产生影响。这种后果是法律预先指明并予以强制性规定，当事人不可以通过协议而任意改变的。

我国《收养法》在其第三章中专门对"收养的效力"予以规定。根据该规定，收养产生的效力应首先发生于养父母与养子女之间、养子女与养父母的其他近亲属之间；之后才是考虑该效力对于养子女与其生父母及其他近亲属之间的关系所产生的影响，这也是收养效力的表现，被称为"收养的解销效力"或"收养的消极效力"。[1] 具体来讲，收养的效力有以下方面：

（一）对养子女与养父母产生的效力

《收养法》明确规定：自收养关系成立之日起，养父母与养子女之间的权利义务关系，适用法律关于父母子女关系的规定。意味着收养关系一经合法成立，养父母与养子女之间即产生拟制亲子关系，其与自然血亲的亲子关系具有相同的法律意义，表现在有关抚养、赡养、相互继承等方面，两者的法律意义完全相同，如果说有差异的话，也只是生物学上的差异。即在自然的血缘联系方面，拟制血亲的亲子关系之间不具有生物学意义上的血缘联系，只是具有法律上的关系，即相互间的权利义务关系，这也是拟制血亲产生的目的所在。对此，《收养法》第 23 条第 1 款规定："自收养关系成立之日起，养父母与养子女间的权利义务关系，适用法律关于父母子女关系的规定。"

（二）对养子女与养父母的其他近亲属产生的效力

养父母的其他近亲属，包括养父母的父母、养父母的其他子女等。因为亲属关系是一个巨大的人际关系网络，收养关系成立之后，养子女与养父母亲属间的家庭人际关系相继产生，对于这种亲属关系的忽视，无疑割裂了家庭中固

---

〔1〕 杨大文：《亲属法》，法律出版社 2004 年版，第 259 页。

有的伦理关系，与亲属法、收养法之伦理性不相符合，不利于家庭关系的有序和稳定。故《收养法》在“收养的效力”一章中，明确规定：“养子女与养父母的近亲属间的权利义务关系，适用法律关于子女与父母的近亲属关系的规定。”由此看来，养子女与养父母的父母产生养祖孙关系，适用婚姻法关于祖孙间抚养、赡养的规定和继承法关于祖孙间继承问题的有关规定；养子女与养父母的其他子女之间产生养兄弟姐妹的关系，就有关相互间的扶养、继承顺序等的法律适用，与非收养情况下的同胞兄弟姐妹间的法律适用相同。

（三）对养子女与生父母及其近亲属间产生的效力

此种效力的法律规定，依不同国家法律规定的不同而有差异。一般来讲，根据立法中规定的是完全收养还是不完全收养而对该效力有不同的规定。完全收养，意味着养子女身份的单纯性，即只和养父母产生亲子关系，而与生父母间的关系随着收养的成立而终止；不完全收养，则意味着养子女身份的双重性，即与养父母和生父母均保持着一定的权利义务关系，只在姓氏上做出改变，亲权及财产管理权原则上转归养父母。[1]

我国《收养法》中实际上只承认完全收养，即收养关系一经成立并生效，养子女与其生父母及其他近亲属间的权利义务关系随之终止，不再具有法律意义上的亲属关系，此时，养子女与生父母及其他近亲属之间除只具有自然的血缘联系外，别无其他亲属法律关系。对此《收养法》第23条第2款规定：“养子女与生父母及其他近亲属间的权利义务关系，因收养关系的成立而消除。”该规定对于明确养子女的亲属身份和相应的权利义务等具有积极意义，同时对于维护和稳定收养关系及其当事人的合法权益，避免不必要的纠纷起到了很好的防范作用。

需要注意的是，养子女与生父母及其他亲属间的自然血缘联系是客观的、无法终止的，因此法律有关禁止近亲结婚的规定依旧在这部分主体间加以适用。

（四）关于养子女的姓氏问题

《收养法》根据平等、自愿的原则，在养子女的姓氏问题上，本着充分尊重当事人意愿的精神，规定了养子女可以随养父的姓氏，也可以随养母的姓氏，还可以经当事人协商一致保持原姓氏。

姓氏问题看似简单，实则所蕴含的意义值得重视。从我国《收养法》的实质内容来看，该法采取的是只承认完全收养，而没有规定不完全收养的内容。这对于稳定家庭关系是有积极意义的。就养子女姓氏问题上“可以保留原姓”的规定，是在充分考虑到实践中养子女的境况和收养的实际情况所作的具有一

[1] 史尚宽：《亲属法论》，中国政法大学出版社2000年版，第623页。

定针对性的规定，其可操作性较强。但是，这与收养产生拟制血亲的本质具有不符之处，如何平衡和调整这一矛盾，有待进一步考察和研究。

（五）关于无效收养的认定

无效收养的认定应是以我国《民法通则》关于法律行为的有效条件和《收养法》对于收养关系的成立所设定的条件为标准，具体应以《收养法》规定的条件为衡量标准，包括实质方面和形式方面的条件。因为收养行为属法律行为的一种，《收养法》所设定的条件与《民法通则》规定的精神相一致，可以说《收养法》关于“收养关系的成立”的条件的规定是《民法通则》有关法律行为有效条件的规定在收养领域加以具体适用的结果。但毕竟收养领域中收养行为和收养关系相较于民事领域中其他的法律行为及民事法律关系有其特殊性。以此衡量，对于符合《收养法》规定的条件，则产生收养的法律效力，收养关系受法律保护；对于不符合收养条件的，则不产生收养的效力。

《收养法》第25条第2款中，就有关收养行为无效的认定程序，只规定了诉讼程序，即“收养行为被人民法院确认无效的，从行为开始起就没有法律效力”。值得注意的是，从民政部的《收养登记办法》第12条的规定中可以看出，收养的无效也可依行政程序由登记机关确认，该条规定：“收养关系当事人弄虚作假骗取收养登记的，收养关系无效，由收养登记机关撤销登记，收缴收养登记证。”但是在具体操作中，当事人或利害关系人一般多以诉讼程序请求确认无效，法院具体审理时其规范性较强；而对于登记机关如何确认收养关系的无效，则无相应具体的、可操作的规范。

第三节　收养关系的解除

收养关系的解除，是收养关系终止的原因之一，是收养关系基于人为因素而终止。除此之外，因当事人死亡而导致收养关系的终止，这是基于客观因素而终止的情形，在理论上尚存有分歧。终止的情形不同，所导致的后果亦有所差异。本节主要是就收养关系因人为因素的解除及其后果予以讲解，而对于因死亡而终止的，与自然血亲关系因死亡所产生的法律后果无异，故此处从略。基于解除而终止收养关系的，根据《收养法》的规定有方式两种：一种是双方通过协议而解除；另一种是应一方要求而解除。

一、双方通过协议而解除

（一）双方协议解除的条件

收养关系是拟制血亲关系，它是在尊重相关当事人意愿的基础上得以产生的，同样也可以基于相关当事人的意愿而解除。解除意愿的达成，其当事人可根据被收养人是否已成年而有所不同。

1. 解除与未成年养子女的收养关系。

(1) 需要强调的是,《收养法》明确规定,当被收养人属于未成年人时,收养人不得解除收养关系,其旨在防止未成年的养子女的权益受到损害。但收养关系毕竟是拟制的血亲关系,如果收养人确有解除的原因和意向,而法律又强制其维持收养关系,则势必造成未成年的养子女利益的更大损害,与收养法意图保护其合法权益的初衷背道而驰,这不符合收养人、被收养人的正当利益,所以,《收养法》又作了平衡性的规定:收养人、送养人双方达成解除协议的除外。

(2) 需要明确的是,此时收养解除协议的达成须由收养人和送养人进行,即收养人和送养人是收养协议解除的当事人,而未成年的被收养人不属于协议解除的当事人。但是,如果被收养人是年满10周岁以上的未成年人时,在协议解除收养关系时,应当征得该被收养人的同意。

(3) 协议解除收养关系的,《收养法》未对此加以特别的限定理由。也就是说,收养人和送养人只要就解除收养关系的意见达成一致,即符合协议解除的条件。在协商解除的过程中,收养人或送养人均可作为主动方提出解除要求,一般法律上没有特别限制,只是何方作为主动方提出解除的请求对于收养人能够获得的在收养期间所付出的劳动及相关费用的补偿会有一定的影响。

2. 解除与成年养子女的收养关系。这时解除协议的达成无需其他人参与,该协议的当事人只能是收养人和已经成年的养子女;双方就有关解除收养关系的事项达成一致,即符合双方协议解除的条件。对此《收养法》第27条明确规定:养父母与成年养子女关系恶化、无法共同生活的,可以协议解除收养关系。不能达成协议的,可以向人民法院起诉。《收养法》就双方协议解除的原因也未加以特别限制,依旧是在尊重双方意愿的基础上对解除行为加以规范而已,无需特别限制。

(二) 双方协议解除收养关系所适用的程序

双方协议解除收养关系,即使协议达成也还须办理解除收养关系的登记,才能使解除收养的协议产生相应的法律效力。

收养是法律行为,虽然意思表示是法律行为的核心要素,要想使其产生相应的法律后果,实现当事人所追求的效果,合法性是其根本的保障,也就是说,合法性是法律行为有效的根本条件。收养关系的协议解除,也必须依法进行,否则,不发生解除的法律后果。对此,《收养法》第28条规定:当事人协议解除收养关系的,应当到民政部门办理解除收养关系的登记,登记后,双方收养关系终止。

（三）双方协议解除的后果

1. 养子女与养父母的关系。收养解除一经登记之后，双方不再是养父母子女关系，养子女与养父母及其他近亲属间的亲属关系终止，即养子女与养父母及其他近亲属间不再具有权利义务关系。无论养子女是否已经成年，收养关系都随之终止。

2. 收养关系解除后养子女与生父母关系的确定。

（1）未成年的养子女与生父母的关系随着收养关系的终止而自动恢复，无需履行任何手续；与生父母的其他近亲属间的权利义务也即行恢复。这是《收养法》保护未成年人合法权益不受侵害的必要举措，也是合理举措，不仅符合亲缘关系的本性，也是现代收养法“为子女之收养”宗旨的一种体现。

（2）已成年的养子女与养父母间收养关系解除后，与生父母间的关系是否恢复，取决于成年养子女与生父母间恢复的意愿是否达成一致。如果双方经协商一致同意恢复，则成年养子女与生父母间具有权利义务关系，同样，与生父母的其他近亲属间也具有相应的权利义务关系；如果双方就恢复亲子关系未达成共同意愿，则成年养子女与生父母及其他近亲属间不具有相应的权利义务关系。

3. 因收养关系的解除所产生的经济补偿的情形。

（1）当养子女属未成年人时，双方解除收养关系的，就养父母在收养期间付出的劳动和经济上的损失，是否予以补偿的问题，根据收养人是否主动提出解除的请求及解除的原因而有所不同，主要有：①如是收养人提出解除收养、送养人同意的，收养关系解除时送养人对收养人在收养期间的付出可不予补偿，但是，解除的原因如是可归咎于送养人的过错的，则可例外；②如是送养人提出解除收养、收养人同意的，则收养关系解除时，送养人须对收养人在收养期间为养子女的付出予以经济补偿，而且，收养人就该经济补偿有权向送养人提出，补偿的标准，可参照当地的生活水平、养父母的实际支出，以及其他因素综合考虑；但是，如果送养人提出解除收养关系的原因是基于养父母虐待、遗弃未成年的养子女的，则养父母同意解除时，无权要求对其在收养期间的支出进行经济补偿，即使提出该要求的，送养人也有权拒绝。

（2）当养子女经由养父母抚养至成年时，双方协议解除收养关系的，根据双方是否有过错而对于养父母的经济补偿有所不同。在一般情形下，双方协议解除收养关系后，成年的养子女还应对缺少经济来源的养父母提供生活费，该生活费根据当地生活水平、养父母的实际需要和养子女的负担能力酌定；特殊情况下，如果是养子女成年后虐待、遗弃养父母而导致解除收养关系的，除上述生活费的给付外，养子女还应就养父母在收养期间为其支出的抚养费、教育费、医疗费等，对养父母给予补偿，养父母亦有权向该成年的养子女提出补偿的请求。

二、一方要求的解除

（一）一方要求解除的原因

收养关系成立后应维护其收养的稳定，除双方协议解除的以外，一方要求解除的，《收养法》规定了一定的理由，包括两个方面：

1．收养人有抚养能力但不履行抚养义务，有虐待、遗弃等侵害未成年养子女合法权益行为的，送养人有权要求解除收养关系，与收养人意见不一致的，可向人民法院起诉。《收养法》第26条对此作了明确的规定。

2．养父母与成年养子女关系恶化，无法共同生活，双方又不能达成一致解除收养关系的协议的，一方可据此向有关机关提出解除收养关系的请求。

（二）一方要求解除的程序

一方要求解除收养关系的请求，在未与对方达成协议的情况下，可通过诉讼程序向人民法院起诉。人民法院在审理该纠纷时，根据事实和法律作出相应的裁决，或者是维持合法有效的收养关系，或者是依法解除收养关系。对于解除收养关系的裁决方式，有可能是以调解的方式结案，也有可能是以判决的方式结案。无论是调解结案，还是判决结案，其相应的调解书和判决书，具有相同的法律效力，收养关系自解除收养的调解书或判决书生效之日起解除，双方不再具有相应的亲属身份和权利义务关系。依此程序解除收养关系的，当事人无需再办理解除收养关系的登记。

人民法院作出的调解书或判决书应当对有关收养的一切相关事宜都给予妥善地处理，并在相应的法律文书中加以体现，以避免新的不必要的纠纷发生，增加诉累；这也是法院处理民事案件，特别是家庭纠纷案件所必须关注到的问题。

（三）一方要求解除的后果

人民法院的解除收养关系的法律文书发生法律效力时，在有关当事人之间随即产生相应的法律后果。具体后果的表现，与双方协议解除的后果相同，此处不再赘述。只是人民法院对其相应的后果在法律文书中应当予以明确指明，以便于双方的履行，稳定权利义务关系。

【小结】

1．收养是公民依法领养他人子女为己子女的法律行为；是发生在非直系血亲关系之间的、具有改变亲属身份特性的行为；须依法为之。

2．收养关系成立并有效的条件，根据《收养法》的规定，分为实质要件和形式要件；实质要件中，依相关参与主体的不同，其应具备的条件也不同，具体有收养人、送养人、被收养人；其分别应具备的条件《收养法》有明确的规定。

3. 收养条件在特定的情况下可以适当放宽，即为特殊收养。

4. 收养产生拟制血亲的亲子关系。

5. 因收养产生的拟制血亲，可以解除。解除分双方协议解除和一方要求的解除。

【思考题】

1. 如何理解我国收养关系的成立条件？

2. 收养关系的终止和自然血亲的亲子关系的终止有何不同？

第10章 扶　养

【**提示要点**】扶养制度的存在和发展与伦理道德密不可分。亲属之间应当相互扶持，使生活能力欠缺的亲属能够得到经济上的供养和生活上的扶助。实现对弱者利益的保护是基本的伦理道德要求，也是扶养制度设计的目的所在。本章的基本内容主要包括扶养的概念、特征和分类，扶养制度的演进，扶养的范围和顺序，扶养的成立、变更和终止，扶养关系立法的完善。对本章的学习需要从扶养制度设计的根本目的出发，掌握扶养制度的基本内容，并联系第六章（夫妻关系）中夫妻间扶养义务的内容进行全面理解。

第一节　概　述

一、扶养的概念

扶养是一定范围的亲属相互之间承担供养和扶助义务的法律关系。履行扶养义务的人为义务人，享有为他人所扶养之权益的人为权利人。

根据扶养权利人和义务人的年龄、辈分的不同，我国法律将扶养分为抚养、赡养和扶养。抚养是就长辈对晚辈而言，主要指父母对未成年子女的供养义务；赡养是就晚辈对长辈而言，指子女对父母，孙子女对祖父母，外孙子女对外祖父母的供养义务；扶养是就平辈之间而言，指夫妻之间和兄弟姐妹之间的供养义务。但大多数国家对亲属之间的供养义务是不作区分的，统称为扶养。

扶养有广义和狭义之分。广义的扶养是指一定范围的亲属之间经济上相互供养和生活上相互扶助的法定权利义务关系。它没有亲属身份、辈分的区分，是扶养、赡养和抚养的统称。狭义的扶养是指平辈亲属之间相互供养和扶助的法定权利义务关系。显然，我国是采用了狭义的扶养概念。我们认为，对扶养作扶养、抚养和赡养的区分并不具有法律上的意义，所以以下均不作区分。

二、扶养制度的演进

人类的扶养制度大致经历了四个阶段：①原始社会以集体为中心的群体式

扶养；②以家长为中心的家族式扶养；③以扶养人为重心的夫权式、亲权式扶养；④以被扶养人为重心的保障式扶养。[1]

（一）各国扶养制度的历史发展

近现代国家对于弱者的保障所采取的方法主要有三种：①国家或地方自治团体自己负担此扶助责任；②国家以公法法规强制个人或法人负扶助义务；③司法上令个人抚养个人。英美法系国家大多采用第二种方法，以国家扶助法或救贫法等公法强制个人或法人负扶助义务。例如：英国普通法上的扶养制度不为家庭法的一部分，而为社会保障法的一部分，由贫民救济之角度加以规定，至1948年废止。1930年《救贫法》则以《国家扶助法》（National Assistance Act）代之，此法律与《国民保险法》（National Insurance Act）相辅而行，以达成社会安全政策。依据《国民扶助法》第42条的规定，家属的扶养，在男子，仅对妻与子女；在女子，仅对夫与子女负此义务；其他亲属扶助，均由国家保障之。美国各州的法律虽有出入，但大多依《救贫法》命令父母扶养子女或子女扶养父母。大陆法系国家则多采取私法上令个人扶养个人的方法，使一定近亲属负担法律上的扶养义务，惟亲属扶养制度仍不足以应付生活不能维持者之需要时，国家设有的各种社会保障制度（劳工保险、社会保险、地方自治团体之救济）才作为补充。[2]

现代亲属法上的扶养，在家庭核心化和亲属关系日益淡漠、女权运动和男女平等、人格独立和自由发展、公共福利和社会保障体系建立等多重时代因素的强力冲击下，呈现出四个必然发展趋势：①扶养权利人和义务人的范围日益缩小；②生活保持义务的地位减弱，夫妻之间的生活保持义务消退，一般扶养义务的强制属性淡化；③扶养责任的社会保障机制逐步建立，扶养方式由家庭化、亲属化走向社会化、社区化和专业化；④扶养内容此消彼长，尤其是对老年人经济供养的物质压力减轻，但精神上、情感上的扶助慰藉和生活照料凸显重要。

（二）我国扶养制度的演进

我国古代扶养制度以宗法家族制为背景，“敬宗所以收族”就有扶养的含义。随着宗法制的衰败，收族制也随之消失，但尚有祭田或族产，以其中的一部分赡赈族中贫寒孤寡之用。在一家之内只有家庭共同财产，家属不能有私财，一家老小全靠家长扶养。若祖父母、父母在，而子孙别籍异财列为十恶中不孝之一。关于其他亲属之间的供养，《唐律》规定：“诸鳏寡孤独、贫穷老疾、不

[1] 杨大文主编：《婚姻家庭法》，中国人民大学出版社2000年版，第265页。

[2] 王洪：《婚姻家庭法》，法律出版社2003年版，第295～296页。

能自存者，令近亲收养。若无近亲令乡邻安恤。”也就是说，先由亲属扶养，没有亲属的由乡邻扶养，扶养义务人并不局限于亲属。近现代社会的扶养制度以1930年中华民国《民法》亲属编的颁布作为我国婚姻家庭法从形式上由古代转向近现代的标志，但仍然带有宗族与家族生活的色彩。

新中国成立后，1950年《婚姻法》规定了家庭成员之间尊老爱幼、平等互助的扶养关系。1980年《婚姻法》增加了对祖孙关系和兄弟姐妹关系的法律调整，扩大了扶养亲属的范围，有利于发挥家庭养老育幼的功能，有利于保护老人和儿童的合法权益。

三、扶养的特征

（一）扶养具有身份属性

扶养关系是基于一定的亲属身份关系而发生的。亲属身份是扶养成立的法律事实，扶养关系是亲属身份的法律后果。我国《婚姻法》规定具有扶养关系的近亲属包括：夫妻、父母、子女、兄弟姐妹、祖孙等。非一定范围内的亲属，虽然也会发生扶养的权利义务，如基于遗赠抚养协议或基于道德义务而发生的扶养，但都不是亲属法上的扶养，而是民事扶养或道义上的扶养。

（二）扶养具有人身专属性

扶养义务虽然具有财产给付的内容，但扶养请求权具有人身专属性。在扶养关系存续期间，其为权利人和义务人的专属权利义务，不得继承、处分或抵销。

（三）扶养具有条件性

扶养以扶养义务人具有扶养能力和权利人不能维持生活而无谋生能力为条件。一定范围的亲属，如果不具备法定条件则无扶养义务。扶养义务人如果没有扶养能力或者权利人能够维持生活或具有谋生能力，不需要扶养的，则义务人不必再履行扶养义务。

（四）扶养具有相互性

亲属之间的扶养权利和义务是相互的，配偶之间、父母子女之间、祖孙之间、兄弟姐妹之间均有相互扶养的权利和义务。亲属之间的扶养在形式上是对应、对等的，权利义务具有平等性和一致性，但不具有对价的关系，不是利益交换关系。

（五）扶养具有无时效性

扶养关系不因为时效的消灭而消灭，只随亲属关系或扶养条件的消灭而消灭。扶养权利人到期不要求支付扶养费，并不是对受扶养权的放弃，只要亲属关系存续且具备扶养条件，扶养权利人就持续地享有受扶养权。

四、扶养的分类

扶养可以从不同的角度进行分类：

1. 依扶养主体间辈分不同，可分为长辈亲对晚辈亲的抚养、平辈亲之间的扶养、晚辈亲对长辈亲的赡养。

2. 依扶养方式的不同，可分为同居公共生活的扶养与不同居共同生活而给付扶养费的扶养。同居共同生活的扶养，是指扶养人与被扶养人共同居住、共同生活，扶养人通过经济上的供养和生活上的扶助，对被扶养人履行扶养义务。不同居共同生活而给付扶养费的扶养，是指扶养人与被扶养人不同居共同生活，由扶养人定期支付扶养费来履行扶养义务。

3. 依扶养的程度不同，可分为生活保持义务与生活扶助义务。此种分类旨在明确扶养的程度，以便义务人履行义务。生活保持义务，是夫妻之间的扶养和父母对未成年子女的扶养，是扶养人必须履行的，并且使扶养人和被扶养人保持同一生活水平的义务，又称“共生义务”。对生活保持义务，即使扶养义务人的扶养能力不足，降低自己的生活水平也要履行扶养义务。生活扶助义务，是指除夫妻间的扶养和父母子女之间的扶养之外，其他的法定亲属之间的扶养，扶养人与被扶养人不需保持同一生活水平，以扶养人有扶养能力且被扶养人无独立生活能力为前提。对于生活扶助义务，扶养义务人仅在不降低自身生活水平的前提下给予扶养，扶养能力不足，可以免除其扶养义务。

4. 依扶养产生的依据不同，可分为法定扶养、协议扶养和遗嘱扶养。法定扶养是指产生于法律强制性规定的扶养。协议扶养是指基于合同而产生的扶养，如没有法定扶养义务的遗赠人和受遗赠人之间订立遗赠扶养协议，受遗赠人根据协议对遗赠人负担扶养义务。遗嘱扶养是指产生于遗嘱规定的扶养，如立遗嘱人在遗嘱中规定其遗嘱继承人或受遗赠人负担扶养义务。协议扶养和遗嘱扶养被统称为“基于法律行为的扶养”，与基于亲属身份关系的法定扶养不同，不属于亲属法中的扶养。我国将协议扶养和遗嘱扶养规定于继承法中，因此，亲属法中的扶养仅指法定扶养。

第二节　扶养的范围和顺序

一、扶养的范围

扶养的范围是指负有法定扶养权利义务的亲属的界限。由于各国经济发展水平、国情、习俗、文化背景的不同，法律确定的负有法定扶养权利义务的亲属的界限也不同。总的来说，夫妻间的扶养和父母子女之间的扶养是各国立法的通例，但对其他直系血亲、旁系血亲、直系姻亲的规定，各国各有不同。德国、法国、英国皆以配偶及其直系血亲为限，如《德国民法典》第1360、1360a、1361、1601条规定。瑞士和前苏联的法律规定扩展到了兄弟姐妹之间，如《瑞士民法》第328条。《日本民法典》还规定有对户主的扶养，但修改后取消了该规定，将扶养范围扩大为三亲等以内的亲属。我国台湾地区"民法"规定夫妻间、直系血亲相互间、夫妻一方与他方父母同居者、兄弟姐妹相互间、家长家属间互负扶养义务。

从我国的立法来看，扶养的范围主要包括：

（一）父母子女之间的扶养

这里所说的子女包括婚生子女、非婚生子女、养子女和形成扶养关系的继子女。这里所说的父母包括亲生父母、养父母和形成扶养关系的继父母。扶养教育未成年子女是父母的法定义务，父母对未成年子女的扶养是无条件的。父母对成年子女的扶养是有条件的，需以子女不能独立生活为限。子女对父母的扶养是有条件的，需以子女为成年人，且有扶养能力为限。

（二）夫妻之间的扶养

夫妻之间的扶养源于婚姻的效力，合法的婚姻关系是夫妻之间成立扶养关系的基础，婚姻关系的解除将导致扶养关系的消灭。也就是说，扶养关系的产生、存在和消灭依赖于夫妻之间身份关系的产生和维系。夫妻之间的扶养关系的存在是婚姻的必然要求，婚姻关系的成立要求处于同一生活共同体中的夫妻维持相同的生活水平，所以说，夫妻间的扶养义务是维持夫妻之间同一生活水平的生活保持义务。

（三）祖孙之间的扶养

祖孙之间的扶养是有条件的扶养。根据《婚姻法》和《关于贯彻执行民事政策法律若干问题的意见》的规定，有负担能力的祖父母、外祖父母，对父母已经死亡、父母一方死亡且另一方确无能力扶养或父母均丧失扶养能力的未成年的孙子女、外孙子女有扶养义务。有负担能力的孙子女、外孙子女对子女已经死亡或子女确实无力扶养的祖父母、外祖父母有扶养义务。

（四）兄弟姐妹之间的扶养

很多国家都规定了兄弟姐妹之间的扶养关系，如瑞士、前苏联、古巴、保加利亚、南斯拉夫、日本等。这里的兄弟姐妹包括同父同母的兄弟姐妹、同父异母和同母异父的兄弟姐妹、养兄弟姐妹和形成扶养关系的继兄弟姐妹。兄弟姐妹之间的扶养是有条件的扶养。我国《婚姻法》第29条规定："有负担能力的兄、姐，对于父母已经死亡或父母无力抚养的未成年的弟、妹，有抚养的义务。"最高人民法院1984年8月30日《关于贯彻执行民事政策法律若干问题的意见》补充解释："由兄、姐抚养长大的有负担能力的弟、妹，对于丧失劳动能力、孤独无依的兄、姐有扶养的义务。”

（五）公婆与儿媳、岳父母与女婿之间的扶养

公婆与儿媳、岳父母与女婿之间是直系姻亲关系，很多国家对这种直系姻亲之间的相互扶养都没有规定。在我国，公婆与儿媳、岳父母与女婿之间没有法定的扶养义务。他们之间的扶养关系是根据当事人的自愿形成的，是事实上的扶养关系。需要注意的是，公婆与儿媳、岳父母与女婿之间的扶养关系的形成，是丧偶儿媳和丧偶女婿成为第一顺序法定继承人的前提。我国《继承法》第12条规定，丧偶儿媳对公、婆，丧偶女婿对岳父、岳母尽了主要赡养义务的，作为第一顺序继承人。

二、扶养的顺序

当扶养权利人和义务人只有一人时，不发生扶养的顺序问题。扶养的顺序是指扶养义务人或扶养权利人有数人时，确定履行扶养义务人、享受扶养权利人的先后顺序。扶养的顺序受到国情、文化传统和风俗习惯的影响，所以各国规定不尽相同。

（一）扶养义务人的顺序

关于扶养义务人的顺序，主要有两种立法例：

1. 采用概括主义的方式。这种方式对扶养义务人的顺序只作原则性的规定，如《日本民法典》第878条规定，扶养义务人顺序由当事人自行协议，协议不成或不能协议时由家庭法院决定。《日本民法典》这样规定是基于家庭情况多样性和扶养权利人与扶养义务人复杂性的考虑，当事人达成一致的协议具有更强的执行力。法院仅对重要的、必须迫切解决的问题作出处理。

2. 采用列举主义的方式。这种方式对扶养义务人的顺序加以具体、明确的规定，如《德国民法典》第1604、1606～1608条规定，扶养义务人的顺序分别是卑亲属先于尊亲属承担扶养义务；卑亲属和尊亲属之间，近亲先于远亲承担扶养义务；同亲等的亲属有数人时，按其收入和财产状况分担义务。我国台湾地区“民法”亲属编第1115条第2项规定，扶养义务人有数人时，扶养顺序为：配偶，直系血亲卑亲属，直系血亲尊亲属，家长，兄弟姐妹，家属，子妇、女婿，夫妻之父母。同是直系血亲尊亲属或直系血亲卑亲属，以亲等近者为先。扶养义务人亲等相同时，依其经济能力分担义务。第1116条第1项规定，扶养权利人有数人，而负扶养义务者之经济能力不足扶养全体时，扶养顺序为：直系血亲尊亲属，直系血亲卑亲属，家属，兄弟姐妹，家长，夫妻之父母，子妇、女婿。

（二）扶养权利人的顺序

关于扶养权利人的顺序，也主要有两种立法例：

1. 采用概括主义的方式。这种方式对扶养权利人的顺序只作原则性的规定，如《日本民法典》第878条规定，扶养权利人为数人，义务人的经济能力不足以扶养其全体时，关于受扶养者的顺序，应采用由当事人协议的办法解决，协议不成或不能协议时，由家庭法院确定。

2. 采用列举主义的方式。这种方式对扶养权利人的顺序作出了明确的规定，如《德国民法典》第1609条规定，如果需要生活费者为数人并且生活费义务人不能够向所有人提供生活费时，未成年的未婚子女先于其他子女，子女先于其他卑亲属，卑亲属先于尊亲属，尊亲属中近亲先于远亲。配偶与未成年的子女相同，先于其他子女和其他亲属。如离婚或撤销婚姻时，有受扶养权利的配偶先于成年的或已结婚的子女以及负扶养义务的其他亲属。我国台湾地区"民法"亲属编第1116条规定，当扶养权利人有数人而扶养义务人的经济能力不足扶养其全体时，扶养权利人的顺序为：配偶、直系血亲尊亲属；直系血亲卑亲属；家属；兄弟姐妹；家长；夫妻之父母；子妇、女婿。同为直系尊亲属或直系卑亲属的，以亲等近者优先；同亲等权利人有数人时，依需要酌情予以扶养。

（三）我国的扶养顺序。

我国《婚姻法》和相关的法律都没有明确规定扶养的顺序。根据立法关于扶养条件的规定，可以推出扶养的顺序为：第一顺序是夫妻间和父母子女间的扶养权利义务；第二顺序是祖孙间及兄弟姐妹间的扶养权利义务。

第三节　扶养的成立、变更和终止

一、扶养的成立

（一）扶养成立的含义

扶养的成立是指特定的当事人通过一定的形式和程序在他们之间建立扶养权利义务关系。也就是说，首先，扶养的成立对主体的要求是特定的，即扶养只能发生在特定的当事人之间，扶养权利人和扶养义务人都必须具备相应的条件和资格。其次，扶养的成立需以一定的形式和程序表现出来。最后，扶养成立的后果是在当事人之间建立了扶养权利义务关系。一方当事人作为扶养权利人，享有被扶养的权利；另一方当事人作为扶养义务人，承担扶养的义务。

（二）扶养成立的要件

扶养成立的要件是指扶养的成立所必须具备的条件。扶养的成立需具备两个要件：

1. 扶养权利人有扶养的必要。目前，对这个要件的认识是比较统一的，这是扶养发生的前提。"有扶养的必要"是指当事人不能维持基本生活并且没有谋生能力，只有这两个条件同时具备才能构成被扶养的前提条件。如果当事人不能维持基本生活但有谋生能力或者当事人虽然没有谋生能力但是能够维持基本的生活，那么都不能构成"有扶养的必要"。这是扶养成立的绝对要件。

2. 扶养义务人有扶养能力。传统的对扶养成立要件的认识，一般都认为扶养义务人有扶养能力是也是扶养成立的绝对要件。但是，有学者认为，"有扶养能力"应当区分不同的情形。父母对未成年子女之间的扶养和成年子女对生活困难或无劳动能力需要帮助的父母间的扶养，不以扶养权利人有扶养能力为条件。无论扶养人是否具备扶养能力都应当承担扶养责任，这属于生活保持义务，扶养权利人即使降低自己的生活水平，也要履行扶养义务。其他直系血亲和一定范围亲属之间的扶养，需扶养义务人在保持自身生活的前提下仍然有能力，并且扶养权利人需要扶养的情况下，才履行扶养义务。扶养义务人在这种情况下履行的是生活辅助义务。也就是说，这是扶养成立的相对要件，而非绝对条件。我们认为，传统的对扶养成立要件的认识没有区分不同的情形，一概要求扶养权利人需具有扶养能力，其弊端是显而易见的。在父母对未成年子女之间的扶养和成年子女对生活困难或无劳动能力需要帮助的父母间的扶养中，若坚持扶养权利人完全可以以缺乏扶养能力为由，不负担扶养义务，这显然不利于保护未成年子女和生活困难或无劳动能力需要帮助的父母的利益。

二、扶养的变更

（一）扶养变更的含义

扶养的变更是指扶养义务人、扶养权利人以及扶养方式或程度的变化。扶养义务人的变更，为扶养权利人不变而扶养义务人发生变化，即由一个或几个义务人变更为另外一个或几个新的义务人；扶养权利人的变更，为扶养义务人不变而扶养权利人发生变化，即由一个或几个权利人享有扶养请求权变更为另外一个或几个新的权利人享有扶养请求权。[1] 我国现行《婚姻法》对扶养的变更没有作系统的规定，而是作了概括性的规定。例如，根据现行《婚姻法》和相关的司法解释，父母对未成年子女无力扶养时，可以变更由祖父母、外祖父母或兄姐承担扶养义务。夫妻离婚以后，"一方要求变更子女抚养关系有下列情形之一的应予支持：与子女共同生活的一方因患严重疾病或因伤残无力继续抚养子女的；与子女共同生活的一方不尽抚养义务或有虐待子女的行为，或其与子女共同生活对子女身心健康确有不利影响的；10周岁以上的未成年子女，愿随另一方生活，该方又有抚养能力的；有其他正当理由需要变更的"。"生父与

---

〔1〕 高留志：《扶养制度研究》，法律出版社2006年版，第246页。

继母或生母与继父离婚时，对曾受其抚养教育的继子女，继父或继母不同意继续抚养的，仍应由生父母抚养。”这些属于扶养义务人的变更，此种扶养义务人的变更相应引起了扶养方式的变更。根据最高人民法院《关于人民法院审理离婚案件处理子女抚养问题的若干具体意见》的规定，子女要求增加抚养费的，“有下列情形之一，父或母有给付能力的，应予支持：原定抚育费数额不足以维持当地实际生活水平的；因子女患病、上学，实际需要已超过原定数额的；有其他正当理由应当增加的”。这是扶养程度的变更。扶养的变更应当基于正当的理由，扶养变更最主要的考虑因素就是被扶养人的实际需要和扶养人的扶养能力。离婚双方不得因子女与自己感情的疏远、姓氏的变更等擅自变更扶养。

【案例】 曹某（男）和杜某（女）于2005年登记结婚，婚后，杜某于2007年7月生育一男孩，取名曹州。后因两人多次吵架、感情破裂，于2008年5月协议离婚，并商定由杜某直接扶养曹州，由曹某每月支付扶养费500元。离婚后，杜某未与曹某商量，便将曹州的姓名改为杜州，曹某知道后，曾要求杜某将孩子的姓改回来，但杜某不同意。曹某一气之下，不再支付孩子的扶养费。在这个案件中，杜某擅自更改孩子的姓氏确实有欠妥当，但是子女既可以随父姓，也可以随母姓，这不构成曹某停止支付扶养费的正当理由。因此，曹某应当继续支付扶养费，孩子的姓氏是否更改应当由双方当事人另行协商。

（二）扶养变更的方式

我国立法规定：扶养当事人一方或双方在经济和生活状况发生变化时，当事人双方均享有请求变更原扶养顺序、扶养协议或判决的权利。原为双方协议的，仍可以协议方式变更；协议不成或无法协议的，可起诉至法院判决决定。可见，扶养变更的方式应采先协议后判决的方式。需要注意的是，离婚诉讼期间，双方拒绝扶养子女的，可先行裁定暂由一方扶养。

三、扶养的终止

扶养的终止，指基于法定的原因和一定的事实，当事人之间的扶养权利和扶养义务归于消灭。从各国立法例来看，扶养终止的原因主要有：

1. 当事人的死亡。扶养权利的享有和义务的履行具有人身性，扶养权利人和扶养义务人一方或双方的死亡均导致扶养权利义务的消灭。如《意大利民法典》在第一编“人与家庭”第448条中规定，抚养费、扶养费、赡养费之债因义务人的死亡而终止。给付抚养费、扶养费、赡养费的义务，即使义务人是因执行判决而履行给付义务的，同样因义务人的死亡而终止。

2. 当事人身份关系的解除。扶养是基于一定的亲属身份关系发生的，亲属身份关系的消灭必然导致亲属之间扶养关系的消灭。例如，在完全收养中，收养关系的确立，阻断了子女与其生父母及其他近亲属之间的扶养权利义务关系，建立养父母子女之间的扶养权利义务关系。此外，夫妻之间的身份关系解除时，夫妻之间及直系姻亲之间的扶养权利义务终止。如《法国民法典》206条规定，女婿与儿媳对岳父母和公婆的扶养义务，可因产生姻亲关系的夫妻一方及其与另一方配偶在婚姻中所生子女均死亡而终止。

3. 扶养的要件消灭。当扶养关系当事人的条件发生变化，扶养的要件不再具备时，即扶养权利人丧失扶养能力或扶养义务人不再需要扶养，扶养关系则消灭。如《蒙古人民共和国家庭法典》第75条第1款规定："子女满18岁或索取抚养费的人恢复劳动能力，即终止抚养费的支付。"当然，当事人之间重新具备扶养的要件时，扶养关系恢复。

第四节 扶养关系立法的完善

一、现代扶养法的发展趋势

扶养立法的发展经历了以家族为核心到以夫妻、父母子女为核心的发展过程。扶养立法的宗旨从古代的维护宗法家族制度和家族利益逐步发展为注重对个人利益的保护。履行扶养职责不再是卑幼对尊长的单向的义务，而是负有扶养义务主体间双向的义务。[1] 现代社会的发展为扶养立法提出了新问题。计划生育基本国策的实施，核心式家庭的普遍化和人口结构的老龄化，使得老年人的赡养问题成为扶养立法需要解决的问题。随着社会竞争压力的加剧，"丁克"家庭的出现，救济制度和社会保障制度的完善和加强，使一部分人开始质疑亲属扶养制度的发展前景。[2] 但是，在现代社会，家庭仍然是人类生活的基本单位，家庭肩负着最基本的社会保障职能，人们总是更愿意在家庭的系统内寻求保障。基于家庭成员之间的血缘联系和伦理道德的要求，养老育幼的职能仍然主要由家庭来承担。扶养制度设立的目的，就是要规制和保障家庭养老育幼功能的实现。所以，总的来说，现代扶养法的发展趋势就是继续实现养老育幼的基本家庭职能。

---

〔1〕 王歌雅：《抚养与监护纠纷的法律救济》，法律出版社2001年版，第46页。

〔2〕 陈苇：《外国婚姻家庭法比较研究》，群众出版社2006年版，第560页。

二、完善我国扶养关系立法

（一）统一“扶养”的含义

我国的扶养立法将扶养分为扶养、抚养和赡养，而刑法和继承法中则没有这种区分，统一使用“扶养”。从实际的运用来看，这种区分并不具有实际的必要性。从世界各国的立法例来看，大多数国家都使用广义的扶养，不对扶养作上述区分。因此，基于各部门法之间用语的一致性，结合我国的现实情况，并参考国外立法，我们认为，不必再对“扶养”作上述三种区分，而应当统称为“扶养”。

（二）对扶养范围的立法完善

根据我国现行《婚姻法》的规定，扶养的范围限于夫妻、父母子女、祖孙、兄弟姐妹之间，公婆与儿媳、岳父母与女婿之间的扶养是基于当事人的自愿而形成的。而对于离婚后原配偶一方对另一方的扶养义务，继父母子女之间扶养关系的形成，以及直系姻亲是否应当纳入扶养的范围之内，我国有关扶养的立法都没有作出明确的规定。

1. 离婚后原配偶一方对另一方的扶养义务。我国现行《婚姻法》对离婚后原配偶一方对另一方的扶养义务没有作出规定，学界对此持有不同的观点。一种观点认为，不应当增加离婚后原配偶一方对另一方的扶养义务。理由是，亲属身份是发生扶养关系的前提，是发生扶养的法律事实，扶养关系是亲属身份的法律后果。法定的扶养权利义务关系不能发生在亲属之外的人之间。夫妻之间的扶养关系是以夫妻的配偶身份为前提的，配偶身份关系的终止必然导致夫妻扶养关系的终止。另一种观点认为，应当增加离婚后原配偶一方对另一方的扶养义务。理由是，我国现行的离婚经济帮助制度不足以保护离婚当事人的合法权益，[1] 规定离婚后原配偶一方对另一方的扶养义务能够更好地维护离婚当事人的合法权益，实现法律的公平和正义。我们认为，第一种观点更可采。从扶养关系的发生依托于一定的亲属身份关系的角度来说，离婚后原配偶一方对另一方的扶养义务显然不具有发生扶养关系的身份前提。从离婚后原配偶一方对另一方的扶养义务的产生来看，其产生的背景是西方妇女解放运动的开展和女权主义思想的发展，英美法系国家对离婚后原配偶一方对另一方的扶养义务规定较多，其目的主要是为了保障离婚后失业和无业女性的生活。然而，我国从古代到现代都没有关于离婚后一方对另一方的扶养义务的规定，也就是说，我国没有规定离婚后原配偶一方对另一方的扶养义务的历史传统。从现实的适

---

〔1〕 这种观点认为，离婚经济帮助制度存在弊端，如：离婚经济帮助的使用条件过于严苛，适用的案件极少；离婚经济帮助的数额确定标准不够具体；离婚经济帮助的具体执行欠缺必要的保障措施。

用性来看，离婚后原配偶一方对另一方的扶养义务可能导致不公正的结果。规定离婚后原配偶一方对另一方履行扶养义务，履行义务的一方往往是丈夫，这往往会使丈夫一方的生活陷于困难，导致不公平的结果。

2. 继父母子女之间扶养关系的形成。根据我国现行《婚姻法》的规定，继父母子女之间的关系分为两种：①形成扶养教育关系的继父母子女，他们之间形成法律拟制的直系血亲关系；②没有形成扶养教育关系的继父母子女，他们之间是姻亲关系。但是，《婚姻法》没有对形成扶养教育关系的依据作出规定。我们认为，继父母子女之间扶养教育关系的形成应当依据以下事实：继父母子女之间共同生活，且达到一定时间（实务中一般为5年以上）；或存在继父母对继子女扶养教育和照料的事实；或继父母实际支付了继子女的扶养教育费用等，只要具备上述事实之一的，即形成扶养教育关系。

3. 直系姻亲是否应当纳入扶养的范围之内，学界对此存在一定的争议。一种观点认为，应当将直系姻亲纳入扶养的范围之内。理由是：①我国的经济尚不发达，社会保障体系还不完善，将直系姻亲纳入扶养的范围之内有利于社会养老功能的实现。②生活在一起的直系姻亲之间互负扶养义务是最基本的道德要求。另一种观点认为，不应当将直系姻亲纳入扶养的范围之内。理由是：①规定直系姻亲之间扶养义务的必要性不强。在婚后所得共同制下，夫妻双方的财产是分不开的，履行扶养义务的物质来源亦是夫妻共同财产。②规定直系姻亲之间的扶养义务也有妨碍婚姻自由之嫌。一方面，由于法律规定直系姻亲之间的扶养义务，准备结婚的男女不但要考虑对方本人的经济状况，还要更现实地考虑对方父母等未来直系姻亲的生活状况。另一方面，在夫妻一方死亡后，仍然要求他方对其直系姻亲承担扶养义务，无疑增加了生存一方再婚的难度，影响了生存一方的再婚自由。[1] 我们认为，将直系姻亲纳入扶养的范围之内符合扶养法的发展趋势，有利于家庭养老育幼功能的实现，符合伦理道德的要求。但是，不能将所有的直系姻亲全部纳入扶养的范围，负担扶养义务的直系姻亲应当仅限于存在共同生活事实的直系姻亲，从而避免加重直系姻亲的扶养义务，也有利于扶养功能的真正实现。

【小结】

扶养制度的整个制度设计较为充分地体现了亲属之间应当相互供养的伦理道德要求，扶养制度的历史演进越来越呈现出扶养范围核心化、强化社会责任而弱化家庭责任、注重扶养中精神层面义务的履行。在学习中，需要对扶养的概念、

---

〔1〕 高留志：《扶养制度研究》，法律出版社2006年版，第118页。

特征、分类、范围、顺序、成立、变更、终止的具体内容熟练掌握，并依据扶养制度设计的目的和现代扶养法的发展，思考我国扶养制度具体应当如何完善。

【思考题】

1. 扶养的概念是什么？包括哪些分类？
2. 各国立法对扶养的范围作出不同规定的原因是什么？
3. 联系扶养制度设计的目的，谈谈扶养的成立应当具备哪些条件。
4. 你认为应当如何完善我国的扶养制度？

第11章 监 护

【提示要点】监护制度设立的目的是对行为能力有所欠缺的人提供保护，弥补其行为能力的不足，扩张其行为能力的范围。由于监护制度具有亲权制度所不具有的某些功能，因此，各国一般均在亲权制度之外设立监护制度。本章所讲的监护制度主要从监护制度的基本问题展开，解读监护的概念、性质、类型以及监护与亲权的关系，重点将未成年人监护和成年人监护分别说明。

第一节 概 述

一、监护的概念

监护就是指依照法律规定，对特定自然人的人身权益和财产权益进行监督和保护的法律制度。[1] 履行监督和保护职责的人是监护人；被监督和保护的人是被监护人。从根本上说，监护制度设立的目的是为了保护处于特殊情况下的未成年人和特定的成年人，保护他们的人身财产权益，弥补他们在行为能力上的不足。

二、监护的分类

（一）广义的监护和狭义的监护

按照监护的范围宽窄，监护可以分为广义的监护和狭义的监护。广义的监护是指对一切未成年人和限制民事行为能力人及无民事行为能力的成年人（禁治产人）的人身和财产权益进行监督和保护的法律规范的总和，包括保护和保

---

〔1〕 杨大文：《亲属法》，法律出版社2004年版，第266页。

佐。保护是指对限制行为能力人的人身和财产权益的监督和保护。保佐有两种：一种与保护类似，只是用词不同；另一种是指在特殊情况下对监护受阻的补救，即对特别人或特别财产的监督和保护。有的国家分设监护和保护制度，对无行为能力人设监护制度，对限制行为能力人设保护制度。有的国家则统称监护。我国《民法通则》所规定的监护属于广义的监护。狭义的监护是指对不在亲权保护下的未成年人，以及其他限制民事行为能力人或无民事行为能力人即禁治产人的人身和财产权益进行监督和保护的法律规范的总和。父母对未成年子女的监督和保护则由亲权制度加以规定。本章所论及的监护属狭义的监护。

（二）人身监护和财产监护

按照监护事务的内容不同，监护可以分为人身监护和财产监护。人身监护是指对被监护人人身权益的监护，如对被监护人生命安全、身体健康的监护。财产监护是指对被监护人财产权益的监护，包括对被监护人财产的管理、使用、处分、制作财产清单和制作财产状况报告的权利和义务。

（三）法定监护和指定监护

按照监护产生的依据不同，监护可以分为法定监护和指定监护。根据我国民法通则的规定，法定监护是指由法律明确规定监护人的监护。我国《民法通则》所规定的法定监护人有配偶、父母、子女、祖父母、外祖父母、兄、姐。指定监护是指在没有法定监护人、法定监护人丧失监护能力或者法定监护人之间对担任监护人有争议的情况下，由有关单位或人民法院指定监护人的情况。

（四）亲属间的监护和非亲属间的监护

按照监护的发生是否以存在亲属关系为前提，监护可以分为亲属间的监护和非亲属间的监护。亲属间的监护发生在有亲属关系的当事人之间。按照我国《民法通则》的规定，亲属间的监护是指配偶、父母、子女、兄弟姐妹、祖孙之间以及关系密切的其他近亲属担任监护人的监护。非亲属间的监护是指发生在不具有亲属关系的当事人之间的监护。我国《民法通则》规定，关系密切的朋友可以担任监护人。当被监护人没有应当承担监护责任的亲属和愿意承担监护责任的朋友时，可以由未成年人的父母或精神病人所在单位以及未成年人或精神病人住所地的居民委员会、村民委员会或者民政部门担任监护人。

（五）未成年人的监护和成年人的监护

按照被监护人的不同，监护可以分为未成年人的监护和成年人的监护。根据我国《民法通则》的规定，未成年人的法定监护人依次为：父母；祖父母、外祖父母；成年的兄姐；未成年人父母所在单位或者未成年人住所地的居民委员会、村民委员会或者民政部门。成年精神病人的法定监护人依次为：配偶；父母；成年子女；其他近亲属；精神病人所在单位或者住所地的居民委员会、村民委员会或者民政部门。

三、监护与亲权

亲权是指父母对未成年子女，基于其父母身份权而享有的权利义务的总和。亲权源于古罗马的家长权和古代日耳曼的父权，亲权的发展经历了由父亲一方专享的单纯权利到父母双方共同享有的权利和义务共同体的发展演进过程。亲权与监护是不同的两种制度，其区别从略（参见本书第八章“亲子关系”）。

第二节 未成年人监护

一、未成年人监护的开始

（一）未成年人监护开始的原因

未成年人监护开始的原因是未成年人不在亲权的保护之下。未成年人不在亲权的保护之下有两种情况：①未成年人无父母，如未成年人的父母死亡或者父母不明；②未成年人的父母无力行使亲权，如父母失踪，父母为无民事行为能力人或限制行为能力人，父母被依法限制亲权或剥夺亲权，父母由于工作等客观原因不能直接行使亲权。如我国台湾地区“民法”第1091条规定，未成年人无父母，或父母均不能行使、负担对于其未成年子女的权利、义务时，应设置监护人。

（二）未成年人监护开始的时间

就监护设立的目的而言，监护开始的时间应当为发生需要监护的事由之时。但是，实际中，监护原因的发生到监护的开始之间总有一定的时间间隔，在这个期间内申请监护的设立，对监护人资格进行审查，最终确定监护人。而这个期间内的未成年人已经处于不受亲权保护的状态，为了保障未成年人的利益，需要对未成年人在这个期间内的监护问题做出具体的规定。然而，我国立法在这方面尚处空白。有的国家对此期间的监护问题规定了过渡性的保护措施。如《瑞士民法典》第386条第1款规定：“如在决定监护人人选之前，有进行监护事务的必要时，监护官厅应依职权进行必要的处分。”

二、未成年人监护人的资格

未成年人监护人的资格是保障监护人能够承担未成年人监护职责的前提条件，关系到未成年人的人身和财产权益的实现。各国对监护人资格的立法通常采取两种形式，一种是概括主义的立法，只对监护人的一般条件作出规定；一种是列举主义的立法，对不能担任监护的人作出列举，即规定监护的消极资格。我国对未成年人的监护人的消极资格没有作明确的规定，综合国外立法例，未成年人监护人的消极资格包括：

（1）无民事行为能力人和限制民事行为能力人不得担任监护人。

（2）不具备监护所需的身体、经济条件的人不得担任监护人。

（3）受刑罚处罚的人不得担任监护人。

（4）明显行为不轨、不诚实或一贯失职的人不得担任监护人。

（5）可能损害未成年人利益的人不得担任监护人。

三、未成年人监护人的设立

未成年人的监护人可以分为指定监护人、法定监护人、选定监护人。指定监护人是第一顺序的监护人，法定监护人是第二顺序的监护人，选定监护人是第三顺序的监护人。

（一）指定监护人

指定监护人一般是由未成年人的父母所指定的监护人，并且一般以遗嘱的方式进行指定，因此，又称遗嘱监护人。根据《法国监护法》的规定，未成年人的监护人产生的方式之一就是由后去世的享有法定管理权或监护权的父母一方以遗嘱的方式选任监护人。

以遗嘱指定监护人需要具备的条件：①有合法有效的遗嘱的存在；②由未成年人的享有亲权且后死亡的父或母进行指定；③指定监护人必须在遗嘱予以指定。我国没有设立遗嘱形式的指定监护，我国的指定监护实际上是对监护人缺失或者监护发生争议时的一种解决措施。当未成年人的近亲属对担任监护人有争议时，由未成年人的父母所在的单位、未成年人住所地居民委员会、村民委员会指定监护人。在这里，未成年人的父母所在的单位、未成年人住所地居民委员会、村民委员会的指定实际上具有了居中裁断的性质。

（二）法定监护人

法定监护人是指未成年人没有监护人时，基于法律的直接规定而确认的监护人。我国台湾地区“民法”亲属编第1094条规定，父母均不能行使、负担对于未成年子女之权利、义务，或父母死亡而无遗嘱指定监护时依下列顺序定其监护人：与未成年人同居之祖父母；家长；不与未成年人同居之祖父母；伯父或叔父；由亲属会议选定之人。我国未成年人的法定监护人是：父母；祖父母、外祖父母；成年的兄姐；未成年人父母所在单位或者未成年人住所地的居民委员会、村民委员会或者民政部门。

（三）选定监护人

选定监护人是指由监护监督机构选定的监护人。《法国监护法》规定，在没有遗嘱确定的监护人或该监护人停止履行职务时，由亲属会议指定监护人。亲属会议指定的监护人可以是一人，也可以是包括人身监护、财产监护或特定的助理监护人在内的多人。根据我国《民法通则》的规定，愿意承担监护责任的其他亲属和朋友被列入单位、居民委员会和村民委员会指定监护人的范围，这里的指定监护其实具有为未成年人选定监护人的性质。也就是说，我国的指定监护中，在未成年人的近亲属对担任监护人有争议时，未成年人的父母所在的单位、未成年人住所地居民委员会、村民委员会的指定具有居中裁断的性质；在未成年人没有近亲属或近亲属丧失监护能力时，未成年人的父母所在的单位、未成年人住所地居民委员会、村民委员会的指定具有选定的性质。

四、未成年人监护人的监护事务

（一）人身监护

人身监护是指监护人对未成年人人身权益的监督和保护。各国法律所规定的人身监护的内容与亲权的内容大致相同，但一般予以一定的限制。如《日本民法典》第857条规定，未成年人的监护人在未成年人身份方面与亲权人有同样的监护和教育的权利和义务，享有住所指定权、惩戒权和职业许可权；但是在有监护监督人时，如果变更亲权人确定的教育方法及住所，将未成年人送入惩戒所，许可营业、撤销许可或予以限制，应经监护监督人的同意。《瑞士民法典》第405条规定，被监护人为未成年人时，监护人对其有抚养和教育的义务；为实现该目的，监护人与父母享有同样的权利，应当与监护主管官厅协同行使。我国《民法通则》对监护人对未成年人的人身监护事务没有具体的规定。作为未成年人的监护人，对未成年人的人身进行保护，依法维护未成年人的人身利益，是对未成年人监护人的基本要求。此外，基于未成年人的特殊发展阶段，未成年人的监护人还应当承担对未成年人教育管理的义务。总的看来，对未成年人的人身监护应当包括以下几个方面：

（1）保护未成年人的人身，照顾未成年人的生活，保障未成年人的身心健康。

（2）指定未成年人的住所。

（3）代理未成年人进行民事活动。

（4）教育未成年人，对未成年人的学习和生活进行监督。

（二）财产监护

财产监护是指监护人对未成年人的财产进行管理和保护。规定未成年人监护人的财产监护，其目的是实现未成年人的财产权益，保护未成年人的财产不受他人侵害。未成年人监护人的财产监护应当以未成年人的最大利益为出发点，为未成年人的利益对未成年人的财产进行管理、使用、收益和处分。从各国的立法例来看，对未成年人的财产监护主要包括：

（1）为未成年人的利益以监护人的身份管理未成年人的财产，监护人在管理财产中所支付的费用从未成年人的财产中支出。

（2）代表未成年人进行有关财产的法律行为，但以未成年人的名义提出分割财产的要求、接受或放弃遗产需取得监护监督人的同意。

（3）非为未成年人的利益不得对财产进行处分。

（4）编制财产清单，在监护终止时进行财产清算、制作财产报告、进行财产返还。

五、未成年人监护人的责任

监护责任是指监护人基于故意或者过失，不履行或不恰当履行监护职责，从而给被监护人或第三人的人身、财产或其他合法权益造成损害而应当承担的责任。为保障监护人监护职责的履行，各国一般对监护人的监护责任都有一定的规定。如《法国民法典》第450条第2款规定："监护人应当谨慎稳妥地管理未成年人的财产，并对其管理失当可能产生的损害负赔偿的责任。"

承担监护责任的主体一般为监护人和监护监督人，有的国家规定了更为广泛的责任主体。如《瑞士民法典》第426、427条规定监护责任的承担者包括监护人、监护监督人、监护主管官厅及其成员、监督官厅、州、乡、镇。承担监护责任的方式主要是损害赔偿，但损害赔偿的诉讼时效各国规定不同。我国台湾地区"民法"第1109条规定，监护人因执行财产上的监护职务有过失，致使受监护人蒙受损失时，对受监护人应负赔偿的责任；受监护人的此项赔偿请求权自亲属会议对于清算结果拒绝承认之时起，2年内不行使即消灭。《瑞士民法典》还对损害赔偿规定了普通时效和特别时效。《法国民法典》第475条规定，自未成年人成年时算起经过5年时效期间消灭。由于我国未设立完整的监护监督人制度，监护责任只由未成年人的监护人承担。监护的诉讼时效则适用我国的诉讼时效制度中的普通诉讼时效制度，即自未成年人或第三人知道或者应当知道其权利被侵害之日起2年，诉讼时效期间即经过。我们认为，在诉讼时效制度的设计上应当区分未成年人和第三人。对未成年人，应当借鉴法国的模式，自未成年人成年时开始计算诉讼时效，经过2年时效期间消灭；对第三人则采用自第三人知道或者应当知道其权利被侵害之日起2年，诉讼时效期间经过。此种区别对待的立法，能够更有效地保护未成年人的实体诉权。

第三节　成年人监护

一、成年人监护的开始

（一）成年人监护开始的原因

监护制度的变革总是伴随着社会问题的出现而发生的。第二次世界大战以后，大量孤儿、弃婴的出现使人们开始关注未成年人的法律地位和合法权益。

随着未成年人权益受保护程度的提高，人们又开始进一步关注成年人的法律保护。成年人的监护主要针对无民事行为能力和限制民事行为能力的成年人。一些国家的立法将禁治产人[1]也纳入受监护的成年人的范围。一般规定，为受禁治产宣告的自然人设定监护人。如《日本民法典》第840、841条规定夫妻中一方受到禁治产宣告时，另一方即成为监护人。双方都受到禁治产宣告时，要为双方分别选任监护人。禁治产人如无可成为监护人的配偶时，应与未成年人同样，选任监护人。《俄罗斯联邦民法典》第32、33条规定，对因精神病而被法院认定无行为能力的成年人应当设立监护，对因酗酒或吸毒而被法院限制行为能力的成年人应当设立保护。因此，对成年人进行监护的原因是该成年人为无民事行为能力人、限制民事行为能力人或该成年人受禁治产宣告。

（二）成年人监护开始的时间

与未成年人监护开始的时间类似，在理论上，监护开始的时间应当为发生需要监护的事由之时。同样，成年人监护的设立也需要一个申请监护，对监护人资格进行审查，最终确定监护人的过程，因此，对这个阶段中成年人合法权益的保护也是值得研究的问题。与未成年人监护的开始所不同的是，在成年人监护开始之前往往存在一个宣告的程序，宣告其为无民事行为能力人、限制民事行为能力人或者禁治产人。而未成年人原本就是无民事行为能力人或限制民事行为能力人，其行为能力的欠缺不需要经宣告程序来确认。

二、成年人监护人的设立

从各国的立法例来看，成年人的监护人分为法定监护人、指定监护人和选定监护人。法定监护人是第一顺序的监护人，指定监护人是第二顺序的监护人，选定监护人是第三顺序的监护人。

（一）法定监护人

根据许多国家的立法例，成年人的法定监护人依次为：配偶，父母，祖父母、外祖父母，家长（设立亲属会议的国家规定家长为第四顺序的监护人）。一般都规定配偶是成年人当然的监护人，配偶丧失监护能力或者与被监护人利益相反时，不得担任监护人。我国《民法通则》规定的精神病人的法定监护人依次为：配偶，父母，成年子女，其他近亲属。关系密切的其他亲属、朋友可以经指定而成为监护人，但不作为法定监护人。

---

[1] 禁治产人是指依法被禁止管理和处分自己财产的有心理障碍的自然人。禁治产人本身需为完全民事行为能力人或限制民事行为能力人，其所具有的心理障碍包括浪费、酒癖、吸毒、盲、聋、哑等。这种心理障碍须是经常性的且要达到不能处理自己事务的程度。禁治产需经利害关系人的申请并经法院宣告才能成立，受禁治产宣告的人为无民事行为能力人。

（二）指定监护人

对指定监护人的规定，一般是规定后死亡的父母或共同居住的祖父母可以通过遗嘱为成年人指定监护人。

（三）选定监护人

在没有法定监护人和指定监护人的情况下，由法院或家庭裁判所等根据被监护人的近亲属、亲属会议或监护监督人的意见选定的监护人就是选定监护人。

三、成年人监护人的监护事务

成年人监护人的监护事务与未成年人监护人的监护事务相似，成年人监护人也需承担对成年人的人身监护和财产监护。所不同的是，成年人监护人还须承担对成年人的治疗义务。因为，受监护制度保护的成年人总是存在行为障碍或心理障碍，此种障碍的存在是为成年人设立监护人的原因，并且此种障碍具有从医学上治愈的可能性，而此种障碍的消除会相应引起监护的终止。监护制度设立的初衷是保护能力欠缺者的合法权益，其深层次的立法目的应当蕴含促使被监护人能力的取得或恢复。这一点在成年人监护中表现得尤为突出，让监护人承担对成年人的治疗义务就是要促使成年人行为能力的恢复。此外，又基于监护与亲权的不同，监护人承担成年人治疗义务的费用应当首先从成年人的财产中支付。

四、监护人的报酬

对监护人的报酬，有些国家作出了规定。如《日本民法典》第862条规定，家庭裁判所根据监护人及被监护人的财力或其他情由，可以从被监护人的财产中付给监护人相当的报酬。但有的国家对监护报酬的请求有一定的限制，如《德国民法典》第1836条规定，监护原则上以无偿方式进行，但被监护人可以准许给予监护人适当的报酬。在准许前，应听取被监护人的意见，有监护监督人时，亦应听取其意见。但在少年局或社团担任监护人时，不得准许给予报酬。我国对监护人的报酬未予规定。我们认为，监护不同于亲权，监护人与被监护人之间并不一定要有血缘联系，坚持监护人绝对的不能取得报酬、否定监护人监护行为的可求偿性对监护人有失公允。因此，应当规定，原则上监护人不能基于监护取得报酬，但在一定条件下应当给予监护人一定的津贴或报酬，并且，未成年人和成年人的监护人都可以在一定条件下取得津贴或报酬，这样才符合民法的公平原则，有利于监护目的的实现。这里的“一定条件下”应当从监护人因监护活动所支付的代价和被监护人的受益程度两方面进行判断。

此外，成年人监护人的资格和责任与未成年人监护人的资格和责任大体相同，这里不再赘述。

第四节 监护的变更、撤销和终止

一、监护的变更和撤销

监护的变更和撤销是指由于监护人不行使或不恰当行使监护权利，不履行或不恰当履行监护义务，从而导致监护关系的变化。

(一) 监护变更和撤销的原因

从世界各国的立法来看，监护变更和撤销的原因通常是因为监护人不行使监护权利、不履行监护义务或者没有恰当行使和履行监护权利和义务，从而侵害了被监护人的人身和财产权益。但是各国对监护变更和撤销的具体事由规定有所不同。《瑞士民法典》第445条规定，监护人严重失职或者滥用职权，或者有不受信任的行为，或者丧失支付能力时，应当被监护官厅撤除职务。监护人不称职时，虽然其无过失，但被监护人的利益受到危害的，监护官厅也应当解除其职务。《日本民法典》第866条规定，监护人受让被监护人的财产或第三人对被监护人的权利时，被监护人可以撤销。监护的变更和撤销是出于对被监护人利益的保护，只要监护人的行为构成对监护权利义务的不履行或不恰当履行，就应当作出监护的变更或撤销。因此，对监护变更和撤销的原因应当作概括性的规定。

(二) 监护变更和撤销的方式

监护变更和撤销的方式因监护产生原因的不同而不同。根据我国《民法通则》的规定，一般通过两种方式进行监护的变更和撤销，即当事人自行协商变更和撤销和依法定程序变更和撤销。在法定监护中，如果监护人是由法定监护人协商确定的，当事人也可以协商变更和撤销。如果当事人对监护的变更和撤销不能达成一致，可以诉请人民法院作出裁决，但在新的监护人继任之前，原监护人不能免除责任。在指定监护中，由于指定监护的设立是经单位设立的，所以其变更和撤销也应当经原单位批准，不得自行变更和撤销。当事人擅自变更和撤销的，原监护人不能免除责任。

二、监护的终止

监护的终止是指基于监护产生原因的消灭，监护关系归于消灭。

(一) 监护终止的原因

通观世界各国的立法例，监护终止的事由主要有：①被监护人已经成年、已经结婚，禁治产宣告被撤销，被监护人取得完全民事行为能力；②被监护人死亡（包括自然死亡和宣告死亡）；③被监护人被他人领养或收养；④监护人死亡（包括自然死亡和宣告死亡）或被宣告为禁治产人；⑤法定监护人与被监护人之间的亲属关系消灭；⑥监护人被解任或辞去监护。

依各国法律的规定，监护终止的原因可以分为绝对原因和相对原因。监护终止的绝对原因是指因被监护人情况的变化使监护已没有存在的必要。监护终止的相对原因并不引起监护的彻底消灭，实际上是监护权利义务的转移。

监护终止的绝对原因主要有：①被监护人已成年，具有完全的行为能力；②被监护人被他人收养；③禁治产宣告被撤销；④被监护人的生父母恢复亲权；⑤被监护人死亡或宣告死亡；⑥配偶作为成年人的监护人，双方离婚；⑦被监护人被生父母认领。

监护终止的相对原因主要有：①监护人死亡或宣告死亡；②监护人辞去监护；③监护人被解任；④监护人的监护期限届满且未续任。

（二）监护终止的后果

监护终止的后果主要是进行财产清算，由监护人向被监护人交还财产或者将财产移交给新的监护人。《瑞士民法典》第451条规定，监护人在其职务终止时，应向监护官厅提交最终报告书及最终决算书，并将财产移交给被监护人或其继承人或继任监护人。《德国民法典》第1891、1892条规定，监护人在其职务终止后，应提出管理财产的报告；在有监护监督人时，监护人应向其提示账目，监护监督人应将其检查意见附记于账目之上，然后提交监护法院，监护法院应对账目进行计算上和实际上的检查，在确认无误后，制作承认证书。

【小结】

对监护制度的学习首先要明确监护制度的基本问题，这包括监护的概念、分类、与亲权的区别和联系、变更、撤销和终止。其次，本章专门将未成年人监护和成年人监护分设为两节，需要同学们在学习的时候掌握未成年人监护和成年人监护的基本内容，并且关注这两者在制度设计上的差异及其原因。

【思考题】

1. 请思考监护制度设立的目的和价值是什么。
2. 你认为监护制度和亲权制度是否应当分别立法？为什么？
3. 未成年人监护和成年人监护有什么不同？

第三编 亲属法的适用<<<

第12章 救助措施和法律责任

【提示要点】现行《婚姻法》与原《婚姻法》相比，增设了“救助措施与法律责任”一章。原《婚姻法》关于救助措施和法律责任的内容只在第34条中有规定：“违反本法者，得分别情况，依法予以行政处分或法律制裁。”但是，原《婚姻法》并没有对具体的救助措施和法律责任作出规定，在实际的法律适用中并不具有可操作性。现行《婚姻法》针对原《婚姻法》的这一缺陷，对救助措施和法律责任进行了具体的规定，应当说，这是符合实际生活需要的，是对婚姻法的完善。现行《婚姻法》对救助措施与法律责任的规定主要涉及家庭暴力、虐待和遗弃家庭成员的救助措施，具体规定了居民委员会、村民委员会及当事人所在单位的救助责任、公安机关的救助责任、人民法院的救助责任以及人民检察院的救助责任。另外现行《婚姻法》首次规定了离婚损害赔偿责任并明确了离婚一方侵害他方财产权的法律责任。

第一节 救助措施

一、居民委员会、村民委员会及所在单位的救助责任

居民委员会和村民委员会是基层群众自治组织，由于居民委员会和村民委员会植根于居民和村民的住所地，对住所地的社会人员情况以及风俗习惯、风土人情都有较深入的了解，因此，居民委员会和村民委员会在民间调解、维持社会治安中发挥着重要的作用。这里的所在单位包括了受害人和加害人所在单位，一般情况下，受害人和加害人所在单位对受害人和加害人的情况相对比较了解，可以更有针对性地做好配合工作。

1. 居民委员会、村民委员会及当事人所在单位对遭受家庭暴力和虐待的家

庭成员的救助责任。现行《婚姻法》第43条第1、2款规定："实施家庭暴力或虐待家庭成员，受害人有权提出请求，居民委员会、村民委员会以及所在单位应当予以劝阻、调解。对正在实施的家庭暴力，受害人有权提出请求，居民委员会、村民委员会应当予以劝阻。"

2. 居民委员会、村民委员会及所在单位对受遗弃家庭成员的救助责任。现行《婚姻法》第44条规定："对遗弃家庭成员，受害人有权提出请求，居民委员会、村民委员会以及所在单位应当予以劝阻、调解。"

居民委员会、村民委员会及当事人所在单位承担的救助责任主要是劝阻和调解。这种救助责任，由于涉及当事人的家庭生活，具有一定的私密性，因此，居民委员会、村民委员会及所在单位的劝阻和调解一般以受害人提出请求为前提，并不主动干预。对正在实施的家庭暴力，居民委员会和村民委员会的劝阻相对于当事人所在单位而言具有更直接的性质，因此，对正在实施的家庭暴力由居民委员会和村民委员会予以劝阻。劝阻是指居民委员会、村民委员会和当事人所在单位规劝和教育实施家庭暴力、虐待和遗弃家庭成员的一方，使其认识到自己行为的错误，停止侵害。调解是指居民委员会、村民委员会及当事人所在单位针对产生家庭暴力、虐待和遗弃的原因，化解家庭矛盾和纠纷，从而防止此类行为的再次发生和现有情况的恶化。

二、公安机关的救助责任

现行《婚姻法》第43条第2、3款规定："对正在实施的家庭暴力，受害人有权提出请求，居民委员会、村民委员会应当予以劝阻；公安机关应当予以制止。实施家庭暴力或虐待家庭成员，受害人提出请求的，公安机关应当依照治安管理处罚的法律规定予以行政处罚。"现行《婚姻法》第45条规定："对重婚的，对实施家庭暴力或虐待、遗弃家庭成员构成犯罪的，依法追究刑事责任。受害人可以依照刑事诉讼法的有关规定，向人民法院自诉；公安机关应当依法侦查。"

中央宣传部、最高人民检察院、公安部、民政部、司法部、卫生部、全国妇联联合制定的《关于预防和制止家庭暴力的若干意见》第7条规定："公安派出所、司法所，居（村）民委员会、人民调解委员会、妇代会等组织，要认真做好家庭矛盾纠纷的疏导和调解工作，切实预防家庭暴力行为的发生。对正在实施的家庭暴力，要及时予以劝阻和制止。积极开展对家庭成员防范家庭暴力和自我保护的宣传教育，鼓励受害者及时保存证据、举报家庭暴力行为，有条件的地方应开展对施暴人的心理矫治和对受害人的心理辅导，以避免家庭暴力事件的再次发生和帮助家庭成员尽快恢复身心健康。"第8条规定："公安机关应当设立家庭暴力案件投诉点，将家庭暴力报警纳入'110'出警工作范围，并按照《‘110’接处警规则》的有关规定对家庭暴力求助投诉及时进行处理。”“公安机关受理家庭暴力案件后，应当及时依法组织对家庭暴力案件受害人的伤情进行鉴定，为正确处理案件提供依据。”

可见，公安机关的救助责任主要涉及五个方面：①对正在实施的家庭暴力，考虑到加害人对被害人的人身伤害可能造成严重的后果，因此，允许公安机关介入，如批评、训诫施暴者，制止家庭暴力。②对违反治安管理规定的，公安机关可以依被害人的请求，依据《中华人民共和国治安管理处罚法》第43、45条的规定，给予加害人行政处罚。如殴打他人，或者故意伤害他人身体的，处5日以上10日以下拘留，并处200元以上500元以下罚款；情节较轻的，处15日以下的拘留或500元以下罚款等。③涉及刑事案件的，公安机关负责刑事侦查。④有条件的地方，公安机关还应当开展对施暴人的心理矫治和对受害人的心理辅导。⑤公安机关应当负责对家庭暴力案件受害人进行伤情鉴定。

三、人民法院的救助责任

现行《婚姻法》第44条第2款规定：“对遗弃家庭成员，受害人提出请求的，人民法院应当依法作出支付扶养费、抚养费、赡养费的判决。”现行《婚姻法》第45条规定：“对重婚的，对实施家庭暴力或虐待、遗弃家庭成员构成犯罪的，依法追究刑事责任。”现行《婚姻法》47条规定：“离婚时，一方隐藏、转移、变卖、毁损夫妻共同财产，或伪造债务企图侵占另一方财产的，分割夫妻共同财产时，对隐藏、转移、变卖、毁损夫妻共同财产或伪造债务的一方，可以少分或不分。离婚后，另一方发现有上述行为的，可以向人民法院提起诉讼，请求再次分割夫妻共同财产。人民法院对前款规定的妨害民事诉讼的行为，依照民事诉讼法的规定予以制裁。”现行《婚姻法》第48条规定：“对拒不执行有关扶养费、抚养费、赡养费、财产分割、遗产继承、探望子女等判决或裁定的，由人民法院依法强制执行。”

总的来说，人民法院的救助责任主要可以分为两种：一种是与给予被害人的财产给付相关的救助责任，即支付扶养费、抚养费、赡养费的判决，对离婚中财产共有权被另一方侵害的财产权的救助，对支付扶养费、抚养费、赡养费的强制执行；另一种是按照刑法的规定，对加害方追究刑事责任。

四、人民检察院的救助责任

人民检察院的救助责任，现行《婚姻法》只规定了一条，即在第45条中规定“人民检察院应当依法提起公诉”。这是针对重婚、实施家庭暴力或虐待、遗弃家庭成员构成犯罪的情形。

中央宣传部、最高人民检察院、公安部、民政部、司法部、卫生部、全国妇联联合制定的《关于预防和制止家庭暴力的若干意见》第9条规定：“人民检察院对公安机关提请批准逮捕或者移送审查起诉的家庭暴力犯罪案件，应当及时审查，区分不同情况依法作出处理。……人民检察院要加强家庭暴力犯罪案件的法律监督。对人民检察院认为公安机关应当立案侦查而不立案侦查的家庭暴力案件，或者受害人认为公安机关应当立案侦查而不立案侦查，而向人民检察院提出控告的家庭暴力案件，人民检察院应当认真审查，认为符合立案条件的，应当要求公安机关说明不予立案的理由。人民检察院审查后认为不予立案的理由不能成立的，应当通知公安机关依法立案，公安机关应予立案。对人民法院在审理涉及家庭暴力案件中作出的确有错误的判决和裁定，人民检察院应当依法提出抗诉。”

五、卫生部门、民政部门和妇联组织的救助责任

中央宣传部、最高人民检察院、公安部、民政部、司法部、卫生部、全国妇联联合制定的《关于预防和制止家庭暴力的若干意见》第 11 条规定：“卫生部门应当对医疗卫生机构及其工作人员进行预防和制止家庭暴力方面的指导和培训。医疗人员在诊疗活动中，若发现疾病和伤害系因家庭暴力所致，应对家庭暴力受害人进行及时救治，做好诊疗记录，保存相关证据，并协助公安部门调查。”第 12 条第 1 款规定：“民政部门救助管理机构可以开展家庭暴力救助工作，及时受理家庭暴力受害人的求助，为受害人提供庇护和其他必要的临时性救助。”第 13 条规定：“妇联组织要积极开展预防和制止家庭暴力的宣传、培训工作，建立反对家庭暴力热线，健全维权工作网络，认真接待妇女投诉，告知受害妇女享有的权利，为受害妇女儿童提供必要的法律帮助，并协调督促有关部门及时、公正地处理家庭暴力事件。”

第二节 法律责任

一、离婚损害赔偿责任

现代法制的发展确立了夫妻双方人格的平等和独立，婚姻观念产生了巨变，夫妻关系由夫妻一体主义转变为夫妻别体主义，“婚姻侵权豁免理论”[1] 已经难以维系。作为对离婚救济的重要制度，我国婚姻法确立了离婚损害赔偿制度。这一制度的确立符合婚姻的本质以及保护无过错方和弱者利益的需要，符合民法的公平原则。

根据《婚姻法》第 46 条的规定，离婚损害赔偿请求权的成立必须具备的条

---

〔1〕“婚姻侵权豁免理论”是指基于夫妻一体主义以及夫妻生活的共同目标和利益，排除了夫妻之间侵权的违法性，夫妻之间的侵权不受法律的调整和保护。

件是：①一方具有法定的重大过错行为，即重婚，有配偶者与他人同居，实施家庭暴力，虐待、遗弃家庭成员。②另一方无过错。这里的无过错仅限于上述的重大过错。如果双方都有上述重大过错，那么任何一方都不能以对方有重大过错为由提出损害赔偿。③因严重过错行为导致离婚。离婚损害赔偿的存在必须以因重大过错造成离婚的后果为条件，这里的损害包括物质损害和精神损害。

离婚损害赔偿请求权只能由无过错方行使，无过错方的子女、重婚的配偶、无效婚姻和可撤销婚姻中因另一方的行为受到损害的一方，无权提起离婚损害赔偿。也就是说，离婚损害赔偿的提起以合法有效的婚姻关系的存在为前提，并且只能由婚姻的当事人行使。离婚损害赔偿请求权的行使期限也是受到限制的，只能在离婚时在离婚诉讼中一并提起。根据最高人民法院《关于适用〈中华人民共和国婚姻法〉若干问题的解释（一）》第30条的规定，无过错方作为原告提出离婚损害赔偿请求的，必须在离婚诉讼的同时提出；在无过错方作为被告的离婚案件中，如果被告不同意离婚也不提起离婚损害赔偿请求，可以在离婚后1年内就此单独提起诉讼；在无过错方作为被告的离婚案件中，一审时被告未提出离婚损害赔偿，二审时提出的，人民法院应当进行调解，调解不成，告知当事人在离婚后1年内另行起诉。

二、离婚一方侵害他方财产共有权的责任

根据现行《婚姻法》第47条的规定，离婚时，一方采用非法手段侵害另一方财产共有权的，应当承担相应的责任。

（一）离婚时一方侵害他方财产共有权的行为

离婚时一方侵害他方财产共有权的行为包括两种：①非法处置财产的行为，即隐藏、转移、变卖、毁损夫妻共同财产；②侵占他方财产的行为，即夫妻一方在离婚时伪造债务企图侵占另一方财产的行为。

（二）离婚时一方侵害他方财产共有权应承担的责任

1. 少分或不分财产。少分或不分财产适用于判决离婚，不适用于协议离婚。离婚时，一方隐藏、转移、变卖、毁损夫妻共同财产，或伪造债务企图侵占另一方财产的，分割夫妻共同财产时，对隐藏、转移、变卖、毁损夫妻共同财产或伪造债务的一方，可以少分或不分。

2. 发现有侵害财产共有权的行为时，再次分割财产。离婚后，一方发现还有没有分割的夫妻共同财产，并且没有分割的原因是因为另一方隐藏、转移、变卖、毁损夫妻共同财产，或伪造债务侵占其财产，受害方可以请求法院再次分割财产。这项法律责任适用于判决离婚和协议离婚。再次分割的财产是指离婚以后所发现的被一方隐藏、转移、变卖、毁损的夫妻共同财产，或伪造债务侵占的另一方的财产，不是对已经分割的共同财产重新分割。

【案例】　方芳（女）和陶建于2003年登记结婚，婚后，陶建开始从事房地产开发，随着生意越做越大，两人的日子越来越富裕。2005年，陶建和方芳共同购置了一套单元房，并买了一部跑车。由于陶建工作繁忙，应酬很多，逐渐忽略了与方芳的交流与沟通，方芳希望陶建能更重视家庭生活，不要把所有精力都放在事业上，但陶建却不能理解方芳的想法，两人的矛盾逐渐增多，并于2007年协议离婚。两人商定单元房和跑车都归方芳所有，50万元的存款归陶建所有。但是离婚1年半后，方芳无意中发现陶建于2006年在郊区买了一套别墅，因此，方芳向人民法院提起诉讼，要求分割新发现的这套别墅。由于该套别墅是在婚姻关系存续期间购置的，属于夫妻共同财产，陶建在离婚时故意隐瞒了该项财产，因此，方芳从知道该项被隐瞒的财产之日起2年内，有权利请求法院分割该项财产，并且方芳能够请求分割的财产仅限于该项新发现的被陶建隐瞒的财产。

3. 构成妨害民事诉讼的行为，予以民事诉讼法上的制裁。根据《民事诉讼法》第102条的规定，在离婚诉讼中诉讼参与人或者其他人隐藏、转移、买卖、毁损已被人民法院查封、扣押，或者已被清点并责令其保管的夫妻共同财产，或者转移已被人民法院冻结的夫妻共同财产；伪造、毁灭重要证据，妨碍人民法院审理案件的；以暴力、威胁、贿买方法阻止证人作证或者指使、贿买、胁迫他人作伪证的，都属于妨害民事诉讼的行为，人民法院可以根据情节轻重予以罚款、拘留。

4. 构成犯罪行为的，追究刑事责任。根据《刑法》第314条的规定，隐藏、转移、变卖、故意毁损已被司法机关查封、扣押、冻结的财产，情节严重的，处3年以下有期徒刑、拘役或罚金。情节严重是指多次实施上述行为，涉案财产数额较大，造成财产的损失较大，严重干扰司法活动，造成恶劣影响等。

三、妨害婚姻家庭的刑事责任

我国现行《婚姻法》第45条明确规定，对实施家庭暴力或虐待、遗弃家庭成员构成犯罪的，依法追究刑事责任。婚姻法只是规定了对此类行为应当追究刑事责任，具体刑事责任的追究则由刑法予以规定。我国《刑法》第258条规定，有配偶而重婚的，或者明知他人有配偶而与之结婚的，处2年以下有期徒刑或者拘役。有配偶者虽未与他人登记结婚，但确与他人以夫妻名义同居生活的，亦适用此规定。《刑法》第260条规定，虐待家庭成员，情节恶劣的，处2年以下有期徒刑、拘役或者管制；告诉的才处理。犯虐待罪，致使被害人重伤、死亡的，处2年以上7年以下有期徒刑；不受告诉才处理的限制。《刑法》第

261条规定，对于年老、年幼、患病或者其他没有独立生活能力的人，负有扶养义务而拒绝扶养，情节恶劣的，处五年以下有期徒刑、拘役或者管制。

此外，妨害婚姻家庭的犯罪还包括：暴力干涉婚姻自由罪，破坏军婚罪，拐骗儿童罪等。

【小结】

救助措施和法律责任这一章的基本内容主要分为救助措施和法律责任两部分。按照救助主体的不同，救助措施分为居民委员会、村民委员会及当事人所在单位、公安机关、人民法院、人民检察院、卫生部门、民政部门和妇联组织所承担的救助责任。法律责任分为离婚损害赔偿责任、离婚一方侵害他方财产共有权的责任、妨害婚姻家庭的刑事责任。对这一章的学习一定要清楚不同部门法的不同的救助责任，明确承担法律责任的情形和责任类型。

【思考题】

1. 能够承担救助责任的主体有哪些？分别承担什么救助责任？
2. 你认为应当如何构建对受害者的法律救助体系？
3. 现行《婚姻法》对救助措施和法律责任的规定有什么不足？

第13章 民族婚姻和涉外亲属关系

【提示要点】本章内容主要介绍了在民族婚姻、涉外亲属关系、涉港、澳、台区际间亲属关系等方面主要的法律问题，着重阐述了我国法律在对待民族婚姻、涉外婚姻、区际婚姻关系方面的一些变通性、补充性和针对性的规定。本章应重点了解民族婚姻的概念特征和内容、涉外结婚、离婚和收养以及涉侨、港、澳、台结婚、离婚和收养等内容。

第一节　民族婚姻

一、民族婚姻的概念与特征及其立法

（一）民族婚姻的概念与特征

所谓民族婚姻，是指少数民族在民族内、少数民族之间、少数民族与汉族之间各种不同类型的婚姻关系。民族婚姻通常有以下几个明显的特征：①在民族婚姻的主体中，双方或一方为少数民族。②民族婚姻关系的内容具有明显的民族特色和强烈的传统习俗特色。我国目前有56个民族，各少数民族有不同的生产方式、生活方式、传统文化、宗教和风俗习惯。这些独特、有别于其他民族的社会生活决定了其婚姻生活内容的较大差异。民族婚姻从内容到形式都受制于各民族特有的传统习俗和伦理道德。③民族婚姻各方面具有强烈的地方特色。我国少数民族分布在全国各地，具有散居多、聚居少的特点，主要是在边疆地区较为集中。由于各族人民生活的社会环境和地理区域不同，民族婚姻往往表现出浓郁的地方特色。

（二）民族自治地方对《婚姻法》的变通或补充性立法

我国是一个统一的多民族的国家，除汉族外还有55个民族。许多民族的亲属制度、婚姻家庭制度都有自身的特点。作为我国亲属基本法的《婚姻法》虽

然是适用于全国各民族的法律，但是它的主要内容是针对汉族婚姻家庭的情况制定的。由于少数民族婚姻的特殊性，《婚姻法》第50条规定："民族自治地方的人民代表大会有权结合当地民族婚姻家庭的具体情况，制定变通规定。自治州、自治县制定的变通规定，报省、自治区、直辖市人民代表大会常务委员会批准后生效。自治区制定的变通规定，报全国人民代表大会常务委员会批准后生效。"这一规定不仅有利于国家法律在民族自治地方的贯彻执行，也有利于加快民族团结和本地区的法制建设步伐。

从立法状况上看，自1980年《婚姻法》颁布以来，许多民族自治地方先后制定颁布了贯彻执行《婚姻法》的变通或补充规定。新疆、西藏、宁夏、内蒙古四个自治区先后颁行了《新疆维吾尔自治区执行〈中华人民共和国婚姻法〉的补充规定》(1981年1月1日起施行)、《宁夏回族自治区执行〈中华人民共和国婚姻法〉的补充规定》(1981年6月15日起施行)、《内蒙古自治区执行〈中华人民共和国婚姻法的〉补充规定》(1981年9月21日起施行)、《西藏自治区施行〈中华人民共和国婚姻法〉的变通条例》(1982年1月1日起施行)。此外，一些自治州（如贵州省黔南布依族苗族自治州，四川省的甘孜、阿坝、凉山自治州等)、自治县（如贵州省的松桃苗族自治县、镇宁布依族苗族自治县，青海省民和回族土族自治县，云南省的孟连、宁蒗、沧源自治县等)，也作了变通或补充规定。这些结合当地实际制定的法规，既符合我国婚姻法的基本原则，又适合各民族自治地方婚姻家庭的具体情况，对加强民族团结、促进当地婚姻家庭关系、改革婚姻家庭制度产生了良好的影响。

二、民族婚姻的内容及处理

(一) 民族自治地方对婚姻法的变通规定的内容

1. 关于法定婚龄。我国婚姻法规定的法定婚龄（男不得早于22周岁，女不得早于20周岁)，在少数民族地区是难以执行的。少数民族男女一般在十七八岁左右就结婚，特别是南部沿海和西南边疆的少数民族，结婚更早。因此，许多自治地方将婚姻法规定的最低结婚年龄分别降低了两岁，即男不得早于20周岁，女不得早于18周岁。

【法条链接】 《新疆维吾尔自治区执行〈中华人民共和国婚姻法〉的补充规定》第2条规定："结婚年龄，男不得早于20周岁，女不得早于18周岁。"《镇宁布依族苗族自治县执行〈中华人民共和国婚姻法〉变通规定》第3条规定："结婚年龄，男不得早于20周岁，女不得早于18周岁。"

2. 关于近亲结婚。少数民族大多聚居在边疆、山区，人口稀少，交通不便，通婚范围比较狭小。不少民族实行民族内婚制，近亲结婚较多，表兄弟姐妹结婚更是许多民族的习惯。对于禁止三代以内旁系血亲结婚问题，有的民族自治地方作了变通规定。内蒙古自治区规定，大力提倡三代以内的旁系血亲不结婚。宁夏回族自治区规定，对于禁止三代以内的旁系血亲结婚的规定，回族推迟到 1983 年 1 月 1 日起执行。贵州省的松桃苗族自治县、镇宁布依族苗族自治县规定，禁止三代以内有旁系血亲关系的姨表、姑表之间结婚。

3. 关于计划生育。计划生育是我国的基本国策。总的来说，少数民族也要实行计划生育。由于各个少数民族地区的特殊性，国家允许民族地区在施行计划生育方面可以适当变通。一般少数民族的生育政策比汉族要宽，即一对夫妇可以生育两个孩子，有特殊情况的可以生育三个孩子。

【材料链接】　由于各少数民族地区自然条件、经济、文化发展程度以及人口状况不同，国家曾经对少数民族是否实行计划生育未做严格要求，有的民族自治地方原来变通规定对少数民族不提倡计划生育。但是，自 1991 年 5 月 12 日中共中央、国务院发布《关于加强计划生育工作严格控制人口增长的决定》，明确规定在少数民族中也要实行计划生育，具体要求和做法由各自治区或所在省决定。2001 年 12 月 29 日颁布施行的《中华人民共和国人口与计划生育法》第 18 条第 2 款规定："少数民族也要实行计划生育，具体办法由省、自治区、直辖市人民代表大会或者其常务委员会规定。"

呼和浩特市《少数民族计划生育规定（试行）》第 2 条规定："凡在本市居住的各少数民族公民都必须遵守本规定。少数民族计划生育的具体要求是：①蒙古族在城镇的干部、职工、居民允许生育二胎、不准生三胎。蒙古族农民，比照汉族农民生二胎的条件，经批准，可以生三胎，不准生四胎。②达斡尔、鄂温克、鄂伦春族公民，提倡优生，应适当少生，对要求实行节育的应给予支持和技术上的服务。③其他少数民族公民允许生二胎，不准生三胎；④生育间隔在 4 年以上。

4. 关于禁止宗教干涉婚姻家庭。宪法规定我国公民有宗教信仰自由，国家保护正常的宗教活动，但不得利用宗教力量对婚姻家庭进行非法干涉。在我国，许多民族都信仰宗教，尤其是少数民族，宗教对其在各个方面的影响都是很深的。因此，一些民族自治地方规定禁止宗教干涉婚姻家庭。

【法条链接】　《新疆维吾尔自治区执行〈中华人民共和国婚姻法〉的补充规定》的第6、7条规定："结婚、离婚必须履行法律手续。禁止一方用口头或文字通知对方的方法离婚。""禁止宗教干涉婚姻家庭。禁止以宗教仪式代替法定结婚登记。"《西藏自治区施行〈中华人民共和国婚姻法〉的变通条例》第4条规定："禁止利用宗教干涉婚姻家庭。"

5. 关于少数民族的婚嫁仪式。少数民族的婚嫁仪式各具特色，丰富多采，反映了各民族文化和历史的发展。这些传统的仪式，大多数并不违背婚姻法的基本原则，应当予以尊重和保护。

【材料链接】　苗族结婚的一种方式是"抢婚"：青年男女通过自由恋爱，愿作终身伴侣的，男方在某天夜里，邀约几个朋友或兄弟把女方带到或"抢"到家里来，即成婚姻；傣族男女结婚要请寨中有威望的老人祝福，并在新郎、新娘手上拴线，以示吉祥等。

【法条链接】　《西藏自治区施行〈中华人民共和国婚姻法〉的变通条例》第3条规定："对各少数民族传统的婚嫁仪式，在不妨碍婚姻自由的前提下，应予尊重。"

6. 关于婚姻家庭习俗的改革。这些改革涉及婚姻家庭的许多方面，由于各民族自治地方的情况不同，许多规定各有其针对性。如西藏对婚姻法的变通条例中规定废除一夫多妻、一妻多夫等封建婚姻，对执行本条例之前形成的上述婚姻关系，凡不主动提出解除婚姻关系者，准予维持。对该条例实施后形成的一夫多妻或一妻多夫的结合，应按重婚论处。有些少数民族群众结婚不办理登记，离婚不经法定程序，致使婚姻的成立和解除得不到法律的保护，当事人特别是女方的权益得不到有效的保障，有的地方甚至存在"休妻"的离婚方式。因此，许多民族自治地方都强调结婚、离婚必须办理法律手续。如新疆规定，禁止一方用口头或文字通知对方的方式离婚。

这些变通或补充规定的适用范围，各民族自治地方都是根据本地的实际情况作出的，具体规定不完全一致。新疆、西藏、宁夏、内蒙古自治区规定只适用于居住在本自治区的各少数民族。黔南、甘孜、阿坝等自治州规定既适用于本州的少数民族，也适用于同少数民族结婚的汉族。

（二）对处理民族婚姻问题的要求

1．关于不同民族之间的通婚问题。不同民族之间的通婚问题，婚姻法并无限制性规定。一些自治地方对此作了补充，明确规定不同民族之间可以通婚。如果有的民族限制本民族的男女与外族通婚，因而发生纠纷时，应召集该民族中的上层人士、宗教人士、当事人父母、干部等有关人员进行协商，说服双方有关人员按法律、政策办事，尊重双方当事人婚姻自由的权利，不得因此对当事人加以歧视。如果婚姻当事人一方为汉族，应劝其按少数民族的习俗办事；协商无效时，汉族一方应从有利于民族团结的原则出发，以不结婚为宜。不同民族的男女结婚后，所生子女的民族从属，未成年的，由父母双方协商确定；已成年的，由子女自己选择。

【法条链接】 总政治部《军队贯彻实施〈中华人民共和国婚姻法〉若干问题的规定》第10条规定：汉族军人要求与习惯上不同汉族通婚的少数民族公民结婚，一般应说服双方放弃此种婚姻。如双方坚持结婚，并取得少数民族一方家长的同意，可允许结婚。

【材料链接】 回族婚姻习俗

回族是在中国的土地上形成的民族。历史上便通过与汉族以及蒙古族、维吾尔族通婚繁衍后代。

回汉通婚的现象最早可以追溯到唐代。到元代以后，这种通婚的情况更为广泛，其主要特点为：①以回男娶汉女的情况居多。历史上所谓“回爹汉妈”之说大约主要指这种婚俗。②回女嫁汉男的情况也有，但数量少一些。③不论回男娶汉女还是回女嫁汉男（包括“倒插栓”，即招女婿），绝大多数情况下都遵守一个条件，即汉女或汉男都要改变自己的信仰，信奉伊斯兰教，人们把这种因通婚而改变信仰的现象称作“进教”，或称进了“小教”。④通婚之后，汉女或汉男自然一切要随回族的风俗习惯等。

从现在的情况看，回族的婚姻，一般说来以双方都是穆斯林为首要条件。在城市，双方则不一定都是穆斯林，回汉男女青年通婚的现象日渐增多。不过，由于这种婚姻大都建立在相互自由恋爱的基础上，因此不像旧时那样非要“进教”，而是以尊重和随同回族的风俗习惯为标志。在文化比较发达的城镇地区，这种通婚更是司空见惯。

2．不同民族男女所生子女的民族从属问题。根据《婚姻法》第22条关于

“子女可以随父姓，可以随母姓”规定的精神，不同民族男女结婚所生子女或收养的子女，从属何民族，应由父母商定。

《内蒙古自治区执行〈中华人民共和国婚姻法〉的补充规定》第5条明确规定，不同民族男女结婚的，所生子女的民族从属由父母商定。

第二节　涉外亲属关系

一、涉外亲属关系的法律适用

涉外亲属关系，是指含有涉外因素的亲属关系。凡亲属关系的主体或者法律事实具有涉外因素，即构成涉外亲属关系。也就是说，亲属关系的一方或者双方当事人是外国人，或者引起亲属关系发生、变更或者消灭的法律事实发生在国外，即为涉外亲属关系。一般包括涉外结婚、涉外离婚、涉外扶养。

（一）涉外亲属关系法律适用的一般原则

涉外亲属关系属于涉外民事法律关系的范畴，1987年1月1日施行的《民法通则》设有“涉外民事法律关系的法律适用”一章，其中既有关于法律适用的一般原则的规定，又有关于准据法的具体规定，是我们处理涉外亲属关系的法律依据。

我国《民法通则》第142条指出，涉外民事关系的法律适用，依照该法第八章的规定确定。中华人民共和国缔结或参加的国际条约同中华人民共和国的法律有不同规定的，适用国际条约的规定，但中华人民共和国声明保留的除外。中华人民共和国法律和中华人民共和国缔结或者参加的国际条约没有规定的，可以适用国际惯例。第150条还指出，依照该法第八章规定适用外国法律或者国际惯例的，不得违背中华人民共和国的社会公共利益。这些规定是涉外民事关系法律适用的一般原则，涉外婚姻家庭关系当然也不例外。

（二）涉外亲属关系的准据法

1. 涉外结婚。按照我国《民法通则》第147条规定，我国法律对涉外结婚以行为地法为准据法。不论是婚姻成立的实质要件还是婚姻成立的形式要件，均适用婚姻成立地国家（或地区）的法律。中国公民同外国人在我国境内结婚的，适用中国法；中国公民同外国人在我国境外结婚的，在何国（何地区）办理结婚登记或履行其他法定的结婚方式，便适用何国（何地区）的法律。《民法通则》第147条规定：“中华人民共和国公民和外国人结婚适用婚姻缔结地法律，离婚适用受理案件的法院所在地法律。”

【案例】 英国人约翰生于1977年，于1995年来到中国，在上海某大学留学，就读期间，他与同校的中国籍女学生张某相识、相爱。1997年7月，张某毕业后在一家外资企业就职。随后二人决定结婚，并到张某住所地的街道办事处进行结婚登记。办事处工作人员指出，两人的婚姻属于涉外婚姻，应到上海市人民政府婚姻登记机关办理结婚登记。婚姻登记机关审查了约翰提供的证明材料后认为，约翰现年20岁，不符合《中华人民共和国婚姻法》关于结婚年龄的规定；而且没有按照民政部《中国公民同外国人办理婚姻登记的几项规定》提供证明文件，系证件不全，决定不予登记。

2. 涉外离婚。按照我国《民法通则》第147条规定，我国法律对涉外离婚以法院地法为准据法。中国公民同外国人离婚的诉讼，由我国法院受理的，适用中国法。在实体上适用我国《婚姻法》的有关规定，在程序上适用我国《民事诉讼法》的有关规定。中国公民同外国人的离婚诉讼，由我国以外的国家（地区）的法院受理的，适用相应的国家（地区）的法律。

【材料链接】　关于结婚的准据法，有婚姻缔结地法、当事人住所地法、当事人本国法等。有些国家的立法和国际条约，在婚姻成立的形式要件上采取混合制度，以婚姻缔结地法为主，辅之以当事人本国法。例如，1902年《海牙婚姻公约》第5条规定，依婚姻举行地法成立的婚姻，就其方式，不论何国应认为有效，但以宗教仪式为必要方式的国家，对其本国公民在外国不遵守本国法此项规定而成立的婚姻，不得认为有效。关于离婚的准据法，有些国家适用法院地法，如美国、原苏联、丹麦、挪威等。有些国家则将法院地法和当事人本国法结合起来适用，如法国、瑞士等。1902年《海牙离婚和别居公约》第1条规定，夫妻非依其本国法和法院地法均允许离婚时，不得为离婚之请求。还有一些国家适用夫妻共同住所地法或一方住所地法；按照关于地域管辖的规定，住所地法和法院地法往往是一致的。

3. 涉外扶养。我国《民法通则》第148条规定："扶养适用与被扶养人有最密切联系的国家的法律。"本规定中的"扶养"一词，与我国《婚姻法》中所说的"扶养"具有不同的含义。这里是在广义上使用的，包括我国《婚姻法》中的扶养、抚养和赡养。扶养关系存在于法定的亲属之间。扶养人履行扶养义务，是为了满足被扶养人的实际需要。适用与被扶养人有最密切联系的国家（地区）的法律，有利于保护被扶养人的合法权益。至于何谓"有最密切联系的国家”，应根据具体情况而定。一般说来，被扶养人与其本国、住所地所在国或惯常居所地所在国的联系都很密切。

【材料链接】 当代各国关于扶养的准据法有不同的立法例。如扶养权利人（被扶养人）惯常居所地法，扶养权利人或扶养义务人（扶养人）的本国法，受理扶养案件的法院地法等。有些国家将夫妻间的扶养和其他法定亲属间的扶养加以区别，适用不同的准据法。有的则以亲属关系成立地法为扶养的准据法；其理由为，扶养关系是基于亲属关系而发生的。1973 年海牙国际私法会议通过的《扶养义务法律适用公约》规定：扶养适用扶养权利人的惯常居所地法。惯常居所地变更时，适用变更后的惯常居所地法。权利人依惯常居所地法得不到扶养时，依权利人和义务人双方共同的本国法；依共同的本国法也得不到扶养或没有共同的本国法时，依受理扶养纠纷的机构的国内法。

二、我国内地的涉外亲属法律问题

（一）涉外结婚问题

根据我国《婚姻法》和 2003 年 10 月 1 日起施行的《婚姻登记条例》的规定，在办理涉外结婚时应注意以下几个问题。

1. 外国人须持的证件、证明。申请与中国公民结婚登记的外国人应持有下列证件：①本人的有效护照或者其他有效的国际旅行证件；②所在国公证机构或者有权机关出具的、经中华人民共和国驻该国使（领）馆认证或者该国驻华使（领）馆认证的本人无配偶的证明，或者所在国驻华使（领）馆出具的本人无配偶的证明。

2. 结婚登记机关。中国公民同外国人在中国内地结婚的，办理登记的机关是省、自治区、直辖市人民政府民政部门或者省、自治区、直辖市人民政府民政部门确定的机关。男女双方应当共同到内地居民常住户口所在地的婚姻登记机关办理结婚登记。

（二）涉外离婚问题

中国公民同外国人在中国境内离婚，可经由登记程序或者诉讼程序办理。在 2003 年《婚姻登记条例》实施以前，涉外离婚只能经由诉讼程序办理。

1. 涉外离婚登记。中国公民同外国人在中国内地自愿离婚的，男女双方应当共同到内地居民常住户口所在地的婚姻登记机关办理离婚登记。办理涉外离婚登记的机关，由省、自治区、直辖市人民政府民政部门或者省、自治区、直辖市人民政府民政部门确定的机关负责办理。按照《婚姻登记条例》的规定，办理离婚登记时，外国人一方应出具下列证件和证明材料：①本人的结婚证；②双方当事人共同签署的离婚协议书；③本人的有效护照或者其他有效国际旅行证件。

【法条链接】 《婚姻登记条例》第11条：办理离婚登记的内地居民应当出具下列证件和证明材料：①本人的户口簿、身份证；②本人的结婚证；③双方当事人共同签署的离婚协议书。办理离婚登记的香港居民、澳门居民、台湾居民、华侨、外国人除应当出具前款第2项、第3项规定的证件、证明材料外，香港居民、澳门居民、台湾居民还应当出具本人的有效通行证、身份证，华侨、外国人还应当出具本人的有效护照或者其他有效国际旅行证件。离婚协议书应当载明双方当事人自愿离婚的意思表示以及对子女抚养、财产及债务处理等事项协商一致的意见。

2. 涉外离婚诉讼。按照我国现行法律的规定，办理涉外离婚诉讼的前提是其结婚登记须是在中国内地办理。涉外离婚诉讼应向有管辖权的中级人民法院提出；当事人必须有一方在中国境内，并在中国有户籍，或者有居所并连续居住满1年以上。如果被告在国外定居，符合上述要求的原告可向其户籍所在地或居住地的中级人民法院起诉离婚。如果原告在国外定居，可向符合上述要求的被告户籍所在地或居住地的中级人民法院起诉离婚。

（三）涉外收养问题

我国《收养法》第21条第1款规定："外国人依照本法可以在中华人民共和国收养子女。"对外国人在中华人民共和国收养子女，我国法律要求：除应当符合中国收养法的有关规定外，还应当符合收养人所在国的有关收养法。因收养人所在国法律的规定与中国法律的规定不一致而产生的问题，由两国政府有关部门协商处理。

【材料链接】 涉外收养程序

（一）外国收养人通过外国收养组织向中国收养组织提出收养申请

外国人在华收养子女，应当通过所在国政府或者政府委托的收养组织（以下简称外国收养组织）向中国政府委托的收养组织（以下简称中国收养组织）转交收养申请并提交收养人的家庭情况报告和证明。外国收养人的收养申请、家庭情况报告和证明，是指由其所在国有权机构出具，经其所在国外交机关或者外交机关授权的机构认证，并经中华人民共和国驻该国使馆或者领馆认证的下列文件：①跨国收养申请书；②出生证明；③婚姻状况证明；④职业、经济收入和财产状况证明；⑤身体健康证明；⑥有无受过刑事处罚的证明；⑦收养人所在国主管机关同意其跨国收养子女的证明；⑧家庭情况报告，包括收养人身份、收养的合理性和适当性、家庭状况和病史、收养动机以及适合于照顾儿童的特点等。

在华工作或者学习连续居住1年以上的外国人在华收养子女，应当提交前款规定的除身体健康检查证明以外的文件，并应当提交在华所在单位或者有关部门出具的婚姻状况证明，职业、经济收入或者财产状况证明，有无受过刑事处罚证明以及县级以上医疗机构出具的身体健康检查证明。

（二）中国送养人向我国民政部门提出送养申请及其审批

送养人应当向省、自治区、直辖市人民政府民政部门提交本人的居民户口簿和居民身份证（社会福利机构作送养人的，应当提交其负责人的身份证件），被收养人的户籍证明等情况证明，并根据不同情况提交下列有关证明材料：

1. 被收养人的生父母（包括已经离婚的）为送养人的，应当提交生父母有特殊困难无力抚养的证明和生父母双方同意送养的书面意见。其中，被收养人的生父或者生母因丧偶或者一方下落不明，由单方送养的，并应当提交配偶死亡或者下落不明的证明以及死亡的或者下落不明的配偶的父母不行使优先抚养权的书面声明。

2. 被收养人的父母均不具备完全民事行为能力，由被收养人的其他监护人作送养人的，应当提交被收养人的父母不具备完全民事行为能力且对被收养人有严重危害的证明以及监护人有监护权的证明。

3. 被收养人的父母均已死亡，由被收养人的监护人作送养人的，应当提交其生父母的死亡证明、监护人实际承担监护责任的证明，以及其他有抚养义务的人同意送养的书面意见。

4. 社会福利机构作送养人的，应当提交弃婴、儿童被遗弃和发现的情况证明以及查找其父母或者其他监护人的情况证明；被收养人是孤儿的，应当提交孤儿父母的死亡或者宣告死亡证明，以及有抚养孤儿义务的其他人同意送养的书面意见。

5. 送养残疾儿童的，还应当提交县级以上医疗机构出具的该儿童的残疾证明。省、自治区、直辖市人民政府民政部门应当对送养人提交的证件和证明材料进行审查，对查找不到生父母的弃婴和儿童，公告查找其生父母。认为被收养人、送养人符合收养法规定条件的，将符合收养法规定的被收养人、送养人名单通知中国收养组织，同时转交下列证件和证明材料：

(1) 送养人的居民户口簿和居民身份证（社会福利机构作送养人的，为其负责人的身份证件）复制件。

(2) 被收养人是弃婴或者孤儿的证明、户籍证明、成长情况报告和身体健康检查证明的复制件及照片。

省、自治区、直辖市人民政府民政部门查找弃婴或者儿童生父母的公告应当在省级地方报纸上刊登。自公告刊登之日起满60日，弃婴和儿童的生父母或者其他监护人未认领的，视为查找不到生父母的弃婴和儿童。

（三）涉外收养的批准与通知

中国收养组织对外国收养人的收养申请和有关证明进行审查后，应当在省、自治区、直辖市人民政府民政部门报送的符合收养法规定条件的被收养人中，参照外国收养人的意愿，选择适当的被收养人，并将该被收养人及其送养人的有关情况通过外国政府或者外国收养组织送交外国收养人。外国收养人同意收养的，中国收养组织向其发出来华收养子女通知书，同时通知有关的省、自治区、直辖市人民政府民政部门向送养人发出被收养人已被同意收养的通知。

（四）涉外收养登记

1. 外国收养人应当亲自办理收养登记。外国人来华收养子女，应当亲自来华办理登记手续。夫妻共同收养的，应当共同来华办理收养手续；一方因故不能来华的，应当书面委托另一方。委托书应当经所在国公证和认证。

2. 收养人与送养人应当订立收养协议。外国人来华收养子女，应当与送养人订立书面收养协议。协议一式三份，收养人、送养人各执一份，办理收养登记手续时收养登记机关收存一份。

3. 涉外收养登记的机关。书面协议订立后，收养关系当事人应当共同到被收养人常住户口所在地的省、自治区、直辖市人民政府民政部门办理收养登记。

4. 办理涉外收养登记应当提交的材料。收养关系当事人办理收养登记时，应当填写外国人来华收养子女登记申请书并提交收养协议，同时分别提供有关材料。收养人应当提供中国收养组织发出的来华收养子女通知书及收养人的身份证件和照片。送养人应当提供省、自治区、直辖市人民政府民政部门发出的被收养人已被同意收养的通知及送养人的居民户口簿和居民身份证（社会福利机构作送养人的，为其负责人的身份证件）、被收养人的照片。

5. 涉外收养审查与登记。收养登记机关收到外国人来华收养子女登记申请书和收养人、被收养人及其送养人的有关材料后，应当自次日起7日内进行审查，对符合收养法和外国人在中华人民共和国收养子女登记办法的，为当事人办理收养登记，发给收养登记证书。收养关系自登记之日起成立。收养登记机关将登记结果通知中国收养组织。

（五）涉外收养公证

收养关系当事人办理收养登记后，各方或者一方要求办理收养公证的，应当到收养登记地的具有办理涉外公证资格的公证机构办理收养公证。

第三节　区际亲属关系

一、关于区际亲属关系法律适用问题的探讨

在我国的领土、主权范围内，存在着四个相对独立的法域。由于大陆、香港、澳门和台湾地区的社会差异和法制建设的不同，必然会存在律冲突，亲属法也不例外。

区际法律冲突，是指在一个主权国家的范围内不同地区民商事法律制度之间在同一层面上的冲突。随着中国内地、香港、澳门和台湾地区人民相互往来日趋频繁，在民事交往和亲属关系的互动中，当某一事项或一项争议涉及两个或两个以上的地区时，究竟应适用哪个地区的法律处理争议问题，亦即区际法律冲突问题，不可避免地会产生。在亲属关系的主体具有区际因素，或法律事实方面具有区际因素等情形下，必须妥善地解决区际亲属关系的法律适用问题，这对促进相互之间的交流交往，稳定社会秩序，有效保护不同法域居民的合法权益具有十分重要的现实意义。

面对亲属法领域的区际法律冲突，根本的对策是制定必要的法律适用规则，一种办法是制定统一的实体法规范以避免并消除区际亲属法的法律冲突。另一种办法是在各法域之间制定各亲属关系法律适用规则或签订有关区际亲属关系法律适用的协定。由于亲属法自身的特点，以上两种办法的实施都需要一定的时间和条件，在尚无区际亲属关系法律适用规则的情况下，可以考虑重复叠加的规则。例如内地居民和香港居民在内地结婚，或者在香港结婚，既要符合我

国《婚姻法》的规定，又要符合香港《婚姻条例》的规定。

二、我国内地（大陆）的区际亲属法律问题

（一）涉侨、涉港澳台的结婚登记

（1）华侨、港澳台同胞同内地居民之间办理婚姻登记的机关是省、自治区、直辖市人民政府民政部门或者省、自治区、直辖市人民政府民政部门确定的机关。男女双方应当共同到内地居民常住户口所在地的婚姻登记机关办理结婚登记。

（2）申请结婚的男女双方需共同到登记机关办理登记并提供以下证件和证明材料：

大陆居民应提供：①户口簿、身份证；②本人无配偶以及与对方当事人没有直系血亲和三代以内旁系血亲关系的签字声明。

华侨应提供：①本人的有效护照；②居住国公证机构或者有权机关出具的、经中华人民共和国使领馆认证的本人无配偶以及与对方当事人没有直系血亲或三代以内旁系血亲关系的证明，或者中华人民共和国驻该国使领馆出具的上述证明。

港澳台居民应提供：①港澳台同胞本人的有效通行证、身份证；②经居住地公证机构公证的本人无配偶以及与对方当事人没有直系血亲或三代以内旁系血亲关系的声明。

（二）涉侨、涉港澳台的离婚登记和离婚诉讼

1．涉侨、涉港澳台同胞协议离婚。

（1）办理涉侨、涉港澳台同胞离婚登记的机关。内地居民同华侨、港澳台同胞在中国内地自愿离婚的，如双方自愿离婚并已对子女抚养和财产做了妥善处理，须共同到内地居民常住户口所在地的省、自治区、直辖市人民政府民政部门或者省、自治区、直辖市人民政府民政部门确定的机关办理离婚登记。

（2）办理涉侨、涉港澳台同胞离婚登记应当提供的材料。办理离婚登记的内地居民应当出具下列证件和证明材料：①本人的户口簿、身份证；②本人结婚证；③双方当事人共同签署的离婚协议书。办理离婚登记的华侨、港澳台同胞在出具第2、3项规定的证件、证明材料的同时，华侨还应当出具本人的有效护照或者其他有效国际旅行证件，港澳台同胞需要提供本人的有效通行证、身份证。

特别提醒：涉侨、涉港澳台同胞协议离婚的，如果其结婚登记不是在中国内地办理的，内地婚姻登记机关不受理涉侨、涉港澳台同胞协议离婚的申请。

2．涉侨、涉港澳台同胞诉讼离婚。

（1）涉侨诉讼离婚。涉侨离婚中，如果双方就离婚事宜达不成协议，或虽

能达成协议，但一方无法亲自回国办理协议离婚的，只能选择诉讼离婚。

华侨同内地居民之间一方要求离婚的，不论哪一方向人民法院提起离婚诉讼，国内一方住所地的人民法院都有管辖权。如国外一方在居住国法院起诉，国内一方向人民法院起诉的，受诉人民法院有管辖权。

如果涉侨婚姻的当事人的结婚登记不是在中国内地办理，当事人在内地提起诉讼离婚的，对于当事人的结婚登记注册证书，也要履行相关的公证、认证手续。

涉侨离婚案件中的一方或双方，如果不能回国办理离婚事宜的，可以委托律师代为办理。但当事人必须向法院出具委托书和意见书，委托书和意见书须经当地公证机关公证并经我驻外使领馆认证，亦可由我驻外使领馆直接公证。意见书包括同意离婚或不同意离婚的书面意见，要求离婚或同意离婚的，还要出具公证后的对有关财产的分割、子女抚养等的书面处理意见。

（2）涉港澳台同胞的离婚。根据《民事诉讼法》关于地域管辖以及涉外民事诉讼管辖的规定以及最高人民法院有关司法解释，涉港澳台同胞的离婚管辖的确定，有以下几种情况：

第一，双方原在我国内地结婚，现一方居住在港、澳特别行政区，另一方居住在内地，提起离婚诉讼，由原告住所地或者经常居住地人民法院管辖；港、澳一方向港、澳地区法院提起离婚诉讼，内地一方向人民法院起诉的，受诉人民法院有权管辖。

第二，居住港、澳一方当事人向港、澳特区法院起诉离婚的，该法院作出离婚的判决，只要不违反我国法律的基本精神，且双方当事人均无异议的，该判决对双方均有拘束力；如该判决要在内地执行的，须由港、澳特区法院按我国民事诉讼法的有关规定，委托内地人民法院协助执行。

第三，涉台离婚案件的管辖，一般应以原告住所地或者居所地法院作为管辖法院。下列三类案件，均由原告住所地或者居所地人民法院管辖：①大陆一方要求与在台湾一方离婚的案件；②大陆一方与在台一方分离后未办理离婚手续，一方或者双方分别在大陆和台湾再婚的，如果其中一方当事人（大陆一方）提出与原配偶离婚的案件；③回大陆定居一方要求与在台一方离婚的案件。

第四，凡是内地人民法院享有管辖权的案件，港、澳特区法院对该案的受理，并不影响当事人就同一案件在内地法院起诉；但是否受理，应视案件具体情况作出决定。根据《关于人民法院认可台湾地区有关法院民事判决的规定》，案件虽经我国台湾地区有关法院判决，但当事人未申请认可，而是就同一案件事实向人民法院提起诉讼的，应予受理。

如果涉港澳台婚姻的当事人的结婚登记不是在内地办理，当事人在内地提起诉讼离婚的，对于来自香港、台湾、澳门的结婚登记注册证书，也要履行相关的公证、认证手续。以香港为例，该结婚注册证书，要经司法部委托的香港公证律师进行查证，后出具蜡封的公证文书，再加盖中国法律香港服务公司的转递章后，才可有效地在中国法院使用。

【材料链接】　根据最高人民法院关于《民事诉讼证据的若干规定》第11条第2款的规定："当事人向人民法院提供的证据是在香港、澳门、台湾地区形成的，应当履行相关的证明手续。"具体方法是，在内地无住所的香港当事人从内地以外寄交或者托交的有关诉讼材料，需经我国司法部委托的香港律师公证；在内地无住所的澳门当事人从内地寄交或者托交的有关诉讼材料，应盖有中国法律服务（澳门）有限公司证明事务专用章。在我国大陆无住所的台湾地区当事人从台湾地区寄交或者托交的有关诉讼材料，应当经台湾当地的公证机构或者其他部门、民间组织、律师出具证明，个人可以由其工作单位出具证明。此外，台湾当事人也可以通过香港、澳门当事人采用的办法办理公证事宜。

港澳台地区法院诉讼文书认定的事实对大陆地区法院一般不具有预决的效力。但当事人对已为人民法院认可的台湾地区有关法院做出的民事判决所认定的事实无需举证。但如果对方当事人有相反证据足以推翻该判决所确认的事实的，则不能免除当事人的举证责任。对于香港、澳门地区法院的诉讼文书确认的事实，亦照此原则办理。

（三）涉侨、涉港澳台的收养

港澳台居民及华侨在国内办理收养登记问题，按照1999年5月25日民政部发布的《中国公民收养子女登记办法》第14条规定，应按民政部的有关规定执行。

根据民政部《华侨以及居住在香港、澳门、台湾地区的中国公民办理收养登记的管辖以及所需要出具的证件和证明材料的规定》，华侨以及居住在香港、澳门、台湾地区的中国公民在内地收养子女的，应当到被收养人常住户口所在地的直辖市、设区的市、自治州人民政府民政部门或者地区（盟）行政公署民政部门申请办理收养登记。

港澳台居民及华侨在国内办理收养登记，必须符合《收养法》对收养人与被收养人条件的有关规定，并按照民政部关于《华侨以及居住在香港、澳门、台湾地区的中国公民办理收养登记的管辖以及所需要出具的证件和证明材料的规定》出具证件和证明材料。收养登记机关在收到收养登记申请书及有关材料后，应当自次日起30日内进行审查。对符合收养法规定条件的，为当事人办理收养登记，发给收养登记证，收养关系自登记之日起成立；对不符合收养法规定条件的，不予登记，并对当事人说明理由。

【法条链接】　《华侨以及居住在香港、澳门、台湾地区的中国公民办理收养登记的管辖以及所需要出具的证件和证明材料的规定》(1999年5月25日民政部发布)

第一条　根据《中国公民收养子女登记办法》，制定本规定。

第二条　华侨以及居住在香港、澳门、台湾地区的中国公民在内地收养子女的，应当到被收养人常住户口所在地的直辖市、设区的市、自治州人民政府民政部门或者地区（盟）行政公署民政部门申请办理收养登记。

第三条　居住在已与中国建立外交关系国家的华侨申请办理成立收养关系的登记时，应当提交收养申请书和下列证件、证明材料：

（一）护照；

（二）收养人居住国有权机构出具的收养人的年龄、婚姻、有无子女、职业、财产、健康、有无受过刑事处罚等状况的证明材料，该证明材料应当经其居住国外交机关或者外交机关授权的机构认证，并经中国驻该国使领馆认证。

第四条　居住在未与中国建立外交关系国家的华侨申请办理成立收养关系的登记时，应当提交收养申请书和下列证件、证明材料：

（一）护照；

（二）收养人居住国有权机构出具的收养人的年龄、婚姻、有无子女、职业、财产、健康、有无受过刑事处罚等状况的证明材料，该证明材料应当经其居住国外交机关或者外交机关授权的机构认证，并经已与中国建立外交关系的国家驻该国使领馆认证。

第五条　香港居民中的中国公民申请办理成立收养关系的登记时，应当提交收养申请书和下列证件、证明材料：

（一）香港居民身份证、香港居民来往内地通行证或者香港同胞回乡证；

（二）经国家主管机关委托的香港委托公证人证明的收养人的年龄、婚姻、有无子女、职业、财产、健康、有无受过刑事处罚等状况的证明材料。

第六条　澳门居民中的中国公民申请办理成立收养关系的登记时，应当提交收养申请书和下列证件、证明材料：

（一）澳门居民身份证、澳门居民来往内地通行证或者澳门同胞回乡证；

（二）澳门地区有权机构出具的收养人的年龄、婚姻、有无子女、职业、财产、健康、有无受过刑事处罚等状况的证明材料。

第七条　台湾居民申请办理成立收养关系的登记时，应当提交收养申请书和下列证件、证明材料：

（一）在台湾地区居住的有效证明；

（二）中华人民共和国主管机关签发或签注的在有效期内的旅行证件；

（三）经台湾地区公证机构公证的收养人的年龄、婚姻、有无子女、职业、财产、健康、有无受过刑事处罚等状况的证明材料。

第八条　本规定自发布之日起施行。

【小结】

我国是统一的多民族国家，亲属法的伦理性、民族性等特点反映了在解决和处理民族婚姻问题时应根据各民族的特点进行适当的变通，以适应少数民族婚姻家庭的特殊情况，促进当地婚姻家庭制度的改革和社会的进步。在现代背景下，经济的发展促使人们之间的交往越来越密切，我国的涉外和区际婚姻家庭的问题日益增多，为加强调整，有关部门先后出台了一系列针对性规定，为处理各种涉外和区际婚姻家庭问题提供了相应的法律依据，同时也使国家社会公共利益和有关各方当事人的合法权益得到了切实的保障。

【思考题】

1. 如何处理民族婚姻问题？
2. 各民族自治地方关于《婚姻法》的变通规定主要有哪些内容？
3. 我国现行法对涉外亲属关系的法律适用有哪些规定？
4. 如何处理我国的区际亲属法律冲突？

主要参考书目

1. 方文晖:“婚姻概念质疑”，载《南京大学法律评论》1996 年秋季号。
2. 方文晖:“论婚姻在法学上的概念”，载《南京大学学报》（哲学人文社科版）2000 年第 5 期。
3. 曹诗权:“我国婚姻法的基础性重构”，载《法学研究》1996 年第 3 期。
4. 张伟:“人工生育子女法律地位初探”，载《当代法学》2003 年第 6 期。
5. 杨遂全:《新婚姻家庭法总论》，法律出版社 2001 年版。
6. 杨大文:《亲属法》，法律出版社 2004 年版。
7. 巫昌祯:《婚姻与继承法学》，中国政法大学出版社 2007 年版。
8. 蒋月:《婚姻家庭法前沿导论》，科学出版社 2007 年版。
9. 陈苇:《家事法研究》（2008 年卷），群众出版社 2009 年版。
10. 马忆南编著:《婚姻家庭继承法学》，北京大学出版社 2007 年版。
11. 史尚宽:《亲属法论》，中国政法大学出版社 2000 年版。
12. 陈棋炎、黄宗乐、郭振恭:《民法亲属新论》，台湾三民书局 1995 年版。
13. 李银河、马忆南主编:《婚姻法修改论争》，光明日报出版社 1999 年版。
14. 王洪:《婚姻家庭法》，法律出版社 2003 年版。
15. 彭万林:《民法学》，中国政法大学出版社 2002 年版。
16. 杨大文、曹诗权主编:《婚姻家庭法》，中国人民大学出版社 2006 年版。
17. 费孝通:《乡土中国　生育制度》，北京大学出版社 1998 年版。
18. 史尚宽:《亲属法》，台湾荣泰印书馆 1980 年版。
19. 汪萍:《婚姻家庭法》，科学出版社 2005 年版。
20. 杨立新、秦秀敏主编:《中华人民共和国婚姻法释义与适用》，吉林人民出版社 2001 年版。
21. 冯湘妮:《婚姻家庭法》，陕西人民出版社 2002 年版。
22. 李志敏主编:《比较家庭法》，北京大学出版社 1988 年版。
23. 林菊枝:《亲属法专题研究》，台湾五南图书出版公司 1985 年版。
24. 李善国、倪正茂、刘长秋:《辅助生殖技术法研究》，法律出版社 2005 年版。
25. 王歌雅:《扶养与监护纠纷的法律救济》，法律出版社 2001 年版。

26. 张志京:《婚姻家庭法》，复旦大学出版社 2007 年版。
27. 汪萍:《婚姻家庭法》，科学出版社 2005 年版。
28. 高留志:《扶养制度研究》，法律出版社 2006 年版。
29. ［日］我妻荣:《新版新法律学辞典》，中国政法大学出版社 1991 年版。

图书在版编目（CIP）数据

亲属法学 / 张伟主编. —北京：中国政法大学出版社，2009.9

ISBN 978-7-5620-3557-2

Ⅰ.亲... Ⅱ.张... Ⅲ.亲属法-法的理论-中国-高等学校-教材 Ⅳ.D923.901

中国版本图书馆CIP数据核字(2009)第154931号

出版发行 中国政法大学出版社

经　　销 全国各地新华书店

承　　印 固安华明印业有限公司

720mm×960mm　16开本　18印张　315千字

2009年9月第1版　2016年1月第4次印刷

ISBN 978-7-5620-3557-2/D·3517

定　价：28.00元

社　　址 北京市海淀区西土城路25号

电　　话 (010)58908435(编辑部)　58908325(发行部)　58908334(邮购部)

通信地址 北京100088信箱8034分箱　邮政编码 100088

电子信箱 fada.jc@sohu.com(编辑部)

网　　址 http://www.cuplpress.com　(网络实名：中国政法大学出版社)